普通高等教育财会类专业系列教材

基础会计学

主　编　郑振华
副主编　李华琴　陈　佳　唐红英
参　编　罗　欣　郑丹婷　毛润华　盛文言

机械工业出版社

本书以最新会计准则和税收法规为基础，以制造型企业为主要对象，系统讲述了会计建账、记账、登账、结账、编制报表等整个会计循环的主要原理和方法。本书着重介绍基础会计理论，突出对会计基础核算方法的整体认识，注重理论和实践的有机统一，注重会计和税务的有机结合。

本书可作为高等院校会计学等专业的教材和教学参考书，还可作为会计实务工作者的工作参考书，同时也可供自学会计入门知识的社会人士使用。

图书在版编目（CIP）数据

基础会计学/郑振华主编．—北京：机械工业出版社，2022.8
（2024.7 重印）
普通高等教育财会类专业系列教材
ISBN 978-7-111-71157-5

Ⅰ. ①基… Ⅱ. ①郑… Ⅲ. ①会计学－高等学校－教材 Ⅳ. ①F230

中国版本图书馆 CIP 数据核字（2022）第 115084 号

机械工业出版社（北京市百万庄大街22号 邮政编码100037）
策划编辑：刘鑫佳 常爱艳 责任编辑：刘鑫佳 常爱艳 刘 畅
责任校对：李 杉 贾立萍 封面设计：鞠 杨
责任印制：刘 媛
北京中科印刷有限公司印刷
2024 年 7 月第 1 版第 3 次印刷
184mm×260mm・21.25 印张・513 千字
标准书号：ISBN 978-7-111-71157-5
定价：65.00 元

电话服务 网络服务
客服电话：010-88361066 机 工 官 网：www.cmpbook.com
　　　　　010-88379833 机 工 官 博：weibo.com/cmp1952
　　　　　010-68326294 金 书 网：www.golden-book.com
封底无防伪标均为盗版 机工教育服务网：www.cmpedu.com

前 言

"基础会计学"是高等学校会计学、财务管理、审计学等专业的核心课,也是其他经济管理类专业的基础课。本书主要讲解会计核算的基本原理和程序。通过对本书的学习,学生可以知悉基本的会计理论,能够处理基本的会计实务,并树立基本的会计思维。

在设计本书体系时,既考虑了会计学专业的后续学习要求,又兼顾了其他经济与管理类专业的学习特点。在内容的安排方面体现了理论基础和实践应用的统一。对会计学专业的学习者来说,书中的会计理论内容可以为其后续学习打下扎实的理论基础。对非会计学专业的学习者来讲,书中直观的会计实操步骤可帮助其快速掌握会计实务基础知识。

本书编者均是一线教学老师,拥有多年丰富的课堂教学经验,知道学生学习基础会计学中的痛点和难点。因此,本书在编写过程中,以破除学生普遍认为的学习难点为目标,在若干方面进行了创新:①注重入门者学习基础会计的认知规律。在知识体系排列顺序方面打破同类书的传统排列方式。比如,在讲述复式记账原理之前,以账簿的填制为切入点,通过先行学习账簿的填制来掌握复式记账理论,让学生在轻松的账簿填制过程中掌握借贷的运用。②注重知识框架的搭建,便于学生学习记忆。比如,在基本业务核算章节中,对生产业务、销售业务、利润核算业务等方面以三部曲形式概述,能让学生记忆深刻、思路清晰。③注重账簿在会计分录编制中的应用。账簿是会计信息的核心载体。将会计分录的讲解与账簿的分析结合起来,有助于学生提高会计分析思维,甚至活学活用,将会计思维用于日常生活管理。④注重会计和税务的有机结合。在教授会计基础知识的同时,培养学生的税务分析能力,也是改变会计和税法"两张皮"教学的有益尝试。

本书由郑振华担任主编;李华琴、陈佳、唐红英担任副主编;罗欣、郑丹婷、毛润华及盛文言等人参编。全书共 12 章。其中第 1 章、第 4 章、第 5 章、第 6 章、第 7 章、第 9 章、第 10 章、第 11 章由郑振华执笔;第 2 章和第 3 章由李华琴执笔;第 8 章由陈佳执笔;第 12 章由唐红英执笔;罗欣、郑丹婷、毛润华和盛文言参与了课后习题、案例设计、英文专业词汇翻译、资料搜集和文稿校对等工作。全书由郑振华负责总纂定稿。

本书编写过程中,参考了大量的资料,特别是第 1 章绪论中关于会计史的描述,凝聚了会计史研究前辈的心血,在此对他们表示衷心的感谢。本书引用的法律条文截至 2021 年 12 月 31 日,会计法规变化较快,我们也会于再版时给予修订。

随着人工智能、区块链、云计算等信息技术的快速发展,会计核算方式、手段都在传统基础上发生了翻天覆地的变化,一些信息技术应用广泛的企业可能已不再需要书中的部分实务内容,但是仍然需要了解和掌握其理论思想。会计的发展正处于一个大变革的时代,由于编者水平有限,书中难免存在诸多不足之处,敬请读者批评指正。

本书配有电子课件、教学大纲、课后习题答案。凡使用本书作为授课教材的教师可登录机械工业出版社教育服务网(www.cmpedu.com)注册后下载。

编 者

目 录

前 言

第1章 绪论 1
学习目标 1
1.1 中外会计发展史概述 1
1.2 会计的含义、职能和对象 10
1.3 会计核算的基本程序、方法与会计循环 12
1.4 会计法规、工作与职业介绍 16
知识训练 21

第2章 会计基本概念 22
学习目标 22
2.1 会计目标 22
2.2 会计基本假设 27
2.3 会计要素 30
2.4 会计确认 36
2.5 会计计量属性 38
2.6 会计核算基础和原则 40
知识训练 43

第3章 会计科目和账户 46
学习目标 46
3.1 会计科目 46
3.2 账户 51
知识训练 59

第4章 复式记账 61
学习目标 61
4.1 会计恒等式及其经济业务类型 61
4.2 复式记账法概述 68
4.3 借贷记账法 69
4.4 总分类账户和明细分类账户的平行登记 84
知识训练 89

第5章 企业主要经济业务的核算 94
学习目标 94

5.1 筹资业务的核算 · 94
5.2 采购业务的核算 · 102
5.3 生产业务的核算 · 118
5.4 销售业务的核算 · 137
5.5 利润及其分配业务的核算 · 151
知识训练 · 164

第 6 章 会计凭证 · 173
学习目标 · 173
6.1 会计凭证概述 · 173
6.2 原始凭证 · 174
6.3 记账凭证 · 181
6.4 会计凭证的传递与保管 · 191
知识训练 · 196

第 7 章 会计账簿 · 199
学习目标 · 199
7.1 会计账簿概述 · 199
7.2 会计账簿的分类 · 200
7.3 会计账簿的设置，基本内容、启用、更换和保管以及登记的基本要求 · 204
7.4 日记账的格式和登记方法 · 208
7.5 总分类账的格式和登记方法 · 210
7.6 明细分类账的格式和登记方法 · 211
7.7 错账查找及更正方法 · 215
知识训练 · 223

第 8 章 账户的分类 · 225
学习目标 · 225
8.1 账户按经济内容分类 · 225
8.2 账户按用途和结构分类 · 227
8.3 账户的其他分类方法 · 235
知识训练 · 237

第 9 章 会计期末工作 · 239
学习目标 · 239
9.1 期末账项调整 · 239
9.2 对账 · 244
9.3 结账 · 246
9.4 期末工作底稿的编制 · 250
知识训练 · 251

第 10 章 财产清查 · 254
学习目标 · 254
10.1 财产清查概述 · 254

V

10.2	货币资金清查及其会计处理	256
10.3	实物财产清查及其会计处理	261
10.4	往来款项清查及其会计处理	267
	知识训练	269

第11章 账务处理程序 … 272

	学习目标	272
11.1	账务处理程序概述	272
11.2	记账凭证账务处理程序	273
11.3	日记总账账务处理程序	274
11.4	通用日记账账务处理程序	276
11.5	汇总记账凭证账务处理程序	277
11.6	科目汇总表账务处理程序	285
	知识训练	298

第12章 财务报告 … 301

	学习目标	301
12.1	财务报告概述	301
12.2	资产负债表	304
12.3	利润表	315
12.4	现金流量表	320
12.5	所有者权益变动表	326
12.6	财务报表附注	329
	知识训练	329

参考文献 … 333

第 1 章

绪论

> **学习目标**
>
> **掌握**：会计定义的管理活动论和信息系统论；会计核算的基本程序；交易和事项的定义。
> **理解**：会计的职能；会计的对象；会计核算方法和循环。
> **了解**：会计的发展史；会计法规和职业介绍。

1.1 中外会计发展史概述

会计是社会发展到一定历史阶段的产物。会计发展与所处环境紧密相关，经济、社会、政治、法律、文化、风俗等因素都会影响会计发展进程。古人云："以铜为镜，可以正衣冠；以古为镜，可以知兴替。"了解会计发展历程，可以加深对会计的认识，洞察会计的发展趋势，提高学习会计的兴趣。

1.1.1 "会计"名词由来

会计的繁体字为"會計"。那么，"會"和"計"两个字是怎么创造出来的？具体表达什么意思呢？

会的繁体字为"會"。关于"會"字是如何创造出来的，有两种解释：一种是器具合一说，另一种是部首组合说。

器具合一说："會"字，其形为三种器具合一而成，上端如密合之盖，用以聚气；下部形如釜甑，用此盛水；中间形如一箅，其上则如谷米之形，此三种器具合一，正好配合成一套蒸具，表达了三器聚合之意。

部首组合说：东汉经学家许慎称："會，合也，从曾省。曾益也。"意思是说，"會"字是"合"字省略"口"留下"亼"；"曾"字省略上面"丷"，然后组合成"會"字。取"合"字上部分，合字之意；取"曾"字下部分，曾具有增加之意。清代文字训诂学家段玉裁也认为："会为其上下相合也，凡曰会计者，谓之合计也。皆非异议也……从曾之意，土部曰增益也，是则用曾者，增之字，如曾祖、曾孙之曾，即含益也。"意思是说曾为益，而益即是增的意思。

可见，"會"字从象形上，是三合而一的器具；从形体上，是合和增的组合。总体表现为会合、增加之意。最早出现的具有会计意义的账单是表现某些经济事项的数字之会合，故"會"字除有开会、聚会等会合之意，也有数字和金额的相加之意。

由于"會"字应用于多处场合，多有不便，后人采用了多音字区别字意。凡涉及会计中的"會"，原念为"guai"，后改为"kuai"，读音与"快"相同；与聚合有关的"會"，原念为"huai"，后改为"hui"，读音与汇相同。

计的繁体字为"計"，可以分为"言"字和"十"字。"言"字在甲骨文中表示为人的舌头与口连接一体的意思，舌和口相配合发出声音，故为"言"。对"十"的理解，东汉经学家许慎认为："十，数之具也，'一'为东西，'丨'为南北，则四方中央备矣。"意思是说"十"字中"横"代表东西，"竖"代表南北，横和竖交叉的地方代表中央。另外，司马迁所说"终于十"，意思是说"十"是区别十以内和十以外数字的转折点，十以内表示的是零星数字。将"言"字和"十"字组合成"計"字，故"計"字的原始含义更多体现为零星计算。如果从会计角度分析，"計"可以这样理解：早期的部落狩猎者从东西南北四面八方打猎归来，来到部落所在地（十字的交叉点），将各自猎物交付给部落主事者，部落主事者则要根据各方面口头所报简单数目加以验收，并将所有猎物加计得出一个总数。

有学者认为将"會"和"計"两字连用构成"會計"词组起源于夏代。在司马迁所著《史记·夏本纪》中有载："自虞夏时，贡赋备矣。或曰禹会诸侯江南，计功而崩，因葬焉，命曰会稽，会稽者，会计也。"又如《吴越春秋》中载，禹"三载考功，五年政定，周行五下，归还大越。登茅山以朝四方群臣……乃大会计治国之道……遂更名茅山曰会稽之山"两书中描述的大体意思是，禹经常在茅山召集诸侯考评封功，后不幸病死于茅山，后人为了纪念他，遂更名茅山为会稽山，即现位于绍兴的会稽山。会稽山中的"会"字念"gui"，读音与"贵"相同，在浙江绍兴的方言中便能体现出这种发音。

不过，另有专家认为，从夏代经济以及文字发展水平来看，"会稽"就是"会计"名称的起源不足以让人信服，能体现会计真正含义的"會計"名称应起源于西周。在西周时期，政治、文化、经济的发展状况才具备会计产生的环境基础。《周礼·天官》中称，"司会掌邦之六典、八法、八则……而听其會計。""司会"为主管会计官员的名称。清代数学家焦循结合《周礼》一书关于《岁会、月要、日成》之制加以考证，对西周时期关于会计的概念做出了明确的解说："会，大计也，然则零星算之为计，总合算之为会。"该含义体现了会计核算的基本功能。从会计造字来历考察，会计一词是中国会计发展史上具有深远意义的专业名词。不过，早期的"会计"与"计会"一般通用，含义大致相同。汉代以后，"会计"才逐渐成为固定的单一用法。

1.1.2 我国会计发展史概述

我国有着悠久深厚的文化史，其会计发展历史也是缤纷灿烂，可圈可点。

1. 原始社会会计

会计作为计量和记录工具，其计量和记录历史可以追溯到原始社会。在原始社会，原始计量和记录方法主要有简单刻记法、绘画记事（数）法、刻符记事（数）法、结绳记事（数）法、书契记事（数）法。

在旧石器时代的中晚期，原始人主要用简单刻记和绘画进行计数、记事。例如，在北京周口店山顶洞考古发现的一根长而弯曲的鹿角棒上，刻着弯曲或平行的浅纹道。考古工作者认为，这些划刻的图案排列整齐，是原始人用来计数或记事的。正如英国史前著名考古学家戈登·柴尔德（Cordon Childe）所说："旧石器时代的雕刻与绘画，并不只是一种神秘的'艺术冲动'表现，不是为了专门寻求乐趣，而是为了一个严肃的经济目的。"

在新石器时代，农牧业的发展导致了剩余物品的出现，剩余物品的出现促进了原始交换的发展和计量记录方法的改进，产生了刻符记事（数）法。原始人以骨、木、竹等为载体，在其上刻制各种简单形状的符号。有的符号比较简单，如在骨片的两边边缘每隔一段距离切割成锯子状的大小不同的缺口。有的符号较为复杂，如新石器时代晚期的马家窑文化遗址出土的彩绘符号，其符号除了象形符号外，还出现了一些抽象符号。

原始社会末期的青铜器时代和铁器时代，产生了结绳记事（数）法和书契记事（数）法。结绳记事（数）法初始是由居住在临水地区的人们在结网劳作过程中逐渐发明的一种计量方法。据唐代李鼎祚《周易集解》引《九家易》中称："古者无文字，其有誓约之事，事大，大其绳；事小，小其绳。结之多少，随物众寡，各执以相考，亦足以相治也。"结绳记事（数）法是后期会计演进和发展的基础，也被认为是数学的起源、统计的起源。近百余年来，结绳记事（数）法还在我国一些少数民族中使用。如佤族人应用结绳处理债权债务，傈僳族用结绳考核生活费用。书契记事（数）法则是原始社会末期最高层次的记录方法。《周易·系辞下》称："上古结绳而治，后世圣人，易之以书契。"契，刻矣，书契，即刻或写在骨片、竹片、石片上的抽象符号，考古学者称为甲骨文。书契（符）中既有反映数量含义的抽象数字，也有反映实物含义的文字。书契被认为是中华灿烂文字的起源，也是中国史前会计研究的重要对象。

2. 奴隶社会会计

我国进入奴隶社会后，会计的发展有两条主线：一条是官厅会计，另一条是民间会计。由于经济发展落后，民间会计发展很不充分，会计的发展主要集中在官厅会计。在奴隶社会，国家财政管理与会计密不可分，相互影响，所以一般将财政和会计合称"财计"，共同构成了官厅会计的内容。

在奴隶社会，西周是高度发达的奴隶制国家，会计史研究者认为真正的会计应该从此朝代开始。其会计发展成就主要表现为：

（1）在会计组织机构设置方面，建立了独立的国家财计机构。据《周礼》记载，在周王之下，设有太师、太傅、太保，号称"三公"，"三公"以下又设有天、地、春、夏、秋、冬六官，统称为"六卿"，其中天官之长为太宰（大宰），负责总揽财政、会计在内的一切政务大权。天官大宰理财主要依靠两大职能部门，一个是会计组织部门，这个组织部门的最高长官为司会；另一个是国库组织部门，最高长官为小宰。

（2）在政府会计报告制度方面，设立了大计制度。大计，即下属各级官员定期向上级汇报，接受中央行政长官的考核。据《周礼》记载，大宰每三年要对群吏进行一次大计，以会群吏上报的治功文书。在会计机构内部则要交互考核，司会主持"以参互考日成，以月要考月成，以岁会考岁成。"其中日成、月要、岁会相当于现在的日报、月报和年报。

（3）在会计核算方法方面，将国家收入和支出分设为九赋、九贡、九式。九赋是指税赋收入，九贡是指贡品收入，九式是指九种支出。其中规定九赋与九式要相互匹配，例如"关市之赋，以待王之膳服；邦中之赋，以待宾客"，体现了财政收入专款专用，量入为出的财务管理思维。官厅会计中以"入"和"出"作为记账符号，入出记账法在周代产生后，一直被后续各朝政府使用并完善，直到清代才逐渐被收付记账法所取代。

（4）在会计结算方法方面，官厅会计中已开始运用三柱结算法。三柱结算法公式为：入-出=余。与单纯地依靠实物盘点结算法计算期末财产余额相比，利用入（收入）、出（付出）、余三要素计算财产增减和结余是重大突破。三柱结算法的缺陷是"入"中既包括期初结余又包括本期收入，无法区别期初结余财产和本期收入财产的数量。

（5）在会计原始凭证方面，诞生一种叫"傅别"的原始凭证。《周礼》记载，小宰"听称责以傅别"。傅别是民间借贷中用以证明债权和债务关系的一种凭证，傅别正面书写借贷情况，背面是大大的签字，然后沿着签字剖成两半，借贷双方各执一半，相当于现在有些文书上盖的骑缝章，反映了当时的会计控制方法。

3. 封建社会会计

进入封建社会后，中国会计的发展随着各朝经济的发展而发生演变和创新。

春秋战国时期，是我国历史上从奴隶社会转变为封建社会的重要时期。代表人物管仲是当时著名的财经专家，他善于理财，是我国会计发展史上颇有影响的人物。《孟子·万章下》中记载，孔子曾为委吏一职，提出"会计当而已矣"的思想。在政府会计报告方面，推行上计制度，要求地方各级政权定期逐级向中央汇报政绩，并接受考核。在会计凭证和账簿方面，据《秦律》记载，会计部门记录财物收支情况的账簿叫"籍"，例如，秦代《仓律》规定"入禾稼、刍、稿，辄为廥籍"。仓库保管部门记录财产物资的账簿叫"题"，发出物资凭证叫"官致"，注销物资损失证明叫"用书"。

秦始皇二十六年（公元前221年），秦王嬴政统一中国，推行统一文字、度量衡，财政赋税制度建设颇有特色。主要表现为：①在财计组织机构设置方面，在皇帝下设置丞相、御史大夫和太尉，号称"三公"。三公下分九卿。丞相是最高行政长官，负责全国政务工作，御史大夫分掌政治、经济监察工作，太尉负责全国军事。御史大夫行使监察权，与丞相之间形成一定的相互牵制关系。九卿中，掌管财计者，一为治粟内史，二为少府，基层会计人员称为"计"。②国家财政与王室财政独立核算。在秦代之前，国家财政与王室财政混为一体，而自秦始皇开始，将中央机构分为朝廷和宫廷两大系统，内史负责掌理国家财政，少府负责掌管皇室财政。把国家财政和王室财政分开核算，是秦朝中央会计机构改革的创举，对后续朝代影响深远。在秦代，会计账簿称为"籍"或"籍书"。钱籍便是登记钱币出入的账簿。

进入汉代后，汉代的会计发展主要表现为：①上计制度更加被国家重视，出现了专门为上计制度制定的法律《上计律》，要求基层政府每年每月逐级呈递上计报告。该报告文书叫作"上计簿"，亦称计簿。②西汉政府为了加强税收管理，开创了编户制度。编户制度将民户编列入册，相当于现在的户籍，国家的财政收支计划依据户籍情况编制。西汉时期的编户制度是后来唐代计账、明代黄册、鱼鳞册编报制度和编制方法的发展基础。③经济凭证当时叫作"券书"，与会计相关的文书叫作"簿"。

唐代，是我国封建经济繁荣发展的鼎盛时代，会计发展主要表现为：①财计组织分工,专设审计机构。唐代中央的组织体制为"三省六部制"。三省分别为尚书省、中书省和门下省。尚书省下设吏部、户部、礼部、兵部、刑部和工部等六部,其中刑部下设比部,负责行政审计和军事审计。从组织设置和职责分工来看,特别是成立比部这一审计机构,并隶属于刑部,体现了审计的独立性和权威性,是古代审计组织建制的典范。户部下设本部、度支、金部和仓部。本部负责税收工作,度支负责会计核算和财政预算,金部负责钱帛出纳的签批事项,仓部负责粮谷出纳的签批事项。②在会计结算方法方面,被认为是中式会计方法的精髓、在世界会计史上都具有重要地位的"四柱结算法"已在唐代中期初露名目。四柱结算法脱胎于三柱结算法,它与三柱结算法的根本区别是:将本期收入数与上期结余数划分开来。这一划分对国家财政收支管理具有十分重要的意义。四柱结算法的公式为:旧管+新收-开除=实在。旧管相当于期初余额,新收相当于本期收入,开除相当于本期支出,实在相当于本期期末余额。四柱结算法的公式可以说是现代会计公式"期初余额+本期收入-本期支出=期末结余"的理论根源。公式移动后变为"旧管+新收=开除+实在",则又可以检查财务收支的平衡情况。四柱结算法运用时,四项要素从右到左顶天向下书写,具体的各要素明细项目写在各要素之后且要低于总要素的书写位置,高突的四个要素如同四根柱子,故称为四柱结算法。以这种格式书写的会计报告文件又被后人称为"四柱清册"。③在会计凭证、账簿使用方面,出现了以账代簿,并出现了"账簿"连用的名称。但是账和簿有细微区别,在署为簿,在寺为账,在行政级别上,寺大署小,寺之账一般指汇总账,署之簿为明细簿,相当于现在的总账和明细账。④唐开元二十四年(公元736年),户部尚书李林甫奏表颁发《长行旨条》,这是我国财政史上最早出现的全国性财政预算文件。唐宪宗元和三年(公元808年),宰相李吉甫撰书《元和国计簿》,共计10卷,为我国第一部会计专业著作。

宋代初期,农业发达、工商业繁荣,发明了活字印刷术,发明了我国也是世界上最早的纸币——交子,促进了当时会计的大发展。在这个时期,会计发展主要表现为:①中式三账。据考证,宋代民间工商业就已经初步设置了"中式三账"的账簿体系。"中式三账"是指草流、细流和总清三种账簿。草流,相当于现在原始凭证用的序时账簿,亦称草账、草批、底簿、底账。草流起于唐宋,完善于明清,在清末民初西式簿记的引进和中式簿记的改良过程中逐渐消亡。在宋代民间工商业中,草流多在白天登记,晚间和营业结束时将草流上的信息登记到细流,草流起到了记账凭证和备忘的作用。细流,相当于现在日记账的账簿。亦称日流、清流、汇流。总清,为分类核算作用的汇总账簿,相当于现在的总账。②四柱清册。四柱清册又称为四柱移交清册或奏销册,是宋代会计的重大发明。它是当时政府部门在办理财物移交或报销时编制的报告清册。清册按四柱结算法的四个要素结构进行编制。四柱清册(见图1-1)是我国历史上具有中国特色的会计报表,且设计合理,是之后历代政府使用的会计报告模板,在官厅和民间均广为流行。③算盘。据考证,在宋代已使用串档算盘。有专家鉴定,在宋代著名画家张择端的《清明上河图》中,画卷末端的"赵太丞家"药店柜台上放置的两样物品,其中一样为记账用的水白牌,另一样则为一把15档的串珠算盘。1921年,河北巨鹿挖掘出北宋大观二年(公元1108年)被洪水淹没的王、董故宅的一颗木制算盘珠,中间有串档孔,是宋代使用串档算盘的物证。在宋代,会计账簿叫作"账",各类统计簿叫作"籍"。但是通常把会计与统计记录簿都统称为"簿账"。

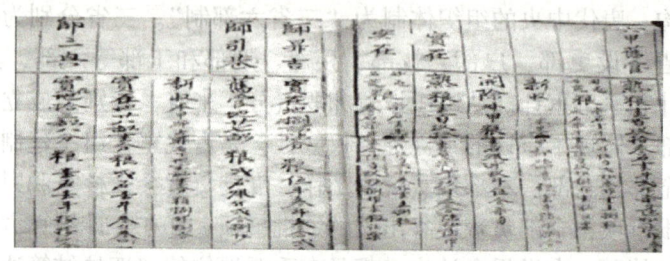

图 1-1 四柱清册

明代时期,会计发展也是可圈可点的。主要表现为:①黄册和鱼鳞图册。黄册和鱼鳞图册是明代皇朝提高国家征税水平的重要财计工具。黄册是以黄色纸张裱制封面,记载户口、人丁及产业情况的户籍簿册名称。黄册以户为单位,详细登记各户的籍贯、姓名、年龄、田宅、职业等信息。鱼鳞图册是专门记录土地的户主、户主持有土地形状与面积的田亩账簿名称,因绘制的不同所有者的地块相互毗邻,状如鱼鳞,故得名"鱼鳞图册",类似于现在的土地登记证。②"三脚账"。三脚账是在单式记账法基础上演进而成的不完全的复式记账法。它的主要特点是:对涉及现金收付的业务,忽略现金一方的登记,只记录现金的收方和付方,此谓"一只脚"。例如,用现金购买货物,只记录货物账,不记录现金账。对不涉及现金收付的业务,则要同时登记两个账户,以反映业务的来龙去脉,此谓"二只脚"。这样,处理涉及现金业务的记账方法为"一只脚"的单式记账法,处理其他业务的记账方法为"二只脚"的复式记账法,合称为"三脚账"。三脚账又称"跛脚账"。③"龙门账"。明末清初,民间开始流行一种名叫"龙门账"的复式记账法。据说龙门账是山西商人富山根据"四柱清册"原理创造的。其特点是将商家业务核算对象设置为"进""缴""存""该"四大要素。"进"是指收入;"缴"是指支出;"存"是指财产物资及对外债权等;"该"是指对外债务和投资等。四大要素满足"进-缴=存-该"。其中"进-缴"相当于现今的利润,"存-该"相当于现在的净资产。商家利用龙门账编制报表时要编制两大报表:一是反映经营盈亏的"进缴结册",相当于现在的利润表;二是反映资产负债关系的"存该结册",相当于现在的资产负债表。编制完之后,依据公式"进-缴=存-该"进行核对,如果不相等,意味着核算有误;如果相等,则称"合龙门"。这种对账过程类似于古代修建大坝时由两端向中间施工,最后在中间交接"合龙"的方式。故将此会计核算方法称为"龙门账"。龙门账设计科学严密,实用性强,推动了我国会计从单式记账向复式记账的转变,是中式簿记理论质的飞跃。④在明代,账簿名称已由"簿账"改为"账簿"。账簿具有统一的格式,账页中间以腰线为界将账页分为上下两部分,腰线以上专门记录收入项目,腰线以下专门记录支出项目,这种"上收下付"的格式一直是中式记账的特色。

到了清代,会计发展主要表现为:在"三脚账"和"龙门账"的基础上,产生了"四脚账"。它弥补了三脚账中不登记现金账的"一脚",故称"四脚账"。四脚账实现了所有业务的复式记账,体现了"有来必有去,来去必相等"的记账规则。登记账簿时,凡收方(来方)记在账簿的上方,称为"天",付方(去方)则登记于账簿的下方,称为"地"。结账时,账簿上方的合计数应等于账簿下方的合计数,即"天"与"地"相合,故曰"天地合"。所以四脚账又称"天地合账"。在核算原理上已与西方的复式记账法相同。

清代后期，随着官办企业的产生和发展，西式复式记账法逐渐传入我国。蔡锡勇父子编制的《连环账簿》为传播借贷记账法做出了巨大贡献。谢霖和孟森合著的《银行簿记学》为我国银行业采用借贷记账法奠定了理论基础。光绪三十四年（公元1908年），清政府创办大清银行，使用借贷记账法进行记账，标志着借贷记账法开始在我国应用。

在我国的封建社会，地主土地所有制是封建等级统治的经济基础。民间经济主要集中在地主庄园，庄园会计是封建社会时期民间会计的主要表现形式。在一些大的地主庄园里，会模仿官厅会计设置与其相似的组织机构。一般会设两个部门：一是会计部门，负责庄园的收支核算；一是仓储部门，负责庄园财物管理。如山东孔氏地主庄园中，就专设"司房"，主管会计工作。司房中又配会计主办、帮办、粮库出纳等。到了清代，孔氏地主庄园则将"司房"改为"内账房"，设总师爷一人，统管内账房事务。明清时代，账房遍布庄园、商铺、钱庄、票号、典当行、手工作坊等多个行业，成为一种民间流行的会计机构，账房先生成为专职会计人员的代名词。

1.1.3 外国会计发展史概述

奴隶制国家，如古埃及、古巴比伦、古希腊等，会计的发展主要以官厅会计为主。在古埃及，记录官在财政机构中扮演最重要的角色。甚至有人认为"埃及帝国是靠记录得以巩固的"。古巴比伦国汉谟拉比大约在公元前1776年颁布的《汉谟拉比法典》被称为世界上最古老、最完备的法典，该法典详细制定了如商业契约、地契、利率、利息等与会计事项有关的定义和标准，在古巴比伦会计发展史上具有重要影响。在古希腊，民主政治一度盛行，官吏经济责任审计与民主政治制度相伴相终。

在民间，庄园经济占据主体地位，庄园会计具有一定特色。欧洲庄园一般实行管家制度，庄园的经济决策权把握在奴隶主手中，管家则执行奴隶主的决策指令，对整个庄园经济的日常管理工作负责。在庄园经济模式下，管家要定期编制会计报告，向奴隶主报告其履职责任，奴隶主则根据会计报告考核管家的受托经济责任情况。有的管家则将会计工作委托给那些受过良好教育的奴隶，从而形成了"代理人记账制度"。在一些大的庄园，庄园主认识到会计账目的重要性，会聘请官方的审计人员来检查管家的账目，这又诞生了"庄园审计"。

在西方封建社会，会计发展上可圈可点的要数意大利的复式簿记。1076年，土耳其人占领了耶路撒冷。罗马天主教会与封建主、大商人们打着宗教的幌子，先后发动了9次十字军东征，时间跨度长达200年。这场旷日持久的战争也间接重开了自西罗马帝国灭亡后衰落的国际贸易。在战争中，欧洲商人们也在进行东征，他们将本地商品出口到东方，将东方的丝绸、香料、茶叶等转卖到欧洲。意大利的热那亚、威尼斯、佛罗伦萨等主要地中海沿海城市成为跨境交易的中转站。商贸的发展也促进了典当、借贷等金融业的发展，使得这些城市成为意大利的金融中心。银行业务发达，银行资本家们面对复杂的借贷业务，通过实践摸索，创造性地发明了复式簿记。1494年，意大利数学家卢卡·帕乔利（Luca Pacioli）在《算术、几何、比及比例概要》一书中，专门用一个章节"计算与记录详论"阐述了威尼斯复式簿记的基本原理。这被会计界公认为是会计发展史上一个光辉的里程碑。德国诗人歌德（Goethe）称赞其为"人类智慧的绝妙创造"；经济史学家松巴特

（Sombart）认为"创造复式簿记的精神也就是创造伽利略和牛顿系统的精神"。人们甚至将卢卡·帕乔利称为"会计之父"。

18世纪中期，以蒸汽机的发明及应用为代表，西方国家开始了轰轰烈烈的工业革命：生产技术空前发达，重工业发展促进了机器设备等固定资产的长期投资；股份制企业的出现促进了所有权与经营权的分离；新环境、新经济促进了新的会计理论和方法的诞生，其中较为典型的有财务报表审计制度、成本会计理论、折旧会计理论、划分资本与收益理论等。

在英国，民间审计的发展一直领先于其他国家，世界上第一位审计师、第一个注册会计师协会均诞生于英国。1720年4月12日，南海公司虚构业绩发行股票，股票被投资者爆炒，公司董事成员认为公司股价与公司内在价值严重不匹配，便于8月开始决然抛售所有股票，众多股民知晓后也疯狂抛出股票，股价暴跌，南海公司之后宣告破产，这就是历史上著名的"南海泡沫案"。南海公司的破产给股民和债权人造成了巨大损失，他们强烈要求赔偿损失和严惩舞弊者。于是英国议会派出精通会计的教师查尔斯·斯内尔（Charles Snell）对南海公司进行账目检查。依据其出具的检查报告，议会对公司董事成员进行了处罚。南海公司的破产案和查尔斯的查账促进了英国审计行业的发展，查尔斯也被人们认为是世界上第一位审计师。1854年，英国的爱丁堡会计师协会诞生，被公认为世界上第一个注册会计师协会。1862年，英国《公司法》确立了审计报告的标准样式，该法被人们称为"会计师的朋友"。英国的民间审计至今在世界上仍具有较高地位。成立于1939年的英国注册会计师公会（Association of Chartered Certified Accountants，ACCA），是一个国际性组织，已在世界上100多个国家开展注册会计师资格考试。

工业上惊人的革命必然会引起会计核算上的革命。生产工艺流程日趋复杂，促进了成本会计理论和方法的蓬勃发展。作为工业革命的发源地，英国是早期成本会计理论形成的主要贡献国家。1878年3月，英国的托马斯·巴特斯比（Thomas Battersby）出版了《优秀的复式簿记人员》，该书主要论述工业企业成本核算，提出了"主要成本"的概念，认为主要成本包括直接材料和直接人工，并认为应将主要成本在各产品对象之间分摊，同时提出了直接费用和间接费用的区分标准，认为折旧应是成本的组成部分。1887年，英国的埃米尔·卡克（Emile Carcke）和J. M. 费尔斯（J. M. Fells）合作出版了《工厂会计》，该书详细介绍了工业企业会计核算的特点。1889年，英国会计师G. P. 诺顿（G. P. Norton）出版了《纺织工厂簿记》，书中以纺织厂为例，认为成本核算要设置"生产账户"，并以它为中心汇总各种作业成本。1896年，J. S. 刘易斯（J. S. Lewis）在其出版的《工厂的商业组织》一书中，提出了间接费用的处理方法。20世纪之后，高速发展的美国工业经济促使美国成本会计惊人发展。1909年，有美国"成本会计之父"之称的杰罗姆·李·尼科尔森（Jerome Lee Nicholson）出版了《尼科尔森与工厂组织和成本》，书中对当时流行的成本核算理论与实务进行了总结和改善，该书成为推动当时成本会计实务发展的一本巨著。1920年，美国的查特·哈里森（Charter Harrison）发表了一组成本差异分析公式，确定了标准成本制度的核算思想和方法。1928年，美国西屋公司的工程师和会计师们设计了"弹性预算"方法。此外，本利图、直接成本计算、资本预算等成本理论相继被提出并运用到实践中。

股份制企业的发展，促进了所有权和经营权的分离，在此背景下，美国的会计学代表人物威廉·安德鲁·佩顿（William Andrew Paton）于1922年出版了经典名著《会计理论》，该书首先提出了会计的主体理论，发展了会计要素学说。书中批驳了业主主体理论，提出了企业主体理论，认为要将企业的收益和股东的投入资本相区分。威廉·安德鲁·佩顿与A.C.利特尔顿（Ananias Charles Littleton）在1953年合作出版了《会计理论结构》，书中开宗明义指出"收益确定是会计的重心，计算收益时要严格区分收益性支出和资本性支出"。这表明了利润是投资者关注的重点，会计核算要考虑满足投资决策的需要。

1920年之后，美国经济大萧条，股市崩溃。人们痛定思痛，在思考经济危机的原因时发现，松散的会计实务管理和缺乏规范的财务披露制度是其中的重要原因之一。于是，人们迫切要求制定统一的会计原则来规范会计核算。受美国证券交易委员会的委托，美国会计师协会下设的会计程序委员会（Committee on Accounting Procedure, CAP）开始从事会计原则的制定工作。1939年，CAP发布了第1号公认会计原则——《会计研究公报》，公认会计原则（Generally Accepted Accounting Principles, GAAP）的制定和公布，标志着世界上第一份会计准则诞生，标志着会计的发展进入了更高阶段。有学者认为，以此事件为标志，之后的会计发展进入了现代会计发展阶段。此后的20年间，CAP共发布了51份公报。1959年，会计原则委员会（Accounting Principles Board, APB）取代CAP。1972年，美国财务会计准则委员会（Financial Accounting Standards Board, FASB）取代APB，专门制定会计准则。

2001年，全球能源巨头安然公司因财务造假申请破产，其审计公司国际会计事务所安达信也受到牵连，宣告解散。针对像安然公司这类大型公司的财务舞弊案，美国于2002年出台了《2002年公众公司会计改革和投资者保护法案》，该法案由萨班斯和奥克斯利两位议员联合提出，故又称《2002年萨班斯—奥克斯利法案》（简称SOX法案），该法案在公司治理结构、证券市场监管等方面都做出了重大改革。时任美国总统布什在签署法案的新闻发布会上称，该法案是"罗斯福总统以来美国商业界影响最为深远的改革法案"。

1952年，国际会计师联合会年会在伦敦召开，会上正式通过了"管理会计"这一专业术语。从此，企业会计被分为财务会计和管理会计两大分支。管理会计的出现，极大地丰富了会计学的内容，特别是在人工智能、大数据、云计算的背景下，传统会计核算正慢慢被财务机器人所代替。管理会计登上会计舞台的中央，在经济决策中发挥着重要作用。

1973年，澳大利亚、英国、加拿大、法国等九个国家的16个主要会计职业团体在伦敦成立了国际会计准则委员会（International Accounting Standard Committee, IASC），从事国际会计准则（International Accounting Standards, IAS）的制定工作。2002年国际会计准则委员会改组为国际会计准则理事会（International Accounting Standards Board, IASB），负责制定和修订国际财务报告准则（International Financial Reporting Standards, IFRS）。截至2019年，已超过140多个国家和地区采用国际财务报告准则。我国于2006年开始全面推行会计准则，并实现了与国际财务报告准则的实质性趋同。会计准则作为一门国际商业语言，与世界接轨，对我国扩大对外开放和促进投资，发挥着巨大的作用。

通过以上对中外会计发展史的概述，我们可以得出以下结论：会计发展与经济发展并行，落后的经济不可能产生先进的会计理论和方法，只有发达的经济才能为会计的发展提供充足的土壤和养分；科学技术是促进经济发展的原动力，也是促进会计发展的巨大动力；大事件促进大改革，会计总是在剧烈的改革环境中迸发出新的活力。

在未来，新科技、新创造、新发明层出不穷，新经济、新业态、新模式百花争艳，这必将为今后的会计发展提供更加广阔的发展空间。经济越发达，会计越重要，会计工作者一定能在这样广阔的空间里实现人生价值。

1.2 会计的含义、职能和对象

1.2.1 会计的含义

什么是会计？从字面意思来分析，汇总算之为"会"，零星算之为"计"，会计总体上与数字处理有关。但是，会计的本质究竟是什么？这是定义会计的前提。对会计本质的认识，大致有四种不同的观点，分别是管理工具论、管理活动论、艺术论、信息系统论。其中，主流观点为管理活动论和信息系统论。

1. 管理活动论

持有管理活动论观点者认为，会计的本质是一项经济管理活动。会计工作是一种经营管理工作，会计部门是企业的一个经营管理部门。

在早期西方管理理论中，会计管理活动论的思想已经存在。古典管理理论主要代表人物亨利·法约尔（Henri Fayol）在 1916 年发表的《工业管理与一般管理》一书中，强调了会计在企业经营管理中的作用。在该书中，法约尔认为经营和管理是两个不同的概念，经营由技术活动、营业活动、财务活动、安全活动、会计活动、管理活动六个部分组成。管理则包括计划、组织、指挥、协调和控制五大要素。会计活动包括会计组织、成本核算、成本控制等活动，它们与管理密切相关。

在我国，会计管理活动论的提出始于 20 世纪 80 年代，代表人物是杨纪琬和阎达五教授等。1980 年年初，在中国会计学会成立大会上，他们做了题为《开展我国会计理论研究的几点意见——兼论会计学的科学属性》的报告。在报告中提出"会计不仅仅是管理经济的工具，它本身就具有管理的职能，是人们从事管理的一种活动"。1982 年，两位教授还在《经济理论与经济管理》刊物上发表了题为《论"会计管理"》的文章，再次提出"会计这一社会现象属于管理范畴，是人的一种管理活动，会计的功能总是通过会计工作者从事的多种形式的管理活动实现的"。

随着管理理论的不断发展，会计管理的内涵和外延也在不断发展，会计管理功能已深入人心。目前，已从会计学中分离出一个热门的分支学科——管理会计。

2. 信息系统论

信息系统论的观点认为，会计本质是一个经济信息系统。会计是一个收集信息、加工信息、处理信息、输出信息的系统，经过系统处理后的信息提供给信息使用者，供其决策使用。

在国外，会计信息系统论思想最早源于美国会计学家 A. C. 利特尔顿。他在 1953 年出版的《会计理论结构》一书中指出："会计是一种特殊门类的信息服务……会计的显著目的在于对一个企业的经济活动提供某种有意义的信息。"1966 年，美国会计学会（American Accounting Association, AAA）发表的《会计基本理论说明》中明确指出"从本质上讲，会计是一个信息系统。"1970 年美国注册会计师协会（American Institute of Certified Public Accountants，AICPA）所属的会计原则委员会在其发布的第 4 号公报中也指出："会计是一种服务活动。它的功能是提供有关经济事项的定量信息"。在信息论、系统论和控制论等管理理论的发展指导下，信息系统论被西方国家理论界和实务界普遍认可，并由此引申出决策有用观的会计目标。

在我国，会计信息系统论于 20 世纪 80 年代引入国内，并得到了许多会计研究者的重视，其中的代表人物有厦门大学葛家澍教授等会计泰斗。葛家澍、唐予华教授在《关于会计定义的探讨》一文中对会计的定义为："会计是旨在提高企业和各单位的经济效益，加强经济管理而建立的一个以提供财务信息为主的经济信息系统。"

会计目前还没有形成完全统一的定义。财政部会计资格评价中心编写的初级会计职称考试用书《初级会计实务》（2019 版）中，将会计定义为："会计是以货币为主要计量单位，采用专门方法和程序，对企业和行政、事业单位的经济活动进行完整的、连续的、系统的核算和监督，以提供经济信息和反映受托责任履行情况为主要目的的经济管理活动。"中国注册会计师协会编写的注册会计师全国统一考试辅导教材《会计》（2019 版）中，将会计定义为："会计是以货币为计量单位、反映和监督一个单位经济活动的一种经济管理工作。"

总体来讲，上述定义把管理活动论和信息系统论的观点进行了适当整合。一方面，强调会计是一门管理活动或管理工作，具有监督职能；另一方面，认为会计具有核算职能，以提供经济信息和反映受托责任履行情况为目标。核算是会计信息系统的主要功能，提供经济信息是会计信息系统的目标。

1.2.2 会计的职能

会计的职能是指会计在经济管理中所具有的功能。它体现了会计的本质特征。会计的基本职能包括会计核算和会计监督。

1. 会计的核算（或反映）职能

核算又称反映，会计核算（或反映）职能是会计最基本的职能。会计核算（或反映）职能是指会计以货币为主要计量单位，通过对特定主体的经济活动进行确认、计量和报告，如实反映特定主体的财务状况、经营成果和现金流量等信息。会计反映的信息属于事后信息，是对企业经济活动及其结果的历史写照。虽然历史信息描述的是过去的事实，但是属于事实反映，仍然具有相当高的使用价值。这些事后信息经过整理和分析，又将变成预测信息。基于过去，面向未来，其所反映的信息能够满足决策者的信息需求。

2. 会计的监督（或控制）职能

监督又称控制，会计的监督（或控制）职能是指利用会计核算所提供的经济信息对会计主体的经济活动进行控制和指导。会计监督主要是对经济活动和相关会计核算的真实性、合法性和合理性所实施的审查。真实性审查，是指检查各项会计核算是否与实际发生的经济业务相符合。合法性审查，是指检查各项经济业务是否符合国家相关的法律法规，有否违反财经纪律问题。合理性审查，是指检查各项经济业务是否符合经济运行的客观规律和单位的内部管理要求。

会计监督贯穿于会计管理活动的全过程，包括事前监督、事中监督和事后监督。从广义的角度来讲，会计监督包括单位内部监督、社会监督和政府监督，它们构成了"三位一体"的会计监督体系。

会计核算和会计监督职能是紧密联系、相辅相成的。会计核算是会计监督的基础和前提，没有核算职能提供的信息，监督就没有客观依据，就不可能进行会计监督。会计监督是会计核算的深化和发展，只有通过会计监督，才能进一步促进会计核算的正确性和有效性。

当然，除了上述两大基本职能以外，随着经济的发展，会计职能也在不断发展和更新。比如，会计还具有评价经营业绩、预测经营前景、参与经济决策等职能。

▶ 1.2.3 会计对象

会计对象是指会计核算和监督的对象。企业活动纷繁复杂，但并不是所有的活动都属于会计核算和监督的对象。会计核算和监督的对象专指企业发生的以货币表现的经济活动。货币表现的经济活动又称为资金运动。因此，会计对象就是资金运动。

通常，将企业日常生产经营和业务活动中的资金运动称为经济业务事项。经济业务事项包括经济业务和经济事项两类。经济业务又称交易（Transactions），是指本单位与其他单位和个人之间发生的各种经济利益交换，如企业向A公司销售产品、从B公司购买材料、向国家缴纳税款等。经济事项简称事项（Events），是指单位内部发生的具有经济影响的各类事项，如计提折旧、车间领用材料生产等。在不加区别的情况下，交易和事项统称会计事项。

会计对象按其活动性质可以分为：筹资活动、投资活动和经营活动。

会计对象按其经济内容可以分为：①款项和有价证券的收付；②财物的收发、增减和使用；③债权、债务的发生和结算；④资本的增减；⑤收入、支出、费用、成本的计算；⑥财务成果的计算和处理；⑦需要办理会计手续，进行会计核算的其他事项。

1.3 会计核算的基本程序、方法与会计循环

会计信息的处理过程有一定的程序，每道程序有一定的方法。会计核算的基本程序与方法相辅相成。会计核算的基本程序包括会计确认、会计计量、会计记录和会计报告四个环节，这四个环节通过会计核算方法来完成。

▶ 1.3.1 会计核算的基本程序

1. 会计确认

会计确认（Recognition）是指依据一定的标准，对企业生产经营活动中发生的各项经济业务加以辨认，并确定其能否进入、何时进入会计处理系统及如何进行报告的过程。会计确认主要解决某一个经济业务是否确认、如何确认、何时确认的问题。它包括初次确认、再次确认和终止确认。初次确认解决会计记录的问题，再次确认解决在报表中列示的问题。

会计确认要求确认内容具备"可定义性""可计量性""相关性""可靠性"等基本标准。会计确认是正确进行会计核算的基础，是做好会计计量的前提。

会计确认的具体含义将在第 2 章中做进一步的阐述。

2. 会计计量

会计计量（Measurement）是指借助于货币形式对企业经济活动中内含的数量关系进行计算和确定。会计计量是在会计确认的基础上，将经济活动予以数量化。就企业经济活动而言，会计确认解决"定性"问题，而会计计量解决"定量"问题。

会计计量涉及两方面的内容：一是计量单位；二是计量属性。

会计计量单位是指计量的度量单位，会计核算中主要以货币作为计量单位，但也经常会用一些实物等其他度量单位进行辅助计量。货币单位可以分为名义货币单位和不变货币单位。名义货币单位是以币值稳定为基本假设；不变货币单位又叫一般购买力单位，其考虑了通货膨胀的因素。

会计计量属性是指计量客体的特征或外在表现形式。普遍认可的计量属性包括历史成本、重置成本、现值、可变现净值和公允价值等。

3. 会计记录

会计记录（Record）是指各项经济业务经过会计确认、会计计量后，采用一定方法在账户中加以记录的过程。会计记录是对经济业务进行分类、加工和汇总的过程。只有经过这一程序，经济业务信息才能被进一步加工处理成会计信息。

在实务中，会计确认、会计计量和会计记录是紧密结合、相辅相成的三个过程性环节，会计确认和会计计量是会计记录的基础，会计记录又是会计确认和会计计量的结果。

4. 会计报告

会计报告（Report）又称财务会计报告或财务报告，是指以账簿记录为依据，采用表格和文字形式，将会计数据提供给会计信息使用者的书面报告。从会计信息系统来看，会计报告是会计核算的最后一道程序，会计工作的成果最后通过会计报告所披露的信息反映出来，会计信息使用者一般通过会计报告来获取会计信息。

财务报告包括财务报表和其他财务报告。财务报表是企业财务报告的主体内容，主要由反映企业财务状况的资产负债表、反映企业经营业绩的利润表和反映企业现金流量的现金流量表及其三大报表的附注组成。

会计确认、会计计量、会计记录和会计报告是企业财务会计的基本内容，其相互关联、相互影响，构成会计信息系统运行的基本程序。

▶ 1.3.2 会计核算方法

会计核算方法是指会计核算时所使用的各种处理方法。它是在我国会计实践中形成的一套完整规范的实务操作方法。会计核算方法具体包括设置会计科目和账户、复式记账、填制和审核凭证、登记账簿、成本核算、财产清查与编制财务报告等。

1. 设置会计科目和账户

设置会计科目和账户是会计核算的起点。会计人员开展会计核算时，首先要找到所要核算的会计要素，确定会计要素的名称，即会计科目的名称，再根据会计科目的性质设置相应结构的账户。设置账户时，账户的名称就是会计科目的名称，有了账户之后就可以在账户中详细、连续、系统地记录发生的业务。

2. 复式记账

复式记账是所有会计核算方法中最重要的、也是最难的方法。复式记账是对发生的每一项经济业务都要以相等的金额，同时记入两个或两个以上相互对应账户的一种方法。复式记账相当于翻译，通过复式记账，将企业的经济业务翻译成专门的会计信息。复式记账能够清晰地反映经济业务的来龙去脉，而且可以进行试算平衡，查找记账差错。复式记账方法是本书的核心内容，后续会详细介绍。

3. 填制和审核凭证

填制凭证又称制单。凭证是复式记账的载体，复式记账是在凭证上完成的。填制好的会计凭证是记录经济业务和明确经济责任的书面证明，是登记账簿的依据。凭证填制完成后，还需经过相关人员审核，在保证无误的前提下，将凭证的内容登记到账簿中。

4. 登记账簿

登记账簿又称过账。它是根据审核无误的会计凭证，将凭证上的会计信息登记到相应的账簿中。会计凭证上登记的信息较为凌乱，将凭证上凌乱的信息登记到账簿后，能够将凌乱的信息变得清晰，方便查阅。账簿记录也是编制财务报告的重要依据。

5. 成本核算

成本核算要求平时归集成本核算的各项目，月末结转已完工产品的生产成本，计算已销售产品的成本。成本核算是会计核算的重要内容。成本核算是按照一定的成本核算对象，对生产经营过程中所发生的各种成本费用进行归集，以确定各个对象的总成本和单位成本的一种专门的方法。

6. 财产清查

根据相关会计法律法规，企业要定期或不定期地开展财产清查。财产清查是指通过盘点实物、核对账目以查明各项财产物资实有数额的一种专门的方法。财产清查的意义：一方面是会计核算的需要，以便提高会计记录的正确性，保证账实相符；另一方面有利于企业加强财产管理，堵塞管理漏洞，保障财产的安全和完整。在财产清查中发现账实不符的情况，应该及时调整账簿记录，并查明账实不符的原因，明确责任。

7. 编制财务报告

编制财务报告是会计核算方法的最后一个环节。账簿记录的会计信息需要经过分类、整合，最终以财务报告的形式提供给报表使用者。财务报告主要反映企业财务状况、经营成果与现金流量情况等会计信息。它是外部会计信息使用者进行决策的重要依据，也是企业内部管理者进行企业管理的重要资料。

经过上述七种方法，企业就完成了一个会计核算的循环。以上七种方法，虽各有特定的含义和作用，但并不是独立的，而是相互联系，交织在一起的。比如财产清查和成本核算贯穿在复式记账的过程中，填制凭证和复式记账几乎是同时完成的，它们构成了一个完整的方法体系。本书也将大体按这七个内容展开叙述。

需要说明的是，虽然会计核算的基本程序源于国际会计准则，会计核算方法基于我国实践，但是会计核算的基本程序和核算方法紧密联系，如同一枚硬币的两面，它们描述对象相同，只是侧重点有所不同。会计的确认、计量、记录和报告的四个环节，主要偏重于阐述会计核算的理论问题，会计核算的七种方法主要偏重于阐述会计核算的实务操作。比如，会计确认是指将经济业务纳入会计信息处理系统进行处理的过程，在这个过程中，要运用设置会计科目、填制凭证、复式记账、登记账簿、编制报告等会计核算方法。会计计量则涉及复式记账、成本核算、财产清查等方法。会计记录需要在会计凭证和账簿上完成，涉及填制凭证和登记账簿两个方法。

1.3.3 会计循环

会计循环是会计工作的一套工作流程，即把企业某一期间的经济活动通过一系列的会计处理，最终以财务报表的形式提供给会计信息使用者，从而完成了一个会计工作的循环。在手工会计模式下，会计循环的基本步骤大体如下：

1. 取得或填制原始凭证

原始凭证反映企业经济业务内容。企业发生的经济业务要以原始凭证作为会计处理的依据。如果没有相应的原始凭证，则无法纳入会计处理系统进行处理。比如，企业销售产品，要以开具的发票作为确认收入的依据；购买的材料要以取得的发票作为材料购买成本的计算依据。

2. 填制记账凭证

会计人员依据审核合格的原始凭证，根据复式记账原理，编制会计分录，并填制记账凭证，将经济业务的内容翻译为初始的会计信息。这个过程叫制单，另有种说法称记账。

3. 过账

平时根据记账凭证上会计分录反映的会计信息，分别登记到相应的明细账账簿。期末根据会计核算的组织程序方式登记总账。

4. 编制试算平衡表

试算平衡表依据总分类账编制，将总账发生额或余额信息登记到试算平衡表中，并检查平时的记录是否准确。

5. 期末账项调整

期末开展账项调整工作，编制相应调整分录并过账。根据权责发生制的要求，将期末需要处理的账项（如计提折旧、计提利息支出等）编制调整分录，并登记到相应账簿，确保所有业务登记入账。

6. 期末对账、财产清查

期末要及时对账，做到账证相符，账账相符。要根据需要进行财产清查，做到账实相符。财产清查发现账实不符，要及时查明原因，并在结账前处理完毕，及时编制分录，登记入账。

7. 编制调整后的试算平衡表

将与期末账项调整、财产清查等有关的新增账户金额信息过入试算表，编制调整后的试算平衡表。检查调整后的会计记录是否正确。

8. 结账

编制结账分录，结平收入、费用等损益类账户。结账分录主要是指将收入和费用类账户转到本年利润账户，以及将本年利润账户金额转入利润分配账户，这样收入和费用类账户、本年利润账户等期末无余额。结账分录要及时登记到记账凭证，并过账入簿。

9. 编制结账后的试算平衡表

编制结账后的试算平衡表，并进行试算平衡，确认无误。

10. 编制财务报表

依据试算平衡表，编制财务报表。

需要说明的是，有些企业在完成第七步之后，便依据调整后的试算平衡表编制财务报表。这是因为有的企业结账采用"表结法"，结账工作通过结账工作底稿完成，一般编制中期报表时采用此法较多。年末结账则采用"账结法"，须编制结账分录，此时要按上述先结账后编表的顺序进行。

1.4 会计法规、工作与职业介绍

1.4.1 会计法规介绍

会计工作既规范又严格，会计工作者要熟悉和掌握会计领域的相关法律法规和规章制度，及时更新知识，提升业务水平。根据国家法律的层次结构，会计的相关法规体系如下：

1. 会计法律

我国会计法律规范的最高层次是《中华人民共和国会计法》（以下简称《会计法》），它是一切会计工作的根本大法。我国《会计法》于 1985 年首次颁布，之后进行了多次修订。此外，也有其他法律涉及会计领域，如《中华人民共和国企业所得税法》《中华人民共和国公司法》《中华人民共和国注册会计师法》《中华人民共和国预算法》等。

2. 会计法规

法规包括行政法规和地方性法规，其效力次于宪法和法律。与会计相关的行政法规主要为《企业财务会计报告条例》和《总会计师条例》。

3. 规章、规范和制度

规章、规范和制度是对法律和法规的补充。会计领域的规章、规范和制度众多，是会计工作者学习的重点。我国会计规章体系中，2006 年以前主要以分行业会计制度为主，自 2006 年陆续推出企业会计准则、政府会计准则后，企业、政府行政单位、事业单位统一执行会计准则，不再执行分行业会计制度。从 2019 年 1 月 1 日起，执行《医院会计制度》《中小学会计制度》《高等学校会计制度》《科学事业单位会计制度》《彩票机构会计制度》《地质勘查单位会计制度》《测绘事业单位会计制度》《国有林场与苗圃会计制度（暂行）》《国有建设单位会计制度》等制度的单位，停止执行本行业会计制度，统一执行

《政府会计制度——行政事业单位会计科目和报表》。但是考虑实际情况，对未纳入准则核算的少数特殊行业仍然执行行业会计制度。在取消了分行业会计制度后，考虑到成本核算的特殊性，制定了分行业成本会计核算制度，以弥补会计准则的不足。因此目前我国执行制度和准则同时并存的双轨制体系。

与会计有关的规章制度大部分是财政部颁发的，会计工作者需要及时关注财政部官方网站，及时获悉会计各项规章和文件的变化。同时会计人员也要时常关注国家税务总局、中国证券监督管理委员会、中国银行保险监督管理委员会、中国注册会计师协会等部门发布的文件公告，它们公布的许多文件也直接与会计工作密切有关。

主要会计规章制度一览表如表1-1所示。

表1-1 主要会计规章制度一览表

序号	类别		名称
1	准则类	企业会计准则	基本准则（1项）
			具体准则（42项）
			应用指南（42项）
			解释（15项）
		小企业会计准则	小企业会计准则
		政府会计准则	基本准则（1项）
			具体准则（10项） 1. 第1号——存货 2. 第2号——投资 3. 第3号——固定资产 4. 第4号——无形资产 5. 第5号——公共基础设施 6. 第6号——政府储备物资 7. 第7号——会计调整 8. 第8号——负债 9. 第9号——财务报表编制和列报 10. 第10号——政府和社会资本合作项目合同
			应用指南：政府部门财务报告编制操作指南
			解释（4项）
2	会计制度类	政府会计制度	政府会计制度——行政事业单位会计科目和报表
		特殊组织会计制度	1. 民间非营利组织会计制度 2. 社会保险基金会计制度 3. 工会会计制度
3	内部控制类	企业内部控制	1. 企业内部控制基本规范 2. 企业内部控制评价指引 3. 企业内部控制审计指引 4. 企业内部控制应用指引
		小企业内部控制	小企业内部控制规范（试行）
		行政事业内部控制	行政事业单位内部控制规范（试行）

(续)

序号	类别		名 称
4	成本核算类	行政事业单位成本核算	事业单位成本核算基本指引
		企业产品成本核算	企业产品成本核算制度（试行）
			分行业成本核算制度（5项） 1. 企业产品成本核算制度——电网经营行业 2. 企业产品成本核算制度——煤炭行业 3. 企业产品成本核算制度——钢铁行业 4. 企业产品成本核算制度——石油石化行业 5. 企业产品成本核算制度——油气管网行业
5	管理会计类	管理会计指引	基本指引（1项）
			应用指引（20项） 1. 第100-101号——战略管理 2. 第200-201号——预算管理 3. 第202号——零基预算 4. 第203号——弹性预算 5. 第204号——作业预算 6. 第300-304号——成本管理 7. 第400-403号——营运管理 8. 第404号——内部转移定价 9. 第405号——多维度盈利能力分析 10. 第500-502号——投融资管理 11. 第503号——情景分析 12. 第504号——约束资源优化 13. 第600-603号——绩效管理 14. 第604号——绩效棱柱模型 15. 第700号——风险管理 16. 第701号——风险矩阵 17. 第702号——风险清单 18. 第801号——企业管理会计报告 19. 第802号——管理会计信息系统 20. 第803号——行政事业单位
6	规则类	分行业财务规则	事业单位财务规则
			行政单位财务规则
			基本建设财务规则
			企业财务通则
7	其他	其他规范文件	会计档案管理办法
			会计基础工作规范
			代理记账管理办法

注：表中资料截至 2021 年 12 月 31 日。

1.4.2 会计岗位介绍

在人才市场上，会计一直是需求量较大的职业，有的大型企业会计岗位工作人员达到几十人以上。常见的会计岗位可分为：会计机构负责人或者会计主管岗位、出纳岗位、财产物资核算岗位、工资核算岗位、成本费用核算岗位、财务成果核算岗位、资金核算岗位、往来结算岗位、总账报表岗位、稽核岗位、内部审计岗位、档案管理岗位等。开展会计电算化和管理会计的单位，可以根据需要设置相应工作岗位，也可以与其他工作岗位相结合。

会计工作岗位，可以一人一岗或一人多岗，也可以一岗多人，但出纳人员不得兼管稽核、会计档案保管和收入、费用、债权债务账目的登记工作。大中型企业、事业单位、业务主管部门还应当根据法律和国家有关规定设置总会计师。总会计师由具有会计师以上专业技术资格的人员担任。

相关法规规定，一般有条件的企业要根据业务需要设置会计机构，配备相应的会计岗位。不具备单独设置会计机构条件的，应当在有关部门（如办公室等）中配备专职会计人员。既没有专设会计机构也没有配备专职会计人员的单位，应当根据《代理记账管理办法》的规定，委托会计师事务所或者持有代理记账许可证书的代理记账机构进行代理记账。

需要提及的是，有的企业设立财务部和会计部两个部门。财务部是专门负责企业财务管理活动的部门，如负责企业的筹资、投资、营运资金的管理、利润分配等工作。会计部负责会计核算工作。对一般企业来说，可以将财务部和会计部合二为一，设立财务部，既负责财务管理工作，又开展会计核算工作。

1.4.3 会计职业资格介绍

"证书"是会计人员进阶的敲门砖，会计人员要从知识优化、能力提升、职业拓展等角度出发，积极参加各种与会计职业相关的职业资格考试。职业资格考试分为两种：一种是水平评价类考试，另一种是职业准入类考试。水平评价类考试证明通过考试者具有相应的职业技能水平和能力。职业准入类考试只有通过该考试后获得相应的资格证书，才能从事相关职业。

职业资格由国家统一设置公布，国家职业资格目录中没有公布的职业资格，无效无用。根据国家公布的职业资格目录，下面对与会计职业规划有关的职业资格考试做简要介绍。

1. 会计专业技术资格

会计专业技术资格考试是一种水平评价类考试，是会计专业技术人员评聘职称的重要考试。会计专业技术资格考试分初级、中级、高级三个级别，考试方式全部为无纸化考试，即机考。

初级会计资格考试科目共两科，分别为《初级会计实务》和《经济法基础》，两个科目需一次性通过。具备国家教育部门认可的高中（含高中、中专、职高、技校）以上学历均可报考。考试报名时间一般为每年11月份，考试时间为次年五月份。在校大学生可以报名考试。

中级会计资格考试科目共三科，分别是《中级会计实务》《财务管理》《经济法》，要求两年内通过三科考试。报名条件有工作年限和学历限制。报名时为大学专科学历，要求已从事会计工作满五年；报名时为大学本科学历，要求已从事会计工作满四年。一般每年三月份报名，九月份考试。在校大学生一般达不到报名条件，所以不能报考。

高级会计资格考试科目为《高级会计实务》。要求取得会计师职称后若干年后方能报考。

通过初级和中级会计资格考试的考生，可以向当地人力资源和社会保障部门申报职称，通过初级会计资格考试者获得初级职称，颁发"助理会计师"职称证书。通过中级会计资格考试者获得中级职称，颁发"会计师"职称证书。高级职称分为副高级和正高级，其中副高级职称采取考试与评审结合的方式，通过高级会计资格考试后还需要结合其他条件才能申报。正高级会计师一般采取评审方式。

2. 注册会计师

注册会计师（Certified Public Accountant，CPA）是专业从事外部审计的职业人员，审计属于高端的生产服务业。注册会计师资格考试为准入类考试，没有获得注册会计师证书的人员无资格签发外部审计报告。注册会计师证书属于职业准入证书，但是由于考试难度大，有些省市的人事部门认定注册会计师职业资格相当于中级会计师职称。

注册会计师考试报考人员要求具备专科及以上学历（不限专业要求）或会计、审计、经济等相关专业中级以上专业技术职称。在校本科大四学生或专科大三学生可以报名，但参加考试时要取得毕业证书。报名时间一般为每年的三月份，考试时间为每年的九月份。

考试分为专业阶段考试和综合阶段考试。专业阶段考试科目为六科，分别是《会计》《审计》《财务成本管理》《经济法》《税法》《公司战略与风险管理》。每科成绩有效期为五年，即要在五年内通过上述六科考试。通过专业阶段考试后方可参加综合阶段考试。

注册会计师实行执业注册制，要向当地注册会计师协会申请注册会员，会员分为执业会员和非执业会员两种。执业会员要加入会计师事务所方能从事外部审计等业务。

3. 税务师

税务师（Tax Advisor，TA）资格考试是水平评价类考试。通过税务师职业资格考试并取得职业资格证书的人员，表明其已具备从事涉税专业服务的职业能力和水平。

持有税务师证书者，可以独立开展包括涉税鉴证、申报代理、税收筹划、接受委托审查纳税情况在内的各项涉税专业服务工作。特别是涉税鉴证，它是赋予税务师的一项重要权力。如企业发生的实际资产减值损失，在企业所得税纳税申报时可以申报扣除，但是究竟损失多少，企业需要委托税务师鉴证。

税务师考试报名条件为：取得经济学、法学、管理学学科门类大学本科及以上学历（学位）；取得其他学科门类大学本科学历，从事经济、法律相关工作满一年；取得经济学、法学、管理学学科门类大学专科学历，从事经济、法律相关工作满两年；取得其他学科门类大学专科学历，从事经济、法律相关工作满三年。税务师考试科目共五科，分别为《税法（一）》《税法（二）》《涉税服务实务》《涉税服务相关法律》和《财务与会计》。考试成绩实行五年为一个周期的滚动管理办法，在连续的五个考试年度内参加全部五个科目的考试并合格，可取得税务师职业资格证书。

税务是与会计联系最紧密的工作，业界谑称不懂税法的会计人员是会计"文盲"，可见税务工作对会计人员的重要性。会计人员通过努力获得税务师职业证书，可以提高自身在会计与税务方面的专业水平，也可以从事与税务相关的工作，拓展职业发展空间。

4. 资产评估师

资产评估师（Public Valuer，PV）也属于高端生产服务业中的一个职业。会计中有关资产价值的计算，如公允价值、重置成本、可变现净值的获得，资产评估师可以参与工作。因此会计专业工作者通过资产评估师考试，可以提高会计专业水平，拓展就业渠道。

资产评估师考试也是一种水平评价类考试，拥有资产评估师证书，说明具备从事资产评估的基本能力。

资产评估师报考的学历要求为具有高等院校专科以上（含专科）学历。暂未取得学历（学位）的大学生可报名参加考试（主要为本科大四学生或专科大三学生）。考试共四科，分别为《资产评估基础》《资产评估相关知识》《资产评估实务（一）》《资产评估实务（二）》。其中《资产评估实务》的考试内容主要是机电设备和建筑工程评估，《资产评估相关知识》的考试内容主要是财务会计和经济法相关知识。在连续四年内，参加全部四个科目的考试并合格，可取得资产评估师资格证书。考试报名时间一般为每年的5~6月份，考试时间为每年的第三季度。考试方式为无纸化考试。

5. 其他职业资格考试

除了上述与会计相关的职业资格考试外，还有一些职业资格考试可以关注。比如，法律职业资格、房地产估价师、审计专业技术资格、银行业专业人员从业资格、证券期货业从业人员资格等。特别是法律职业资格证书，俗称律师证。法律工作与会计审计工作有一定的相关性，值得一提的就是司法会计或法务会计。所谓司法会计，大意是指会计工作者特别是注册会计师与律师和法院相互合作，参与经济案件中证据的搜集和鉴证工作，为司法案件提供专业支持。在当今社会经济环境下，能同时拥有注册会计师证书和法律职业资格证书者，无疑将是社会高级人才。

知 识 训 练

思考题

1. 随着人工智能、云计算、区块链等信息技术的发展，谈谈会计的发展趋势。
2. 每年高考，考生都踊跃报考会计专业，请你结合所学知识谈谈会计专业"火爆"的原因。
3. 结合会计职业介绍及未来会计发展的趋势，谈谈你的会计职业规划。
4. 针对会计定义的两大观点，谈谈你的看法。

第 2 章

会计基本概念

 学习目标

掌握：两大会计目标；六大会计要素内容和定义；五大计量属性；会计确认定义；收付实现制和权责发生制。

理解：八大会计信息质量要求；四大会计基本假设；四大要素确认条件；会计核算原则；计提术语。

了解：会计信息使用者的主体；国际财务报告概念框架中有关要素定义的修改内容。

2.1 会计目标

2.1.1 会计目标概述

会计总体分为财务会计和管理会计两大领域，两者目标差别较大。本书所称的会计目标具体指财务报告目标或财务会计目标。财务会计是一个信息处理系统，其处理出来的信息有何作用？给谁使用？这就产生了财务会计目标问题。明确财务会计目标，是财务会计理论首先要解决的问题，是财务会计理论未来研究的方向。会计目标是财务报告概念框架中最高层次的概念。在财务会计理论中，财务报告目标主要有两种观点：一是决策有用观；二是受托责任观。

1. 决策有用观

决策有用观的主要观点是：财务报告的目标是向信息使用者提供对其经济决策有用的会计信息。其中经济决策主要是指资源配置决策，如投资者购买或出售股票决策，信贷者贷款决策等。

该观点的形成与西方发达的资本市场发展有关。在西方发达的资本市场，股票短线交易频繁，上市公司股权分散，经营权和所有权极度分离，委托人（投资者）与受托者（经营者）的委托——代理关系越来越模糊。分散的投资者不看重经营者的受托责任履约情况，他们关心的重点是股价涨跌，而股价的涨跌与公司的业绩紧密相关。因此，他们希望公司能够提供对其投资决策有用的相关信息，包括企业的财务状况、经营成果、现金流量等信息。不仅要求公司提供过去的会计信息，还需要提供有助于未来决策的相关信息。除了投资者之外，作为资产的重要提供者，贷款人和供应商等其他债权人也对此类信息有强烈需求。

在决策有用观下,信息相关性成为会计理论设计最重要的原则,设计会计理论时,要考虑投资者和债权人的信息需求是什么。比如现行的会计核算加强了公允价值的运用,公允价值比之历史成本,其信息价值更高,更有助于投资者和债权人财务决策分析。

2. 受托责任观

受托责任观的主要观点是:财务报告的目标是向股东反映企业管理层履行受托责任的情况。

这种观点主要形成在西方公司制企业组织结构盛行时期。在公司制组织架构下,所有者并不参与企业经营,而是委托职业经理人经营公司。这样一方面形成了委托和受托关系,另一方面也导致公司财产的所有权与经营权分离。在两权分离的情况下,所有者希望管理层能够尽职尽责,努力工作,使其财产保值增值,但是两权分离导致双方信息不对称、产生"内部人控制"的现象。在这种背景下,所有者用什么方式去约束和评价管理层,管理层又用什么方式向委托方报告自己忠实履行了受托责任,财务报告可以在此之间扮演桥梁的作用。会计是对企业经营活动的记录,管理者的努力成果可以通过财务报告来体现。例如,企业去年利润为 700 万元,而今年的利润则为 1 000 万元,那么所有者可以据此认为管理层今年工作努力,可以留任。反之如果今年利润下滑到 300 万元,所有者可以根据情况解聘相关管理者。在资本市场上,投资者则可以在股东大会上行使表决权,从而影响管理层的经营活动。

在受托责任观下,会计信息强调可靠性,要求真实、准确、完整地反映企业实际发生的经营活动,因此会计核算偏重于稳健,会计计量属性主要采用历史成本。

在当前的经济环境下,资本市场成为世界各国投融资的重要场所。决策有用观作为财务会计的首要目标已成为各国共识,同时也认为受托责任观是有益的补充。我国的基本会计准则规定:财务报告的目标是向财务会计报告使用者提供与企业财务状况、经营成果和现金流量等有关的会计信息,反映企业管理层受托责任履行情况,有助于财务会计报告使用者做出经济决策。可见,我国对财务报告目标的界定,兼顾了决策有用观和受托责任观。

▶ 2.1.2 会计信息使用者

前述,财务报告的主要目标是向信息使用者提供对其决策有用的会计信息。那么谁需要会计信息呢?会计信息使用的主要群体包括:投资者、债权人、客户、管理层、政府、员工、其他潜在的会计信息需求者等。其中投资者、贷款人和其他债权人为主要使用者。

1. 投资者

投资者是企业会计信息的最主要使用者之一。投资者包括现有投资者和潜在投资者。投资者关心的是投资回报和投资风险,非常关注被投资企业的盈利能力和成长能力。特别是在上市公司中,上市公司是公众公司,所有权和经营权分离,投资者虽然是企业的股东,但是无法参与企业的经营,他们最为迫切想了解企业的财务状况、利润、现金流量等财务信息,通过分析公司披露的信息,做出有利于自己的投资决策,是维持投资,还是追加投资,或者退出投资。为了保护投资者的会计信息知情权,各国证券监管部门都非常严格地管理上市公司的会计信息披露问题。

2. 债权人

债权人包括贷款人和其他债权人。以银行为代表的贷款人是会计信息的最主要使用者之一。银行在贷款之前，要评估企业是否有偿债能力，判别企业能否及时偿还本金和利息。贷款之后，还要紧密追踪企业的经营情况，观察企业的盈利能力，现金流动情况，资产变现等信息。

除贷款人之外，以供应商为代表的其他债权人也是会计信息的重要需求者。例如，供应商在将货物赊销给企业之前，也要评估企业的偿债能力，如果发现企业的偿债能力欠佳，则会谨慎赊销，以保证自己不受损失。因此，设计会计准则、制定会计政策时，要充分考虑到此类债权人对偿债能力、盈利能力的会计信息需求。

3. 客户

客户是企业商品的购买方。站在客户角度，非常关注企业的持续经营能力，关注企业供货稳定能力、产品的研发能力、产品质量和产品的售后服务水平等。如发现企业持续亏损，负债累累，人们或多或少会怀疑企业，是不是产品质量会下降？售后是否有保障？

4. 管理者

企业管理者是会计信息的重要使用者。他们需要依靠会计信息进行内部管理，开展经营决策、筹资决策、投资决策等重大活动。如今基于会计信息整合而生的管理会计已经成为一个重要的会计学分支学科。另外，有的企业管理者是职业经理人，本身也是受托责任者，要接受委托者的业绩考核，因此管理者本身也很想了解企业的会计信息数据。

5. 政府

政府也是重要的会计信息使用者。诸如 GDP 的核算、企业所得税的计算，均与会计利润息息相关。会计信息是国家进行宏观调控的重要基础。21 世纪初，时任国务院总理的朱镕基非常关注会计行业的发展。在他的主持下，创办了三个国家会计学院，分别是北京国家会计学院、上海国家会计学院、厦门国家会计学院，希望通过会计学院的专门培养，提升我国会计行业从业人员的总体水平。

6. 员工

一方面，员工需要通过会计信息了解企业的经营情况，发展前景，决定自己是否继续工作还是辞职。另一方面，厂务公开、财务公开是企业民主管理的重要手段，公开透明的财务信息有助于员工献言献策，参与企业治理。

7. 其他潜在的会计信息需求者

除了上述会计信息需求者外，还有其他或潜在的会计信息需求者。比如，新闻媒体、社会公众、审计机构、学术研究者等。

当然，会计准则制定时，不可能考虑到所有会计信息需求者的目标，毕竟会计准则实施需要成本。另外，管理者、员工本身就可以方便获得会计信息，而投资者、贷款人和其他债权人无法要求企业直接提供会计信息。因此，IASB《财务报告概念框架（2018）》中明确指出，通用目的财务报告的基本使用者为现有的和潜在的投资者、贷款人和其他债权人，也就是说在制定准则的过程中，要尽可能站在投资者和债权人角度思考准则的制定。

2.1.3 会计信息质量要求

为了满足使用者的决策需要，会计信息必须具备一定的质量要求。在IASB《财务报告概念框架（2018）》中，会计信息的质量要求称为会计信息的质量特征。会计信息质量要求主要包括可靠性、相关性、可理解性、可比性、实质重于形式、重要性、谨慎性和及时性八个方面。

1. 可靠性

可靠性（Reliability）是指企业应当以实际发生的交易或事项为依据进行确认、计量和报告，如实反映符合确认和计量要求的各项会计要素及其他相关信息，保证会计信息真实可靠、内容完整。可靠性是会计信息质量要求中最基本的一项要求。

为了贯彻可靠性要求，会计信息应：①真实。通俗地讲，不能无中生有。企业要以实际发生的交易或者事项为依据进行确认、计量、记录，并如实反映在财务报表中。②完整。即不遗漏，要全面。企业要在符合重要性和成本效益原则的前提下，向信息使用者充分披露企业所有已发生的会计信息。③中立。指企业应以中立的立场提供会计信息，不能有所偏向，不能为了达到某种目标，选择性地披露会计信息。

> 提示
> IASB《财务报告概念框架（2018）》取消了"可靠性"的信息质量特征，用"如实反映"（Faithful Representation）的信息质量特征代替。

2. 相关性

相关性（Relevance）是指企业提供的会计信息应当与投资者、债权人等财务报告使用者的经济决策需要相关，有助于他们对企业过去、现在和未来的发展情况做出评价或预测。

会计信息要满足投资者的决策需要，需要具备两个价值：①信息具有反馈价值。能够使决策者证实和纠正以往的预期情况，从而使其做出更好的决策；②信息具有预测价值。能帮助决策者预测未来企业的财务发展情况，以便做出最优决策。

相关性要求企业在披露信息时，要服务于投资者、债权人等重点信息需求群体，要站在他们的立场思考问题，对他们认为的重要信息要重点披露。在会计理论的设计上，要更多地以相关性为指导。

需要注意的是，相关性和可靠性紧密相关。一方面，相关性建立在可靠性的基础上，缺乏可靠性的信息，既使其相关性再高，也不可能帮助信息使用者进行有效决策；另一方面，强调可靠性的同时必须视相关性为生命，企业要在确保可靠性的基础上尽最大可能地提供相关性信息。

3. 可理解性

可理解性（Understandability）是指企业提供的会计信息应当清晰明了，便于投资者等财务报告使用者理解和使用。会计信息是一个专业性较强的信息产品，由于会计信息使用者的财务分析能力参差不齐，这要求会计信息要具备一定的可理解性，不但让专业人士能够理解，还要让一些非专业人士通过自己努力钻研也能够理解。在资本市场上，上市公司公布的年报都被要求按一定的格式和体系编制,财务报表附注中要详细披露财务报表数据所采用何种会计处理方法、程序等信息,其目的都是为了让财务报表能够被更好地理解。

4. 可比性

可比性(Comparability)是指企业提供的会计信息应当相互可比。一般分成纵向比较和横向比较。

(1)纵向比较。指同一企业不同时期的会计信息应具有可比性。比如企业今年公布的利润信息和去年或更早期间的利润信息可以相互比较。趋势分析是财务分析的基本方法,通过比较企业各期会计信息(如利润)的变化趋势,有利于预测企业未来业绩的增减情况,这些都要求各期会计信息具有可比性。

企业披露的会计信息要满足各期可比,这就要求企业不同时期发生的相同或者相似的交易或者事项,应当采用一致的会计政策,不得随意变更。确实需变更的,应当在附注中说明,并注明对财务状况和经营成果的累计影响额。

(2)横向比较。指不同企业相同会计期间的会计信息应当具有可比性。例如,A企业今年的利润为1 000万元,B企业今年的利润为2 000万元,它们的利润信息应具有可比性。

因此,为了保证不同企业的会计信息具有可比性,这就要求不同企业同一会计期间发生的相同或相似的交易或事项,应当采用相同或相似的会计政策,确保会计信息口径一致,相互可比,确保不同企业的会计报表编制建立在相同的基础上。

会计是一门国际性商业语言。2006年之前,我国的会计制度与西方的会计制度有较大差别,这制约了我国进一步对外开放,不利于吸引外资,也不利于我国企业走向世界。2006年开始,我国采纳国际会计准则,与国际会计准则实现全面实质性趋同,使得我国企业编制的财务报告与世界大部分执行国际会计准则国家的企业编制的财务报告具有可比性。

5. 实质重于形式

实质重于形式(Substance Over Form),其中实质是指经济实质,形式是指法律形式。具体是指企业应当按照交易或者事项的经济实质进行确认、计量和报告,不应仅以交易或事项的法律形式作为会计核算的依据。

最典型的实质重于形式的事例为融资租赁。例如,企业以融资租赁的形式从融资租赁公司租入一台全新数控车床,预计使用年限10年,租赁合同规定,租赁期限为8年,且合同不可撤销。租赁期限占了整个车床使用寿命的80%以上,租赁资产在使用寿命期间内给企业带来的经济利益与企业购买使用带来的经济利益几乎相当。从经济实质角度考虑,租与购并没有多大区别,因此企业应将该台长期控制的车床当作企业自己的资产看待。

6. 重要性

重要性(Materiality)是指企业提供的会计信息应当反映与企业财务状况、经营成果和现金流量等有关的所有重要交易或事项。

重要性是基于会计信息的生产成本和使用效益要匹配这一原则来要求的。企业会计信息处理及披露需要投入大量的人、财、物成本。如果企业不考虑成本投入,事无巨细地披露相关信息,供给成本较大,可是有的信息却对信息使用者无决策作用,导致供给与需求不匹配,成本与效益不匹配。

重要性要求企业在处理会计信息过程中，采用不同的会计处理方式。对于那些能够影响信息使用者据以做出合理判断的重要会计事项，必须按照规定的会计方法和程序进行处理，并在财务报告中予以充分、准确地披露；对于次要的会计事项，在不影响决策的前提下，可以适当简化处理，以便节约成本。

重要性是站在信息使用者角度讲的，所以企业要换位思考，站在使用者角度进行判断。企业可以从性质和金额大小两方面加以判断。从性质来说，某一交易和事项有可能对会计报表使用者的决策产生影响时，就属于重要事项；从数量来说，当某一交易和事项的数量达到一定规模时，就属于重要事项。

7. 谨慎性

谨慎性（Prudence）又称稳健性、审慎性。它是指企业对交易或事项进行会计确认、计量和报告时，应当保持应有的谨慎，不应高估资产或者收益、低估负债或者费用。

谨慎性在会计处理中使用广泛。例如，企业在发出商品时发现不能保证收到货款，则在发出商品时不能确认收入；企业应收账款如果逾期仍未能收回，则需计提信用减值损失；期末存货可变现净值低于其账面成本，意味着资产账面虚高，需要对其计提存货跌价准备，将资产调整为现时成本；企业打官司预计赔偿的可能性很大，且金额能够可靠计量，那么即使还未最终判决，也要提前确认一笔负债。

需要注意的是，谨慎性是基于对事实的判断，但是有的企业不顾事实，故意低估资产或收益，刻意高估负债和费用，这也是不允许的。比如在不会发生大额坏账的情况下，却对期末应收账款计提大额坏账准备，这种准备叫秘密准备，目的是在以后期间转回前期多确认的坏账损失，从而达到虚增利润目的，这是会计准则不允许的。

8. 及时性

及时性（Timeliness）是指企业对于已经发生的交易或事项，应当及时进行会计确认、计量和报告，不得提前或者延后。

信息具有时效，如果信息过时，其有用性会大幅降低，甚至无任何使用价值。因此要求信息输入、加工、报出的整个信息处理过程要保持及时高效，让信息使用者在第一时间获得有用的会计信息。我国上市公司必须在规定期限内发布季报、半年报、年报，要求在季度结束后的次月内发布季报，年度结束后的四个月内发布年报，目的就是提高信息的及时性。

上述八大信息质量特征中，如实反映（可靠性）和相关性是信息质量的基本质量特征，其他特征则是提升性质量特征。

2.2 会计基本假设

会计人员在会计核算工作中面对的经济环境较为复杂，并且存在很多不确定的因素。因此在进行会计核算的时候，必须对会计核算所处时间、空间环境等做出合理设定。这些设定通常被称为会计基本假设（Basic Accounting Postulate），也称为会计核算的基本前提，是企业会计确认、计量和报告的前提。会计基本假设主要包括会计主体、持续经营、会计分期与货币计量四个部分。

1. 会计主体

会计主体（Accounting Entity）是指会计服务的单位和组织，或者说，财务人员站在哪家主体角度进行会计工作。企业会计准则规定，企业应当对其本身发生的交易或者事项进行会计确认、计量和报告，反映企业本身所发生的各项经济业务。比如甲公司把产品销售给乙公司，如果站在甲公司会计主体角度，甲公司是销售方，发生的是销售业务，甲公司财务人员要做的会计工作是确认收入；如果站在乙公司会计主体角度，乙公司是购买方，发生的是购买业务，乙企业财务人员要做的会计工作是确认购买资产的价值。因此，会计主体假设明确了企业会计确认、计量和报告的空间范围。会计初学者在初学会计核算时，要分清投资方和被投资方、购买方和销售方、债权方和债务方。不能处理一笔业务时同时站在两方角度思考。

明确会计主体，需要注意将会计主体与会计主体所有者之间的交易或事项区分开来。在实际工作中，企业老板将自己的个人支出或家庭支出拿到企业报销入账的现象非常普遍，严重违反了会计主体假设。

> **小讨论**
>
> 张三是A企业的老板（所有者）。有一天张三从企业出纳处拿了1 000元钱用于个人消费。有观点认为老板的个人支出就是企业的支出，该1 000元应计入企业的费用；也有观点认为会计主体是A企业，张三虽然是企业的所有者，但是张三并没有将所拿资金用于企业的经营活动，所以理解为企业借钱给张三，需要张三偿还。你赞同哪个观点呢？

理解会计主体，还需要区别会计主体与法律主体的概念。法律主体作为一个法人，具有法律赋予其相应的权利和义务。常见的法律主体为有限责任公司和股份有限公司。法律主体必然是一个会计主体。但是反过来，会计主体不一定就是法律主体。例如，独资企业或合伙企业不具有法人资格，不是法律主体，但是由于该企业具有经营活动，具有核算对象，就是一个会计主体；企业集团是多个公司的集合体，企业集团不是法人，不是法律主体，但是企业集团可以成为会计主体，为了解整个企业的经营情况，需要编制集团合并财务报表。分公司是一家公司的分支机构，其不具有法人资格，也不是法律主体，但是会计主体。还有诸如一个车间、一个家庭、一家个体小商店等都不是法律主体，但是都可以作为会计主体。

2. 持续经营

持续经营（Going Concern）是指在可预见的未来，企业将会按当前的规模和状态继续经营下去，不会停业，不会面临破产和清算。如果说会计主体假设为会计核算规定了空间范围，持续经营则为会计核算工作规定了时间范围。之所以设置持续经营假设，是因为许多的会计核算原理、方法、程序是建立在企业持续经营的基础之上的，如果缺乏这项假设，许多会计核算方法无法被采用。如厂房、办公楼等固定资产要在其使用寿命内按年计提折旧，其使用年限一般都有20年以上，这就要求假设企业至少要持续经营20年以上，在此基础上，每年按其历史成本分摊折旧额。

当然，在市场经济条件下，任何企业都会面临竞争压力，都存在经营失败的风险，企业的改组、停业或破产是时常发生的。当企业濒临破产或已经破产时，持续经营假设将不再适用，这时会计核算必须改为破产清算的会计处理方法。

3. 会计分期

会计分期（Accounting Period）是指将企业持续经营生产经营活动划分为一个个连续的长短相同的期间。理论上，企业利润核算期间是从企业成立开始到终止经营为止，但是为了及时了解企业经营成果，向投资者和债权人等提供及时、有用的决策信息，则需要将企业经营时间人为地划分为一个个连续的长短相同的会计期间。

明确会计分期假设，意义重大。由于会计分期，产生了本期与非本期的区别，产生了收入和费用归属于哪个会计期间的问题。由于会计分期，才有了权责发生制和收付实现制理论，才有了划分收益性支出和资本性支出理论，出现了应收、应付、递延、预提、待摊等会计方法。由于会计分期，要求每个会计期间采用一致的会计处理方法，这样各个会计期间信息才具有可比性。

会计期间一般划分为年度和中期两种。以一年为期确定的会计期间，称为会计年度（Accounting Year）。中期指短于一个会计年度的报告期间，一般有月度、季度、半年度。在资本市场上，一般要公布季报、半年报和年报。

根据会计年度的起始时间不同，会计年度可以分为历年制和跨期制。历年制指的是公历年度，即以1月1日到12月31日作为一个年度会计期间。跨期制指起始与终止期间横跨两个公历年度。常见的有从4月1日到次年的3月31日、7月1日到次年的6月30日、10月1日到次年的9月30日。例如美国的会计年度即为从10月1日到次年的9月30日。

会计年度与企业经营周期有关联，如果会计年度的起止时间和企业的经营周期大体保持一致，则方便企业经营成果核算，降低企业会计核算成本。

另外，会计年度有别于财政年度（Fiscal Year）。财政年度是政府编制预算和财务报告的年度期间。两者核算的会计主体不同，所以会计年度和财政年度可以相同也可以不同。

> **小讨论**
>
> 对商业企业来说，因春节等因素，第一季度为其经营旺季，按目前的会计年度设置，企业在12月结束后开始编制年报，又恰逢经营旺季，很难抽出专门时间认真编制报表，从而影响报表质量，有的企业还有调节利润的冲动。如果将此类商业企业的会计年度变更为从4月1日到次年的3月31日，是不是更好呢？

4. 货币计量

货币计量（Monetary Measurement）是指会计主体在对其经济活动进行确认、计量和报告时要以货币作为主要计量单位。会计信息处理系统中处理的是以货币计量的会计信息。

日常经济核算中，计量单位多样，如货币、重量、体积、长度、台、件等，之所以会计核算中选择货币作为计量单位，是因为货币是商品的一般等价物，是衡量商品价值的共同尺度。而使用其他计量单位计算的信息无法汇总和可比，无法满足信息使用者的需要。比如把一个企业生产的机械设备和一个采矿企业生产的矿石按体积进行比较，显然不具有可比性。当然在有些情况下，货币计量也存在着不足。比如企业的研发能力、市场营销能力和管理者领导能力很难用货币计量,但是这些却是决策者们重要的参考信息。所以,现今的财务报告中,除了披露货币计量的财务信息之外,也要补充披露非财务类信息。

使用货币计量时,要以币值基本稳定为前提。只有各期货币购买力保持一致,各期的会计信息才具有可比性。如果出现了恶性通货膨胀的情况下,需要适当修正。

我国会计准则规定,企业应该以人民币作为记账本位币。所谓记账本位币,是企业经营所处的主要经济环境中的货币。主要经济环境,通常是指企业主要产生和支出现金的环境。例如,一家设在中国的美资企业,如果业务收支活动主要以人民币结算,则该企业的记账本位币为人民币;如果业务收支活动主要以美元结算,则该企业的记账本位币是美元。根据我国《会计法》规定,业务收支活动以人民币以外的货币为主的单位,可以选择其中一种货币作为记账本位币,但是编制的财务报告应当折算为人民币。

2.3 会计要素

前述,会计对象是企业用货币表现的经济活动,但是不同企业的经济活动各具特色。如工业企业的经济活动主要有筹资、采购、生产、销售等内容;金融类企业则以吸收存款、发放贷款为主要经济活动。因此,需要进一步明确用什么共性的要素去描述不同企业的经济活动,为此引入会计要素概念。会计要素(Accounting Element)是对会计对象所做的基本分类,是会计核算对象的具体化。会计要素抽取了不同企业经济活动中本质的内容,使得会计信息具有可比性。

按我国会计基本准则规定,会计要素主要分为资产、负债、所有者权益、收入、费用和利润六大类,简称"六大要素"。资产、负债和所有者权益构成一组,用于反映企业财务状况,所以叫作财务状况要素。它们反映的是企业在某一特定时点的财务状况,所以又称静态要素,它们也是构成资产负债表的主要项目,所以又称资产负债表要素。收入、费用、利润构成一组,用于反映企业的经营成果,所以叫作经营成果要素。它们反映的是企业在某一段期间的经营成果,所以又称动态要素,它们是构成利润表的主要项目,所以又称利润表要素。六大会计要素内容总结如图 2-1 所示。

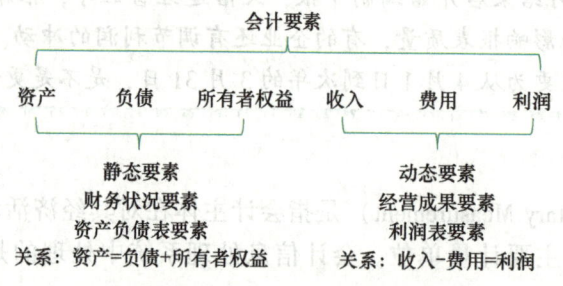

图 2-1 会计要素的主要内容

2.3.1 资产

1. 资产的定义

资产(Asset)是指企业过去的交易或者事项形成的、由企业拥有或者控制的、预期会给企业带来经济利益的资源。

理解资产的定义，需要把握如下几点：

（1）资产预期会给企业带来经济利益。意思是指资产要具有直接或者间接导致现金和现金等价物流入企业的潜力。资产作为一种资源，资源的本质特征是预期给企业带来经济利益，如果不能给企业未来带来经济利益，则不能确认为资产。

（2）资产是由过去交易和事项形成。企业过去的交易或者事项包括购买、生产、建造行为及其他交易或者事项。预期在未来发生的交易或者事项不形成资产。比如：9月15日，企业与他人签订一份合同，约定在半年后购买他人一台机器设备，该项交易尚未实际发生，不能依据合同认为企业已经拥有了机器设备。

（3）资产是由企业拥有或者控制。"拥有"是指企业享有某项资产的所有权，"控制"是指取得某项资产的长期使用权。一般情况下，所有权是判定是否是企业资产的首要因素，拥有资产的所有权，意味着能保证资产给企业带来经济利益。但是有些情况下，资产虽然不为企业所拥有，但是长期控制着资产的使用权，也同样会给企业带来相同的经济利益，那么也可以将其作为企业自有资产管理。典型的事例就是前述的融资租赁资产，根据经济实质重于法律形式，企业要将此长期控制使用权的资产列为企业的资产。

后续章节要接触到的应收账款、预付账款、长期待摊费用等都为企业的资产，它们满足资产的定义。

2. 资产的分类

资产按其流动性，可以划分为流动资产（Current Asset）和非流动资产（Non-Current Asset）。流动性指资产的变现能力。所谓流动资产，是指在一年或一个营业周期内可以转变为现金的资产，反之称为非流动资产。营业周期，指企业生产经营周期。对一般工业企业来说，以现金购入材料开始，然后进行生产加工，最后将产品销售收回现金，构成了一个经营周期。一般企业的营业周期都在一年之内。但是有的企业经营比较特殊，比如造船企业，生产一艘大型货船可能需要二到三年以上时间，他们的营业周期超过一年，对这类企业其持有的原材料、商品等也视为流动资产。

流动资产包括库存现金、银行存款、应收账款、应收票据、原材料、库存商品、预付账款、交易性金融资产等；非流动资产包括固定资产、无形资产、长期股权投资、长期待摊费用等，具体可参阅资产负债表

> **提示**
>
> IASB《财务报告概念框架（2018）》把资产定义为：资产是因过去事项形成的，由主体控制的现时经济资源。经济资源是指有潜力产生经济利益的权利。

2.3.2 负债

1. 负债的定义

负债（Liability）是指企业过去的交易或者事项形成的，预期会导致经济利益流出企业的现时义务。理解负债的定义时，应考虑以下几个方面：

（1）负债是由企业过去的交易和事项形成。企业未来可能发生的交易事项而产生的负

债不能确认为负债。例如，9月份，企业正在就购销业务纠纷与别的企业进行诉讼，导致企业赔偿他人一笔费用，该诉讼就是一项过去事项；如果企业预计2个月后会受到他人起诉，赔偿他人损失，则该诉讼是未来发生的事项。

（2）负债是企业承担的现时义务。现时义务是指企业在现行条件下已承担的义务。现时义务是基于过去的交易和事项形成的，对未来发生的交易或者事项形成的义务，是潜在义务，不应当确认为负债。比如，企业赊购了一批原材料，产生了一笔应付账款，该应付账款属于现时义务。

（3）负债预期会导致经济利益流出企业。预期会导致经济利益流出企业是负债的一个本质特征，如果现时义务并不会导致未来经济利益流出，则不能确认为一项负债。最典型的是企业长期挂账的应付账款，由于各种原因无须偿还，则该项应付账款不再符合负债的定义，需要终止确认。

2. 负债的分类

与资产分类相同，负债按其流动性可以分为流动负债和非流动负债。在一年内或一个经营周期内到期的负债称为流动负债或短期负债；到期日超过一年或超过一个营业周期的负债称为非流动负债或长期负债。常见的流动负债有应付账款、应付票据、短期借款、应付职工薪酬、应交税费、其他应付款等；非流动负债主要有长期借款、应付债券、长期应付款等，具体可以参阅资产负债表。

> **提示**
>
> IASB《财务报告概念框架（2018）》把负债定义为：负债是因过去事项导致的，主体转移经济资源的现时义务。义务是指主体没有实际能力可予以避免的一项职责和责任。

2.3.3 所有者权益

1. 所有者权益的定义

所有者权益（Owner's Equity），是指企业资产扣除负债后由所有者享有的剩余权益。股份制公司的所有者权益又叫股东权益。用公式表示为：资产－负债＝所有者权益。它是企业的总资产扣除总负债后的剩余资产，所以在某些计算场合，所有者权益又称净资产（Net Assets）。

下面举例说明所有者权益概念：

9月1日，王明出资100万元成立华美公司。站在华美公司这个会计主体角度，企业收到100万元，企业资产增加了100万元，同时这笔资金是王明投入的，企业的资产最终归王明所有者享有，王明在企业中享有的权益为100万元。用公式表示：资产（100万元）－负债（0）＝所有者权益（100万元）。

9月10日，华美公司向银行贷款15万元。此时，企业资产增加了15万元，同时产生了银行负债10万元。那么截止到9月10日，华美公司有总资产115万元，总负债15万元，用公式表示：资产（115万元）－负债（15万元）＝所有者权益（100万元）。王明在企业中享有的权益仍然100万元。

9月15日，华美公司花费60万元购入一批商品。那么此业务导致企业商品这一资产增加60万元，但同时银行存款这一资产减少了60万元，总体资产总额未变，只是资产的内容发生了变化。所有者权益也未变。

9月30日，华美公司将其购入的商品以90万元的价格全部出售，且货款全部收讫。那么截止到9月30日，华美公司的资产总额=115万元+90万元-60万元=145万元。总负债未变，此时所有者权益=总资产-总负债=145万元-15万元=130万元，相比9月15日增加了30万元。增加的30万元为企业出售商品赚取的利润，企业赚取的利润最终也归所有者享有。截至9月30日，130万元（期末所有者权益）=［100万元（期初所有者权益）+30万元（本期利润）］。

所有者权益的计算公式具有深刻的含义：

公式（1）：资产-负债=所有者权益。该公式反映如果企业破产清算，企业的资产要优先用于偿还债权人，偿还给债权人之后剩余的部分才能归所有者享有；如果企业资产小于负债，所有者权益为负值，反映企业已资不抵债，投资者的原始投入资本已经血本无归，企业应该申请破产清算。

公式（2）：负债站在债权人角度，为债权人权益，所有者权益计算公式可以变化为如下形式：

$$资产 = 负债 + 所有者权益$$
$$= 债权人权益 + 所有者权益$$
$$= 权益$$

公式（2）可以反映企业资产的两大来源：①来源于债权人；②来源于所有者。他们是资产的权益人。这个公式称为会计恒等式，是复式记账的理论基础，是编制资产负债表的理论依据。

公式（3）：

$$期末所有者权益 - 期初所有者权益 = 本期利润$$

在不考虑所有者增减资的情况下，利润是所有者权益的净增加额。这是最"朴实"的利润计算公式。体现了资本保全观的思想。

2. 所有者权益的来源

所有者权益主要来源于三大部分：

（1）所有者投入的资本。包括实收资本（股份有限公司叫股本）和资本公积（资本溢价）。其中实收资本是股东投入的资本占注册资本份额的部分；资本公积则是投入资本超过占注册资本份额的部分。该部分投入不占股份。通俗地说，资本公积就是来源于资本投入却不占股份的公共积累资金。

（2）留存收益。留存收益（Retained Earnings）指留存于企业的利润，包括盈余公积和未分配利润。盈余公积是企业从当年净利润中提取出来用于企业发展而不能再分配给股东的利润。通俗地说，盈余公积就是指来源于利润的公共积累资金。未分配利润是当年未分配但是可以留待以后年度分配的利润。

（3）其他综合收益。其他综合收益（Other Comprehensive Income）是指直接计入所有者权益的利得和损失。直接计入所有者权益的利得和损失，是指不应计入当期损益，会导致所有者权益发生增减变动的，与所有者投入资本或者向所有者分配利润无关的利得或损失。利得是指由企业非日常活动所形成的，会导致所有者权益增加的，与所有者投入资本无关的经济利益的流入。损失是指由企业非日常活动所发生的，会导致所有者权益减少的、与向所有者分配利润无关的经济利益的流出。其他综合收益内容可参阅第12章的利润表。

> **提示**
>
> IASB《财务报告概念框架（2018）》把所有者权益定义为：主体资产扣除其全部负债后的剩余利益。

2.3.4 收入

1. 收入的定义

收入（Revenue）是指企业在日常活动中形成的、会导致所有者权益增加的、与所有者投入资本无关的经济利益的总流入。根据收入的定义，收入具有以下特征：

（1）收入形成于企业日常活动。企业的经营活动可以分为日常活动和非日常活动。日常活动是指企业日常经常性发生的经营活动。比如，商贸企业的批发零售活动、物流企业的运输活动、工业企业的生产制造及研发活动均为日常活动。非日常活动是指与企业经营活动无直接关系、偶然发生的事项。比如企业支付和收取罚款、接受或对外捐赠、固定资产报废、发生火灾等。区分日常活动和非日常活动，是为了区别收入和利得。日常活动的经济利益流入计入收入，而非日常活动的经济利益流入计入利得。

（2）流入的经济利益会导致资产增加或负债减少，最终导致所有者权益增加，不会导致所有者权益增加的经济利益流入不是收入。比如，企业收到客户一笔押金，虽然经济利益流入了企业，但是押金日后要归还，导致企业一项负债的增加，而不是导致所有者权益增加，所以收到的押金不能确认为收入。又如企业销售商品时，替物流公司代为收取运费，也不能作为自己的收入。

（3）经济利益不包括来源于所有者投入的资本。投资者投入的资本也会导致企业经济利益流入，但是该经济利益计入所有者权益。

> **提示**
>
> IASB《财务报告概念框架（2018）》把收入定义为：收入是会导致所有者权益增加的、与所有者投入无关的资产的增加或负债的减少。

2. 收入的分类

收入分为主营业务收入和其他业务收入。

（1）主营业务收入。是指在企业主要经营活动中产生的收入。如工业企业销售产品收入、建筑企业提供劳务收入、银行出借资金的让渡资产使用权收入。

（2）其他业务收入。是指企业主营业务活动之外的其他经营活动产生的收入。

3. 利得

与收入相对应的另外一个重要概念为利得（Gain）。有些国家如美国把利得单列为一项会计要素。按我国会计准则规定，利得是指由企业非日常活动所形成的，会导致所有者权益增加的、与所有者投入资本无关的经济利益的流入。利得分为两类：一类是直接影响资产负债表、直接计入所有者权益的利得，核算时通过其他综合收益等科目来反映；另一类是直接计入利润表的利得，核算时通过营业外收入等科目来反映。计入营业外收入的利得主要是企业非日常经营过程中发生的偶然所得，如客户违约的罚款利得、接受他人的捐赠利得、固定资产报废利得等。

另外，除了注意收入和利得的区别外，也要注意收入和收益的区别。收入和收益虽一字之差，但是两者意思差别较大。收益由英语"income"翻译过来，是一项经济利益流入总额扣除其配比的成本之后的净额，因此收益相当于利润。而收入指的是经济利益的总额。

2.3.5 费用

1. 费用的定义

费用（Expense）是指企业日常活动中产生的，会导致所有者权益减少、与所有者分配利润无关的经济利益的总流出。费用具有以下特征：

（1）费用是企业日常经营活动中产生的。与收入定义相同，费用是日常经营活动中发生的，企业非日常经营活动的经济利益流出不能确认为费用，应该确认为损失。另外，费用的发生是为了获得收入，不为获得收入而发生的支出是损失。

（2）费用会导致所有者权益减少。费用产生一般是因为耗费了资产，导致了经济资源的流出，或者承担了一笔负债。资产减少或负债增加，最终导致企业所有者权益减少。所以有时候费用可以理解为一瞬间的资产，资产耗费的过程就是费用形成的过程。实际工作中，有的企业老板认为任何现金支出都是费用，比如用现金购买原材料。由于用现金购买原材料，现金资产减少的同时，另外一项原材料资产增加，企业资产总额没有发生变化，所有者权益并没有减少，所以不能认为发生了费用。这种支出叫作资本性支出，后续会有阐述。

（3）向所有者分配利润的经济利益流出不是费用。费用导致所有者权益减少，向所有者分配利润的经济利益流出也会导致所有者权益减少，但不属于费用。

> **提示**
>
> IASB《财务报告概念框架（2018）》把费用定义为：费用是会导致所有者权益减少的、与向所有者分配无关的资产的减少或负债的增加。

2. 费用的内容

企业的经营活动场所分为生产车间和其他部门（统称后勤部门）。因此费用总体可以分为生产车间发生的费用和后勤部门发生的费用。生产车间发生的费用叫作生产成本，从会计经济角度分析，成本是资产的物化形式，在资产负债表中被列入资产。一般所说的费用主要是后勤部门发生的部分，常见的费用内容主要有主营业务成本、其他业务成本、管理费用、财务费用、销售费用、税金及附加、所得税费用等。其中管理费用、财务费用和销售费用常被合称为"期间费用"。

3. 损失

与费用紧密相关的一个概念是损失（Loss）。有些国家如美国将损失单独定义为一个会计要素。我国会计准则规定，损失是指由企业非日常活动所形成的、会导致所有者权益减少的、与向所有者分配利润无关的经济利益的流出。

▶ 2.3.6 利润

1. 利润的定义

利润（Profit）是指企业一定会计期间的经营成果。狭义的利润公式表示为：利润＝收入－费用。广义利润则包括收入减去费用后的净额、直接计入当期利润的利得和损失等。其中收入减去费用后的净额由企业日常经营活动贡献，直接计入当期利润的利得和损失则来源于企业非日常经营活动。在 IASB《财务报告概念框架（2018）》中，并没有设置利润要素，因为利润的确认和计量是基于收入、费用、利得和损失，确定好收入、费用等定义，利润就没有必要重复定义。

2. 利润的分类

与利润核算有关的概念，主要有营业利润、利润总额、净利润等。具体内容可以参考本书第 12 章利润表。

2.4 会计确认

▶ 2.4.1 确认的概念

众所周知，计算机是一个信息处理系统，计算机处理数据时，需要通过键盘等手段输入信息，然后计算机系统进行处理，最终在显示器或打印机等输出设备上输出信息。同理，会计作为一个信息处理系统，也存在着输入、处理、输出的过程。

输入会计信息处理系统进行处理的信息是以货币资金形式表现的经济活动，会计处理信息时，以会计分录作为翻译工具，将企业经济活动翻译成会计信息，然后以财务报告的形式输出。在实际操作中，该处理过程为：把经济业务发生的内容以会计分录的形式记录在记账凭证上，然后将记账凭证的信息再转到账簿中，最后依据账簿编制财务报告。会计确认则贯穿于上述整个过程。

根据 IASB《财务报告概念框架（2018）》，所谓会计确认，是指将符合财务报表要素（资产、负债、所有者权益、收入、费用）定义的项目纳入资产负债表或利润表的过程，确认也包括在财务报表中用文字和货币金额反映一个项目（单独反映一个项目或和其他项目一并反映）。

与会计核算的流程结合起来理解，会计确认是指当一笔经济业务发生时，要不要进行记账？如果要记账，记到哪个要素的账户中？什么时候记账？记录金额是多少？最终在财务报表中怎么列示？

确认包括三步：初始确认、再确认、终止确认。

第一步，初始确认。初始确认解决的是会计记录的问题。具体涉及 3 个问题：第一，确认能不能进入会计信息处理系统;第二,若进入会计信息处理系统,涉及哪些会计要素,是资产、负债、所有者权益,还是收入、费用;第三,什么时候确认,即什么时候进行会计记录。例如,企业经济合同的签订、职工素质培训、设备利用率评价等不能用货币形式进行定量分析,就不能进入会计信息处理系统。又如,企业花费100元购买笔、纸等办公用品,该业务可以进入会计信息系统处理,那么,该业务涉及哪些要素?购买的办公用品是列为资产还是费用?再如,企业9月销售一批商品,但是货款要到10月份才能收到,那么,收入是在9月份确认,还是在10月份确认。

第二步,再确认。再确认解决的是各具体要素项目在财务报告中的列示问题。此步要求对各具体会计要素项目进行分析、归类、抵销、汇总,最终在财务报表中列示。比如银行存款和库存现金要合并在一起,在资产负债表中的货币资金项目列示。

第三步,终止确认。大多数情况下,如果以前确认的资产和负债全部或部分不再符合资产和负债的定义了,则要终止确认,将其从财务报告中剔除。

会计确认过程如图2-2所示。

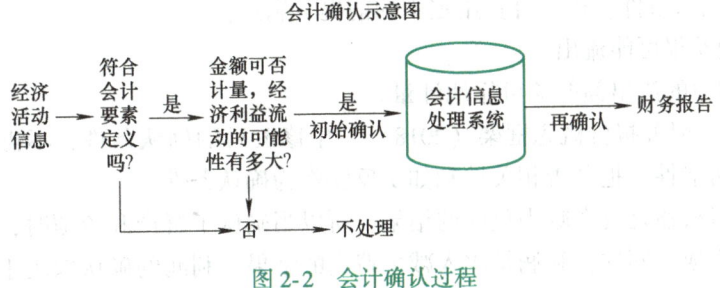

图2-2 会计确认过程

2.4.2 确认的条件

根据确认的定义,确认一个要素应具备如下条件:

(1)可定义性。即该项目要符合会计要素的定义。可定义性是确认的前提条件。只有符合资产、负债和所有者权益定义的项目才能进入资产负债表。同理,也只有符合收入和费用定义的项目才能进入利润表。

(2)可计量性。即该项目的金额能够可靠地用货币计量。非货币性计量的项目无法确认,不能可靠地用货币计量的项目也不能加以确认。

(3)未来经济利益流入或流出的可能性。资产、收入确认时,须保证未来经济利益要很可能流入企业。负债和费用确认时,要保证经济利益很可能流出企业。根据一个概率分布值,一般把概率大于0但小于或等于5%的区间称为"极小可能";概率大于5%但小于或等于50%的区间称为"可能";概率大于50%但小于或等于95%的区间称为"很可能";概率大于95%但小于100%的区间称为"基本确定"。

> **提示**
> IASB《财务报告概念框架(2018)》中,确认的条件为:在符合要素定义的同时,还要满足相关性和如实反映两个信息质量特征,能够为财务报表使用者提供决策有用的信息。

2.4.3 具体要素的确认条件

我国《企业会计准则——基本准则》规定，须满足相关条件时才能确认为相关要素。

（1）资产确认条件。在符合资产定义的前提下满足：
1）与该资产有关的经济利益很可能流入企业。
2）该资产的成本或者价值能够可靠地计量。

（2）负债确认条件。在符合负债定义的前提下满足：
1）与该负债有关的经济利益很可能流出企业。
2）未来流出的经济利益的金额能够可靠地计量。

（3）收入确认条件。在符合收入定义的前提下满足：
1）经济利益很可能流入。
2）经济利益的流入额能够可靠地计量。

上述收入确认条件较为宏观，具体收入确认标准在收入准则中规定。

（4）费用确认条件。在符合费用定义的前提下满足：
1）经济利益很可能流出。
2）经济利益的流出额能够可靠地计量。

按照 IASB《财务报告概念框架（2018）》中修改后的确认条件，不再强调经济利益流入或流出的可能性，把是否相关性和如实反映作为确认条件。

由于所有者权益是资产减去负债的结果，所以当确认了资产和负债时，所有者权益的确认也便自然完成。同样，利润是收入减去费用的结果，利润的确认取决于收入和费用的确认。

2.5 会计计量属性

会计计量是对会计要素按货币量度进行量化的过程，是将符合确认条件的会计要素登记入账并列报于财务报表而确定其金额的过程。在确定金额时，需要规定一个确定基础。会计计量属性反映的就是会计要素金额的确定基础。会计计量属性主要包括历史成本、重置成本、可变现净值、现值、公允价值。

1. 历史成本

历史成本（Historical Cost）又称实际成本，是指为取得或制造某项财产物资实际支付的现金或其他等价物。在历史成本计量下，资产按照购置时支付的现金或现金等价物的金额，或者按照购置资产时所付出对价的公允价值计量；负债按照因承担现时义务而实际收到的款项或资产的金额，或者承担现时义务的合同金额，或者按照日常活动中为了偿还负债预期需要支付的现金或现金等价物的金额计量。

历史成本是实际发生的成本，一经产生，日后就不能随意更改，故其数据可靠性强，会计信息质量高。但是历史成本也有缺陷，历史成本反映的是过去发生的成本，反映的是当时资产或负债的公允价值，但不反映该资产或负债的现时价值。比如，20 年前购入的一块土地使用权成本为 100 万元，但是现在该土地使用权价值远远大于 100 万元。如果仍以当年入账的 100 万元进行决策，肯定会导致决策失误。

2. 重置成本

重置成本（Replacement Cost），是指在当前市场条件下重新获得同样一项资产所需要支付的现金或现金等价物的金额。在重置成本计量下，资产按照现在购买相同或者相似资产所需支付的现金或现金等价物的金额计量；负债按照现在偿还该项债务所需支付的现金或现金等价物的金额计量。

例如，企业年末盘点时，发现未入账一匹旧空调，为了确定其价值，假设到市场买一台一模一样的旧空调，如果买到的相同旧空调的价值为 1 000 元，则企业就可将旧空调按 1 000 元入账。该 1 000 元金额即为重置成本。

一般情况下，重置成本获得比较困难，因为无法在市场上找到与原持有资产完全吻合的资产。实际资产评估时，是以同类全新资产价格为基础，然后乘以一个折旧系数来大体反映其实际价值。

3. 可变现净值

可变现净值（Net Realizable Value），是指在正常生产经营过程中，以预计售价减去进一步加工的成本和销售的预计税金、费用后的净值。在可变现净值计量下，资产按照其正常对外销售所能收到现金或者现金等价物的金额扣减该资产至完工时将要发生的成本、估计的销售费用以及相关税费后的金额计量。可变现净值一般用于存货计量。

例如，企业车间留存一批半成品，如果继续加工成产成品，还需要投入成本 3 000 元，产成品销售价为 21 000 元，预计销售该批产成品会发生相关销售费用 1 000 元，则该批半成品的可变现净值为 17 000 元（21 000−3 000−1 000）。

4. 现值

现值（Present Value），是指对未来现金流量以恰当的折现率进行折现后的现值，是考虑货币时间价值因素的一种计量属性。在现值计量下，资产按照预计从其持续使用和最终处置中所产生的未来净现金流入量的折现金额计量；负债按照预计期限内需要偿还的未来净现金流出量的折现金额计量。

例如，张明欲购买一台机器设备专用于租赁，假设每年年末收取租金 10 000 元，预计可使用年限为 10 年，报废时无残值，期望投资报酬率为 5%。根据财务管理现值计算公式，现值=年金×$(P/A,i,n)$，其中，年金为每年末收取的租金，$(P/A,i,n)$ 为年金现值系数，i 为利率，n 为年限，在 i 为 5%，n 为 10 年的条件下，年金现值系数为 7.721 7。该机器的现值=年金×$(P/A,i,n)$ = 10 000×7.721 7=77 217（元），张明购买机器时可按此金额为基础确定机器买价。

5. 公允价值

公允价值（Fair Value），是指市场参与者在计量日发生的有序交易中，出售一项资产所能收到或者转移一项负债所需支付的价格。

一般来说，如果在一个市场交易活跃，交易双方有序交易的环境下达成的交易价格即为公允价值。不过，公允价值是出售资产收到的价格或转移负债支付的价格，是站在出售方讲的，是一种脱手价格。而交易价格指的是进入价格，是站在购买方角度讲的。多数情况下，进入价格等于脱手价格。

例如，企业在上海证券交易所购入 1 万股 A 公司股票，每股价格为 12 元。证券交易所是一个交易极其活跃的市场，交易双方有序交易，所以该价格 12 元即为公允价值。

上述五项计量属性可以分为历史成本和现时成本（又叫现时价值、公允价值）两类，重置成本、可变现净值、现值以及公允价值属于现时成本或现时价值。当然，历史成本和现时成本是相对而言的。比如企业于 9 月 1 日以 10 万元购买了一台机器设备，在当日体现的是公允价值，为现时成本。到了 12 月 31 日，该 10 万元金额则成了历史成本。

按照我国会计准则规定，企业对会计要素进行计量时，一般应当采用历史成本。但在某些情况下，允许采用重置成本、可变现净值、现值、公允价值等现时价值计量，但必须保证相关金额能够取得并可靠计量。

2.6 会计核算基础和原则

2.6.1 会计核算基础

企业的日常经济活动中经常会出现业务发生的时间与货币收付的时间不一致，导致产生一些预收、预付、应收、应付的情况。如商品已售出，但货款未收到；货款已经收到，但是货物还未发出；本月利息已产生，但利息还未支付；房子还未入住，就支付了以后月度的房租等。这些业务的共同点是收入的归属期间和资金收取期间不一致，费用的归属期间和资金支出期间不一致。那么收入确认时点是以资金是否收到为基础还是以其他方式为基础？费用的确认时点是以现金是否支出为基础还是以其他方式为基础？由此导致会计核算中存在着两种核算基础或确认基础：收付实现制和权责发生制。

1. 收付实现制

收付实现制也称为"现金制"（Cash Basis）或"现收现付制"，它是以款项的实际收付为标准来确认本期收入和费用的一种会计核算基础。收付实现制要求：凡是本期收到的款项就列入本期的收入，本期付出的款项就列为本期的费用。

【例 2-1】 9 月 20 日，销售商品一批，售价为 10 万元，10 月 15 日收到款项。收付实现制下，应等到 10 月 15 日收到款项后，将该 10 万元确认为 10 月份的收入。

【例 2-2】 9 月 25 日，企业支付 10 月份的行政办公楼房租费 2 000 元，收付实现制下要求将该支出确认为 9 月份的费用。

【例 2-3】 9 月 28 日，企业预收销售货款 2 万元，货物定于 10 月发出。收付实现制下应将该 2 万元确认为 9 月份的收入。

【例 2-4】 9 月 30 日，计提本月应付借款利息 1 500 元，实际支付利息日期为 10 月 3 日，收付实现制下应在 10 月 3 日支付后将该 1 500 元利息支出确认为 10 月的费用。

2. 权责发生制

权责发生制又称"应计制"（Accrual Basis）。权，指确认收入的权利。责，指确认费用的责任或义务。何时确认收入，取决于确认收入的权利是否已具备；何时确认费用，取决于确认费用的义务有没有具备，而不是以收付实现制下的现金是否收付为标准。在权发生制下，凡是当期已具备收入、费用的确认条件，不论款项是否收付，都应当作为本期的收入和费用；凡是达不到本期确认收入、费用的条件，即使款项已经在本期收到或支付，也不应当确认为本期的收入或费用。

【例 2-5】 以上述例 2-1 为例，产品已发出，确认收入的权利已具备，按权责发生制要求，应将该 10 万元确认为 9 月份的收入。

【例 2-6】 以上述例 2-2 为例，该 2 000 元支出是为 10 月份而发生的支出，按权责发生制要求，应在 10 月份才能确认费用 2 000 元，9 月份应确认其为一笔预付账款。

【例 2-7】 以上述例 2-3 为例，货物尚未交付，尚未具备确认收入的基础，按权责发生制要求，应于 10 月发出货物后将该 2 万元确认为 10 月份的收入，9 月收到的款项确认为预收账款。

【例 2-8】 以上述例 2-4 为例，该 1 500 元是 9 月发生的利息，虽然尚未支付，但应算在 9 月份，按权责发生制要求，应将该 1 500 元确认为 9 月份的费用，10 月支付时按偿付 9 月份的负债处理。

我国《企业会计准则——基本准则》规定，企业应当以权责发生制为基础进行会计确认、计量和报告。

在实际工作中，也并非绝对只能采用权责发生制，当某项经济业务的发生金额较小，不会导致报表发生实质性变化的情况下，根据重要性原则，为简化核算，可以采用收付实现制。例如，1 月份企业一次性支付全年报刊订阅费 600 元，每月 50 元，根据权责发生制，应该将该支出平均分摊到每月中，每月承担 50 元，但由于金额较小，且不影响当年年度利润，为简化核算，节约会计处理成本，可以采用收付实现制进行处理，将 600 元一次性计入 1 月份的费用中，而不必分摊到各月。

政府行政单位实行双轨制，我国《政府会计准则——基本准则》规定，政府会计由预算会计和财务会计构成。预算会计实行收付实现制，财务会计实行权责发生制。

在企业所得税核算中，往往也兼顾考虑权责发生制和收付实现制。例如，企业当年按权责发生制计提的利息费用，如果在次年所得税汇算清缴之前没有实际支付利息，则计算应纳税所得额时不得税前扣除已计提的利息费用。

> **提示**
>
> **"计提"专业术语**
>
> 在权责发生制下，经常使用"计提"词语，比如，计提本月利息支出、计提本月固定资产折旧费、计提本月工资费用、计提本月税费等。计提又叫预提。计提，即计划提取。预提，即预先提取。例如 9 月份产生的利息支出 1 500 元在 10 月支付，如果按收付实现制要求，要在 10 月份支付时计入 10 月份费用中，但是按照权责发生制要求，该支出是 9 月份发生的，应该算在 9 月份，计入 9 月的费用中。与收付实现制次月做账相比，权责发生制要提前在 9 月份将费用入账，故取名计提或预提。计提的特征是没有实际现金支出或流入，是权责发生制的典型运用。

2.6.2 会计核算原则

在会计确认和计量时，涉及两个原则：一个是配比原则，另一个是划分收益性支出和资本性支出原则。

1. 配比原则

配比（Match）原则是指营业收入要和其相对应的成本或费用相互匹对。当收入在一个期间确认时，与该收入对应的费用也要在同一期间确认。将收入与费用配比，便能计算出该期间的利润。根据收入与费用配比原则，在想要确认一笔收入的时候，如果没有对应的费用匹配，则不能确认收入。反之，在想要确认一笔费用时，如果未对应可以确认的收入，则不能确认费用。没有费用配比的经济利益流入不是收入，是利得；没有收入配比的经济利益流出不是费用，是损失。

例如，9月25日，企业收到一笔捐款10万元，该捐款无任何经济利益流出，则该10万元不能确认为收入，应计为利得。

配比的形式有两种：一种是因果配比，另一种是期间配比。

因果配比，指收入和费用存在着因果关系。某项费用的发生是为了获得某项收入，某项收入的获得必须有某项费用的产生为代价。

期间配比，指将本期的收入与本期的费用相配比。本期产生的收入和费用要计入本期，不能提前或推迟确认。

例如，9月20日，企业销售一批库存商品，销售价为15万元，对应的商品成本为10万元。则在9月份确认15万元收入的同时，还得确认10万元的销售成本。从而计算出9月份的销售毛利为5万元。在此业务中，该批商品的销售收入与销售成本进行配比，体现了因果配比；将销售收入和销售成本同时计入9月份，反映的是期间配比。

又如，在税法中也有规定，与企业经营活动无关的支出不能在计算应纳税所得额时从收入中扣除，体现的也是一种因果配比。

> **小讨论**
>
> 实务中经常有企业少计提固定资产折旧费，比如，会计张三发现企业去年少计提固定资产折旧费20万元，会计张三拟将其补提到今年，你认为可以吗？

2. 划分收益性支出和资本性支出原则

根据支出带来的经济利益受益期不同，可以将支出划分为收益性支出（Revenue Expenditure）和资本性支出（Capital Expenditure）两种。收益性支出是指其支出所带来的经济利益仅局限于支出当期，资本性支出是指其支出既可以为本期带来经济利益，还可以为未来期间带来经济利益，或者单纯为未来期间带来经济利益。划分收益性支出和资本性支出原则是权责发生制基础的具体运用。

不同性质的支出，其会计处理不同。如果一项支出是收益性支出，则要将该支出列为费用，简称费用化。如果一项支出是资本性支出，则该支出形成一项资产，简称资本化。

例如，12月5日，企业支付本月办公楼房租租金10 000元，则该支出对应的受益期限仅局限于12月份，则该支出为收益性支出，应予以费用化，会计核算时将该10 000元计入12月份的管理费用中。假如12月5日企业支付当年12月至次年第一季度房租共40 000元，则其中的10 000元部分为当年12月份的房租，应作为收益性支出，列入12月份的管理费用中，剩余30 000元是为次年1~3月支付的租金，受益期限是明年第一季度，故该 30 000 元部分支出为资本性支出，予以资本化，会计处理时作为预付款处理，预付账款是一项资产。

正确划分收益性支出和资本性支出的原则在实际工作中具有重要意义。因为收益性支出直接计入费用，影响当期利润，影响的是利润表。而资本性支出是形成资产，影响的是当期资产负债表。有的企业为了经营考核的需要，故意将收益性支出列为资本性支出，或者故意将资本性支出列为收益性支出，未能如实反映企业实际经营情况，是绝不允许的，是违反会计准则的行为。例如有的房地产企业把本应列入财务费用的利息支出列入房屋的开发成本，导致当期利润大幅度增加，以达到粉饰利润的目的。

当然在实际工作中，有时为了简化处理的需要，可以适当变通。比如，企业办公室购买了 200 元的打印纸，本应形成一项资产，但是考虑金额较小，可以直接费用化处理。

知 识 训 练

一、思考题

1. 谈谈你对决策有用观和受托责任观会计目标的理解，你更倾向哪种观点？
2. 八大会计信息质量要求中，有人认为相关性最重要，有人认为可靠性最重要，你觉得哪个更重要？请谈谈你的看法。
3. 如何理解 IASB《财务报告概念框架（2018）》中资产和负债的定义？
4. 简述六大要素之间的内在关系。
5. 企业被他人起诉，法院尚未判决，结合确认的定义，讨论一下在什么情况下才能确认一笔负债？
6. 12 月 25 日，企业收取客户 10 万元订金，分别按照收付实现制和权责发生制进行会计处理，经济后果如何？
7. 企业计提 9 月份利息支出 1 000 元，请问计提的意思是什么？
8. 会计假设中"会计主体"的英语为 accounting entity，能不能把"entity"翻译成"企业"？为什么？

二、单项选择题

1. 将融资租赁资产列入企业自己的资产处理，体现了会计信息的（   ）质量要求。
   A. 谨慎性　　　B. 相关性　　　C. 重要性　　　D. 实质重于形式
2. 计提坏账准备体现了会计信息的（   ）质量要求。
   A. 及时性　　　B. 可靠性　　　C. 实质重于形式　　　D. 谨慎性
3. 公司老板从财务部拿钱用于家庭个人消费，会计将其列为企业的支出，该做法有违（   ）。
   A. 会计主体假设　　B. 会计分期假设　　C. 持续经营假设　　D. 货币计量假设
4. 某公司的所有者权益为 10 万元，指的是（   ）。
   A. 该公司投入资本为 10 万元　　　B. 该公司的资产总额为 10 万元
   C. 该公司的权益总额为 10 万元　　D. 该公司的净资产总额为 10 万元
5. 下列属于利得的是（   ）。

  A. 出售产品收入　　B. 出售材料收入　　C. 出租房屋收入　　D. 没收押金收入

6. 下列属于损失的是（　　）。

  A. 出售机器设备而发生的净亏损额　　B. 出售废角料物资而发生的净亏损额

  C. 出租房屋而发生的固定资产折旧费　　D. 向希望工程捐款发生的支出

7. 下列哪个会计计量属性中，其性质与其他三个不相同（　　）。

  A. 历史成本　　B. 重置成本　　C. 可变现净值　　D. 未来现金流量现值

8. 在没有发生股东撤资和增资的情况下，企业期末净资产10万元，期初净资产6万元。则本期净资产增加额4万元，大体上可以理解为（　　）。

  A. 利润　　B. 收入　　C. 利得　　D. 其他综合收益

三、多项选择题

1. 会计目标主要有（　　）。

  A. 受托责任观　　B. 决策有用观　　C. 管理活动论　　D. 信息系统论

2. 会计信息可比性指的是（　　）。

  A. 同一企业各个期间会计信息要可比　　B. 不同企业同一期间会计信息要可比

  C. 纵向比较　　D. 横向比较

3. 属于反映企业财务状况的要素是（　　）。

  A. 资产　　B. 负债　　C. 收入　　D. 费用

4. 在某一会计年度内，企业把收益性支出按资本性支出处理，其结果导致本年度（　　）。

  A. 利润虚增　　B. 利润虚减　　C. 资产虚减　　D. 资产虚增

5. 期间费用包括（　　）。

  A. 管理费用　　B. 财务费用　　C. 销售费用　　D. 制造费用

四、业务训练题

1. 练习收付实现制和权责发生制

【目的】熟悉收付实现制和权责发生制的区别。

【资料】烽火公司9月份发生如下业务（见表2-1）：

表2-1　烽火公司9月份经济业务　　　　　　　　　　　（单位：元）

经济业务	收付实现制		权责发生制	
	收入	费用	收入	费用
（1）支付本月办公费210				
（2）收到上月销售产品货款240				
（3）支付本季度房屋租金600				
（4）计提本月利息支出160				
（5）销售商品920，已收300				
（6）计提本月固定资产折旧费150				
（7）支付上月工资350				

(续)

经济业务	收付实现制		权责发生制	
	收入	费用	收入	费用
(8) 预收产品销售订金 430				
(9) 本月出租设备收入 270，下月收款				
合　　计				

【要求】分别根据权责发生制和收付实现制计算 9 月份的收入和费用，并填制到表 2-1 中。

2. 练习资本性支出和收益性支出

【目的】理解资本性支出和收益性支出。

【资料】烽火公司 12 月份发生如下业务（见表 2-2）：

表 2-2　烽火公司 12 月份经济业务　　　　　　　　　　（单位：元）

经济业务	资本性支出	收益性支出	理　由
(1) 预付购买物资款 10 000			
(2) 购买机器设备支付 24 000			
(3) 支付下个年度财产保险费 13 000			
(4) 支付 12 月份房租 1 000			
(5) 支付次年第一季度房租 3 000			
(6) 支付本月房屋大额装修费 120 000			
(7) 购买办公用品支出 100			
(8) 支付本月广告费 12 000			

【要求】请根据业务内容填写哪些分属于收益性支出和资本性支出，并简要说明理由。

五、案例分析题

1. 一张发票分两张，为哪般？

【资料】某企业购入一台设备，价格为 8 000 元，但是要求供应商开具两张发票，每张发票开具金额为 4 000 元。根据税法规定，5 000 元以下的固定资产，可以一次性计提折旧。

【思考】请问企业采取此种处理的目的是什么？违反了什么会计核算原理？

2. 资产负债表：如何体现会计信息的相关性和决策有用观？

【资料】企业于 9 月份购入一批商品，价格为 13 万元。到了 12 月 31 日，该商品市场价格降为 10 万元。编制年度资产负债表时，企业一名会计人员认为该商品在资产负债表上应以金额 13 万元列示，另一名会计人员则认为应按 10 万元列示。

【思考】（1）如果你是银行信贷员，你认为资产负债表上的金额应以哪种金额列示为好？为什么？

（2）如果你是企业老板，你认为应以哪种金额列示为好？为什么？

（3）分析不同的列示方式有什么优缺点？

第 3 章

会计科目和账户

学习目标

掌握：总分类会计科目和明细分类会计科目的概念；会计六大要素账户登记规则；资产、负债期末余额的性质辨别；手工账户的基本登记方法；T字形账户的登记方法。

理解：会计科目表；固定资产和原材料的子目设置；六大要素账户登记规则的内在逻辑。

了解：国家标准固定资产分类代码表；账户金额四要素。

3.1 会计科目

3.1.1 会计科目的定义

第 2 章讲述了会计六大要素，大体表达了企业的财务状况和经营成果，但这只是简单概括。实际上，人们还想进一步了解要素的具体构成，比如想了解企业具体资产有哪些，如银行存款、原材料、固定资产等；也想进一步了解企业负债的构成，如银行借款、欠供应商货款等信息。为了更细致地反映企业的经济活动，在资产、负债、所有者权益、收入、费用、利润六大会计要素的基础上，对各要素进行更具体的分类，并给他们确定一个合适的名称，这就产生了会计科目的概念。会计科目（Account）就是在会计要素分类的基础上，对会计要素进一步细分，它是会计要素的具体化。会计科目是企业设置会计账户的依据。

3.1.2 会计科目表

由于企业的经济业务活动多种多样，为了便于会计信息使用者更好地理解和对比各行各业的会计信息，财政部编制了一套统一的会计科目表，供企业采纳和使用。依据财政部 2020 年颁发的《企业会计准则应用指南——会计科目和主要账务处理》及后续年度修订的准则编制的会计科目表如表 3-1 所示。

会计科目表中各会计科目名称是财政部统一制定的，阅读时注意以下几点：

（1）会计科目编号具有一定的含义。会计科目表中的编号由 4 位数构成，不同数字代表不同含义。以编号 1403 为例，第 1 位中的 1 是会计科目大的分类代码，1 代表资产类，第 2 位中的 4 是资产中的内部分类，4 代表存货资产，最后 2 位数 03 代表具体的资产名称，03 代表原材料。其他科目编排类似。在会计科目表中，部分编号空缺，是为以后添

表 3-1 会计科目表

(1) 资产类

顺序	编号	会计科目名称	顺序	编号	会计科目名称
1	1001	库存现金	32	1521	投资性房地产
2	1002	银行存款	33	1531	长期应收款
3	1012	其他货币资金	34	1532	未实现融资收益
4	1101	交易性金融资产	35	1601	固定资产
5	1121	应收票据	36	1602	累计折旧
6	1122	应收账款	37	1603	固定资产减值准备
7	1123	预付账款	38	1604	在建工程
8	1131	应收股利	39	1605	工程物资
9	1132	应收利息	40	1606	固定资产清理
10	1221	其他应收款	41	1611	未担保余值
11	1231	坏账准备	42	1621	生产性生物资产
12	1401	材料采购	43	1622	生产性生物资产累计折旧
13	1402	在途物资	44	1701	无形资产
14	1403	原材料	45	1702	累计摊销
15	1404	材料成本差异	46	1703	无形资产减值准备
16	1405	库存商品	47	1711	商誉
17	1406	发出商品	48	1801	长期待摊费用
18	1407	商品进销差价	49	1811	递延所得税资产
19	1408	委托加工物资	50	1901	待处理财产损溢
20	1411	周转材料	51		合同资产
21	1421	消耗性生物资产	52		合同资产减值准备
22	1461	融资租赁资产	53		合同履约成本
23	1471	存货跌价准备	54		合同履约成本减值准备
24	1481	持有待售资产	55		合同取得成本
25	1482	持有待售资产减值准备	56		合同取得成本减值准备
26	1501	债权投资	57		应收退货成本
27	1502	债权投资减值准备	58		使用权资产
28	1503	其他债权投资	59		使用权资产累计折旧
29	1511	长期股权投资	60		使用权资产减值准备
30	1512	长期股权投资减值准备	61		应收融资租赁款
31	1513	其他权益工具投资	62		应收融资租赁款减值准备

（2）负债类

顺序	编号	会计科目名称	顺序	编号	会计科目名称
63	2001	短期借款	75	2245	持有待售负债
64	2011	吸收存款	76	2401	递延收益
65	2021	贴现负债	77	2501	长期借款
66	2101	交易性金融负债	78	2502	应付债券
67	2201	应付票据	79	2701	长期应付款
68	2202	应付账款	80	2702	未确认融资费用
69	2203	预收账款	81	2711	专项应付款
70	2211	应付职工薪酬	82	2801	预计负债
71	2221	应交税费	83	2901	递延所得税负债
72	2231	应付利息	84		合同负债
73	2232	应付股利	85		租赁负债
74	2241	其他应付款			

（3）共同类

顺序	编号	会计科目名称	顺序	编号	会计科目名称
86	3001	清算资金往来	89	3201	套期工具
87	3002	货币兑换	90	3202	被套期项目
88	3101	衍生工具			

（4）所有者权益类

顺序	编号	会计科目名称	顺序	编号	会计科目名称
91	4001	实收资本	96	4104	利润分配
92	4002	资本公积	97	4201	库存股
93	4101	盈余公积	98	4301	专项储备
94	4102	其他综合收益	99	4401	其他权益工具
95	4103	本年利润			

（5）成本类

顺序	编号	会计科目名称	顺序	编号	会计科目名称
100	5001	生产成本	102	5201	劳务成本
101	5101	制造费用	103	5301	研发支出

（6）损益类

顺序	编号	会计科目名称	顺序	编号	会计科目名称
104	6001	主营业务收入	115	6402	其他业务成本
105	6041	租赁收入	116	6403	税金及附加
106	6051	其他业务收入	117	6601	销售费用
107	6061	汇兑损益	118	6602	管理费用
108	6101	公允价值变动损益	119	6603	财务费用
109	6111	投资收益	120	6701	资产减值损失
110	6115	资产处置损益	121	6702	信用减值损失
111	6117	其他收益	122	6711	营业外支出
112	6301	营业外收入	123	6801	所得税费用
113		租赁收入	124	6901	以前年度损益调整
114	6401	主营业务成本			

注：1. 科目表中部分科目名称没有科目编号，是2018年以来新制定的科目名称，财政部尚未设计编号公布；
2. 绝大部分金融企业专用会计科目没有列入。

加新的会计科目编号而预留。会计科目编号可以应用于财务软件中，在使用财务软件时，可以用编号代替输入会计科目名称。用编号代替汉字，可以提高输入效率。不过，企业可以根据自身实际自行设置编号，财政部公布的会计科目表中的科目编号供企业和软件开发企业参考。

（2）表中会计科目分类与会计要素分类有差异。其中损益类科目是由费用类科目和收入类科目合并而成。损益类科目是用来直接计算利润的科目，所以又称利润表科目。凡不涉及损益类科目，都不影响企业利润的计算。比如制造费用属于成本类科目，不属于损益类，制造费用发生不会影响利润的计算。从大类角度，费用包括成本，为了突出产品成本核算重要性，科目表中单列成本科目，由于成本核算对象是生产的产品和提供的服务，从经济本质上讲成本科目又属于资产类科目。例如，生产成本是核算生产的产品成本科目，在产品没有完工情况下，生产成本科目期末性质为尚未完工产品的成本，反映企业正在加工过程的一项资产的价值。共同类科目，是指科目性质可能表现为资产，也可能表现为负债。

（3）注意辨别科目分类。例如，本年利润和利润分配属于所有者权益类科目，由于本年利润和利润分配两个科目核算的是利润，利润最终归所有者享有，所以归入所有者权益科目。又如应收账款和预收账款、应付账款和预付账款这两大组，应收账款和预付账款属于资产类，应付账款和预收账款属于负债类。应收账款是应收而未收的账款，是企业的债权，属于资产。应付账款是企业购买物资后尚未支付的货款，应付而未付，实为负债。预收账款是在货物尚未提供给客户情况下就收到客户的货款，如果后续不发货，货款要退回给人家，企业并没有享有资金的所有权，所以预收账款属于一项负债。预付账款是企业为购买货物提前预付给销售方的货款，在没有收到货物之前，资金所有权仍属于企业，因此属于企业资产。

（4）注意科目名称书写规范。其中"其他应收款"不要错写成"其他应收款"，而"其他应付款"不要错写成"其他应付款"。此外"待处理财产损溢"科目中"溢"是多余的意思，"以前年度损益调整"科目中的益是收益的意思，不能互相混淆。

3.1.3 会计科目的级次

会计科目按提供核算的指标详细程度不同，可分为总分类科目和明细分类科目。

1. 总分类科目

总分类科目（General Ledger Account）是对会计要素内容进行总括分类的科目，也称一级科目或总账科目。会计科目表中的各个科目便是总分类科目。总分类科目提供总括会计信息，由财政部统一制定，企业不能随意创造总分类科目名称。

2. 明细分类科目

明细分类科目（Subsidiary Ledger Account）简称明细科目。明细科目可以再细分成子目和细目，子目为二级科目，细目为三级及以下科目。明细分类科目是在总分类科目基础上进一步详细分类而形成的科目，用以详细了解企业更为具体的明细分类信息。明细科目由企业根据自己的实际情况自行设计名称，但有相当部分的明细科目在实务中已经形成特定的名称。

总分类科目和明细分类科目之间是总括和明细的关系，是统驭和被统驭的关系。

表 3-2～表 3-5 反映了总分类科目和明细科目的关系。

表 3-2 应付账款总分类科目和明细分类科目设置

总分类科目（一级科目）	明细分类科目（二级科目）
应付账款	海思公司
	中兴公司

企业核算应付账款时，通过总分类科目可以了解企业总体应付账款的情况，若想了解具体欠哪家企业的账款，可以设置明细分类科目。

表 3-3 固定资产总分类科目和明细分类科目设置

总分类科目（一级科目）	明细分类科目	
	二级科目（子目）	三级科目（细目）
固定资产	房屋和建筑物	车间
	电子设备	服务器
	机器设备	铣工车床
	运输工具	大众牌小轿车
	其他	

> **小知识**
>
> 固定资产分类代码表。表 3-3 中固定资产子目的设置是实务中工业企业常见的设置方法。国家标准化管理委员会同财政部于 2011 年颁布固定资产分类代码 GB/T 14885—2010《国家标准 第 2 版》，企业可以根据国家标准，结合自身的实际情况设置固定资产的二级科目分类名称。（网址：www.sac.gov.cn）

表 3-4 原材料总分类科目和明细分类科目设置

总分类科目（一级科目）	明细分类科目	
	二级科目（子目）	三级科目（细目）
原材料	原料及主要材料	钢铁
	辅助材料	润滑油
	包装材料	铁丝
	燃料	柴油
	备品备件	刀具
	其他	

表 3-5 生产成本总分类科目和明细分类科目设置

总分类科目（一级科目）	明细分类科目	
	二级科目（子目）	三级科目（细目）
生产成本	基本生产成本	铝材
	辅助生产成本	电

在上述固定资产、原材料、生产成本科目中，科目级次达到三级，但是并不是明细分类科目级次越长越好，级次太长不利于管理，实务中一般设置到 4 级为宜。

3.2　账户

账户（Account）对大家来说并不陌生，比如在银行开设的存款户头就是账户。账户是用来记录会计科目所反映经济业务内容的工具，用以连续、系统、全面地记录一项具体会计要素的增减变动及结余情况。

会计科目和账户是既有联系，又有区别的两个不同的概念。会计科目与账户都是对会计对象具体内容的科学分类，两者口径一致，性质相同。会计科目是账户的名称，也是设置账户的依据；账户是根据会计科目开设的，是会计科目的具体运用。两者的区别是：会计科目仅仅是账户的名称，不存在结构；而账户则具有一定的格式和结构。在实际工作中，对会计科目和账户并不严格区分，两者相互通用。

3.2.1　账户的结构

账户的基本结构应同时具备以下内容：①账户的名称，即会计科目；②日期和摘要，即记载经济业务的日期和概括说明经济业务的内容；③增加方和减少方的金额及余额；④凭证号数，即说明记载账户记录的依据。目前，我国采用借贷记账法核算经济业务，实务工作中常用的账户的基本结构如图 3-1 所示。

明细分类账

第__页

——级科目编号及名称——

——级科目编号及名称——

年		凭证		摘要	对方科目	借方金额										√	贷方金额										√	借或贷	余额										√
月	日	种类	号数			千	百	十	万	千	百	十	元	角	分		千	百	十	万	千	百	十	元	角	分			千	百	十	万	千	百	十	元	角	分	

图 3-1　账户的基本结构

在上述借贷记账法结构的账页中，借方金额栏和贷方金额栏用于登记某一要素金额的增加或减少。借方金额栏为左栏，简称借方栏（Debit Column）；贷方金额栏为右栏，简称贷方栏（Credit Column）；借或贷栏叫余额方向栏，有的市面出售的账本中直接写“方向”两个字，余额方向栏用于反映余额的性质。这种有借方、贷方、余额三栏的账户称为三栏式账户。

为了更好地理解后续所讲的借贷记账法理论，下面先讲述一下账户的登记方法。

3.2.2　借贷记账法下账户的登记方法

现以身边的生活为例，学习掌握借贷记账法下账户登记的基本要领。为后续借贷记账法的学习做好铺垫。

【例 3-1】 假设 202×年 9 月 1 日，小张在银行开设了一张信用卡账户。信用卡属于贷记卡，其特点是先刷卡消费，后偿还欠款。假设小张使用信用卡时先存了部分钱，不足支付时再透支。

9 月 2 日，存入账户 1 000 元。

9 月 5 日，支付房租 300 元。

9 月 10 日，购买衣服支出 400 元。

9 月 15 日，将兼职收入 200 元存入账户。

9 月 25 日，购买手机支出 1 100 元。

9 月 28 日，存入账户 600 元。

要求：请代替小张将 9 月收支情况登记到如图 3-1 所示的账页中。

参考答案：银行存款日记账（信用卡）如图 3-2 所示。

银行存款日记账

年 月	日	凭证 种类	凭证 号数	摘要	对方科目	借方金额 千百十万千百十元角分	√	贷方金额 千百十万千百十元角分	借或贷	余额 千百十万千百十元角分	√
9	2	略		现金存入	略	1 0 0 0 0 0			借	1 0 0 0 0 0	
	5			付房租				3 0 0 0 0	借	7 0 0 0 0	
	10			购衣服				4 0 0 0 0	借	3 0 0 0 0	
	15			兼职收入		2 0 0 0 0			借	5 0 0 0 0	
	25			购手机				1 1 0 0 0 0	贷	6 0 0 0 0	
	28			现金存入		6 0 0 0 0			平	～	

图 3-2　银行存款日记账（信用卡）

通过对例 3-1 的填写，对借贷记账法下账户的登记方法做如下总结：

1. "借"和"贷"两字是记账符号，无中文含义

对初学者来说，不要把借方金额栏和贷方金额栏内的"借""贷"两字和汉语中借钱还贷的意思联系起来。虽然早期具有借钱还贷的含义，但是现在已演变成一种纯粹的记账符号，比如这两个字完全可以换成 X 和 Y 或其他符号。一个账户的基本功能是登记金额的增加或减少，在借贷记账法账户结构中，究竟借方登记金额增加还是贷方登记金额增加，或反之，取决于经济业务的内容和账户性质。在本题中，银行存款账户属于资产类账户，其登记规则是借方登记金额的增加，贷方登记金额的减少。

2. 余额方向栏的填写方法和作用

在图 3-2 账户结构中，"借或贷"称为余额方向栏。填写时，可以采取如下思路理解：如果余额是由借方贡献的，则余额方向栏写"借"；如果余额是由贷方贡献的，则余额方向栏写"贷"；如果余额为 0，则余额方向栏写"平"。

例如，9 月 2 日账户余额是 1 000 元，该金额是由借方 1 000 元贡献计算而来，所以余额方向栏内就写"借"。到 9 月 10 日，账户余额为 300 元，其计算公式为：1 000 元（借方）−300 元（贷方）−400 元（贷方）= 300 元（借方），由于 300 元是由所有的借方金

额 1 000 元减去所有的贷方金额 700 元计算而来，300 元金额仍为借方贡献，故余额方向栏内也仍然写"借"。到了 9 月 25 日，余额 600 元，其计算为：1 000 元（借方）-300 元（贷方）-400 元（贷方）+200 元（借方）-1 100 元（贷方）= 600 元（贷方），或者直接用 9 月 15 日的余额 500 元（借方）-1 100 元（贷方）= 600 元（贷方），即 600 元的余额是由贷方贡献的，故余额方向栏填列"贷"。到了 9 月 28 日，余额为 0 元，则方向栏内写上"平"字。

余额方向栏反映余额的性质，在账户分析中具有重要的意义。通过看余额方向栏是写"借"还是写"贷"，就能一眼看出来余额是属于什么性质的会计要素。以本例来说，该账户属于银行存款账户，银行存款属于资产类会计要素。9 月 2 日，余额为 1 000 元，该余额是借方贡献的，而借方登记的 1 000 元即为存入的资金，是小张的资产。9 月 10 日余额为 300 元，它是存入金额 1 000 元扣除支出金额 700 元的结果，是剩余的存款，余额性质还是资产。9 月 25 日，余额 600 元的含义是什么呢？为所有存入的 1 200 元减去支出 1 800 元的结果，结果为负数，入不敷出，为什么会出现这种情况？因为该银行账户是信用卡账户，可以透支，透支的这 600 元本质上是欠银行的钱，对小张来讲，是一项负债。所以当看到余额方向栏填列"贷"时，即知道该 600 元余额不是存款，其性质为一项负债。

以此总结，针对资产类账户，如果其余额方向栏写"借"，反映余额性质是资产，如果余额方向栏为"贷"，反映余额性质是负债。在实际工作当中，查阅账本时一定要注意方向栏的借贷方向。

3. 账户金额四要素

在账户结构中，有四个金额要素，分别是期初余额、本期增加发生额、本期减少发生额、期末余额。用公式表示为：

$$期初余额 + 本期增加发生额 - 本期减少发生额 = 期末余额$$

借方栏或贷方栏登记的金额叫作本期发生额。由于借方栏和贷方栏登记的是本期增加额或本期减少额，所以增加额又叫增加发生额，减少额又叫减少发生额，登记在借方栏的金额叫作借方发生额，登记在贷方栏的金额叫作贷方发生额。期初余额和期末余额登记在余额栏。本期的期末余额转到下期，便是下期的期初余额。

在实务操作中，有时需要将某个账户余额转到该账本的另一页或转到另一个账本，转过去时不要将余额写在新账页中的借方栏或贷方栏，而应直接写在余额栏。因为借方栏和贷方栏只登记本期发生额，不能登记余额。例如，将 2021 年 12 月 31 日的银行存款借方余额 500 元转到次年新开设的银行存款账本中，500 元直接填到余额栏，如表 3-6 所示。

表 3-6　银行存款日记账　　　　　　　　　　　　　　　　（单位：元）

日　期	凭证号数	摘　要	借　方	贷　方	借或贷	余　额
2022.1.1	略	上年结转			借	500

▶ 3.2.3　T 字形账户结构

在平常学习、教学中，一般不用实际的三栏式账户结构分析账户金额的增减变化情况，而是编制 T 字形账户进行分析。将实际账户的结构进行简化，剔除日期、凭证号数、摘要、余额方向栏只留下借方栏和贷方栏，并去掉一些边框，形成如下结构账户，称为 T 字形账户或丁型账户。其基本结构如图 3-3 所示。

借方	账户名称（会计科目名称）	贷方
期初借方余额：×××		期初贷方余额：×××
本期借方发生额：×××		本期贷方发生额：×××
	×××	
借方发生额合计：×××		贷方发生额合计：×××
期末借方余额：×××		期末贷方余额：×××

图 3-3　T 字形账户基本结构

【例 3-2】 将表 3-7 所示的银行存款账户信息登记到 T 字形账户。

表 3-7　银行存款日记账　　　　　　　　　　　（单位：元）

日　期	凭证号数	摘　要	借　方	贷　方	借或贷	余　额
9.1	略	期初余额			借	1 000
9.5	略	支付房租		300	借	700
9.10	略	购衣支出		400	借	300
9.15	略	兼职收入	200		借	500

分析：表 3-7 中三栏式账簿信息登记到 T 字形账户如图 3-4 所示。

借方	银行存款		贷方
期初余额	1 000	9.50	300
9.15	200	9.10	400
借方合计	200	贷方合计	700
期末余额	500		

图 3-4　例 3-2 T 字形账户登记示意图

3.2.4　借贷记账法下会计六大要素账户登记规则

会计六要素分别为资产、负债、所有者权益、收入、费用和利润。在理解了银行存款账户登记规则的基础上，总结六大要素的账户登记规则如下：

1. 资产类账户

资产类账户的登记规则为：借方记录资产增加额，贷方记录资产减少额。如果余额方向在借方，则余额性质是资产，如果余额方向在贷方，则余额性质为负债。余额方向可能出现在贷方的资产类账户主要为预付账款、应收账款、其他应收款等反映债权结算的账户。资产类账户主要为会计科目表中资产类科目。资产类账户登记规则如图 3-5 所示。

借方	资产类账户名称（会计科目名称）	贷方
期初余额（期初借方余额）		
本期增加额（本期借方发生额）		本期减少额（本期贷方发生额）
期末余额（借方余额，余额性质为资产）		期末余额（贷方余额，余额性质为负债）

图 3-5　资产类账户登记规则

资产类账户金额四要素的计算公式如下：

期初借方余额 + 本期借方发生额 - 本期贷方发生额 = 期末借方余额

特殊情况下，期初余额和期末余额可能在贷方。

2. 负债类账户

负债类账户与资产类账户刚好相反，负债类账户的登记规则为：贷方登记负债的增加额，借方登记负债的减少额。余额方向一般在贷方，反映余额性质是负债，如果余额方向在借方，反映余额性质是资产。余额方向可能出现在借方的负债类账户主要为预收账款、应付账款、其他应付款等反映债务结算的账户。负债类账户对应的就是会计科目表中负债类科目。负债类账户登记规则如图3-6所示。

借方	负债类账户名称（会计科目名称）	贷方
本期减少额（本期借方发生额）		期初余额（期初贷方余额）
		本期增加额（本期贷方发生额）
期末余额（借方余额，余额性质为资产）		期末余额（贷方余额，余额性质为负债）

图 3-6　负债类账户登记规则

负债类账户金额四要素的计算公式如下：

期初贷方余额 + 本期贷方发生额 - 本期借方发生额 = 期末贷方余额

特殊情况下期初余额或期末余额可能在借方。

为什么负债类账户和资产类账户登记方向相反呢？因为在会计恒等式中，资产位于等式的左边，负债位于等式的右边。负债又叫负资产，资产和负债互为对立关系，所以两者登记方向相反。

3. 所有者权益类账户

所有者权益类账户的金额登记方向同负债类：即贷方登记所有者权益的增加额，借方登记所有者权益的减少额，期末余额一般在贷方。在会计科目表中，所有者权益类科目主要是实收资本、资本公积、盈余公积、其他综合收益、本年利润和利润分配等。为了便于和六大要素相对应，核算利润的"本年利润"和"利润分配"两个账户归类到利润类账户描述。所有者权益类账户登记规则如图3-7所示。

借方	所有者权益类账户名称（会计科目名称）	贷方
本期减少额（本期借方发生额）		期初余额（期初贷方余额）
		本期增加额（本期贷方发生额）
		期末余额

图 3-7　所有者权益类账户登记规则

所有者权益类账户金额四要素的计算公式如下：

期初贷方余额 + 本期贷方发生额 - 本期借方发生额 = 期末贷方余额

所有者权益类账户与负债类账户登记方向相同，是因为负债又称债权人权益，所有者权益和债权人权益都是权益，属于权益类账户，所以登记方向相同。

4. 收入类账户

收入类账户的登记规则与负债或所有者权益类账户类似，贷方登记收入的增加额（发生额），借方登记转销额或冲减额，由于期末要将余额转到本年利润，所以期末无余额。收入类账户对应会计科目表中损益类科目的收入类科目，包括主营业务收入、其他业务收入、公允价值变动损益、投资收益、其他收益、营业外收入等。

需要特别说明的是，有时候为了方便记忆，将收入登记的口诀表述为"收入增加记贷方，收入减少记借方"，但实际上收入在借方登记时，并不是收入减少。收入只有增加，不会减少，这个月人们赚了5 000元，可以说这个月收入增加了5 000元，如果没有赚到钱，就没有收入，不能说收入减少，收入在借方的含义主要是转销或冲减原已确认的收入。

收入类账户之所以与所有者权益账户登记方向相同，是因为收入最终会导致所有者权益增加，归所有者享有。收入类账户登记规则如图3-8所示。

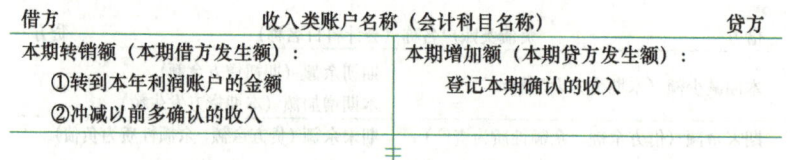

图3-8　收入类账户登记规则

注：T字形账户下方划的两条短线代表该账户期末无余额。

5. 费用类和成本类账户

费用类账户和成本类账户的登记规则同资产类账户，即借方登记费用或成本的增加额（发生额），贷方登记费用或成本的转销额或冲减额。

费用类账户对应会计科目表中损益类科目中的费用类科目，包括主营业务成本、其他业务成本、税金及附加、财务费用、管理费用、销售费用、资产减值损失、营业外支出、所得税费用等。

成本类账户对应会计科目表中的成本类科目，包括生产成本、制造费用、劳务成本、研发支出等。

费用类账户余额要在期末结束后转到本年利润账户，所以期末无余额。

成本类账户中，期末可能有余额也可能没有余额，如果有余额，则余额方向必定在借方，余额性质表现为资产。

费用类账户和成本类账户之所以和资产类账户登记方向类似，是因为费用是资产的耗费，是一瞬间的资产，资产耗费了就转变成费用，资产和费用同源。从广义角度，成本也是一项费用，从性质来说，其本身就是资产。费用类账户和成本类账户登记规则如图3-9和图3-10所示。

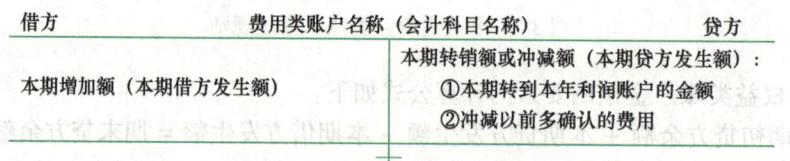

图3-9　费用类账户登记规则

6. 利润类账户

利润类账户比较特殊，借方和贷方登记的金额含义比较丰富，但是登记要领与所有者权益相同。因为利润会导致所有者权益增加，最终归所有者享有。利润类账户主要对应会计科目表中所有者权益科目中的"本年利润"和"利润分配"两个账户。

借方	成本类账户名称（会计科目名称）	贷方
本期增加额（本期借方发生额）		本期转销额或冲减额（本期贷方发生额）
期末余额：（余额性质为资产）		

图 3-10　成本类账户登记规则

"本年利润"账户贷方登记收入的转入额，借方登记费用的转入额；由于收入账户中的金额转到本年利润账户后，导致本年利润增加，故记入"本年利润"账户的贷方，费用账户的金额转入本年利润后，导致本年利润减少，故记入"本年利润"账户的借方。期末如果有余额，余额方向在贷方，表示盈利，余额方向在借方，表示亏损。年末，要将本年利润账户余额转到"利润分配——未分配利润"账户，故平时保留余额，但年末无余额。本年利润账户登记规则如图 3-11 所示。

借方	本年利润账户	贷方
本期费用转入额		本期收入转入额
期末余额：亏损额		期末余额：盈利额

图 3-11　本年利润账户登记规则

利润分配账户也比较特殊，下设多个明细账，包括"利润分配——未分配利润""利润分配——提取盈余公积""利润分配——应付股利"等明细账。"利润分配——提取盈余公积"和"利润分配——应付股利"两个明细账期末没有余额，要转到"利润分配——未分配利润"明细账。"利润分配——未分配利润"账户中，贷方是"本年利润"账户期末贷方余额转入额（盈利金额），借方是"利润分配——提取盈余公积"和"利润分配——应付股利"两个明细账期末余额的转入额，或"本年利润"账户期末借方余额转入额（亏损金额）。利润分配账户登记规则如图 3-12 所示。

借方	利润分配——未分配利润账户	贷方
期初余额：（以前年度累计亏损额）		期初余额：（以前年度累计盈利额）
本期发生额： ①"利润分配——提取盈余公积"转入额 　"利润分配——应付股利"转入额 ②"本年利润"借方余额转入额		本期发生额： "本年利润"贷方余额转入额
期末余额：累计未弥补的亏损额		期末余额：累计未分配的利润额

图 3-12　利润分配账户登记规则

上述六大会计要素账户登记规则看似多种，其实还是简单易记的。借方和贷方的登记方向无非两种情况：一方记增加，另一方就记减少。资产和费用（成本）是一个阵营，它们是在借方登记增加，贷方登记减少；负债、所有者权益、收入、利润则是另一个阵营，该四个要素是在贷方登记增加，借方登记减少。六大要素账户结构的登记规则体现了资产和权益的对立和统一、收入和费用的对立和统一。可以结合会计恒等式和 T 字形账户来记忆，如图 3-13 所示。

$$资产 = 负债 + 所有者权益 = 权益$$
$$资产 = 负债 + 所有者权益 + 利润（收入 - 费用）$$
$$资产 + 费用 = 负债 + 所有者权益 + 收入$$

借方	资产+费用=负债+所有者权益+收入	贷方
借增、贷减		贷增、借减

图 3-13　六大要素登记规则记忆图

【例 3-3】　练习应付账款账户登记，并填写 T 字形账户。

华诚公司与宝铁公司业务往来频繁，货款结算有时是先收货后付款，有时是先付款后提货。2022 年 1 月份发生如下业务：

1 月 1 日，华诚公司上年结余欠宝铁公司款项 100 000 元。

1 月 6 日，华诚公司向宝铁公司购买物资 150 000 元，货款未付。

1 月 13 日，华诚公司偿还前欠宝铁公司货款 200 000 元。

1 月 21 日，华诚公司从宝铁购买物资 300 000 元，其中 50 000 元现讫，剩余 250 000 元未付。

1 月 28 日，华诚公司支付货款给宝铁公司 400 000 元。

要求：把上述经济业务中应付账款流水登记在应付账款账户中，并编制 T 字形账户。

分析：参考答案如表 3-8 和图 3-14 所示。

表 3-8　应付账款明细账　　　　　　　　　明细科目：宝铁公司
（单位：元）

日期	凭证号数	摘　要	借　方	贷　方	方　向	余　额	备　注
1.1	略	上年结转			贷	100 000	余额性质负债
1.6	略	赊购物资		150 000	贷	250 000	同上
1.13	略	偿还欠款	200 000		贷	50 000	同上
1.21	略	购买物资		250 000	贷	300 000	同上
1.28	略	支付货款	400 000		借	100 000	余额性质资产

注：1. 1 月 28 日余额方向栏为借方，反映余额性质是资产，是多付的款项，为预付账款。
　　2. 1 月 1 日 10 万元为期初余额，不是发生额，所以不要写在贷方栏，直接写到余额方向栏。

借方	应付账款		贷方
		月初余额	100 000
1.13　　200 000		1.60	150 000
1.28　　400 000		1.21	250 000
借方发生额合计：600 000		贷方发生额合计：	400 000
期末余额：100 000			

图 3-14　应付账款 T 字形账户

需要说明的是，本例题虽以企业为例，但生活中人们也可以采用此种方法登记债权债务，账本中双方之间的借与还看得一清二楚。希望大家在生活中摒弃日记本记录方式，做到基础会计学知识的活学活用。

知识训练

一、思考题

1. 如何理解六大会计要素的账户登记规则？
2. 当应收账款余额方向在贷方时，余额反映什么含义？
3. 如何理解账户中借方栏和贷方栏中借贷两字的含义，余额方向栏具有什么作用？
4. 什么是子目和细目？什么是一级科目和二级科目？
5. 假设你为一家汽车制造企业会计，你该如何对企业固定资产进行二级分类（可查找汽车类上市公司年报附注）？
6. 利润类要素科目为什么可以归入会计科目表中的所有者权益类科目？
7. 假设一家企业有加工车间、装配车间、调试车间，每个车间都会发生水电费、机物料消耗、折旧费、车间办公室费用，如何对这些费用设置总分类科目和明细分类科目？

二、单项选择题

1. "生产成本"账户期初借方余额为3 000元，本期借方发生额为2 000元，本期贷方发生额为1 000元，该账户期末余额是（　　）元。
   A. 2 000　　　　B. 3 000　　　　C. 4 000　　　　D. 6 000
2. "应收账款"账户期初借方余额为1 000元，本期借方发生额为2 000元，期末贷方余额为3 000元，该账户本期贷方发生额为（　　）元。
   A. 0　　　　　　B. 1 000　　　　C. 3 000　　　　D. 6 000
3. 下列不能用于计算利润的科目是（　　）。
   A. 财务费用　　　B. 制造费用　　　C. 销售费用　　　D. 管理费用
4. 下列账户中不属于会计科目表中资产类科目的是（　　）。
   A. 固定资产　　　B. 工程物资　　　C. 实收资本　　　D. 累计折旧
5. 账户哪方登记增加数，哪方登记减少数，是由账户的（　　）来决定。
   A. 性质和类别　　B. 用途　　　　　C. 结构　　　　　D. 记账方法
6. 应付账款余额方向如果在借方，反映余额性质和内容是（　　）。
   A. 资产、预付账款　B. 负债、预收账款　C. 资产、应收账款　D. 负债、应付账款
7. 下列属于正常的资产类账户四要素计算公式的是（　　）。
   A. 期初借方余额+本期借方发生额−本期贷方发生额=期末借方余额
   B. 期初借方余额+本期贷方发生额−本期借方发生额=期末贷方余额
   C. 期初贷方余额+本期贷方发生额−本期借方发生额=期末贷方余额
   D. 期初贷方余额+本期借方发生额−本期贷方发生额=期末借方余额

三、多项选择题

1. 下列可以作为固定资产科目的子目名称的是（　　）。
   A. 房屋和建筑物　B. 机器设备　　　C. 电子设备　　　D. 运输设备
2. 在手工账簿下，账户余额如果为0，下列描述正确的是（　　）。
   A. 余额方向栏写"平"　　　　　　　B. 余额方向栏写"零"
   C. "0"写在余额栏的元位　　　　　　D. 划一条横穿"0"字的波浪线

3. 下列科目中，在借方登记增加数的是（　　）。
   A. 固定资产　　　B. 管理费用　　　C. 主营业务收入　　D. 生产成本
4. 下列账户年末无余额的是（　　）。
   A. 主营业务收入　B. 本年利润　　　C. 主营业务成本　　D. 销售费用
5. 下列描述正确的是（　　）。
   A. 应付账款增加在贷方登记　　　　B. 应收账款增加在借方登记
   C. 预付账款增加在借方登记　　　　D. 预收账款增加在贷方登记
6. 下列科目的归类，合适的是（　　）。
   A. 原材料和在途物资　　　　　　　B. 制造费用和生产成本
   C. 主营业务收入和主营业务成本　　D. 应交税费和所得税费用
7. 下列关于账户的描述中，正确的是（　　）。
   A. 账户中的借字和贷字仅是一种符号，无中文含义
   B. 账户的余额方向栏反映余额的性质
   C. 账户的余额一般与增加额在相同方向
   D. 账户中的借方代表增加，贷方代表减少

四、业务训练题

1. 总账科目和明细账科目的设置

【目的】熟悉总账科目和明细账科目的设置。

【资料】下列为一家汽车制造企业所用的总账科目和明细科目名称：

A. 固定资产　　　　　　　　　（1）玲珑轮胎公司
B. 原材料　　　　　　　　　　（2）途瑞SUV
C. 应付账款　　　　　　　　　（3）车间厂房
D. 库存商品　　　　　　　　　（4）工商银行
E. 管理费用　　　　　　　　　（5）钢材
F. 应收账款　　　　　　　　　（6）众达4S店
G. 短期借款　　　　　　　　　（7）工资
H. 销售费用　　　　　　　　　（8）广告费

【要求】请将上述能够对应的总账科目和明细科目进行连线。

2. T字形账户和手工账簿登记

【目的】比较T字形账户和手工账簿的登记要领。

【资料】华泰公司9月份应收账款信息如下：

（1）9月1日，期初余额为借方余额130 200元。
（2）9月4日，收回应收账款130 200元。
（3）9月8日，对外赊销产品，销售额为314 000元。
（4）9月16日，收回应收账款235 700元。
（5）9月23日，对外销售产品，销售额为182 400元，其中80 000已收，其余暂欠。

【要求】（1）编制"应收账款"T字形账户，对上述信息进行连续登记。
（2）用Excel工具编制仿真三栏式账页，然后在账页上进行连续登记。

第 4 章

复式记账

 学习目标

掌握：复式记账原理；复式记账分析思路；会计分录书写格式；试算平衡中发生额试算平衡和余额试算平衡；平行登记概念。

理解：复式记账的理论基础；试算平衡公式原理；总账和明细账之间的金额关系。

了解：经济业务类型与会计恒等式；复式记账法的分类；借贷记账法的由来。

日常生活中，人们都会思考一个问题：一个月下来，花了很多钱，但钱都花到哪儿去了呢？自己银行账户上的存款增加了，却经常不记得存款怎么增加的。有些家庭主妇会设立家庭日常支出账本，但是如果问她一个月买菜支出总共是多少，可能其对着账本要计算好半天。这是因为人们在日常记账时，只记录资金的增加或减少，却没有专门记录资金的去向，即使记录了资金的来龙去脉，但是对其来源和支出也没有分门别类地反映。这样的账本通常叫作流水账，会计上把这种记账方法叫作单式记账法。由于单式记账法不能全面系统地反映经济业务的往来，不便检查账户记录的准确性，在企业会计实务中已被复式记账法代替。

4.1 会计恒等式及其经济业务类型

第 2 章简要讲述了会计要素等式"资产=负债+所有者权益"，该等式叫作会计恒等式，企业发生的各种类型经济业务都遵循该等式。它是复式记账法的理论基础，也是编制资产负债表的依据。

4.1.1 会计恒等式与经济业务类型

企业在生产经营过程中，会发生多种多样的经济业务，这些经济业务会引起各项会计要素的增减变动。但是不管怎么变动，并不会破坏会计恒等式。引起会计要素变化的经济业务类型可以概况为九小项、四大类。

1. 资产与所有者权益同时等额增加

【例 4-1】 飘逸服装贸易公司收到李明的投资款 20 万元。

飘逸公司作为会计主体，公司收到投资者李明的投资款后，引起两个会计要素发生变化。一方面，公司的资产（银行存款）增加了 20 万元；另一方面，该资金来源于投资者的资本投入，所有者李明在公司的权益增加了 20 万元，即所有者权益（实收资本）增加了 20 万元。资产与所有者权益同时等额增加，等式保持不变。如表 4-1 所示。

表 4-1　经济业务类型 1：资产与所有者权益同时等额增加　　　　（单位：元）

资产		=负债	+	所有者权益
银行存款	+200 000			实收资本——李明　+200 000
余额	200 000	=0		+200 000

2. 资产与负债同时等额增加

【例 4-2】 飘逸公司从美森服装厂赊购一批服装，总价款为 10 万元。

此业务发生时，一方面公司的资产（库存商品）增加了 10 万元，另一方面，公司负债（应付账款）增加了 10 万元。资产与负债同时等额增加，等式保持不变。如表 4-2 所示。

表 4-2　经济业务类型 2：资产与负债同时等额增加　　　　（单位：元）

资产		=负债	+	所有者权益
库存商品	+100 000	应付账款　+100 000		
余额	300 000	=100 000		+200 000

3. 资产与负债同时等额减少

【例 4-3】 飘逸公司偿还美森服装厂欠款 3 万元。

此业务发生时，一方面公司的资产（银行存款）减少 3 万元，另一方面公司的负债（应付账款）减少了 3 万元。资产与负债同时等额减少，等式保持不变。如表 4-3 所示。

表 4-3　经济业务类型 3：资产与负债同时等额减少　　　　（单位：元）

资产		=负债	+	所有者权益
银行存款	-30 000	应付账款　-30 000		
余额	270 000	=70 000		+200 000

4. 资产与所有者权益同时等额减少

【例 4-4】 经股东间协商，同意李明撤资 5 万元，飘逸公司退还李明投资款 5 万元。

此业务发生时，一方面飘逸公司资产（银行存款）减少 5 万元，另一方面公司的所有者权益（实收资本——李明）减少了 5 万元，资产与所有者权益同时等额减少，等式保持不变。如表 4-4 所示。

表 4-4　经济业务类型 4：资产与所有者权益同时等额减少　　　　（单位：元）

资产		=负债	+	所有者权益
银行存款	-50 000			实收资本——李明　-50 000
余额	220 000	=70 000		+150 000

5. 负债减少，所有者权益增加

【例 4-5】 美森服装厂以其 4 万元债权投资入股飘逸公司。

此业务发生时，一方面，飘逸公司的负债（应付账款）减少了 4 万元；另一方面，公司的所有者权益（实收资本——美森服装厂）增加了 4 万元。负债减少，所有者权益增加,等式保持不变。如表 4-5 所示。

表 4-5　经济业务类型 5：负债减少，所有者权益增加　　　　（单位：元）

资产	=负债	+ 所有者权益
	应付账款　-40 000	实收资本——美森　+40 000
余额　220 000	=30 000	+190 000

6. 负债增加，所有者权益减少

【例 4-6】 李明再次撤资 5 万元，但是飘逸公司尚未支付款项给李明。

此业务发生时，一方面，飘逸公司的负债（其他应付款）增加了 5 万元；另一方面，公司的所有者权益（实收资本——李明）减少了 5 万元。负债增加，所有者权益减少，等式保持不变。如表 4-6 所示。

表 4-6　经济业务类型 6：负债增加，所有者权益减少　　　　（单位：元）

资产	=负债	+ 所有者权益
	其他应付款　+50 000	实收资本——李明　-50 000
余额　220 000	=80 000	+140 000

7. 一项资产增加，另一项资产减少

【例 4-7】 飘逸公司从银行提取现金 2 万元。

此业务发生时，一方面，飘逸公司一项资产（库存现金）增加了 2 万元；另一方面，另一项资产（银行存款）减少了 2 万元。一项资产增加，另一项资产减少，资产内容发生变化，但资产总额保持不变，等式保持不变。如表 4-7 所示。

表 4-7　经济业务类型 7：一项资产增加，另一项资产减少　　　　（单位：元）

资产	=负债	+ 所有者权益
银行存款　-20 000　库存现金 +20 000		
余额　220 000	= 80 000	+140 000

8. 一项负债增加，另一项负债减少

【例 4-8】 飘逸公司开出一张面值为 3 万元的银行承兑汇票，抵换欠美森服装厂的剩余 3 万元。

结合下述商业汇票知识，此业务发生时，一方面，飘逸公司一项负债（应付票据）增加 3 万元；另一方面，另一项负债（应付账款）减少了 3 万元。一项负债增加，另一项负债减少，负债内容发生变化，但负债总额保持不变，等式保持不变。如表 4-8 所示。

表 4-8　经济业务类型 8：一项负债增加，另一项负债减少　　　　（单位：元）

资产	=负债	+ 所有者权益
	应付票据 +30 000　应付账款 -30 000	
余额　220 000	= 80 000	+140 000

> **小知识**
>
> **商业汇票**
>
> 商业汇票是由出票人签发的，委托付款人在指定日期无条件支付确定金额给收款人或者持票人的票据。商业汇票分为商业承兑汇票和银行承兑汇票，属于远期票据。商业承兑汇票由付款人承兑，如汇票到期时付款人无款支付，则该商业汇票作废。银行承兑汇票到期时，如付款人无款支付，则由承兑银行代为付款。商业汇票中有两个重要日期，一个是出票日，一个是到期日，在此段期间，收款人无权主张债权，只有在票据到期后才能到银行提示收款。通俗来讲，企业开出商业汇票，相当于给收款人开具一张高级欠条。所以开具商业汇票时，产生了一笔负债，该负债名叫应付票据。债权人收到的票据则叫应收票据。

9. 一项所有者权益增加，另一项所有者权益减少

【例 4-9】 美森服装厂把其持有飘逸公司的股权 4 万元转让给森达公司。

此业务发生时，一方面，投资者美森服装厂退出飘逸公司，公司的一项所有者权益（实收资本——美森服装厂）减少 4 万元；另一方面，森达公司成为飘逸公司的股东，公司的另一项所有者权益（实收资本——森达公司）增加 4 万元。一项所有者权益增加，另一项所有者权益减少，所有者权益中实收资本明细内容发生变化，但所有者权益总额保持不变，等式保持不变。如表 4-9 所示。

表 4-9 经济业务类型 9：一项所有者权益增加，另一项所有者权益减少 （单位：元）

资产	=负债	+ 所有者权益
	=	实收资本——森达 +40 000 实收资本——美森 -40 000
余额 220 000	= 80 000	+140 000

注：本例是实收资本的明细科目之间发生变化，而不是所有者权益项目之间的变化。

最终相关资产、负债和所有者权益的余额及具体内容如表 4-10 所示。

表 4-10 资产、负债和所有者权益的余额及具体内容 （单位：元）

资产	= 负债	+ 所有者权益
其中：银行存款 100 000 　　　库存商品 100 000 　　　库存现金 20 000	其中：应付票据 30 000 　　　其他应付款 50 000	其中：实收资本——森达 40 000 　　　实收资本——李明 100 000

通过上述 9 种经济业务分析，"资产=负债+所有者权益"会计等式始终成立。无论如何复杂的业务，最终都可归结为 4 大类和 9 小项，故该等式成为复式记账的理论基础。经济业务类型与会计恒等式总结如表 4-11 所示。

表 4-11 经济业务类型与会计恒等式总结

序号	类　　型	资产	=	负债	+	所有者权益
1	资产和权益同增	增加		增加		
2		增加				增加

(续)

序号	类型	资产	=	负债	+	所有者权益
3	资产和权益同减	减少		减少		
4		减少				减少
5	负债和所有者权益此增彼减			增加		减少
6				减少		增加
7	各要素内部此增彼减	减少，增加				
8				减少，增加		
9						减少，增加

4.1.2 扩展的会计恒等式与经济业务类型

上述经济业务只涉及资产、负债和所有者权益三个要素，收入、费用和利润要素没有涉及。根据前章讲述，收入、费用、利润与会计恒等式紧密相关。收入是企业经济利益的流入，能够导致资产增加或负债减少，最终导致所有者权益增加。费用是企业经济利益的流出，能够导致资产减少或负债增加，最终导致所有者权益减少。利润是收入减去费用的差额，如果收入大于费用，则利润为正，利润归所有者享有，最终导致所有者权益增加；如果收入小于费用，则利润为负，最终导致所有者权益减少。在考虑了利润因素的情况下，会计恒等式可以扩展为如下形式：

资产 = 负债 + 所有者权益 + 利润

资产 = 负债 + 所有者权益 + 收入 − 费用

资产 + 费用 = 负债 + 所有者权益 + 收入

上述扩展的会计恒等式同样适用于相关的经济业务。相关的经济业务类型有如下形式：

【例 4-10】 飘逸公司预收丽人商行购买服装货款 4 万元。款项已转账收存银行。

此业务发生时，一方面，企业的资产（银行存款）增加 4 万元，另一方面，收到的资金是丽人商行为购买飘逸公司的服装而提前支付的货款，对飘逸公司来说，在货物尚未发给丽人商行之前，增加了一项负债（预收账款）4 万元。此业务是一项负债增加，一项资产增加，会计等式保持不变。如表 4-12 所示，其为前述九种类型的一种。

表 4-12 经济业务类型：一项负债增加，一项资产增加 （单位：元）

资产	+	费用	=	负债	+	所有者权益	+	收入
银行存款 +40 000				预收账款 +40 000				
余额 260 000				= 120 000		+140 000		+0

下面为扩展的会计恒等式下的经济业务类型：

1. 负债减少，收入增加

【例 4-11】 飘逸公司向丽人商行销售服装，总销售价格为 4 万元，货款已预收。

此业务发生时，一方面企业增加收入（主营业务收入）4 万元；另一方面，原负债

（预收账款）4万元因商品交付后减少。一项负债减少，一项收入增加，扩展会计等式保持不变。如表4-13所示。

表4-13 扩展恒等式下经济业务类型1：负债减少，收入增加 （单位：元）

资产	+	费用	=负债	+	所有者权益	+	收入
			预收账款-40 000				主营业务收入+40 000
余额 260 000			=80 000		+140 000		+40 000

2. 资产增加，收入增加

【例4-12】 飘逸公司向丽人商行再次销售服装，总售价为3万元，货款已转账收取。

此业务发生时，一方面企业增加收入（主营业务收入）3万元，另一方面，企业资产（银行存款）增加了3万元。一项资产增加，一项收入增加。扩展的会计恒等式保持不变。如表4-14所示。

表4-14 扩展恒等式下经济业务类型2：资产增加，收入增加 （单位：元）

资产	+	费用	=负债	+	所有者权益	+	收入
银行存款 +30 000							主营业务收入 +30 000
余额 290 000			=80 000		+140 000		+70 000

3. 资产减少，费用增加

【例4-13】 飘逸公司根据当期的商品出库单，计算出所销售服装总成本为3万元。

当企业将货物发给丽人商行后，仓库的资产（库存商品）总共减少3万元；另一方面，发出的商品是为获得收入而付出的代价，商品的价值转换为费用，费用（主营业务成本）增加了3万元。一项资产减少，一项费用增加，等式仍然保持不变。如表4-15所示。

表4-15 扩展恒等式下经济业务类型3：资产减少，费用增加 （单位：元）

资产	+	费用	=负债	+	所有者权益	+	收入
库存商品 -30 000		主营业务成本 +30 000					
余额 260 000		+30 000	=80 000		+140 000		+70 000

4. 费用增加，负债增加

【例4-14】 飘逸公司当期共实现税前利润4万元，计提本期应交企业所得税1万元。

企业所得税=利润×税率=40 000×25%=1（万元）。企业所得税一般是当期结束后于下个月初缴纳，所以，一方面，当期产生费用（所得税费用）1万元；另一方面，该所得税尚未缴纳，负债（应交税费——应交所得税）增加1万元。一项费用增加，一项负债增加，扩展的会计恒等式不变。如表4-16所示。

表4-16 扩展恒等式下经济业务类型4：费用增加，负债增加 （单位：元）

资产	+	费用	=负债	+	所有者权益	+	收入
		所得税费用 +10 000	应交税费 +10 000				
余额 260 000		+40 000	=90 000		+140 000		+70 000

5. 费用增加，所有者权益增加

此类型比较特殊，在《企业会计准则第 11 号——股份支付》中有涉及。

除了上述 5 种类型外，至于其他情形实际是不存在的。比如不存在费用和收入同增情形。从扩展恒等式看，收入和费用看似可以同增，但两者不具有直接对应关系。收入增加的表现形式是资产增加或负债减少，例如，收入增加的同时银行存款同时增加，收入和银行存款形成直接对应关系。当然收入的创造需要其他资产的付出，比如，收入是商品销售之后获得的结果，商品销售后，商品减少了，但是商品的减少是为获得收入而付出的成本，所以商品的减少应与费用的增加形成对应关系。另外，也需要注意，因为费用和收入是动态要素，要么产生，要么就没有产生，不会有减少情况，所谓的减少也只是原已确认的费用或收入给予冲回或转销。

最终各要素余额及其内容表现如表 4-17 所示。

表 4-17　扩展恒等式下各要素余额及其内容　　（单位：元）

资产	+	费用	= 负债	+	所有者权益	+	收入
260 000		+40 000	=90 000		+140 000		+70 000
银行存款 170 000		主营业务成本 30 000	应交税费 10 000		实收资本 140 000		主营业务收入 70 000
库存商品 70 000		所得税费用 10 000	应付票据 30 000				
库存现金 20 000			其他应付款 50 000				

如果把公式进行处理，则会计恒等式为：

资产 = 负债 + 所有者权益 +（收入 − 费用）

26 万元 = 9 万元 + 14 万元 +（7 万元 − 4 万元）

资产 = 负债 + 所有者权益 + 利润

26 万元 = 9 万元 + 14 万元 + 3 万元

资产 = 负债 +（所有者权益 + 利润）

26 万元 = 9 万元 +（14 万元 + 3 万元）

资产 = 负债 + 所有者权益

26 万元 = 9 万元 + 17 万元

最终会计恒等式仍保持不变，但金额和内容发生了变化。

下面对扩展的会计恒等式与经济业务类型总结如表 4-18 所示。

表 4-18　经济业务类型与扩展的会计恒等式总结

序号	业务类型	资产	+	费用	= 负债	+	所有者权益	+	收入
1	费用增资产减	减少		增加					
2	资产增收入增	增加							增加
3	费用增负债增			增加	增加				
4	负债减收入增				减少				增加
5	费用增权益增			增加			增加		

> **提示**
>
> 企业销售库存商品，售价为 10 000 元，货款已收，所售商品成本为 7 000 元。该业务影响哪些会计要素（会计科目）？分析时一定要同例 4-12 和例 4-13 一样，分成两种业务处理，而不要将其合并为一个业务进行分析。

4.2 复式记账法概述

▶ 4.2.1 复式记账法的概念

复式记账法（Double Entry Bookkeeping）是相对于单式记账法而言的。所谓复式记账法，是指每一笔经济业务发生后，都要以相等的金额在两个或两个以上相互联系的账户中进行登记，系统地反映资金运动变化结果的一种记账方法。

例如，对在校大学生来说，在日常生活中，想了解一个学期的开支情况，以便对父母有交代，可以采取复式记账法进行管理。一方面设置一本银行存款日记账，专门登记银行存款金额增减。另一方面可以设置伙食支出、学习支出、娱乐支出、其他支出等支出账本。在每笔支出发生时，一方面在日记账上登记资金的减少，另一方面根据支出内容有序地登记到伙食支出、学习支出、娱乐支出等账本上。比如 9 月 10 日，伙食支出共花了 20 元，9 月 15 日复印学习材料花了 10 元，每笔支出发生时，有序地分别登记到银行存款、伙食支出、学习支出等账本上，这样每日序时登记，就可以清晰地反映每次花了多少钱，花到哪些地方。

又如，对企业来说，用银行存款 10 万元购买了一台机器，则设置两个账户，一个为银行存款账户，另一个为固定资产账户。登记时，一方面在银行存款账户中登记银行存款减少了 10 万元，另一方面在固定资产账户中登记固定资产增加 10 万元。这种记账方法即为复式记账法。

采用复式记账，具有明显的优点：

（1）能够清楚反映业务的来龙去脉。以上述例子来说，固定资产怎么来的呢？它是以支付银行存款的形式购买来的，而不是赊账或用其他方式得来的，这就叫"来龙"；银行存款怎么减少了呢？用于购买固定资产了，这就叫"去脉"。从而把一笔业务的发生及结果表现得一清二楚。

（2）可以试算平衡，检查记录是否有误。复式记账要求在两个或两个以上账户中同时进行登记相同的金额。上述例子中如果固定资产登记的金额是 10 万元，而银行存款账户登记的金额是 15 万元，那么就很容易发现问题，继而追查是笔误还是故意的，所以复式记账法也是一种重要的内部控制手段。

▶ 4.2.2 复式记账法的分类

复式记账法有增减记账法、收付记账法和借贷记账法。

增减记账法，是以"增"和"减"作为记账符号的复试记账方法，我国曾在 20 世纪 60 年代在商业系统中使用。

收付记账法，是以"收入"和"支出"作为记账符号的复试记账方法。它曾在行政事业单位、金融企业中被广泛应用，现在市面上也仍然能看到使用收付记账符号的账本。

借贷记账法，是以"借"和"贷"两字作为记账符号的复式记账方法。1992年财政部颁布的《企业会计准则》规定，企业会计处理必须采用借贷记账法。1997年财政部颁布的《事业单位会计准则》和1998年颁布的《行政单位会计制度》中也规定了所有行政事业单位需采用借贷记账法。如今我国的所有行业均要求采用借贷记账法进行经济业务处理。

4.3 借贷记账法

4.3.1 借贷记账法的由来

借贷记账法（Debit-credit Bookkeeping）是以"借"和"贷"作为记账符号的一种复式记账方法。这种记账方法大约起源于13世纪的意大利。当时，由于十字军东征带动了欧亚贸易，地中海沿岸国家和城市海上贸易繁荣，特别是以威尼斯、佛罗伦萨、热那亚为代表的意大利沿海城市成为海上贸易中心城市。随着贸易的扩大，在当地出现了一些专门从事借贷业务、兑换货币的钱庄，相当于现在的银行。他们为了记录吸收的存款和贷出的款项，设计了借贷记账法。在当时的记账方法下，账户分别按人名设置，分上下两部分进行登记，一方登记债权，另一方登记债务。钱庄吸收的存款，记在"贷主"（Creditor）名下，意思是谁把钱贷给钱庄，反映钱庄自身债务的增加；钱庄借出的款项，则记在"借主"（Debtor）名下，意思是借钱给谁，反映自身债权的增加，所以当初最原始的借贷两字分别反映债权和债务的关系。这种记账方法主要在佛罗伦萨城市的借贷资本家中使用，所以又称佛罗伦萨簿记法，为借贷记账法最原始的由来。之后随着商品经济的发展，借贷两字的记账对象不再局限于债权和债务关系，而是扩展到记录实物财产以及现金的结算，账户的结构也由原来的上下两部分改成左右两部分，分别表示"借方"和"贷方"，当初朴素的借贷含义不复存在，变成了一种抽象的记账符号，这时期以意大利的热那亚式簿记为代表。到了15世纪，借贷记账法的应用范围又扩大到余额、利润、资本等账户的记录，并进行试算平衡，发展成为威尼斯簿记，逐步形成了比较完备的借贷记账法。1494年意大利数学家卢卡·帕乔利在其出版的书中专门全面系统地介绍了意大利的借贷记账法。随后借贷记账法逐步推广到欧洲和美洲等世界各国。20世纪初，借贷记账法传到我国，如今借贷记账法已成为我国法定的记账方法。

当初借贷两字代表债权和债务的含义，现在已演变成一种纯粹的记账符号，因此在学习借贷记账法的复式记账时，不能再结合汉语中的借贷含义来分析问题，要把它当成一种类似X和Y的数学符号，如同数学坐标轴中的横轴取名为X轴，纵轴取名为Y轴。在会计账户结构中，则是左栏取名为借方，右栏取名为贷方。

4.3.2 借贷记账法的记账规则：有借必有贷，借贷必相等

借贷记账法作为复式记账法的一种，它要求在一笔业务发生时要在两个或两个以上账户中以相同的金额进行借贷方向相反的登记。当记录一个账户（也可能两个以上账户）的

借方时,必须同时记录另外一个账户(也可能两个以上账户)的贷方,而且借方登记总金额与贷方登记总金额相等,记账规则为:有借必有贷,借贷必相等。下面通过一些业务来熟悉一下记账规则的应用。

【例 4-15】 9月1日,大通公司收到江南公司投资入股资本金 100 000 元,资金已经转入银行基本户。

首先需强调的是,在复式记账前,记账人员要确定谁是会计主体,即站在谁的立场上记账,会计主体不明确,记账思路不清,记账会发生错误。本题是站在大通公司角度的立场做账,即把大通公司作为会计主体,大通公司为被投资方,记录的业务内容为收到江南公司投资款。如果以江南公司作为会计主体,江南公司为投资方,则记录的业务内容是投资业务。

这项经济业务发生时,大通公司的银行账户上资金增加了 100 000 元,这笔钱哪儿来的呢?来源于投资者的资本投入。为了反映资金的来龙去脉,根据复式记账的原理,本题要设置两个账户:一个是银行存款账户,另一个是实收资本账户。银行存款账户反映收到的资金,实收资本账户反映资金的来源。在确定好两个账户后,下一步要根据两个账户的性质分别确定两个账户的记账方向。银行存款是资产类账户,该账户的金额增加了 100 000 元,前章已述,资产类账户登记要领是在该账户的借方栏登记增加额。实收资本账户是所有者权益类账户,其作用是反映实际收到投资者投入的资本金,所有者权益类账户的登记要领是在账户贷方登记所有者权益增加额。故登记时,一方面在银行存款账户的借方栏登记 100 000 元,另一方面在实收资本账户的贷方栏登记 100 000 元。

简明账本登记如表 4-19 和表 4-20 所示:

表 4-19　银行存款日记账　　　　　　　　明细科目:基本户
(单位:元)

日　期	凭证号数	摘　　要	借　方	贷　方	借或贷	余　额
9.1	略	江南投资款	100 000			

表 4-20　实收资本明细账　　　　　　　　明细科目:江南公司
(单位:元)

日　期	凭证号数	摘　　要	借　方	贷　方	借或贷	余　额
9.1	略	货币投资		100 000		

T 字形账户表示如图 4-1 所示。

```
  借方  银行存款  贷方        借方  实收资本  贷方
100 000                                   100 000
```

图 4-1　T 字形账户记录(例 4-15)

上述记录清晰地反映了"有借必有贷,借贷必相等"的记账规则。

通过上述举例,对此总结如下:要对一笔经济业务进行复式记账,需要经过以下步骤:

(1) 找对应账户。该笔经济业务涉及哪些账户,这些账户相互联系,叫作对应账户。

对初学者来说，难点是找到对应账户，因此要熟记会计科目表中的会计科目名称和会计科目的核算内容。

（2）分析账户的性质。在找到对应账户后，要分析账户性质，它们属于哪类账户？是资产、负债、所有者权益、收入还是费用。

（3）分析账户金额变化情况。

（4）确定记账方向。根据六大会计要素账户的登记要领，确认记账方向。为了确保记账方向无误，需要对六大会计要素账户的登记规则熟记于心。

（5）记录金额。

上述五个步骤可以用表4-21来反映，初学时可以按表中思路进行练习。

表4-21 复式记账分析思路（例4-15） （单位：元）

对应账户	账户性质	金额变化情况	记账方向	记录金额
银行存款	资产类	增加	借方	100 000
实收资本	所有者权益类	增加	贷方	100 000

【例4-16】 9月3日，大通公司从中国银行借入150 000元，用于补充流动资金的不足，借款期限15天。一般存款账号为中行0002。

分析：该笔业务发生时，一方面中行0002账户中的银行存款金额增加150 000元，另一方面该笔钱是借来的，故增加了一项负债，该负债期限为15天，通过会计科目表中的"短期借款"进行核算。分析思路如表4-22所示。

表4-22 复式记账分析思路（例4-16） （单位：元）

涉及账户	账户性质	金额变化情况	记账方向	记录金额
银行存款	资产类	增加	借方	150 000
短期借款	负债类	增加	贷方	150 000

简明账本登记如表4-23和表4-24所示。

表4-23 银行存款日记账　　　　　明细科目：中行0002

（单位：元）

日 期	凭证号数	摘 要	借 方	贷 方	借或贷	余 额
9.3	略	中行15天贷款	150 000			

表4-24 短期借款明细账　　　　　明细科目：中行

（单位：元）

日 期	凭证号数	摘 要	借 方	贷 方	借或贷	余 额
9.3	略	中行15天贷款		150 000		

T字形账户表示如图4-2所示。

【例4-17】 9月6日，大通公司从宝铁公司购入一批生产用材料螺纹钢，价格为200 000元，不考虑增值税，货物已验收入库，款项未付。

分析：该笔业务发生时，一方面企业仓库中材料增加，会计科目名为"原材料"；另一方面款项未付，产生了一笔负债，会计科目名为"应付账款"。分析思路如表4-25所示。

```
  借      银行存款      贷         借      短期借款      贷
        150 000                                150 000
```

图4-2　T字形账户记录（例4-16）

表4-25　复式记账分析思路（例4-17）　　　　　　　　　　（单位：元）

涉及账户	账户性质	金额变化情况	记账方向	记录金额
原材料	资产类	增加	借方	200 000
应付账款	负债类	增加	贷方	200 000

简明账本登记如表4-26和表4-27所示。

表4-26　原材料明细账　　　　　　明细科目：螺纹钢
（单位：元）

日　期	凭证号数	摘　　要	借　方	贷　方	借或贷	余　额
9.6	略	赊购螺纹钢	200 000			

表4-27　应付账款明细账　　　　　　明细科目：宝铁公司
（单位：元）

日　期	凭证号数	摘　　要	借　方	贷　方	借或贷	余　额
9.6	略	赊购螺纹钢		200 000		

T字形账户表示如图4-3所示。

```
  借      原材料      贷         借      应付账款      贷
 200 000                                       200 000
```

图4-3　T字形账户记录（例4-17）

【例4-18】　9月9日，大通公司购入一台机器设备数控车床，价格为80 000元，款项已通过基本户支付。（不考虑增值税）

分析：这项经济业务发生时，一方面公司增加了一台机器设备，会计科目名称为"固定资产"，另一方面用银行存款支付，涉及"银行存款"账户。复式记账分析思路如表4-28所示。

表4-28　复式记账分析思路（例4-18）　　　　　　　　　　（单位：元）

涉及账户	账户性质	金额变化情况	记账方向	记录金额
固定资产	资产类	增加	借方	80 000
银行账款	资产类	减少	贷方	80 000

简明账本登记如表4-29和表4-30所示。

表4-29　固定资产明细账　　　　　　明细科目：数控车床
（单位：元）

日　期	凭证号数	摘　　要	借　方	贷　方	借或贷	余　额
9.9	略	购入机器设备	80 000			

表 4-30　银行存款日记账　　　　　　　　　　明细科目：基本户

（单位：元）

日　期	凭证号数	摘　要	借　方	贷　方	借或贷	余　额
9.9	略	付数控车床款		80 000		

T 字形账户记录如图 4-4 所示。

```
      借    固定资产    贷            借    银行存款    贷
     80 000                                        80 000
```

图 4-4　T 字形账户记录（例 4-18）

【例 4-19】 9 月 19 日，因 9 月 3 日借款到期，大通公司无力偿还，经双方协商，将其中的短期借款 150 000 元转为长期借款，借款期限变更为 1 年半。

分析：该业务发生时，原短期借款转作长期借款。复式记账分析思路如表 4-31 所示。

表 4-31　复式记账分析思路（例 4-19）　　　　　　　（单位：元）

涉及账户	账户性质	金额变化情况	记账方向	记录金额
短期借款	负债类	减少	借方	150 000
长期借款	负债类	增加	贷方	150 000

简明账本登记如表 4-32 和表 4-33 所示。

表 4-32　短期借款明细账　　　　　　　　　　明细科目：中行

（单位：元）

日　期	凭证号数	摘　要	借　方	贷　方	借或贷	余　额
9.3	略	中行贷款		150 000	贷	150 000
9.19	略	短期转长期	150 000		平	0

表 4-33　长期借款明细账　　　　　　　　　　明细科目：中行

（单位：元）

日　期	凭证号数	摘　要	借　方	贷　方	借或贷	余　额
9.19	略	短期转长期		150 000		

T 字形账户记录如图 4-5 所示。

```
      借    短期借款    贷            借    长期借款    贷
     150 000                                        150 000
```

图 4-5　T 字形账户记录（例 4-19）

【例 4-20】 9 月 21 日，经双方协商，宝铁公司以其债权 150 000 元投资于大通公司。

分析：此项业务叫作债权转股权，简称债转股。一方面，当宝铁公司把债权转股权后，大通公司欠宝铁公司的"应付账款" 150 000 元不用再偿还；另一方面，宝铁公司以其债权转股权，企业所有者权益增加，涉及"实收资本"账户。分析思路如表 4-34 所示。

表 4-34　复式记账分析思路（例 4-20）　　　　　　　　（单位：元）

涉及账户	账户性质	金额变化情况	记账方向	记录金额
应付账款	负债类	减少	借方	150 000
实收资本	所有者权益类	增加	贷方	150 000

简明账本登记如表 4-35 和表 4-36 所示。

表 4-35　应付账款明细账　　　　明细科目：宝铁公司
（单位：元）

日期	凭证号数	摘要	借方	贷方	借或贷	余额
9.21	略	债转股		150 000		

表 4-36　实收资本明细账　　　　明细科目：宝铁公司
（单位：元）

日期	凭证号数	摘要	借方	贷方	借或贷	余额
9.21	略	债转股		150 000		

T 字形账户如图 4-6 所示。

```
借      应付账款      贷        借      实收资本      贷
150 000                                         150 000
```

图 4-6　T 字形账户记录（例 4-20）

【例 4-21】　9 月 22 日，大通公司出纳开出现金支票，从银行基本户提取现金 5 000 元备用。

> **小知识**
>
> **支票**
>
> 　　支票分为现金支票和转账支票。现金支票用于提取现金，转账支票用于转账。支票是一种即期票据，见票即付，行内转账，实时到账。持票人收到支票后可以从开票日开始计算的 10 天内到银行提示收款。当企业开出支票后，一般就可依据支票存根记录银行存款减少。支票持有方可持支票到银行提示收款，一般就可依据收账通知单记录企业银行存款的增加。不过，随着网上银行的普及，支付宝等支付工具的广泛应用，支票的使用量已越来越少。

分析：企业开具现金支票到银行提现后，依据支票存根和银行进账单回执反映银行存款减少。另一方面反映企业库存现金增加。复式记账分析思路如表 4-37 所示。

表 4-37　复式记账分析思路（例 4-21）　　　　　　　　（单位：元）

涉及账户	账户性质	金额变化情况	记账方向	记录金额
库存现金	资产类	增加	借方	5 000
银行存款	资产类	减少	贷方	5 000

简明账本登记如表 4-38 和表 4-39 所示。

表4-38 库存现金日记账 (单位：元)

日期	凭证号数	摘要	借方	贷方	借或贷	余额
9.22	略	提现备用	5 000			

表4-39 银行存款日记账

明细科目：基本户
(单位：元)

日期	凭证号数	摘要	借方	贷方	借或贷	余额
9.22	略	提现备用		5 000		

T字形账户如图4-7所示。

图4-7 T字形账户记录（例4-21）

【例4-22】 9月24日，财务总监李明出差，向公司出纳借支差旅费1 000元，出纳以现金支付。

分析：理解本业务时不要被差旅费这个词误导，以为企业产生了一笔费用。在实务中，企业确认费用时需要附上火车票、住宿发票等原始凭证。这项业务的核心要点是企业借钱给李明，反映了一笔债权的增加。该债权作为一项资产，通过会计科目表中的"其他应收款"核算。复式记账分析思路如表4-40所示。

表4-40 复式记账分析思路（例4-22） (单位：元)

涉及账户	账户性质	金额变化情况	记账方向	记录金额
其他应收款	资产类	增加	借方	1 000
库存现金	资产类	减少	贷方	1 000

简明账本登记如表4-41和表4-42所示。

表4-41 库存现金日记账 (单位：元)

日期	凭证号数	摘要	借方	贷方	借或贷	余额
9.24	略	李明借支差旅费		1 000		

表4-42 其他应收款明细账

明细科目：李明
(单位：元)

日期	凭证号数	摘要	借方	贷方	借或贷	余额
9.24	略	借支差旅费	1 000			

T字形账户如图4-8所示。

图4-8 T字形账户记录（例4-22）

【例 4-23】 9月25日，大通公司收到华源公司现金 4 000 元，是向华源公司出租包装物收取的押金。

分析：这项业务发生时，一方面，企业收到了一笔现金；另一方面，收到的现金为押金，意味着以后要退还给华源公司，在没有退回给对方之前，产生了一笔负债，该负债通过"其他应付款"核算。复式记账分析思路见表 4-43 所示。

表 4-43　复式记账分析思路（例 4-23）　　　　　　　　　（单位：元）

涉及账户	账户性质	金额变化情况	记账方向	记录金额
库存现金	资产类	增加	借方	4000
其他应付款	负债类	增加	贷方	4000

简明账本登记如表 4-44 和表 4-45 所示。

表 4-44　库存现金日记账　　　　　　　　　　　　　　　（单位：元）

日期	凭证号数	摘要	借方	贷方	借或贷	余额
9.25	略	华源包装物押金	4 000			

表 4-45　其他应付款明细账　　　　　　　明细科目：华源公司
　　　　　　　　　　　　　　　　　　　　　　　　　　　（单位：元）

日期	凭证号数	摘要	借方	贷方	借或贷	余额
9.25	略	收包装物押金		4 000		

T 字形账户如图 4-9 所示。

```
  借    库存现金    贷         借    其他应付款    贷
      4 000                                    4 000
```

图 4-9　T 字形账户记录（例 4-23）

【例 4-24】 9月28日，财务总监李明出差回来报销差旅费，合计报销金额 800 元，剩余 200 元收回。

分析：这项业务发生时，一方面，报销金额 800 元列入企业的费用，该费用通过"管理费用"核算，收回现金，现金增加；另一方面核销前述记载的债权"其他应收款" 1 000 元。复式记账分析思路如表 4-46 所示。

表 4-46　复式记账分析思路（例 4-24）　　　　　　　　　（单位：元）

涉及账户	账户性质	金额变化情况	记账方向	记录金额
库存现金	资产类	增加	借方	200
管理费用	费用类	增加	借方	800
其他应收款	资产类	减少	贷方	1 000

简明账本登记如表 4-47~表 4-49 所示。

表 4-47 库存现金日记账　　　　　　　　　　　　　　　　　　　　　（单位：元）

日期	凭证号数	摘要	借方	贷方	借或贷	余额
9.28	略	收李明多余借款	200			

表 4-48 其他应收款明细账　　　　　　　　　　　　　　明细科目：李明
　　　　　　　　　　　　　　　　　　　　　　　　　　　　（单位：元）

日期	凭证号数	摘要	借方	贷方	借或贷	余额
9.24	略	借支差旅费	1 000		借	1000
9.28	略	核销李明借款		1 000	平	0

表 4-49 管理费用明细账　　　　　　　　　　　　　　　　　　　　（单位：元）

日期	凭证号数	摘要	借方项目 差旅费
9.28	略	李明报销差旅费	800

T 字形账户如图 4-10 所示。

借　库存现金　贷	借　管理费用　贷	借　其他应收款　贷
200	800	1 000

图 4-10　T 字形账户记录（例 4-24）

4.3.3 借贷记账法的理论基础：会计恒等式

借贷记账法记账规则是"有借必有贷，借贷必相等"，那么这个规则是不是适用于所有的业务呢？在前述列举的九种类型经济业务基础上，将经济业务类型、会计恒等式、记账规则整合在一起，会发现记账规则适用于所有经济业务类型，会计恒等式与记账规则如表 4-50 所示。

表 4-50　会计恒等式与记账规则

序号	经济业务类型	资产	=	负债	+	所有者权益
1	资产、负债同增	增（借）		增（贷）		
2	资产、所有者权益同增	增（借）				增（贷）
3	资产、负债同减	减（贷）		减（借）		
4	资产、所有者权益同减	减（贷）				减（借）
5	负债增、所有者权益减			增（贷）		减（借）
6	负债减、所有者权益增			减（借）		增（贷）
7	资产内部增减	增（借）、减（贷）				
8	负债内部增减			增（贷）、减（借）		
9	所有者权益内部增减					增（贷）、减（借）

通过表 4-50 可以看出，在所有的九种经济业务类型中，每一笔业务发生时，记账方

向始终 保持"有借必有贷";会计等式始终保持平衡,记账金额始终保持"借贷必相等"。

在扩展的会计恒等式下,记账规则也是始终成立的。扩展的会计恒等式与记账规则如表 4-51 所示。

表 4-51 扩展的会计恒等式与记账规则

序号	经济业务类型	资产	+ 费用	= 负债	+ 所有者权益	+ 收入
1	费用增资产减	减(贷)	增(借)			
2	费用增负债增		增(借)	增(贷)		
3	费用增所有者权益增		增(借)		增(贷)	
4	收入增资产增	增(借)				增(贷)
5	负债减收入增			减(借)		增(贷)

通过表 4-50、表 4-51 得出结论:会计恒等式是复式记账法的理论基础。

对初学者来说,在进行复试记账时,可以充分利用上述两个表格中的统计规律,根据经济业务类型确定涉及的会计要素,帮助寻找判断会计科目是否选对,记账方向是否记错。

4.3.4 会计分录

在教学中,如果用 T 字形账户或模拟账本方式讲解复式记账,费时费材,效率不高。在实际工作中,一笔业务发生时如果直接登记到账本中,也不便于了解经济业务的来龙去脉。此时会计分录应运而生。

会计分录(Accounting Entry),是指运用复式记账原理,将账簿中反映的账户名称、借贷方向、记载金额通过文字形式表达出来的一种方式。

以上述例 4-15 为例,银行存款日记账如表 4-52 所示。

表 4-52 银行存款日记账　　　　　明细科目:基本户
（单位:元）

日期	凭证号数	摘要	借方	贷方	借或贷	余额
9.1	略	收江南投资款	100 000			

银行存款账户中的会计信息可以用文字表达为:把 100 000 元金额记录在账户的借方,反映银行存款的增加,用简明文字表达如下:

借:银行存款——基本户　　　　　　　　　　　　　　100 000

实收资本明细账如表 4-53 所示。

表 4-53 实收资本明细账　　　　　明细科目:江南公司
（单位:元）

日期	凭证号数	摘要	借方	贷方	借或贷	余额
9.1	略	货币投资		100 000		

实收资本账户中的会计信息用文字表达为:将 100 000 元金额记录在账户的贷方,反

映实收资本的增加。用简明的文字表达如下：
  贷：实收资本——江南公司   100 000
  然后将两部分文字对应在一起，便构成一笔反映经济业务的会计分录：
  借：银行存款——基本户   100 000
    贷：实收资本——江南公司   100 000
  理解会计分录时要掌握如下知识：
  （1）对应关系和对应账户。在会计分录中，两个账户相互对应，形成了账户之间一种应借、应贷的相互关系，这种关系叫作账户之间的对应关系，发生对应关系的账户叫作对应账户。

  通过会计分录中的对应账户，就把复式记账的原理清楚地体现出来，清晰地知道一笔业务的来龙去脉。实际工作中，会计分录登记到专门的记账凭证中，再分别过入账本。

  （2）会计分录三要素。会计分录中，涉及三个要素，分别为借贷记账符号、会计科目名称、金额。这三个要素称为会计分录三要素，缺一不可。

  （3）会计分录的格式。编制会计分录时，基本格式要求如下：

  1）借在上行，贷在下行。简述为上借下贷，先借后贷。借贷符号后面加冒号"："。

  2）错位书写。下行的贷字要比上方的借字右缩进两个字符左右。下行的金额也要顺之往右退位书写。

  3）借贷符号可以用英文缩写。借字可以用"Dr."表示，贷字用"Cr."表示。"Dr."是debtor的缩写词，"Cr."为creditor的缩写词。

  4）记账符号后面先写总账科目，再写明细科目，中间用破折号相连。

  5）金额后面不写"元"字，默认为人民币。如果是外币，则金额前面添加货币符号。

  6）西方国家中会计分录一般省略记账符号。此时上行和下行一定要错位书写，以体现上借下贷要求。如：
  银行存款——基本户   100 000
    实收资本——信江公司   100 000

  （4）会计分录的分类。会计分录可以分为简单会计分录和复合会计分录。

  简单会计分录是指一笔会计分录只涉及两个账户，一个借方账户和一个贷方账户。下面分录便是简单会计分录：
  借：银行存款——基本账户   100 000
    贷：实收资本——江南公司   100 000

  复合会计分录是指一笔分录至少包含三个账户。包括一借多贷、一贷多借、多借多贷等三种情况。例如下面分录为一贷多借分录：
  借：库存现金   200
    管理费用——差旅费   800
      贷：其他应收款——李明   1 000

  下面分录则为一借多贷会计分录：
  借：应收账款   1 130
    贷：主营业务收入   1 000

　　　　　应交税费——应交增值税（销项税额）　　　　　　　　　　　　　　　130

　　需要注意的是，书写复合会计分录时，借方和贷方只要写一个即可，不需要每个科目名称前面都写记账符号。如上例所示。

　　理论上一笔复合会计分录可以拆成多个简单的会计分录，但是一笔复合会计分录集中反映了一笔经济业务的来龙去脉，如果拆成多个简单会计分录，很可能曲解业务的真实面貌，所以编制复合会计分录时，除非特殊情况，一般不要拆分。反之，也不能把单独、互不相干的经济业务合并编制成复合会计分录。

　　根据例4-15至例4-24的业务，可以编制会计分录如下：

　　例4-15 会计分录为：
　　　　借：银行存款——基本户　　　　　　　　　　　　　　　　　100 000
　　　　　　贷：实收资本——江南公司　　　　　　　　　　　　　　　　100 000

　　例4-16 会计分录为：
　　　　借：银行存款——中行0002　　　　　　　　　　　　　　　　150 000
　　　　　　贷：短期借款——中行　　　　　　　　　　　　　　　　　　150 000

　　例4-17 会计分录为：
　　　　借：原材料——主要材料——螺纹钢　　　　　　　　　　　　200 000
　　　　　　贷：应付账款——宝铁公司　　　　　　　　　　　　　　　　200 000

　　例4-18 会计分录为：
　　　　借：固定资产——机器设备——数控车床　　　　　　　　　　80 000
　　　　　　贷：银行存款——基本户　　　　　　　　　　　　　　　　　80 000

　　例4-19 会计分录为：
　　　　借：短期借款——中行　　　　　　　　　　　　　　　　　　150 000
　　　　　　贷：长期借款——中行　　　　　　　　　　　　　　　　　　150 000

　　例4-20 会计分录为：
　　　　借：应付账款——宝铁公司　　　　　　　　　　　　　　　　150 000
　　　　　　贷：实收资本——宝铁公司　　　　　　　　　　　　　　　　150 000

　　例4-21 会计分录为：
　　　　借：库存现金　　　　　　　　　　　　　　　　　　　　　　　5 000
　　　　　　贷：银行存款——基本户　　　　　　　　　　　　　　　　　　5 000

　　例4-22 会计分录为：
　　　　借：其他应收款——李明　　　　　　　　　　　　　　　　　　1 000
　　　　　　贷：库存现金　　　　　　　　　　　　　　　　　　　　　　　1 000

　　例4-23 会计分录为：
　　　　借：库存现金　　　　　　　　　　　　　　　　　　　　　　　4 000
　　　　　　贷：其他应付款——华源公司　　　　　　　　　　　　　　　4 000

　　例4-24 会计分录为：
　　　　借：库存现金　　　　　　　　　　　　　　　　　　　　　　　　200
　　　　　　管理费用——差旅费　　　　　　　　　　　　　　　　　　　800
　　　　　　贷：其他应收款——李明　　　　　　　　　　　　　　　　　1 000

4.3.5 试算平衡

1. 试算平衡的定义

试算平衡（Trial Balance），是指根据"资产=负债+所有者权益"的平衡关系，利用借贷记账法的记账规则，分析检查账户记录是否正确的一种方法。会计人员在日常的记账过程中，由于各种原因可能会发生记录错误，为了检查和验证账户记录是否正确，及时发现错误，及时改正，需要定期进行试算平衡。

2. 试算平衡的种类

试算平衡可以分为发生额试算平衡和余额试算平衡。

（1）发生额试算平衡。发生额试算平衡公式为

全部账户本期借方发生额合计 = 全部账户本期贷方发生额合计

根据"有借必有贷，借贷必相等"的记账规则，一笔会计分录中借方和贷方金额是相等的，那么本期所有会计分录中的借方合计数也必定等于贷方合计数。

（2）余额试算平衡。余额包括期初余额和期末余额。余额试算平衡公式为

全部账户的借方期末余额合计 = 全部账户的贷方期末余额合计

或

全部账户的借方期初余额合计 = 全部账户的贷方期初余额合计

余额试算平衡公式的理论基础是：会计恒等式，即资产=负债+所有者权益。或扩展的会计恒等式，即资产+费用=负债+所有者权益+收入。

为什么这样说呢？根据前章阐述的账户登记要领，资产类账户的期末余额方向在借方，为借方余额；负债和所有者权益类账户的期末余额方向在贷方，为贷方余额；对收入和费用类账户，期末要将金额结转到本年利润，期末不再有余额。如果没结转仍留有余额，费用类余额方向在借方，收入类余额方向在贷方。所以在期末，有借方余额的账户是资产类账户及费用类账户，有贷方余额的账户是负债、所有者权益、收入类账户。由此得出上述余额的试算平衡公式。

因此，上述余额试算平衡公式实际为如下公式：

所有的资产类账户的借方期末余额合计=所有的负债类账户的贷方期末余额合计+所有的所有者权益类账户的贷方期末余额合计

或者依据扩展的会计恒等式，上述余额试算平衡公式可以转变为如下公式：

所有的资产类账户借方期末余额合计+所有的费用类账户借方期末余额合计＝所有的负债类账户贷方期末余额合计+所有的所有者权益类账户贷方期末余额合计+所有的收入类账户贷方期末余额合计

3. 试算平衡表的编制

根据两个试算平衡公式，试算平衡表有两种：一种是发生额试算平衡表；另一种为余额试算平衡表。也可以将余额试算平衡表和发生额试算平衡表合二为一。试算平衡表如表 4-54 至表 4-56 所示。

表 4-54　发生额试算平衡表

__年__月

账 户 名 称	本期借方发生额	本期贷方发生额
合　　　计		

表 4-55　余额试算平衡表

__年__月__日

账 户 名 称	借方余额	贷方余额
合　　　计		

表 4-56　发生额及余额试算平衡表

__年__月__日

账户名称	期初余额		本期发生额		期末余额	
	借方	贷方	借方	贷方	借方	贷方
合　计						

实务中，试算平衡一般是针对总账账户。第一步，编制各个总账科目的 T 字形账户，将发生额登记到各账户的 T 字形账户中，并结算出发生额及余额；第二步，将各个 T 字形账户的借方发生额合计数、贷方发生额合计数及期末余额录入试算平衡表中，计算出表中各列合计数，检验是否平衡。

【例 4-25】　根据例 4-15 至例 4-24 的会计分录，编制各账户的 T 字形账户，并录入试算平衡表，进行试算平衡。假设没有期初余额。

第一步，编制各总账科目的 T 字形账户如图 4-11～图 4-15 所示。

借	固定资产	贷	借	长期借款	贷
例4-18	80 000			例4-19	150 000
本期发生额	80 000			本期发生额	150 000
期末余额	80 000			期末余额	150 000

图 4-11　固定资产和长期借款 T 字形账户

借	银行存款		贷	借	实收资本	贷
例4-15	100 000	例4-18	80 000		例4-15	100 000
例4-16	150 000	例4-21	5 000		例4-20	150 000
本期发生额	250 000	本期发生额	85 000		本期发生额	250 000
期末余额	165 000				期末余额	250 000

图 4-12　银行存款和实收资本 T 字形账户

第4章 复式记账

借	原材料	贷		借	短期借款	贷
例4-17 200 000				例4-19 150 000	例4-16 150 000
本期发生额 200 000				本期发生额 150 000	本期发生额 150 000
期末余额 200 000					

图 4-13　原材料和短期借款 T 字形账户

借	其他应付款	贷		借	应付账款	贷
	例4-23 4 000			例4-20 150 000	例4-17 200 000
	本期发生额 4 000			本期发生额 150 000	本期发生额 200 000
	期末余额 4 000				期末余额 50 000

图 4-14　其他应付款和应付账款 T 字形账户

借	其他应收款	贷
例4-22 1 000	例4-24 1 000
本期发生额 1 000	本期发生额 1 000

借	库存现金	贷
例4-21 5 000	例4-22 1 000
例4-23 4 000	
例4-24 200	
本期发生额 9 200	本期发生额 1 000
期末余额 8 200	

借	管理费用	贷
例4-24 800	
本期发生额 800	
期末余额 800	

图 4-15　其他应收款、管理费用和库存现金 T 字形账户

第二步，将上述 T 字形账户的发生额和余额录入试算平衡表，如表 4-57 所示，并进行试算，验证是否平衡。

表 4-57　试算平衡表

202×年9月31日　　　　　　　　　　　　　　　　　　　（单位：元）

账户名称	期初余额		本期发生额		期末余额	
	借方	贷方	借方	贷方	借方	贷方
银行存款			250 000	85 000	165 000	
库存现金			9 200	1 000	8 200	
其他应收款			1 000	1 000	0	
原材料			200 000		200 000	
固定资产			80 000		80 000	
应付账款			150 000	200 000		50 000
其他应付款				4 000		4 000
短期借款			150 000	150 000		0
长期借款				150 000		150 000
实收资本				250 000		250 000
管理费用			800		800	
合计			841 000	841 000	454 000	454 000

如果试算不平衡，则说明有问题，需要进行检查。即使试算平衡了，也只能说明记账过程基本正确，但是并不能保证绝对正确，因为记账过程中产生的某些错误是试算平衡无法发现的。常见不能被发现的错误有：①一笔会计分录被重复记账；②一笔经济业务被漏记；③记账方向颠倒，但科目和金额未错；④会计科目名称写错，但记账方向和金额未错；⑤借贷金额同时记错，可能同时多记，也可能同时少记。也就是说如果错误不会影响"有借必有贷，借贷必相等"的记账规则，就无法通过试算平衡发现错误。

另外，在进行试算平衡前，所编制的 T 字形账户也可能发生错误，导致试算不平衡。

4.4 总分类账户和明细分类账户的平行登记

复式记账要求一笔业务发生时要在两个或两个以上账户中同时进行登记。在实际工作中，为了满足管理和信息查询的需要，一方面既要使用总括会计信息，另一方面又要使用明细会计信息。比如，企业领导想了解企业应收账款的总额，还想了解具体欠款者是谁、欠款金额是多少。因此，企业将一笔经济业务登记到明细账户的同时，还要登记到其总账账户。

4.4.1 总分类账户和明细分类账户

总分类账户简称总账账户或总账，亦称一级账户。它是根据总分类科目开设，用来提供总括会计信息的账户。总分类科目的名称即为总账账户的名称。

总分类账户的特点是：①总分类账户的主要作用是提供总括会计核算信息，不提供详细会计核算信息。比如，应收账款总账只反映企业所有应收账款的增减及余额信息，至于具体想了解哪家企业的应收账款信息，则无法获取，需要到明细账中查看。②总分类账户中只使用货币计量单位核算，不会涉及数量的核算。比如，在原材料总账账户中，原材料总账只登记原材料金额增减及余额信息，而不登记数量增减及余数信息。欲了解数量信息，需要到明细账中查看。因此，总账账户能够满足宏观会计信息的查询，但是难以满足具体微观的会计信息查询。

明细分类账户简称明细账，是根据明细分类科目设置的，用于核算详细会计信息的账户。明细分类科目的名称即为该明细账户的名称。

明细账分类账户的特点是：①它是在某一总分类账户的基础上，按照实际需要对总分类账户进行更详细的分类。例如，企业在设置应付账款总账时，还须针对每个具体的债权人设置明细账，反映与具体债权人发生债务的变化情况。②明细账可以登记金额信息，还可以登记数量信息。例如，在原材料明细账中，专门设置数量栏目，用于登记原材料的数量变化信息。因此，明细账主要满足微观信息查询，弥补了总账功能的不足。

总之，总分类账户和明细分类账户两者反映的经济业务内容相同，但详细程度不一样。总分类账户提供总括指标，反映总括信息；明细分类账户提供具体指标，反映具体信息。另外，明细分类账户基于总分类账户开设，总分类账户对明细分类账户起统驭控制作用，明细分类账户对总分类账户起补充说明作用。

除了总分类账户和明细分类账户之外，在实际工作中还可以根据需要设置二级账户。二级账户是介于总分类账户和明细分类账户之间的一种账户，它的功能介于总分类账户和明细分类账户之间，其提供的信息比总分类账户要具体详细，但比明细分类账户提供的信息要综合、概括。例如，企业中原材料可以分类为主要材料、辅助材料、包装材料、燃料和动力、外购件及备品备件等材料类别，企业在设置了原材料总账账户后，可以再按材料类别分设主要材料、辅助材料和包装材料等二级账户。在每个二级账户之下，再设具体的明细账账户。总账账户、二级账户和明细账户的关系举例如表4-58所示。

表4-58　总账账户、二级账户和明细账户的关系举例

总账账户（一级账户）	二级账户	明细账户
原材料	主要材料	A材料
		B材料
	辅助材料	X材料
		Y材料
	包装材料	甲材料
		乙材料

二级账户设置的目的是为了满足管理的需要，一般不宜多设，非必要时可以不设。账户的层级设置的越多，管理难度就越大，一般不要超过四级为宜。第三章中会计科目级次内容也同样适用于总账和明细账。

4.4.2　总分类账户和明细分类账户的平行登记

所谓平行登记，是指经济业务发生后，根据同一会计凭证，一方面登记有关账户的总账账户，另一方面登记该总账所属的相关明细分类账户。平行登记有如下特点：

（1）登记依据相同。明细账一般是依据每一张记账凭证来登记。登记总账时，既可以直接依据每一张记账凭证，也可以先对记账凭证进行整理汇总，然后依据整理后的汇总记账凭证登记总账。但不管如何处理，登记总账和明细账的最原始依据是相同的会计凭证。需要注意的是，登记总账和明细账时，不能相互利用对方账户进行转记。比如，登记总账人员把别人登记好的明细账直接抄到总账上，这样的做法就失去了平行登记的要义。应该各自依据原始会计凭证进行登记。

（2）登记期间相同。明细账登记时间，一般是根据业务发生的时间按月逐笔登记。总账可以逐笔登记，也可以汇总登记。在一个期间内，总账和明细账可以不保持同步登记，但必须保证当期发生的业务，在总账和明细账上都全部登记入账。例如，九月份发生的业务，明细账全部做了登记，总账也必须全部登记，不允许遗留部分业务登记到10月份。

（3）登记方向相同。在登记总账和明细账时，记账方向要保持相同。例如，把一笔金额记录在某个明细账的借方，则对应的总账也要记录在借方；明细账记在贷方，总账也要记在贷方。但是期末余额方向两者可能不一致。

（4）登记金额相等。指记入某一总账的金额与记入其所属的一个或几个明细账的金额合计额相等。用公式可以表示如下：

总分类账户的本期借方（或贷方）发生额合计＝所属各个明细分类账户的本期借方（或贷方）发生额合计

总分类账户的期末（期初）余额＝所属各个明细分类账户的期末（期初）余额合计

上述两个公式，在总账和明细账互相对账时使用。

4.4.3 平行登记举例

【例4-26】 华龙公司202×年10月1日，"原材料"总账账户的月初借方余额为85 000元，应付账款总账月初贷方余额为47 000元。原材料和应付账款明细账如表4-59和表4-60所示。

表4-59 原材料明细账

材料名称	数量/kg	单价（元）	金额（元）
甲材料	3 000	15	45 000
乙材料	2 000	20	40 000
合计	5 000	—	85 000

表4-60 应付账款明细账 （单位：元）

明细科目名称	月初余额	余额方向
A公司	26 000	贷
B公司	21 000	贷
合计	47 000	

10月份，华龙公司共发生如下与原材料和应付账款的相关业务：

（1）5日，向A公司购买甲材料1 000kg，价格为每千克14元，款项未付，不考虑增值税，货物已验收入库。

（2）8日，向B公司购买乙材料500kg，价格为每千克22元，付款1 000元，剩10 000元余款未付。不考虑增值税，货物已验收入库。

（3）15日，企业偿付A公司货款35 000元。

（4）18日，企业支付给B公司货款40 000元。

（5）23日，生产车间领用甲、乙两种材料进行生产，其中甲材料领用1 500kg，乙材料领用500kg。假设领用材料成本按先进先出法（先购进的材料先领用）计算。

要求：根据上述资料，采用平行登记法登记"原材料"和"应付账款"总账及相应的明细账，并进行互相对账。

分析：华龙公司10月份的5笔业务分录如下：

```
（1）借：原材料——甲材料                    14 000
        贷：应付账款——A公司                      14 000
（2）借：原材料——乙材料                    11 000
        贷：应付账款——B公司                      10 000
            银行存款                              1 000
（3）借：应付账款——A公司                   35 000
        贷：银行存款                             35 000
（4）借：应付账款——B公司                   40 000
```

贷：银行存款　　　　　　　　　　　　　　　　　　　　　　　　40 000

（注：此处除了偿还总欠款31 000元之外，还多付了9 000元，该多付金额表现为预付账款，但不需要单独设置预付账款核算。）

（5）借：生产成本　　　　　　　　　　　　　　　　　　　　　32 500
　　　　贷：原材料——甲材料　　　　　　　　　　　　　　　　22 500
　　　　　　　　——乙材料　　　　　　　　　　　　　　　　　10 000

原材料和应付账款明细账登记如图4-16~图4-19所示。

原材料明细账

类别：主要材料　　名称：甲材料　　计量单位：kg

年 月	日	凭证种类	号数	摘要	借方金额 数量	单价	金额	贷方金额 数量	单价	金额	余额 数量	单价	金额
10	1			月初余额							3000	15	45 000.00
10	5	略		赊购A公司材料	1000	14	14 000.00				4000	14.75	59 000.00
10	23	略		车间生产领料				1500	15	22 500.00	2500	14.6	36 500.00
10	31			本月合计	1000		14 000.00	1500		22 500.00	2500	14.6	36 500.00

图4-16　甲材料明细账

原材料明细账

类别：主要材料　　名称：乙材料　　计量单位：kg

年 月	日	凭证种类	号数	摘要	借方金额 数量	单价	金额	贷方金额 数量	单价	金额	余额 数量	单价	金额
10	1			月初余额							2000	20	40 000.00
10	5	略		购B公司材料	500	22	11 000.00				2500	20.4	51 000.00
10	23	略		车间生产领料				500	20	10 000.00	2000	20.5	41 000.00
10	31			本月合计	500		11 000.00	500		10 000.00	2000	20.5	41 000.00

图4-17　乙材料明细账

应付账款明细账

明细科目名称：A公司

年 月	日	凭证种类	号数	摘要	对方科目	借方金额	√	贷方金额	√	借或贷	余额	√
10	1			月初余额						贷	26 000.00	
10	5	略		赊购甲材料	原材料			14 000.00		贷	40 000.00	
10	15	略		偿付欠款	银行存款	35 000.00				贷	5 000.00	
10	31			本月合计		35 000.00		14 000.00		贷	5 000.00	

图4-18　应付账款（A公司）明细账

应付账款明细账

明细科目名称：B公司

年 月	日	凭证种类	号数	摘要	对方科目	借方金额	√	贷方金额	√	借或贷	余额	√
10	1			月初余额						贷	21 000.00	
10	8	略		赊购乙材料	原材料			10 000.00		贷	31 000.00	
10	18	略		付欠款及预付	银行存款	40 000.00				借	9 000.00	
10	31			本月合计		40 000.00		10 000.00		借	9 000.00	

图4-19　应付账款（B公司）明细账

原材料和应付账款总账登记如图 4-20 和图 4-21 所示。

科目名称：原材料　　　　　　　　　　　　　总　账　　　　　　　　　　　　　　　页码：

年		凭证		摘要	借方金额	贷方金额	借或贷	余额
月	日	种类	号数		千百十万千百十元角分	千百十万千百十元角分		千百十万千百十元角分
10	1			期初余额			借	8 5 0 0 0 0 0
10	5	略		赊购甲材料	1 4 0 0 0 0 0		借	9 9 0 0 0 0 0
10	8	略		购入乙材料	1 1 0 0 0 0 0		借	1 1 0 0 0 0 0 0
10	18	略		生产领用甲乙材料		3 2 5 0 0 0 0	借	7 7 5 0 0 0 0
10	31			本月合计	2 5 0 0 0 0 0	3 2 5 0 0 0 0	借	7 7 5 0 0 0 0

图 4-20　原材料总账

科目名称：应付账款　　　　　　　　　　　　　总　账　　　　　　　　　　　　　　　页码：

年		凭证		摘要	借方金额	贷方金额	借或贷	余额
月	日	种类	号数		千百十万千百十元角分	千百十万千百十元角分		千百十万千百十元角分
10	1			期初余额			贷	4 7 0 0 0 0 0
10	4	略		赊购甲材料		1 4 0 0 0 0 0	贷	6 1 0 0 0 0 0
10	8	略		赊购乙材料		1 0 0 0 0 0 0	贷	7 1 0 0 0 0 0
10	15	略		偿付A公司欠款	3 5 0 0 0 0 0		贷	3 6 0 0 0 0 0
10	18	略		付B公司欠款及预付	4 0 0 0 0 0 0		借	4 0 0 0 0 0
10	31			本月合计	7 5 0 0 0 0 0	2 4 0 0 0 0 0	借	4 0 0 0 0 0

图 4-21　应付账款总账

登记总账后，根据总账和明细账的对账公式来核对原材料、应付账款明细账和总账发生额及余额如表 4-61 和表 4-62 所示。

表 4-61　原材料明细账和总账发生额及余额对账表　　　　　　　　　（单位：元）

账户名称	月初余额	本期发生额		月末余额
		借　方	贷　方	
原材料明细账——甲材料	45 000	14 000	22 500	36 500
原材料明细账——乙材料	40 000	11 000	10 000	41 000
原材料明细账合计	85 000	25 000	32 500	77 500
原材料总账	85 000	25 000	32 500	77 500

通过对账表 4-61 核对可得出如下结论：

10 月份原材料总账借方发生额合计（25 000）＝甲材料明细账借方发生额合计（14 000）＋乙材料明细账借方发生额合计（11 000）

10 月原材料总账贷方发生额合计（32 500）＝甲材料明细账贷方发生额合计（22 500）＋乙材料明细账贷方发生额合计（10 000）

10 月原材料总账期末余额（77 500）＝甲材料明细账期末余额（36 500）＋乙材料明细账期末余额（41 000）

表 4-62　应付账款明细账和总账发生额及余额对账表　　　（单位：元）

账户名称	月初余额		本期发生额		月末余额	
	借方	贷方	借方	贷方	借方	贷方
应付账款明细账——A公司		26 000	35 000	14 000		5 000
应付账款明细账——B公司		21 000	40 000	10 000	9 000	
应付账款明细账合计		47 000	75 000	24 000		
应付款总账		47 000	75 000	24 000	4 000	

通过对账表 4-62 核对，可得出如下结论：

10 月份应付账款总账借方发生额合计（75 000）＝A 公司明细账借方发生额合计（35 000）＋B 公司明细账借方发生额合计（40 000）

10 月份应付账款总账贷方发生额合计（24 000）＝A 公司明细账贷方发生额合计（14 000）＋B 公司明细账贷方发生额合计（10 000）

10 月末，应付账款总账期末借方余额（4 000）＝A 公司明细账贷方期末余额（5 000）－B 公司明细账借方期末余额（9 000）

需要说明的是，应付账款总账的期末余额在借方，总体反映企业余额性质是资产，为预付账款。但是具体到明细账，应付账款——A 公司的余额性质是负债，应付账款——B 公司的余额性质是资产。所以在具体了解债权债务情况时，光看总账是不够的，必须结合明细账进行分析。

知识训练

一、思考题

1. 如何理解会计恒等式是复式记账的理论基础？
2. 简述复式记账的分析思路。
3. 会计分录书写格式有什么要求？
4. 什么叫对应账户和账户的对应关系？
5. 发生额试算平衡公式和余额试算平衡公式的理论基础是什么？
6. 比较平行登记和试算平衡概念。分析某一会计期间总账和其所属的明细账户金额存在什么关系？所有总账账户之间存在什么关系？
7. 总分类账户和总分类账科目，明细分类账户和明细分类账科目，它们之间概念相同吗？如何理解它们之间的关系？

二、单项选择题

1. 借贷记账法的理论基础是（　　）。
   A. 会计恒等式　　　B. 试算平衡公式　　　C. 平行登记　　　D. 复式记账
2. 下列经济业务中，不会导致会计恒等式两边同时发生金额增减变动的是（　　）。
   A. 收回应收账款存入银行　　　B. 赊购材料

C. 偿还短期借款　　　　　　　　D. 支付上个月利息

3. 某企业月初资产总额为 300 万元，当月发生两笔业务：①购买原材料，支付款项 20 万元；②向银行借款 50 万元。月末，企业的权益总额等于（　　）万元。

A. 300　　　　B. 350　　　　C. 330　　　　D. 270

4. 发生额试算平衡公式的理论基础是（　　）。

A. 资产=负债+所有者权益　　　　B. 有借必有贷，借贷必相等

C. 总账和明细账平行登记　　　　D. 借贷方向必相反

5. 余额试算平衡公式的理论基础是（　　）。

A. 资产=负债+所有者权益　　　　B. 有借必有贷，借贷必相等

C. 总账和明细账平行登记　　　　D. 收入−费用=利润

6. 固定资产类别可以分为房屋及建筑物、机器设备、运输设备等，这些类别属于（　　）。

A. 总账　　　　B. 二级账　　　　C. 明细账　　　　D. 分类账

三、多项选择题

1. 董事长从企业财务部门借支差旅费时，会涉及的科目有（　　）。

A. 管理费用　　　B. 库存现金　　　C. 财务费用　　　D. 其他应收款

2. 会计分录三要素是指（　　）。

A. 记账符号　　　B. 会计科目　　　C. 记账金额　　　D. 金额单位

3. 不能通过试算平衡发现的错误是（　　）。

A. 借贷两边同时多记相等金额　　　B. 借贷两边同时少记相等金额

C. 会计科目写错　　　　　　　　　D. 借贷方向互相颠倒

4. 下列属于试算平衡公式的是（　　）。

A. 总分类账户的期末余额=所属各个明细分类账户的期末余额合计

B. 总分类账户的本期借方发生额合计=所属各个明细分类账户的本期借方发生额合计

C. 全部总账账户本期借方发生额合计=全部总账账户本期贷方发生额合计

D. 全部总账账户期末借方余额合计=全部总账账户期末贷方余额合计

5. 下列关于登记总账和明细账的原则中，描述错误的是（　　）。

A. 根据明细账登记总账　　　　B. 根据记账凭证平行登记明细账和总账

C. 先登记总账，再登记明细账　　　D. 先登记明细账，再登记总账

6. 下列业务不可能同时对应发生的是（　　）。

A. 一项资产增加、一项费用增加　　B. 一项费用增加、一项收入增加

C. 一项收入增加、一项所有者权益增加　　D. 一项负债增加、一项收入增加

7. 会计恒等式的表现形式有（　　）。

A. 资产=负债+所有者权益　　　　B. 资产=负债+所有者权益+利润

C. 资产+费用=负债+所有者权益+收入　　D. 资产=权益

四、业务训练题

1. 练习编制 T 字形账户和会计分录

【目的】掌握 T 字形账户和会计分录的编制。

【资料】大立公司9月份发生如下业务：
(1) 从银行提取现金1 000元备用。
(2) 购入一台机器设备，价格7 000元，款项未付。
(3) 接受李明投资3 000元，款项已转账收取。
(4) 用银行存款偿付以前欠宝丽公司的货款4 000元。
(5) 购入一批原材料，总价为5 000元，其中用银行存款支付2 000元，剩余款项暂欠。
(6) 收取职工押金1 400元，现金收取。
(7) 采购员张三向公司财务部借支差旅费1 200元，用现金支付。
(8) 采购员张三出差回公司，报销差旅费1 300元，同时用现金补给张三100元。

【要求】将上述八笔业务进行复式记账，先用T字形账户登记，再写出会计分录。

2. 编制试算平衡表

【目的】掌握试算平衡表的编制方法。

【资料】承习题1，大立公司9月份期初余额信息如表4-63所示。

表4-63 大立公司9月份期初余额 （单位：元）

科目名称	余额方向	余额	科目名称	余额方向	余额
银行存款	借	8 000	实收资本	贷方	8 000
原材料	借	4 000	应付账款	贷方	4 000

【要求】根据期初余额信息和习题1的会计分录，编制9月份发生额及余额试算平衡表，如表4-64所示。

表4-64 发生额及余额试算平衡表 （单位：元）

账户名称	期初余额		本期发生额		期末余额	
	借方	贷方	借方	贷方	借方	贷方
合计						

3. 账户的对应关系和对应账户的理解

【目的】理解对应关系和对应账户，熟悉账簿摘要的填写。

【资料】某企业会计编制如下会计分录：

（1）借：银行存款——基本户　　　　　　　　　　　　　2 000
　　　　贷：库存现金　　　　　　　　　　　　　　　　　　　2 000
（2）借：管理费用——办公费　　　　　　　　　　　　　　300
　　　　贷：库存现金　　　　　　　　　　　　　　　　　　　　300
（3）借：固定资产——机器设备——机床　　　　　　　50 000
　　　　贷：应付账款——昆明机床厂　　　　　　　　　　　50 000
（4）借：应收账款——步步高超市　　　　　　　　　　10 000
　　　　贷：主营业务收入——52 度特曲　　　　　　　　　10 000
（5）借：银行存款　　　　　　　　　　　　　　　　　　14 000
　　　　贷：短期借款——工行北京支行　　　　　　　　　　14 000

【要求】根据上述会计分录分析经济业务的内容，并以摘要形式进行描述，每个摘要不超过 10 个字。

4. 寻找对应账户

【目的】理解对应账户。

【资料】亚太公司 10 月份销售产品一批，实现主营业务收入 500 000 元，货款已全部通过银行转账收讫。仓库发出商品的总成本为 340 000 元。

【要求】编制上述业务的会计分录，注意账户的对应关系和对应账户。

5. 总账和明细账的平行登记

【目的】理解总账和明细账的平行登记。

【资料】亚太公司 10 月份相关账目资料如下：

10 月 1 日，相关账户的期初数据如表 4-65 所示。

表 4-65　相关账户的期初数据　　　　　　　　　　　　　　　（单位：元）

总账名称	方　向	余　额	总账名称	方　向	余　额
银行存款	借	15 000	应付账款	贷	10 000
应收账款	借	32 000	实收资本	贷	20 000

明细账期初数据如表 4-66 所示。

表 4-66　明细账期初数据　　　　　　　　　　　　　　　　（单位：元）

明细账名称	方　向	余　额	总账名称	方　向	余　额
银行存款——工行 3124	借	8 000	应付账款——瑞丰公司	贷	4 000
银行存款——农行 2541	借	7 000	应付账款——长江公司	贷	6 000
应收账款——长飞公司	借	13 000	实收资本——春秋公司	贷	15 000
应收账款——长电公司	借	19 000	实收资本——长航公司	贷	5 000

10月发生如下业务：

（1）10月2日，收到长飞公司欠款11 000元，款项存入工行3124账户。

（2）10月3日，向瑞丰公司支付欠款3 000元，款项通过农行2541账户支付。

（3）10月10日，春秋公司追加投资18 000元，款项存入农行2541账户。

（4）10月15日，收到长电公司欠款15 000元，款项存入工行3124账户。

（5）10月20日，向长江公司支付欠款5 000元，款项通过工行3124账户支付。

（6）10月25日，长航公司撤资2 000元，款项通过农行2541账户支付。

【要求】根据上述资料完成如下业务：

（1）编制10月份业务的会计分录。

（2）用Excel表格设计仿真总账和明细账，两位人员分工合作，一位登记总账，一位登记明细账。

（3）利用总账平行登记原理，检查总账和明细账发生额和余额是否相等。

第 5 章

企业主要经济业务的核算

学习目标

掌握：筹资核算、利息核算；在途物资、原材料、固定资产及在建工程核算；生产成本核算三部曲、生产成本"三要素"的内容；销售业务三部曲；利润分步核算。

理解：注册资本和实收资本的概念；采购成本的构成；增值税原理；结转的概念；在建工程结转时点；税金及附加计算；利润分步计算结构；预收和应收、预付和应付账户互替。

了解：生产成本和制造费用账户的运用；收入的确认条件；盈余公积计提原因。

第 4 章讲述了借贷记账法的基本原理之后，本章以工业企业为例，通过工业企业主要经济业务的核算，熟悉和掌握借贷记账法。工业企业的经济业务相对复杂，掌握工业企业的会计核算方法后，其他类型企业（如商业企业、服务业企业）的业务核算就相对简单易学了。

企业的经济业务按其活动性质可以分为筹资活动、经营活动和投资活动。筹资活动包括向银行借款、直接接受投资以及发行股票和债券等。经营活动包括采购材料、生产加工产品和销售物资等。投资活动包括购建固定资产、收购企业以及购买股票等。按照企业资金循环顺序分析，企业成立时首先需要筹集资金，有了资金后再去采购生产所需物资进行生产，生产后将产品销售，收回资金，最后将赚取的利润分配给股东。这个流程通俗易懂，初学者易于掌握企业会计核算的整体框架。所以本章按资金在业务中的循环顺序，将企业主要业务活动分为筹资业务、采购业务、生产业务、销售业务和利润核算及分配业务。当然上述 5 类业务在实际中互相交叉，例如，按活动性质来说，采购固定资产属于投资活动，但是为了便于理解，将其归入采购业务。

本章讲解工业企业主要经济业务时，虚拟设置华诚鞋业公司，该企业专业生产皮鞋和短靴两种产品。两种产品共用相同的原材料。业务流程模拟实际鞋厂生产流程，材料名称与实际生产过程中所用名称完全相同，以增加例题的生动性。

5.1 筹资业务的核算

5.1.1 企业资金筹集渠道

资金是企业的血液，企业的整个经营过程都需要资金支持，企业资金来源主要有以下三种：

1. 债务融资

债务融资主要是指企业向银行等金融机构借入资金，有些大型企业还可以申请发行债券募集资金。按期限分，银行借款可以为短期借款和长期借款。借款产生的利息可以根据约定按期偿还，或一次性还本付息。

2. 权益融资

权益融资又叫股权融资。权益融资即接受投资者投入资本。初始成立公司时，创办者需要投入一定的资金，公司收到的这部分资金就叫资本金。创办者又叫投资者、股东，是企业的所有者。所有者对投入资本享有的权益叫作所有者权益。公司经营后，投资者还可以继续追加投资，扩大资本金。根据《公司法》规定，除非依法办理减资手续，否则企业收到的资本金不能随意返还给投资者。具备公开募集资金条件的股份有限公司可以通过发行股票的方式接受投资。

3. 留存收益

企业将赚取的利润留存于企业中，形成留存收益，这部分资金可以用于企业扩大再生产，也是企业重要的资金来源。

5.1.2 筹资业务核算中涉及的主要账户

1. "实收资本"账户

（1）账户性质：实收资本（Paid-in Capital）为所有者权益账户，股份有限公司应将该账户名称改为"股本"。

（2）账户用途：该账户核算企业接受投资者在注册资本（或股本）范围内投入的资本。企业收到投资者出资额超过其在注册资本中所占份额的部分，作为资本溢价（Premium）或股本溢价，在"资本公积"账户核算。

（3）账户登记要领：该账户的贷方登记实际收到投资者在注册资本范围内的资本金，借方登记投资者减少注册资本的金额。期末余额在贷方，反映企业实际收到的资本金总额。

注册资本实际认缴制，企业股东可以分期缴纳注册资本，因此实收资本账户的余额不等于工商营业执照上的注册资本金额，当全部注册资本认缴完毕后，实收资本账户余额才等于注册资本金，此时查看实收资本账户余额可知晓该企业的注册资本。

（4）账户明细账设置：按投资者名称进行明细核算。明细账账户采用三栏式格式。

> **小知识**
>
> **注册资本概念**
>
> 企业、商店以及电商平台上的电子商铺，都必须凭营业执照才能经营。营业执照中有一项叫注册资本。注册资本是指公司在工商管理机关登记的全体股东认缴出资额。注册资本为法定资本。股份有限公司的注册资本又叫股本。如果营业执照上写有注册资本100万元，则意味着出资者至少要出资100万元，多投不限。注册资本的设定由企业自己决定，但国家规定有限责任公司注册资本最低限额是3万元。2013年我国公司法修订之前，公司的注册资本为实缴制，也就是如果注册资本为

> 100 万元，则投资者必须实际缴纳 100 万元后才能申领到营业执照。2013 年之后，注册资本改为认缴制，工商部门可以先颁发营业执照，资本金可以在以后分期缴足。

2. "资本公积"账户

（1）账户性质：资本公积（Capital Reserves；Capital Surplus）属于所有者权益账户。

（2）账户用途：该账户主要核算两大内容：一是核算企业收到投资者出资额超出其在注册资本或股本中所占份额的部分，二是核算直接计入所有者权益的利得和损失。第二种情况会在中级课程中提及。

（3）账户登记要领：该账户贷方登记资本公积增加额，借方登记因资本公积转增资本等原因导致的减少额。账户期末余额反映资本公积的结余数额。

（4）账户明细账设置：按资本公积来源分别设置"资本溢价（或股本溢价）""其他资本公积"两个明细账。其他资本公积明细还可以再设细目进行核算。

> **提示**
>
> **资本公积**
> 它是来源于资本投入的公共积累资金，是企业资金的重要来源。资本公积的用途主要用于转增资本，不得用于弥补企业亏损，更不能分配给股东。

3. "短期借款"账户

（1）账户性质：短期借款（Short-term Borrowing）属于负债类账户。属于流动负债。

（2）账户用途：该账户核算企业向银行或其他金融机构借入的期限在 1 年以下（含 1 年）的各种借款。

（3）账户登记要领：该账户贷方登记借入的各项短期借款本金，借方登记归还的短期借款本金。期末余额在贷方，表示期末尚未归还短期借款的本金数额。

（4）账户明细账设置：该账户应按借款种类、贷款人和币种进行明细核算。设置时可用债权人名称作为二级明细科目，然后再结合借款种类和币种进行细目核算。账户格式采用三栏式明细账格式。

需要注意的是，短期借款账户核算的是向银行等金融机构的借款，企业之间互相借款、企业向个人借款的会计核算通过"其他应付款"账户。短期借款发生的利息通过"应付利息"账户核算。

4. "长期借款"账户

（1）账户性质：长期借款（Long-term Loans）属于负债类账户。属于非流动负债。

（2）账户用途：该账户核算企业向银行或其他金融机构借入的期限在 1 年以上（不含 1 年）的各项借款。

（3）账户登记要领：该账户贷方登记借入的长期借款本金及特殊情况下长期借款产生的长期借款利息。借方登记归还的长期借款本金和通过长期借款账户核算的长期借款利息。期末余额在贷方，反映尚未偿还长期借款本金和通过长期借款账户核算的长期借款利息。

长期借款利息支付的形式有两种。一种是分期支付利息：每期产生的利息需要在月末、季末或年末及时支付，此时利息偿还期限在一年之内，此类应付利息为流动负债，通过"应付利息"核算；另一种是利息随同本金一起偿还：每月产生的利息要在一年之后甚至几年后才能偿还，此时利息作为一项非流动负债处理。比如企业于某年10月1日借入一笔1.5年期借款，利息随同本金在到期时支付，则10月份产生的应付利息的偿还期限超过一年，属于一项非流动负债。当利息作为一项非流动负债处理时，其核算通过本身"长期借款"账户进行。

（4）账户明细账设置：该账户可按贷款单位和贷款种类，分别用"本金""利息调整"进行明细核算。账户格式采用三栏式明细账格式。

5. "应付利息"账户

（1）账户性质：应付利息（Interest Payable）属于负债类账户。属于流动负债。

（2）账户用途：该账户核算企业按照合同约定应支付的短期借款利息、分期付息到期还本的长期借款利息。

（3）账户登记要领：该账户贷方登记本期应付而未付的利息，借方登记实际支付的利息，期末余额为贷方，反映企业尚未支付的利息。

（4）账户明细账设置：本账户可按债权人名称进行明细核算。

6. 财务费用账户

（1）账户性质：财务费用（Financial Charge、Financial Expense）属于费用类账户。为会计科目表中的损益类账户。

（2）账户用途：本科目核算企业为筹集生产经营所需资金而发生的筹资费用，包括利息支出（减利息收入）、汇兑损益以及相关的金融机构手续费、企业发生的现金折扣或收到的现金折扣等。在基础会计中，要掌握利息支出、企业的一般存款利息收入、金融机构手续费业务通过"财务费用"账户核算。

（3）账户登记要领：该账户借方登记本期发生的利息支出、金融机构手续费等支出；贷方登记应冲减财务费用的存款利息收入、以及期末结转到"本年利润"账户的转销额。期末结转后，账户不留余额。

（4）账户明细账设置：该账户可设置"财务费用——利息支出""财务费用——手续费""财务费用——利息收入"等明细账。"财务费用"账户采用多栏式明细账格式。

5.1.3 筹资业务核算举例

1. 权益筹资的核算

【例5-1】 华诚公司债务筹资业务案例：

（1）10月1日，华诚公司收到李明投资款490 000元。占华诚公司注册资本的49%。华诚公司注册资本为1 000 000元。款项已于验资后转入基本户账户。基本户开设账户为建行0001。（注：基本户是指存款人办理日常转账结算和现金收付的账户。一个企业只能开立一个基本存款账户。）

分析：实收资本账户核算收到投资者投入的占其注册资本份额的该部分资本，计入实收资本账户金额=注册资本×股份比例。本题计入实收资本金额=注册资本×股份比例=1 000 000×49%=49（万元）。一方面，华诚公司收到银行存款49万元，故借记"银行存款"账户；另一方面，该资金来源于李明股东的资本投入，故贷记"实收资本"账户。会计分录为：

借：银行存款——基本户（建行0001） 490 000
　　贷：实收资本——李明 490 000

（2）10月5日，江北公司以一栋厂房和一栋行政办公楼对华诚公司进行投资，资产总价值为600 000元，占公司股份的51%。假设厂房和行政办公楼的公允价值各为300 000元。不考虑增值税。

分析：华诚公司收到的厂房和办公楼通过"固定资产"账户核算。实收资本的入账金额=注册资本×股份比例=1 000 000×51%=51（万元）。投入资产的价值超过其注册资本所占份额的部分9万元（60万元-51万元），并不占股份，作为资本溢价计入"资本公积——资本溢价"。"资本公积"属于所有者权益账户，金额增加，记入其贷方。会计分录为：

借：固定资产——房屋及建筑物——厂房 300 000
　　　　　　　——房屋及建筑物——办公楼 300 000
　　贷：实收资本——江北公司 510 000
　　　　资本公积——资本溢价 90 000

（3）10月25日，张达以其制鞋原材料投资，企业为此扩大注册资本金70 832元（不考虑增值税）。相关材料明细如表5-1所示。

表5-1 张达投资原材料清单

材料名称	计量单位	数　量	价格（元）	金额（元）
黑色猪皮	ft①	1 000	5.90	5 900
白色羊皮	ft	4 000	15.45	61 800
皮鞋大底	双	200	7.16	1 432
短靴大底	双	500	3.40	1 700
合计				70 832

① 1ft=0.304 8m。

分析：企业在原来注册资本1 000 000元的基础上扩大资本，注册资本增加70 832元。原材料一般要根据实际需要设置二级分类账，此类原材料为生产鞋子的主要材料。相应的会计分录为：

借：原材料——主要材料——白色羊皮 61 800
　　　　　　——主要材料——黑色猪皮 5 900
　　　　　　——主要材料——短靴大底 1 700
　　　　　　——主要材料——皮鞋大底 1 432
　　贷：实收资本——张达 70 832

至此，如果10月25日之前华诚公司已申领了营业执照的话，则应到工商局办理变更注册资本手续,将注册资本由原 1 000 000 元变更为 1 070 832 元。变更后,李明所占的股份比例为 45.76%(490 000/1 070 832),江北公司占股比例为 47.63%(510 000/1 070 832),张达占股比例为 6.61%(70 832/1 070 832)。

上述会计处理是针对一般有限公司。现补充股份有限公司发行股票的会计处理。

假设华诚公司是一家股份有限公司,发行股票 100 万股,股票面值为 1 元/股,发行价为 3.5 元/股,资金已募集到位。

分析:用于核算股份有限公司注册资本的账户叫"股本"。企业发行股票 100 万股,股票面值为 1 元,列入股本的金额为:股本=股票面值×发行股份总数=1 元/股×100 万股=100 万元。募集资金超过股本部分的 250 万元列入"资本公积-股本溢价"。会计分录为:

  借:银行存款   3 500 000
    贷:股本   1 000 000
      资本公积——股本溢价   2 500 000

> **小知识**
>
> **股份有限公司**
>
> 公司制企业有两种,一种是有限责任公司,另一种是股份有限公司。股份有限公司是指将企业的注册资本(股本)划分成若干相等份额,称为股份,将每股份额印刷成票据,称为股票。每张股票上印有金额,国内所印金额一般是 1 元,称为面值。所以有"一股一票一元"之说。比如说企业注册资本为 100 万元,将其划分成 100 万份,同时印刷出 100 万张股票,每张票面金额为 1 元。如果票面金额为 0.5 元,则要印刷 200 万张股票。所以当知道发行股票张数和面值时,可以计算出股本总额,股本总额=股票面值×股份总数。投资者可以按面值或高于面值的金额认购股票。企业如果按高于股票面值的价格发行股票,叫作溢价发行。如企业将面值 1 元的股票以 5 元价格发行,投资者为获得该张股票需支付 5 元,可算出多支付了 4 元,这 4 元叫作股本溢价。现在发行股票都电子化,无须纸质发行。

2. 债务筹资的核算

【例 5-2】 华诚公司债务筹资业务案例一:

(1)10 月 1 日,华诚公司向中国工商银行北京分行借入 1 200 000 元。期限为 3 个月。年利率为 6%。利息于到期时与本金一并支付。假设借款直接转到基本户账户,还款日期为次年 1 月 1 日。(注:一般来说,借款银行要为企业开设一个借款账户,所借资金转入借款账户,企业使用时再转出。为了减少银行存款明细账设置,假设直接转入基本户账户。)

分析:一方面企业收到资金 120 万元,故借记"银行存款"账户 120 万元;另一方面,企业增加了一笔负债,该负债为短期借款,故贷记"短期借款"账户 120 万元。会计分录为:

  借:银行存款——基本户   1 200 000
    贷:短期借款——工行北京分行   1 200 000

(2) 10月31日，计提10月份借款利息支出6 000元。

分析：10月份应付利息额=（1 200 000×6%）÷12=6 000（元）。一方面，10月份产生借款利息支出6 000元，利息支出为一项费用，通过"财务费用"账户核算，费用增加，记入该账户借方；另一方面，该利息没有支付，故增加一笔负债，该负债通过"应付利息"账户核算，负债增加，记入该账户贷方。会计分录为：

借：财务费用——利息支出　　　　　　　　　　　　6 000
　　贷：应付利息——工行北京分行　　　　　　　　　　　6 000

需要注意的是，该分录专业描述为：计提10月利息支出。是权责发生制的典型运用。每个月末，企业会计人员都要及时计提类似的分录，不能遗忘。

(3) 11月30日，计提11月份借款利息支出6 000元。

分析：11月份业务同10月份。

借：财务费用——利息支出　　　　　　　　　　　　6 000
　　贷：应付利息——工行北京分行　　　　　　　　　　　6 000

(4) 12月31日，计提12月份借款利息支出6 000元。

分析：12月份业务同10月份。

借：财务费用——利息支出　　　　　　　　　　　　6 000
　　贷：应付利息——工行北京分行　　　　　　　　　　　6 000

需要注意的是，如果每月利息支出金额较小，在不影响编制报表的前提下，可以合并编制为一个分录。

(5) 次年1月1日，偿还本金和利息合计1 218 000元。其中本金1 200 000元，利息18 000元。

分析：因为财务费用已经分月计提到之前各个月份，所以支付时与财务费用无关。偿还利息部分，借记"应付利息"；偿还本金部分，借记"短期借款"。会计分录如下：

借：短期借款——工行北京分行　　　　　　　　　1 200 000
　　应付利息——工行北京分行　　　　　　　　　　　18 000
　　贷：银行存款——基本户　　　　　　　　　　　　1 218 000

为了更清楚地了解利息的计提和偿还过程，编制应付利息账户记录如表5-2所示。

表5-2　应付利息明细账　　　　　　明细科目：工行北京分行

（单位：元）

日期	摘要	借方	贷方	借或贷	余额
10.31	计提10月份利息支出		6 000	贷	6 000
11.31	计提11月份利息支出		6 000	贷	12 000
12.31	计提12月份利息支出		6 000	贷	18 000
次年1.1	偿还利息	18 000		平	0

【例5-3】华诚公司债务筹资业务案例二：

(1) 10月1日，华诚公司向中国银行北京分行借入1 500 000元，期限为1.5年，年利率为8%。利息于到期时与本金一并支付。假设利息按季度计提，资金转入基本户账户，资金用途为采购机器设备。

分析：本题借款期限为1.5年，该负债通过"长期借款"核算。会计分录为：
借：银行存款——基本户　　　　　　　　　　　　　　　1 500 000
　　贷：长期借款——中行北京分行——本金　　　　　　　　　　1 500 000

(2) 12月31日，一次性计提10~12月长期借款利息共30 000元。

分析：由于利息和本金一并在1.5年后支付，周期超过一年，利息也属于一项非流动负债，而"应付利息"账户核算的是短期利息，故此类利息不通过"应付利息"账户核算，而是通过"长期借款——利息调整"账户核算。一方面，10~12月份共产生利息支出30 000元，记入"财务费用"账户的借方；另一方面，该利息没有支付，且欠款时间超过1年，记入"长期借款——利息调整"账户的贷方。
借：财务费用——利息支出　　　　　　　　　　　　　　30 000
　　贷：长期借款——中行北京分行——利息调整　　　　　　　　30 000

(3) 10月20日，华诚公司从银行提取现金20 000元备用。

分析：一方面，银行存款减少，贷记"银行存款"账户；另一方面，库存现金增加，借记"库存现金"账户。会计分录如下：
借：库存现金　　　　　　　　　　　　　　　　　　　　20 000
　　贷：银行存款——基本户　　　　　　　　　　　　　　　　20 000

第5.1节筹资业务的核算中各科目T字形账户汇总如图5-1~图5-5所示。

借	银行存款	贷
490 000		20 000
1 200 000		
1 500 000		
合计：3 190 000		合计：20 000

借	实收资本	贷
		490 000
		510 000
		70 832
		合计：1 070 832

图5-1　银行存款和实收资本T字形账户

借	财务费用	贷
6 000		
6 000		
6 000		
30 000		
合计：48 000		

借	应付利息	贷
		6 000
		6 000
		6 000
		合计：18 000

图5-2　财务费用和应付利息T字形账户

借	库存现金	贷
20 000		
合计：20 000		

借	长期借款	贷
		1 500 000
		30 000
		合计：1 530 000

图5-3　库存现金和长期借款T字形账户

借	固定资产	贷
600 000		
合计：600 000		

借	短期借款	贷
		1 200 000
		合计：1 200 000

图5-4　固定资产和短期借款T字形账户

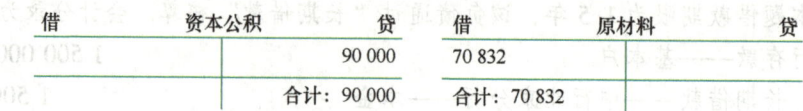

图 5-5　资本公积和原材料 T 字形账户

5.2　采购业务的核算

企业为生产产品需要生产资料和生产工具，包括原材料和机械设备等资产。物资采购过程中会发生采购费用，需要计算采购成本，不同物资同批次运输，采购费用还要由各物资分摊。采购过程要核算增值税，物资采购完成后验收入库。采购付款可能预付也可能后付。以上涉及的知识构成了本节的主要内容。

5.2.1　物资采购成本的构成

物资采购成本由两部分构成：
（1）材料买价。购买材料，结算价款即买价。
（2）采购费用。采购费用包括从采购开始到货物验收入库这段时间里发生的合理的相关费用和税金，包括运输费、装卸费、保险费、包装费、仓储费、运输途中的合理损耗、入库前的挑选整理费，以及一些由企业承担的税金，如进口关税、不可抵扣的进项税额等。

理解采购费用需要注意以下两个细节：一是仓储费用，一般企业验收入库后发生的仓储费用不计入采购成本。对特殊企业如酒厂，仓储是生产的重要环节，仓储费用则需计入产品生产成本；二是小额运输费用，如果采购费用相对于买价来说，金额较低，如市内发生的小额运输费用，可以直接计入当期管理费用。商品流通企业发生的小额进货费用可以直接计入当期销售费用。

固定资产的采购成本内容与材料的采购成本差不多，包括购买价款、相关税费、使固定资产达到预定可使用状态前所发生的可归属于该项资产的运输费、装卸费、安装费和专业人员服务费等。有些固定资产需要安装，发生的安装成本也计入固定资产成本。

5.2.2　增值税简要知识

在核算采购和销售业务时，均涉及增值税会计处理，增值税原理比较复杂，下面对其做简要阐述。

增值税（Value-added Tax，VAT）是对销售货物、服务、无形资产、不动产、金融商品和进口货物等应税交易过程中实现的增值额征收的一种税。

增值税计算方法分为一般计税方法和简易计税方法两种。一般计税方法按照销项税额抵扣进项税额后的余额计算应纳税额。简易计税方法按照应税交易销售额（以下称销售额）和征收率计算应纳税额，不得抵扣进项税额。

1. 一般计税方法的增值税计税和纳税原理

下面以一个简明易懂的小案例解释一般计税方法的增值税计税和纳税原理。

在现实经济活动中，存在着这样的产业链条：农民把种好的棉花卖给轧花厂进行加工，轧花厂将棉花除籽除杂加工后形成皮棉卖给纺织厂，纺织厂购入皮棉纺织，织成布料后卖给制衣厂，制造衣厂生产好衣服后卖给批发商，批发商卖给零售商，零售商再卖给最终消费者。这条产业链中，从农民生产的棉花到最终消费者购买到衣服，每个环节都发生了增值。

假设农民把棉花以 100 元的价格卖给轧花厂，轧花厂购入加工后的棉花以 200 元的价格卖给纺织厂，纺织厂购入皮棉后加工成布料，然后将布料以 400 元的价格卖给制衣厂，制衣厂买入布料后加工成衣服，以 700 元的价格卖给批发商，批发商以 1 100 元的价格将衣服卖给零售商，零售商购入后以 1 600 元的价格卖给最终消费者。棉花产品增值链条示意图如图 5-6 所示。

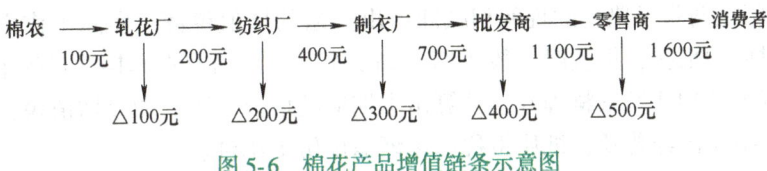

图 5-6　棉花产品增值链条示意图

通过图 5-6 可以看出，棉花从最初的 100 元经过五个环节后最终增值到了 1 600 元，总增值额为 1 500 元，国家如何对这 1 500 元增值额征税呢？增值税征收采取"道道征收"的方式，从轧花厂环节到零售商环节，对每个增值环节分别征税。以纺织厂环节为例，此环节增值额为 200 元，增值税税率为 13%。增值税征税原理如下：

$$\begin{aligned}
应纳增值税 &= 增值额 \times 税率 \\
&= (销售布料价格 - 购入棉花价格) \times 税率 \\
&= 销售布料价格 \times 税率 - 购入棉花价格 \times 税率 \\
&= 销项税额 - 进项税额 \\
&= 400 \times 13\% - 200 \times 13\% = 52 - 26 = 26(元)
\end{aligned}$$

企业产品销售价格乘以税率称为"销项税额"（Output Tax）。企业购入物资价格乘以税率称为"进项税额"（Input Tax）。销项税额是企业销售货物时向购买方收取的税额，进项税额是企业购买材料等物资时支付给销售方的税额。当纺织厂作为销售方时，其销售布料时要向制衣厂收取两笔资金：一笔是布料的价钱 400 元，另一笔是销项税额 52 元，合计收取 452 元。当纺织厂作为购买方，在购买材料，要支付两笔资金：一笔是棉花价钱 200 元，另一笔是进项税额 26 元，合计支付 262 元。

通过以上描述，纺织厂缴纳的增值税 26 元本质上是谁的资金呢？销项税额是从制衣厂收来的资金，进项税额是纺织厂支付给轧花厂的资金。进一步分析，纺织厂上交给国家的增值税实际上是制衣厂的资金。纺织厂购买物资时先付税款 26 元，等到产品销售后收取购买方税款 52 元，相当于自己以前付出的 26 元税款收回来了。这种处理方式叫作增值税抵扣制度。就纺织厂来说，其本身并没有承担税负，真正的税负承担者是制衣厂，即下一环节的消费者。纺织厂可以理解为增值税代扣代缴人，制衣厂先把税交给纺织厂，纺织厂扣除了自己缴纳的部分后将剩余税款上交给国家，在没有上缴之前形成了一笔负债。由于增值税抵扣制度的设计，增值税经过道道抵扣后，实际上最终的税负承担者是终端消费者。当然在产业链的中间环节，企业支付的进项税额有可能不能抵扣，只能由自己来承担,此时不得抵扣进项税额款项就应计入购买物资的成本。

上述解释了增值税的计算原理,那么征税是怎么进行的呢?我国征税采用以票控税制度。当纺织厂作为销售方时,销售产品后,要开具一式三联的增值税专用发票,分别为发票联、抵扣联和记账联如图5-7所示。记账联由纺织厂自己留存用于做账,反映销售业务,同时也意味着产生了销项税额,所以此联又称销项联。另外的发票联和抵扣联交给购买方制衣厂,制衣厂收到的发票联用于企业记账,反映购买物资业务;抵扣联反映制衣厂支付的进项税额,用于报税抵扣用。同理,当纺织厂作为购买方时,也会收到轧花厂开具的两张增值税发票,一联是发票联,纺织厂用于记账,反映购买了物资;另一联是抵扣联发票,反映购买物资时支付的进项税额。纺织厂报税时,只要向税务部门提供自己开具增值税专用发票后留存的记账联(反映销项税额)和从轧花厂得到的抵扣联(反映进项税额),税务部门把两张发票上的税额相减即得出要缴的增值税额。实际工作中,不可能做到业务一一对应的抵扣,报税时一般按期(如1个月)将所有在本期开具的销项发票和本期收到的所有可抵扣联发票整理好,计算出本期应纳增值税额。如今增值税征税信息化程度很高,网上报税已经普及,纸质报税已逐渐退出历史舞台。

在现实生活中,经常听到虚开增值税发票的违法案例,由于增值税本质上是企业代扣代缴他人的税,所以有的企业想把该增值税截留给自己,于是企业就购买一些无正常贸易的抵扣联发票,然后申请抵扣,从而减少了国家税收。所以国家对抵扣联发票实行认证制度,通过认证的抵扣联发票才能抵扣。随着大数据技术等高新技术在国家税收征管系统中的运用,手工认证已被系统自动认证代替。

增值税专用发票样式如图5-7和图5-8所示:

增值税发票与其他一般发票最大的区别是价税分离,价格和税额分开列示,所以增值税又称为"价外税"。在实务中,产品销售报价有两种,一种是含税价,另一种是不含税价。含税价,指的是增值税发票上的价税合计,开票时仍然要进行价税分离。不含税价,则除了支付产品价格之外,还要再支付增值税。含税价与不含税价之间的转换公式为

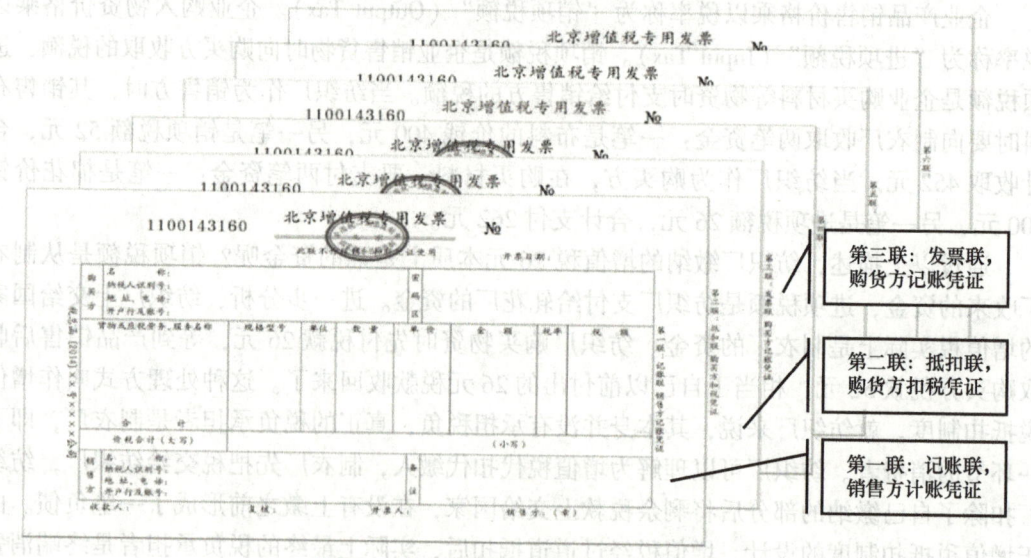

图5-7 增值税专用发票三联发票样图

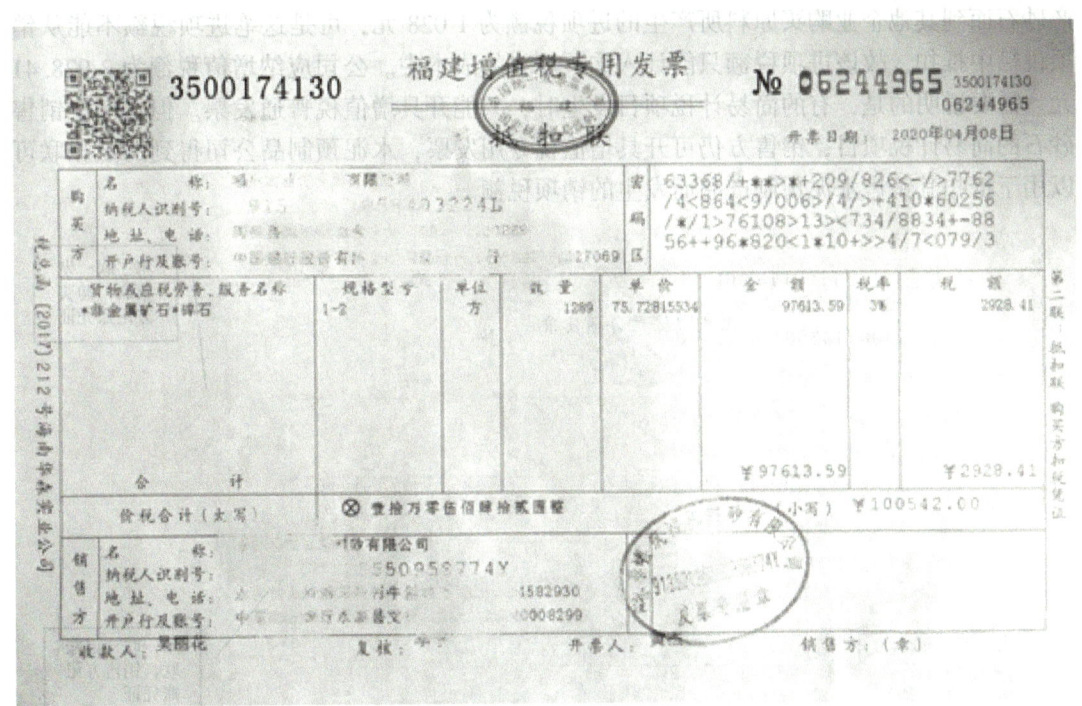

图 5-8　增值税专用发票票样

$$含税价 = 不含税价 + 增值税额$$
$$= 不含税价 + 不含税价 \times 增值税税率$$
$$= 不含税价 \times (1 + 增值税税率)$$

在告之是含税价的情况下，要将含税价转换成不含税价，再计算税额。

$$不含税价 = \frac{含税价}{(1 + 增值税税率)}$$

$$增值税额 = 不含税价 \times 增值税税率$$
$$= \frac{含税价}{(1 + 增值税税率)} \times 增值税税率$$

图 5-8 发票中金额 97 613.59 元为不含税价，价税合计栏金额 100 542.00 元则为含税价。

增值税发票分两种：一种为增值税专用发票，另一种为增值税普通发票。增值税普通发票没有抵扣联，当企业购买物资和服务时，如果获得一张增值税普通发票，则只能当购买方记账凭证使用，不能当抵扣联使用。增值税普通发票样式如图 5-9 所示。

2. 简易计税方法的增值税计算和纳税

在简易计税模式下，不执行进项税抵扣制度。简易计税模式下应纳税额的计算公式为

$$应纳税额 = 应税交易销售额(不含税价) \times 征收率$$

例如，图 5-8 所示的发票内容，销售方是一个生产砂石的公司，其生产的砂石销售给水泥预制品厂。根据税法规定，销售砂石的业务为简易计税项目，开具销售发票时，可采用3%的低税率（专称征收率）计算"销项税额""销项税额"为 2 928.41 元。假设为生

产砂石而到其他企业购买原料所产生的进项税额为 1 028 元,可是这笔进项税额不能从销项税额中抵扣,故该进项税额只能计入购买原料的成本中。公司应纳增值税额为 2 928.41 元。需要说明的是,有的简易计税项目发生时,只能开具增值税普通发票。但本例中销售砂石的简易计税项目,销售方仍可开具增值税专用发票,水泥预制品公司得到的抵扣联可以用于抵扣其销售水泥预制产品而发生的销项税额。

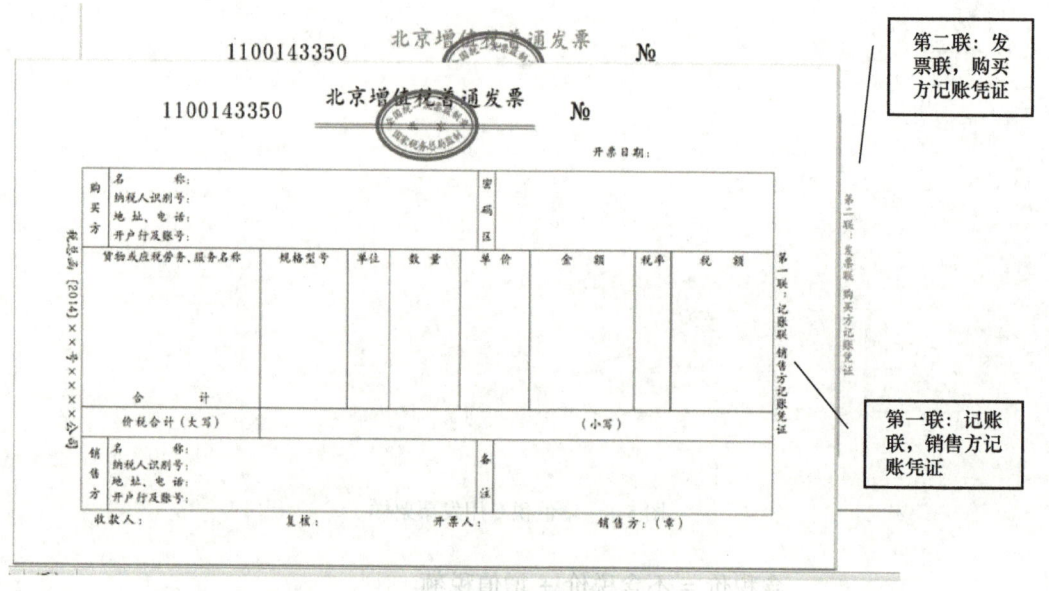

图 5-9 增值税普通发票样式

5.2.3 采购业务核算中涉及的主要账户

1. "在途物资" 账户

(1) 账户性质:在途物资(Purchase In Transit)属于资产类账户。

(2) 账户用途:该账户核算企业采用实际成本法进行材料、商品等物资的日常核算、货款已付尚未验收入库的在途物资的采购成本。如果材料成本采用计划成本法核算,应使用"材料采购"账户核算。

根据《小企业会计准则》规定,批发和零售类小企业在购买商品过程中发生的费用,在"销售费用"账户核算,不计入在途物资的成本。

(3) 账户的登记要领:该账户的借方登记购入物资过程中发生的买价、运输费等采购费用,贷方登记货物验收入库后结转的采购成本。期末如果有余额,必定在借方,反映尚未验收入库的物资采购成本或者已验收入库但是尚未收到发票账单的物资采购成本。

(4) 账户明细账的设置:该账户可按供应单位和物资品种进行明细核算。账户格式采用横线平行登记式账簿为佳。横线平行登记式账簿格式可见第 7 章账簿。

2. "原材料" 账户

(1) 账户性质:原材料(Raw Material)属于资产类账户。

(2) 账户用途:该账户核算企业库存的各种材料,包括原料及主要材料、辅助材料、外购半成品（外购件）、修理用备件（备品备件）、包装材料和燃料等的计划成本或实际成本。原料指没有加工的材料，如纺纱用原棉、冶炼用铁矿石等，主要材料是指经过加工后的材料。如织布用棉纱，机器制造用钢材等。

（3）账户登记要领：该账户借方登记企业购入并已验收入库的材料的实际成本或计划成本。贷方登记因生产领用或出售材料等发出材料的实际成本或计划成本。期末余额在借方，反映企业库存材料的计划成本或实际成本。

（4）账户明细账设置：该账户可按材料的保管地点（仓库）、材料的类别、品种和规格等进行明细核算。账户格式采用数量金额式账簿。

> **提示**
> 材料类别是指材料的二级分类账，分为原料及主要材料、辅助材料、外购半成品（外购件）、修理用备件（备品备件）、包装材料和燃料等若干类别。

3. "周转材料"账户

（1）账户性质：周转材料（Revolving Materials）属于资产类账户。

（2）账户用途：该账户核算企业周转材料的计划成本或实际成本，包括包装物、低值易耗品，以及企业（建造承包商）的钢模板、木模板、脚手架等。

各种包装材料，如纸、绳、铁丝、铁皮等，应通过"原材料"账户核算，用于储存和保管产品、材料而不对外出售的包装物，应按价值大小和使用年限长短，分别在"固定资产"账户或"周转材料"账户核算。

包装物、低值易耗品数量较多的企业，可以单独设置"包装物"、"低值易耗品"科目。

包装物数量不多的企业，可以不设置"周转材料"账户，将包装物并入"原材料"账户核算。

（3）账户登记要领：该账户借方登记购入或自制、委托外单位加工完成并验收入库的周转材料的实际成本或计划成本。贷方登记周转材料领用或摊销成本。期末余额在借方，反映企业在库周转材料的计划成本或实际成本以及在用周转材料的摊余价值。

（4）账户明细账设置：本科目可按周转材料的种类，分为"在库""在用"和"摊销"进行明细核算。账户格式可以采用三栏式或多栏式。

4. "固定资产"账户

（1）账户性质：固定资产（Fixed Asset）属于资产类账户。

（2）账户用途：该账户核算企业持有的固定资产原价。建造承包商的临时设施，以及企业购置计算机硬件所附带的、未单独计价的软件，也通过本账户核算。

（3）账户登记要领：该账户借方登记企业购入的固定资产的原价（历史成本），贷方登记因出售、报废、毁损等原因而转出的固定资产原价（历史成本）。期末余额在借方，反映期末固定资产的原价（历史成本）。

（4）账户明细账设置：该账户可按固定资产类别和项目进行明细核算。传统的固定资产账簿采用卡片式，随着财务软件的广泛应用，传统纸质固定资产账簿管理已基本被计算机技术管理所替代。

其中，固定资产类别即固定资产的二级账。《固定资产分类与代码》（GB/T 14885—2010）将固定资产分为六大类：a）土地、房屋及构筑物；b）通用设备；c）专用设备；d）文物和陈列品；e）图书、档案；f）家具、用具、装具及动植物。在每大类下再设置中类和小类。企业可以结合实际，将大类和中类相结合进行分类。

5. "在建工程"账户

（1）账户性质：在建工程（Construction In Progress）属于资产类账户。

（2）账户用途：该账户核算企业基建、更新改造、新建、扩建工程、需要安装的固定资产等所发生的成本。购入不需要安装的固定资产，直接通过"固定资产"账户核算。已提足折旧的固定资产的改建支出和经营租入的固定资产的改建支出，在"长期待摊费用"账户核算，不通过"在建工程"核算。

（3）账户登记要领：该账户借方登记工程发生的成本，贷方登记工程达到可使用状态后结转的完工工程总成本。期末余额在借方，反映在建工程的成本。

（4）账户明细账设置：该账户可按"建筑工程""安装工程""在安装设备""待摊支出"以及单项工程等进行明细核算。账簿的格式采用多栏式，设置工程成本项目明细。

6. "预付账款"账户

（1）账户性质：预付账款（Accounts Prepaid；Payment In Advance）属于资产类账户。

（2）账户用途：该账户核算企业购买物资前按照合同规定预付的款项。企业进行在建工程预付的工程价款，也通过本账户核算。预付款项情况不多的企业，可以不设置"预付账款"账户，将预付的款项直接记入"应付账款"的借方。

（3）账户登记要领：该账户的借方登记预付的款项，贷方登记企业收到货物后应冲减的款项。期末余额一般在借方，余额性质为资产，反映企业预付的款项；期末如为贷方余额，为购买货物应付的总额超过预付款部分的金额，反映企业尚未补付的款项，余额性质为负债，体现为应付账款。

（4）账户明细账设置：该账户可按供货单位进行明细核算。账户采用三栏式账户格式。

7. "应付账款"账户

（1）账户性质：应付账款（Accounts Payable）属于负债类账户。

（2）账户用途：该账户核算企业因购买材料、商品和接受劳务等经营活动应支付的款项（俗称欠款）。应付账款内容包括买价、增值税进项税额、销售方代垫款项（如代垫运费等）

（3）账户登记要领：该账户的贷方登记产生的欠款，借方登记偿还的欠款。期末余额一般在贷方，反映企业尚未偿还的欠款；期末如为借方余额，反映企业预付的款项。

（4）账户明细账设置：该账户可按债权人进行明细核算。账户采用三栏式账户格式。也可以设置如图5-10所示的借方多栏式账户。

8. "应付票据"账户

（1）账户性质：应付票据（Notes Payable）属于负债类账户。

（2）账户用途：该账户核算企业因购买材料、商品和接受劳务等经营活动而签发给供应商的商业汇票。包括商业承兑汇票和银行承兑汇票。

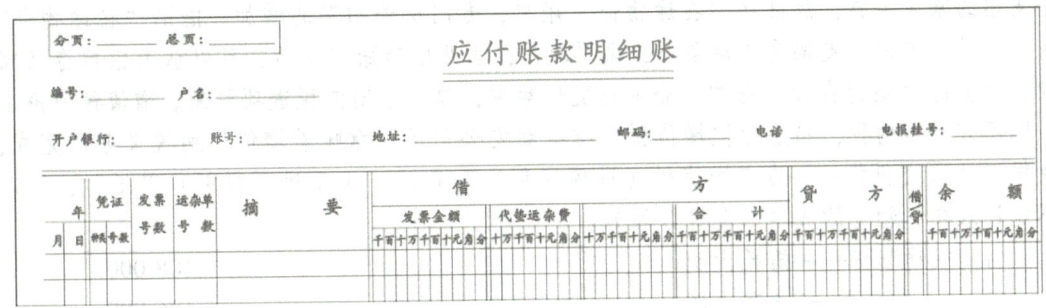

图 5-10　多栏式应付账款明细账格式

(3) 账户登记要领：该账户贷方登记企业应当支付的商业汇票的票面金额和计提的票面利息，借方登记偿还的票据面值和票面利息。期末余额一般在贷方，反映企业尚未到期的商业汇票的面值和利息。

(4) 账户明细账设置：该账户可按债权人进行明细核算。账户采用三栏式账户格式。另外企业还应当设置"应付票据备查簿"，详细登记商业汇票的种类、号数和出票日期、到期日、票面金额、交易合同号、收款人姓名或单位名称以及付款日期和金额等资料。应付票据到期结清时，在备查簿中应予注销。

9. "应交税费——应交增值税"账户

(1) 账户性质：应交税费（Tax And Expense Payable）属于负债类账户。

(2) 账户用途：该账户核算按照增值税法规定发生的增值税。

(3) 账户登记要领：该账户贷方登记企业发生的增值税销项税额等贷方专栏项目，借方登记进项税额等借方专栏项目。期末余额在贷方，反映尚未缴纳的增值税；期末金额在借方，反映多缴的增值税或待抵扣的增值税。一般情况下，期末要通过结转处理，不留余额。

(4) 账户明细账设置：该账户要对借贷方设置明细专栏核算。账户采用借贷多栏式账户格式。"应交税费——应交增值税"明细账的账本格式见第 7 章账簿。

5.2.4　材料采购业务核算举例

1. 在途物资核算

从购买货物开始到验收入库为止，在途物资核算涉及三个步骤：①核算买价；②核算并分配采购费用；③验收入库，结转物资采购成本。这三个步骤称为"在途物资"核算三部曲。

【例 5-4】在途物资核算业务案例：

(1) 10 月 24 日，从顺安公司购入一批货物，收到的增值税发票上注明：短靴大底 30 000 双，单价为 3.60 元/双，合计 108 000 元；皮鞋大底 25 000 双，单价为 7.44 元/双，合计 186 000 元；货物总金额为 294 000 元；增值税税率为 13%，增值税税额为 38 220 元。价税合计为 332 220 元。企业开出转账支票付讫。货物尚未验收入库。（注：大底指外部鞋底。）

分析：这项经济业务发生时，由于材料尚未到达企业，但是货款已支付，为了反映资金支出的来龙去脉，故设立"在途物资"账户，专门反映物资的增加，借记"在途物资"账户。另一方面，支票是即期票据，见票即付，当开出转账支票后，可以认为银行存款减少，故贷记"银行存款"账户。企业总支付额中，包括了增值税进项税额。增值税理论上是购买方承担的税，当企业把增值税额交给顺安公司后，意味着增值税纳税义务已完成，故借记"应交税费——应交增值税（进项税额）"账户。由于进项税额可以抵扣，所以不能计入在途物资的成本。会计分录为：

  借：在途物资——短靴大底　　　　　　　　　　　　　108 000
      ——皮鞋大底　　　　　　　　　　　　　186 000
    应交税费——应交增值税（进项税额）　　　　38 220
    贷：银行存款　　　　　　　　　　　　　　　　　　332 220

（2）10月30日，与物流公司结算运输费，以网银支付上述货物运输费，价税合计为5 995元。增值税税率为9%。按两种品种鞋底数量分摊运输费。

分析：运输费是价税合计金额，即含税价。根据"含税价＝不含税价×（1+增值税税率）"的计算公式，则运输费＝5 995/（1+9%）＝5 500（元），增值税＝运费价格×增值税税率＝5 500×9%＝495（元）；另外，运输费是因运输两种货物而发生的，故要将运输费分摊到两种大底。分摊率＝总运费/总数量。分摊率＝5 500/55 000＝0.10元。分摊率意思为一双大底分摊运费0.10元。短靴大底承担的运费＝分摊率×短靴大底数量＝0.10×30 000＝3 000（元），皮鞋大底承担的运费＝分摊率×皮鞋大底数量＝0.10×25 000＝2 500（元）。会计分录如下：

  借：在途物资——短靴大底　　　　　　　　　　　　　　3 000
      ——皮鞋大底　　　　　　　　　　　　　　2 500
    应交税费——应交增值税（进项税额）　　　　　495
    贷：银行存款　　　　　　　　　　　　　　　　　　　5 995

（3）11月2日，上述货物验收入库，会计依据增值税发票、支付凭证等原始单据和仓库转来的收料凭证，结转两种货物采购成本。

分析：物资采购成本包括买价和采购费，验收入库的短靴大底成本为111 000元（108 000+3 000）；皮鞋大底成本为188 500元（186 000+2 500）。结转物资采购成本的含义是指将"在途物资"账户金额转到"原材料"账户。一方面，将"在途物资"账户的借方余额转出，转出意味着减少，故贷记"在途物资"账户；另一方面，"原材料"账户的金额增加，故借记"原材料"账户。大底作为鞋子重要的原材料，二级账户名称为主要材料。会计分录为：

  借：原材料——主要材料——短靴大底　　　　　　　　111 000
     ——主要材料——皮鞋大底　　　　　　　　188 500
    贷：在途物资——短靴大底　　　　　　　　　　　　111 000
      ——皮鞋大底　　　　　　　　　　　　188 500

需要说明的是，在途物资的结转分录一般在月末集中处理。月末，会计部门应将仓库转来的外购材料的收料凭证视不同情况进行处理：对于有发票账单的收料凭证，进行上述结转处理，因为发票账单是购入物资成本的依据。对于尚未收到发票账单的收料凭证，虽然已入库，但无发票账单，物资成本无法最终确定，此时对入库的物资暂估入账，借记

"原材料"账户,贷记"应付账款"账户。下月初用红字冲回暂估入账的分录,等到发票账单到达后再做结转处理。本例题为了体现在途物资核算的逻辑思路,在入库后即进行了结转处理。

> **小知识**
>
> **结转**
>
> 结转是会计专业术语。结转可以分解为结和转两个步骤,本题中"结"是指结束"在途物资"账户的功能,"转"是指转到另外一个账户。将"在途物资"账户借方余额转出,转到"原材料"账户,转出即为减少,故贷记"在途物资"账户,转出后"在途物资"账户余额为零,其核算功能结束。另外,会计核算一般涉及价值量和实物量两个指标,但该结转分录并不涉及实物数量核算,"在途物资"的贷方含义指的是该账户金额的减少,实际物资数量并没减少。结转可以通俗地理解为某人开设了两个银行账户,把存于一个银行账户的资金转存到另外一个银行账户,一个账户的金额减少了,另外一个账户的金额增加了,但其实际持有的资金并没有减少。

2. 预付账款和应付账款的核算

【例 5-5】 预付账款业务案例:

(1) 10 月 26 日,企业预付给华革公司货款 300 000 元。款项已转账支付。

分析:一方面,企业银行存款减少,故贷记"银行存款"账户;另一方面,该笔资金变成预付账款,预付账款为资产类账户。预付账款是一项现实经济资源,能够给企业带来未来货物的权利,符合资产的定义。预付账款增加,记录在该账户的借方。会计分录如下:

借:预付账款——华革公司　　　　　　　　　　　　300 000
　　贷:银行存款　　　　　　　　　　　　　　　　　　300 000

(2) 11 月 2 日,收到华革公司发来的黑色猪皮面料和白色羊皮面料两种鞋靴面料,收到的增值税发票上注明:黑色猪皮 50 000ft²,单价为 5.80 元/ft²,金额为 290 000 元;白色羊皮为 135 000ft²,单价为 14.20 元/ft²,金额为 1 917 000 元;两种材料合计金额为 2 207 000 元。增值税税率为 13%,增值税税额为 286 910 元,价税合计为 2 493 910 元,货物已验收入库,除用前预付款抵付外,剩余款未付。(假设无后续采购费用支出)

分析:因为无后续采购费用支出,且已验收入库,购入货物不通过"在途物资"核算,直接记入"原材料"账户。货款以预付款抵付,故贷记"预付账款";同时余款未付,形成了一笔负债,但不再另设"应付账款"账户,仍然通过"预付账款"核算。会计分录为:

借:原材料——主要材料——白色羊皮　　　　　　　1 917 000
　　　　　　——主要材料——黑色猪皮　　　　　　　　290 000
　　应交税费——应交增值税(进项税额)　　　　　　　286 910
　　贷:预付账款——华革公司　　　　　　　　　　　2 493 910

针对上述分录,有人会问,剩余未付款不是应该记入"应付账款"账户吗?认为会计分录应该写为:

借：原材料——主要材料——白色羊皮　　　　　　1 917 000
　　　　　　　——主要材料——黑色猪皮　　　　　　290 000
　　应交税费——应交增值税（进项税额）　　　　　286 910
　　贷：预付账款——华革公司　　　　　　　　　　　300 000
　　　　应付账款——华革公司　　　　　　　　　　2 193 910

上述分录看起来的确更加清晰明了，但是一般情况下查阅会计信息不是看分录，而是看账簿。如果领导问"我们欠了华革公司多少债务？"，会计人员要查阅"预付账款"和"应付账款"两个明细账，结合两个账户分析后才能回答领导的提问，不但不方便，而且还容易出错。现在把"应付账款"并入"预付账款"进行核算，就可以直接查询预付账款账户，方便快捷。因此，在实务中，若购销双方经常发生业务往来，同一个结算对象无须设置两个结算账户。

在用"预付账款"账户代替"应付账款"账户核算时，"预付账款"账户余额方向在贷方，余额性质为负债，系应付账款。

> **总结**
>
> 用"预付账款"代替"应付账款"核算负债，可以简化会计核算工作，便于会计信息查询和信息管理。同一业务，同一个结算对象，无须同时设置两个结算账户，企业间的债权和债务关系可以通过分析账户余额性质得到，这也是账户设置余额方向栏的初衷。

（3）11月4日，企业向华革公司转账支付款项2 200 000元。

分析：企业支付的2 200 000元中，除了偿还所欠的货款外，实际多支付了6 090元，这笔多支付的资金又形成了"预付账款"。会计分录如下：

借：预付账款——华革公司　　　　　　　　　　　　2 200 000
　　贷：银行存款　　　　　　　　　　　　　　　　　2 200 000

图5-11为预付账款明细账及其余额记录情况，可以清晰地反映该企业与华革公司之间债权和债务关系的转变情况。

二级科目编号及名称：　华革公司　　　　预付账款　明细账

年		凭证		摘要	对方科目	借方金额	贷方金额	借或贷	余额
月	日	种类	号数			千百十万千百十元角分	千百十万千百十元角分		千百十万千百十元角分
10	26	略		预付鞋面料款	银行存款	3 0 0 0 0 0 0 0		借	3 0 0 0 0 0 0 0
11	2			购鞋面料	原材料、应交税费		2 4 9 3 9 1 0 0 0	贷	2 1 9 3 9 1 0 0 0
11	4			付鞋面料款	银行存款	2 2 0 0 0 0 0 0 0		借	6 0 9 0 0 0

余额方向在借方，反映余额性质为资产，为预付账款

余额方向在贷方，反映余额性质为负债，为应付账款

余额方向在借方，反映余额性质为资产，为预付账款

图5-11　预付账款明细账及其余额记录情况

（4）11月4日，企业从高士公司购入高士缝纫线，对方开具的增值税发票注明：数量2 000个，单价为22.7元/个，总金额为45 400元。增值税税率为13%，增值税税额为

5 902元，价税合计为 51 302元。另外高士公司代办托运，代垫运费，企业收到的运输业增值税专用发票注明：运输费 200元，增值税税率为 9%，增值税税额为 18元，价税合计 218元。所有应付款合计为 51 520元，款项未付，货已验收入库。

分析：购入的材料成本由买价和运输费构成，成本合计为 45 600元；对于应支付给高士公司的代垫运费，同材料未付货款，一同并入"应付账款"核算；缝纫线分类到原材料的二级科目"辅助材料"下核算。会计分录如下：

借：原材料——辅助材料——缝纫线　　　　　　　　　　　　　45 600
　　应交税费——应交增值税（进项税额）　　　　　　　　　　 5 920
　　贷：应付账款——高士公司　　　　　　　　　　　　　　　　51 520

初学者认为，应付的商家代垫运费和应付的货物账款性质不同，应付的商家代垫运费应该记入"其他应付款"核算，会计分录应按如下处理：

借：原材料——辅助材料——缝纫线　　　　　　　　　　　　　45 600
　　应交税费——应交增值税（进项税额）　　　　　　　　　　 5 920
　　贷：应付账款——高士公司　　　　　　　　　　　　　　　　51 302
　　　　其他应付款——高士公司　　　　　　　　　　　　　　　　 218

此种处理方法看似清晰，但是同前述预付账款核算类似，同一业务、同一个结算对象，设置两个不同结算账户，不便于会计账户管理和信息查询。所以不必单独设置"其他应付款"账户，而是全部合并在"应付账款"核算。在此种处理方式下，应付账款的核算内容包括了 3 部分内容：买价、增值税、销售方代垫款项。

总结

应付账款核算内容包括三个部分：①买价；②增值税；③销售方代垫款项。

（5）11月6日，企业转账支付给高士公司 52 000元。

分析：之前产生欠款 51 520元，本次支付 52 000元，意味着企业把以前的欠款还清，还多支付了 480元。这 480元实质为"预付账款"。在实际工作中，长久合作的贸易伙伴之间常有这种现象，不需再设置"预付账款"账户，而是把"预付账款"并入"应付账款"账户进行核算。会计分录如下：

借：应付账款——高士公司　　　　　　　　　　　　　　　　　52 000
　　贷：银行存款　　　　　　　　　　　　　　　　　　　　　　52 000

注意不要写成如下形式：

借：应付账款——高士公司　　　　　　　　　　　　　　　　　51 520
　　预付账款——高士公司　　　　　　　　　　　　　　　　　　 480
　　贷：银行存款　　　　　　　　　　　　　　　　　　　　　　52 000

当用"应付账款"账户代替"预付账款"账户核算时，"应付账款"余额方向会出现在借方，此时借方余额的性质为资产，系预付账款。

总结

预付账款和应付账款两个账户可以互相代替核算。当预付账款代替应付账款核算时，如果预付账款期末余额方向在贷方，此时余额性质为负债，是应付账款，填列资产负债表时应填到应付账款项目。当应付账款代替预付账款核算时，如果应付账款余额方向在借方，此时余额性质为资产，是预付账款，填列资产负债表时应填到预付账款项目。

图 5-12 为"应付账款——高士公司"明细账户记录情况，可以清晰地反映企业与高士公司之间债权和债务关系的转变情况。

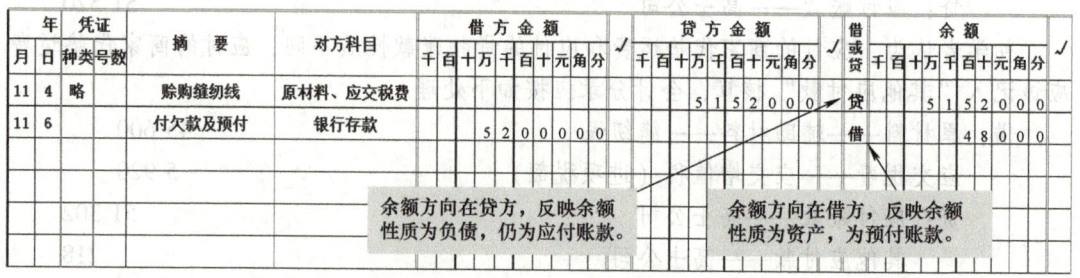

图 5-12　应付账款明细账及其余额含义解析

【例 5-6】　应付账款业务案例：

（1）11 月 4 日，企业从本地华宝公司购入药水胶。收到增值税发票上注明：数量 1 000 桶，单价为 32.31 元/桶，合计金额为 32 310 元，增值税税率为 13%，增值税税额为 4 200.30 元，价税合计为 36 510.30 元，所有款项已转账付讫。

分析：药水胶为生产鞋的辅助材料，在原材料的二级科目辅助材料下核算，会计分录如下：

借：原材料——辅助材料——药水胶　　　　　　　　32 310
　　应交税费——应交增值税（进项税额）　　　　　4 200.30
　　贷：银行存款　　　　　　　　　　　　　　　　36 510.30

（2）11 月 7 日，企业支付购入上述药水胶市内小额运杂费 50 元，以现金支付。假设获得增值税普通发票，无法抵扣增值税。

分析：运杂费本应计入药水胶的成本，即要资本化，但是由于金额较小，为了简化核算，直接费用化处理，计入管理费用。会计分录如下：

借：管理费用——其他　　　　　　　　　　　　　　50
　　贷：库存现金　　　　　　　　　　　　　　　　50

（3）11 月 12 日，企业再次从华宝公司购入药水胶，收到的增值税发票上注明：数量 500 桶，单价为 35.70 元/桶。价税合计为 20 170.50 元，增值税税率为 13%。货物已验收入库，款项未付。

分析：价税合计为 20 170.50 元，则不含税价 = 含税价/（1 + 增值税税率）= 20 170.5/（1+13%）= 17 850（元）。

增值税税额 = 17 850×13% = 2 320.50（元）。会计分录如下：

借：原材料——辅助材料——药水胶　　　　　　　　17 850

　　　　应交税费——应交增值税（进项税额）　　　　　　　　　　2 320.50
　　　　贷：应付账款——华宝公司　　　　　　　　　　　　　　　　　　20 170.50

（4）11月15日，企业从皓达公司购入鞋子包装盒，收到的增值税发票上注明：数量55 000个，单价为1.80元/个，金额为99 000元，增值税税率为13%，增值税税额为12 870元，价税合计111 870元。同时开出商业承兑汇票一张，货物已到达企业。

分析：包装盒作为周转材料，应通过"周转材料"账户核算，开出商业承兑汇票，即相当于承担了一笔负债，通过"应付票据"核算。本业务一方面使周转材料增加，记入"周转材料"账户借方，另一方面负债增加，记入"应付票据"账户贷方。会计分录如下：

　　借：周转材料——包装物　　　　　　　　　　　　　　　　　　　99 000
　　　　应交税费——应交增值税（进项税额）　　　　　　　　　　　　12 870
　　　　贷：应付票据——皓达公司　　　　　　　　　　　　　　　　　　111 870

5.2.5　固定资产采购业务核算举例

固定资产采购分为购入后不需要安装和购入后需要安装两种情况。如果固定资产需要安装，要设置"在建工程"账户，利用该账户归集发生的所有成本，安装完毕后再转到"固定资产"账户。

【例 5-7】 不需要安装的固定资产业务案例：

（1）10月22日，企业从鸿羽公司购入HY-312摇臂式裁断机（一种裁剪鞋面牛皮设备）8台，每台6 000元，金额合计48 000元，增值税税率为13%，增值税税额为6 240元。另支付运输费用3 000元，增值税税率为9%，增值税税额为270元。所有款已通过银行转账支付。设备不需要安装。

分析：企业购入的设备属于固定资产，固定资产的类别可以列为机器设备，相应的增值税可以抵扣，设备不需要安装，会计分录如下：

　　借：固定资产——机器设备——裁断机　　　　　　　　　　　　　51 000
　　　　应交税费——应交增值税（进项税额）　　　　　　　　　　　　6 510
　　　　贷：银行存款　　　　　　　　　　　　　　　　　　　　　　　57 510

（2）10月23日，企业从满艺公司购入MY-591高头车（一种缝纫鞋面的工业缝纫机）20台，每台6 380元，金额合计127 600元。增值税税率为13%，增值税税额为16 588元。总支付额为144 188元。款项未付，设备不需要安装。

分析：企业购入的设备属于固定资产，固定资产的类别列为机器设备，相应的增值税可以抵扣，设备不需安装，会计分录如下：

　　借：固定资产——机器设备——高头车　　　　　　　　　　　　　127 600
　　　　应交税费——应交增值税（进项税额）　　　　　　　　　　　　16 588
　　　　贷：应付账款——满艺公司　　　　　　　　　　　　　　　　　144 188

【例 5-8】 需要安装的固定资产业务案例：

（1）10月24日，企业从精怡公司购入JY-989E压底机（一种压实鞋帮和鞋底的设备）2台，每台39 800元，金额合计79 600元。增值税税率为13%，增值税税额为10 348元。总支付额为89 948元。假设设备需要安装。款项以转账支票支付70 000元，剩余款暂欠。

分析：由于购入设备需要安装，后续还要产生安装费用，机器的总成本尚未完全确定，故不能直接记入"固定资产"账户，而需通过"在建工程"核算，通过"在建工程"账户把机器总成本归集完毕后再转入"固定资产"账户。会计分录如下：

借：在建工程——在安装设备——压底机　　　　　　　　79 600
　　应交税费——应交增值税（进项税额）　　　　　　　10 348
　　贷：银行存款　　　　　　　　　　　　　　　　　　70 000
　　　　应付账款——精怡公司　　　　　　　　　　　　19 948

（2）10月27日，企业支付压底机安装费用1 400元，增值税税率为9%，增值税税额为126元，所有款项以现金支付。

分析：支付的安装费记入"在建工程"账户，增加"在建工程"成本。会计分录如下：

借：在建工程——在安装设备——压底机　　　　　　　　1 400
　　应交税费——应交增值税（进项税额）　　　　　　　126
　　贷：库存现金　　　　　　　　　　　　　　　　　　1 526

（3）10月29日，压底机安装完工，达到预定可使用状态，结转工程安装成本。

分析：设备安装完毕后，该机器设备的总成本为81 000元（79 600+1 400），为设备买价与安装成本总和。结转工程安装成本，思路与例5-4中在途物资结转类似，即将"在建工程"账户的借方余额转到"固定资产"账户。将"在建工程"账户借方余额转出，贷记"在建工程"；"固定资产"账户金额增加，借记"固定资产"账户。经过结转后，"在建工程"账户的余额为零。会计分录如下：

借：固定资产——机器设备——压底机　　　　　　　　　81 000
　　贷：在建工程——在安装设备——压底机　　　　　　81 000

需要注意的是，实际工作中，一笔会计分录的记录涉及什么时候做账、做到什么账户和做多少金额这三个问题。在金额和账户确定的情况下，核心是什么时候做账。在做上述在建工程的结转分录时，有多个时点可供选择。常见的有竣工结算日、验收合格日、交付使用日、产品试生产合格日及工程完工日等。由于这些日期可以人为操纵，有的企业随意确定结转时间，有的企业故意推迟结转时间，从而推迟固定资产的入账，相应推迟固定资产折旧的计提，从而减少当期折旧费，虚增当期利润。针对实际工作中结转分录时点的随意性，为确保会计信息质量，《企业会计准则》规定以固定资产达到"预定可使用状态日"作为结转分录时点，《小企业会计准则》规定以"竣工决算日"为结转分录的时点。

总结

在建工程完工结转分录时点　《企业会计准则》规定时点为：固定资产达到预定可使用状态日；《小企业会计准则》规定时点为：竣工决算日。

附：第5.2节采购业务的核算中各科目T字形账户汇总如图5-13~图5-18所示：

借	固定资产	贷	借	库存现金	贷
51 000					50
127 600					1 526
81 000					合计：1 576
合计：259 600					

图 5-13　固定资产和库存现金 T 字形账户

借	周转材料	贷	借	应付票据	贷
99 000					111 870
合计：99 000					合计：111 870

图 5-14　周转材料和应付票据 T 字形账户

借	原材料	贷	借	银行存款	贷
111 000					332 220
188 500					5 995
1 917 000					300 000
290 000					2 200 000
45 600					52 000
32 310					36 510.30
17 850					57 510
					70 000
合计：2 602 260					合计：3 054 235.30

图 5-15　原材料和银行存款 T 字形账户

借	在建工程	贷	借	预付账款	贷
79 600		81 000	300 000		2 493 910
1 400			2 200 000		
合计：81 000		合计：81 000	合计：2 500 000		合计：2 493 910

图 5-16　在建工程和预付账款 T 字形账户

借	应交税费——应交增值税	贷	借	管理费用	贷
38 220			50		
495			合计：50		
286 910					
5 920			借	应付账款	贷
4 200.30			52 000		51 520
2 320.50					20 170.50
12 870					144 188
6 510					19 948
16 588			合计：52 000		合计：235 826.50
10 348					
126					
合计：384 507.80					

图 5-17　"应交税费——应交增值税"、管理费用和应付账款 T 字形账户

```
借           在途物资              贷
108 000                        111 000
186 000                        188 500
  3 000
  2 500
合计：299 500              合计：299 500
```

图 5-18　在途物资 T 字形账户

5.3　生产业务的核算

生产业务是制造型企业最有特色的内容，其核算内容比较复杂，本节主要讲解生产业务会计核算的基本框架。

5.3.1　生产成本内容构成

一个企业的工作场所通常可以分为两大部门：一个是车间生产部门，另一个是后勤机关等部门（如行政管理、销售、财务及研发等部门）。一般来讲，车间为生产产品发生的支出叫作成本，后勤机关等部门发生的支出叫作费用。成本是对象化的费用。车间从领用材料生产产品开始，到生产产品结束，会涉及各种各样的支出，这些支出构成了产品的成本内容。

生产成本是生产单位为生产产品或提供劳务而发生的各项生产费用，包括各项直接支出和制造费用，直接支出包括直接材料、直接人工。

（1）直接材料（Direct Material）。指直接用于产品生产、构成产品实体的原材料和有助于产品形成的辅助材料等。有的企业（如电解铝厂、钢铁厂等高耗能企业）生产过程中所需燃料及动力在成本中占有较大比重，可以单设"燃料及动力"成本项目。燃料及动力指直接用于产品生产的外购和自制的燃料和动力。

（2）直接人工（Direct Labor）。指直接从事产品生产的生产工人的薪酬。此处薪酬不仅仅是指工资，还包括养老保险金、职工福利费等在内的《企业会计准则第 9 号——职工薪酬》准则中规定的薪酬。

（3）制造费用（Manufacturing Expense）。指企业生产车间（部门）为生产产品和提供劳务而发生的各项间接费用。制造费用具体内容可以分为三部分。

第一部分是间接用于产品生产的费用。如车间机器物料消耗、车间机器设备、厂房等固定资产折旧费、车间财产保险费、员工劳动保护费及车间生产水电费等。

第二部分是直接用于产品生产，但管理上不要求或者不便于单独核算的，没有单独设置成本项目核算的费用。如周转材料（低值易耗品）摊销、设计制图费及试验费等。

第三部分是为车间组织和管理发生的费用。如车间管理人员（如车间主任）薪酬、车间管理部门办公费、水电费、车间办公固定资产折旧费、季节性和修理期间的停工损失、车间固定资产日常修理费用等。

上述三个成本项目，简称生产成本"三要素"。

在三个成本项目中，直接材料和直接人工是直接成本，制造费用是间接成本。直接材料和直接人工成本，在发生时可以直接计入相应产品成本中。制造费用是车间里发生的间接成本，其为整个车间服务而发生，受益对象是车间里生产的多种产品，所以要按一定比例分配到各种产品生产成本中（车间只生产一种产品可不分配）。图5-19为企业费用基本构成图。

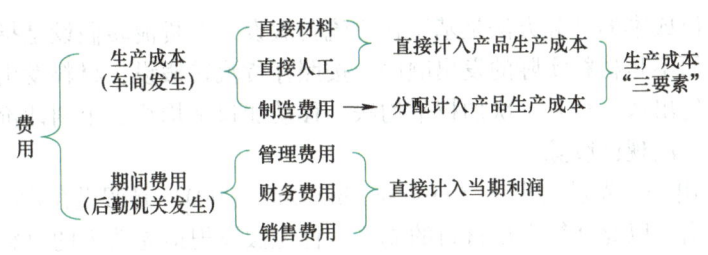

图 5-19　企业费用基本构成图

5.3.2　材料发出成本的计算

情景案例1：小李经常买苹果，周一买了3个苹果，每个3元。周二买了2个苹果，每个4元。周三吃了1个苹果。周四吃了3个。周五买了4个苹果，每个5元。周六吃了2个。问：假设小李每次吃苹果时都会记录所吃苹果个数，那么小李每次吃的苹果是多少钱一个呢？

情景案例2：承上例，假设小李每次吃苹果时都不记每次吃的个数，到了周末，他数了一下抽屉里还有3个苹果，问：小李一周吃了几个苹果？

上述情景案例同企业材料发出成本核算非常相似。企业生产需要购入大量材料，可能每批次材料供应厂家不同，价格不同。车间领料时，究竟是领用了哪批次材料？价格是多少，需要采用下述方法计算：

$$材料发出成本 = 材料发出数量 \times 材料单位成本$$

1. 材料发出数量的计算理论：存货盘存制度

存货盘存制度解决的是材料发出数量如何计算的问题。存货盘存制度分为永续盘存制和实地盘存制。

（1）永续盘存制。永续盘存制（Perpetual Inventory System）又叫账面盘存制，是指每次购入材料和发出材料时都要在账本中及时登记其购入数量和发出数量，并可随时计算出结存数量。例如情景案例1。

（2）实地盘存制。实地盘存制（Physical Inventory System）又叫定期盘存制。企业每次购入的材料会及时登记增加数，但是每次发出材料的数量不登记。期末，到仓库进行实地盘点，确定其结余数量，然后倒推出其发出的数量。用公式表示为：本期发出材料数量=期初结余数量+本期购入数量-期末结余数量（实地盘点数量）。例如情景案例2中，所吃苹果数量为6个（0+9-3）。

永续盘存制和实地盘存制在实际中各有优缺点。在永续盘存制下，材料的购入数、发出数、结余数都要及时记录，这便于企业加强存货管理，也便于期末财产清查时账实核对。但是因为每次都要及时记录，每种材料都要设置一个材料数量登记账，工作量较大。在实地盘存制下，采取"以存计耗"的方式倒推出发出数量，意味着被盗的、丢失的、腐烂变质的都可能计入发出材料数量中，所以这种方法不利于加强企业存货管理，也影响成本核算的正确性。在实际工作中，除有些量大、低值、品杂材料外，一般不宜采用这种方法。

2. 材料发出单位成本的计算理论：存货流转假设

材料发出单位成本的计算方法是基于存货流转假设，存货流转假设是指理论上的存货成本结转顺序，而不是材料实际的发出顺序。按照存货流转假设，材料发出的单位成本计价方法有：先进先出法、全月一次加权平均法、移动加权平均法、个别计价法及后进先出法。其中后进先出法现已废除。

（1）先进先出法。先进先出法（First In First Out，FIFO）是假设存货的流转顺序为先购入的材料先发出，以此计算发出材料的成本。首先假设把最先购入的材料发出去，最先购入的材料领完后再领用第二次购入的材料，以此类推。比如在情景案例1中，周三吃的苹果可能是周一买的也可能是周二买的，周六吃的苹果可能是周一、周二或周五的。假设周三吃的是周一买入的苹果，那么周三吃的1个苹果成本为3元，此时周一买的苹果还剩下2个。假设周四吃的3个苹果中有周一剩下的2个苹果和周二买的1个苹果，那么周三吃的苹果成本＝2×3+1×4＝10（元）。此时，周一买的苹果无剩余，周二买的苹果还剩1个。周六吃的苹果假设先吃周二买的再吃周五买的，则周六吃的2个苹果成本＝1×4+1×5＝9（元）。

通过上述通俗的案例分析，先进先出法下实际材料发出顺序与材料入库顺序并没有保持一致，存货流转假设原因就在于此。因此，如果在企业的存货价格当期发生急剧下降或上升而前期库存积压存货尚未用完的情况下，存货价格的剧烈变化不会马上反映出成本的变动，不会马上传导到利润端。

在先进先出法下，虽然可以在平时材料发出后及时计算发出材料成本，但是一般在月末编制材料发出汇总表，月末一次性集中进行会计处理。

需要说明的是，发出材料单位成本采用先进先出法，数量计算则须采用永续盘存制。

（2）全月一次加权平均法。全月一次加权平均法（Weight Average）是指将本月购入材料成本和本月月初留存材料成本加总后，除以这些材料总数量，算出一个月总的发出材料的平均单位成本。其计算公式如下：

$$加权平均单位成本 = \frac{本月期初材料结余成本 + 本月购买入库材料成本}{本月期初材料结余数量 + 本月购买入库材料数量}$$

$$本月发出材料的成本 = 加权平均单位成本 \times 本月发出材料数量$$

在全月一次加权平均法下，平时只登记发出数量，不计算每次发出材料单位成本，月末一次性计算总发出成本。因此该方法减少了平时的工作量，但是不能随时了解平时发出和结存存货的成本，不利于企业加强日常成本管理。另外一个最大的缺陷就是如果各批次材料成本相差比较大，部分材料实际成本与加权平均成本相差较大，则成本计算失真。

在上述的情景案例1中，采用加权平均法计算的加权平均单位成本如下：

加权平均单位成本＝（3×3+2×4+4×5）/(3+2+4)＝4.11（元/个）

所吃的苹果总成本＝加权平均单位成本×本周所吃苹果数量＝4.11×6＝24.66（元）

（3）移动加权平均法。移动加权平均法（Moving Weight Average）是在每次领用材料时，对发出材料计算一次加权平均成本，并随时结出数量和余额。第二次领用时，以第一次的结存数量和余额作为第二次领用前的期初余额和数量，再加上两次之间购入材料的数量和金额，算出留存材料总成本，再除以其留存数量，计算出加权单位成本。其每次加权平均单位成本的计算公式如下：

$$每次加权平均单位成本 = \frac{上次领用后结存材料成本 + 本次领用前购入材料成本}{上次领用后材料结余数量 + 本次领用前购入材料数量}$$

此方法弥补了全月一次加权平均法的不足，把平均范围缩短，标准差降低，成本计算更为准确。其缺点是每次领用材料时都要计算加权平均单位成本，工作量也较大。

（4）个别计价法。个别计价法（Specific Identification Method），又叫个别认定法，以实际购入时材料成本作为发出材料的成本。个别计价法多适用于一些大型设备、特定物资等价值较高、容易辨认的物资。在一些信息化程度比较高的企业里，在购入的材料上贴印条形码，每次领用时通过扫描其条形码就知道材料的购入价格，这就是个别计价法。

（5）后进先出法。后进先出法（Last In First Out，LIFO）与先进先出法相反，它是假设最后批次购进的材料先发出，这种方法由于与实际存货流转相悖，不合常理。就如前述吃苹果情形，人们一般不会把早期买的苹果留着不吃，而吃后期买的苹果。因此，《企业会计准则第 1 号——存货》准则已取消了该方法。此处不赘述。

下面举例讲解先进先出法、全月一次加权平均法和移动加权平均法的应用。

【例 5-9】 某企业 9 月份购入甲材料的资料如表 5-3 所示。

表 5-3 甲材料明细账

日期	摘要	收入			付出			结余		
		数量（件）	单价（元）	金额（元）	数量（件）	单价（元）	金额（元）	数量（件）	单价（元）	金额（元）
9.1	月初结存							10	50	500
9.5	购入	20	53	1 060				30		
9.10	领用				8			22		
9.15	购入	30	52	1 560				52		
9.20	领用				15			37		
9.25	购入	40	54	2 160				77		
9.29	领用				40			37		

（1）先进先出法

9 月 10 日发出的 8 件材料来源于期初结存，总成本 = 8×50 = 400（元）。

9 月 20 日发出的 15 件材料来源于期初留存的 2 件和 5 日购入的 13 件，总成本 = 2×50+13×53 = 789（元）。

9 月 29 日发出的 40 件材料来源于 5 日留存的 7 件、15 日购入的 30 件和 25 日购入的 3 件，总成本 = 7×53+30×52+3×54 = 2 093（元）。

所以 9 月份发出材料的总成本 = 400+789+2 093 = 3 282（元）。账簿登记如表 5-4 所示：

表 5-4　甲材料明细账（用先进先出法计算）

日期	摘要	收入			付出			结余		
		数量（件）	单价（元）	金额（元）	数量（件）	单价（元）	金额（元）	数量（件）	单价（元）	金额（元）
9.1	月初结存							10	50	500
9.5	购入	20	53	1 060				10 20	50 53	500 1 060
9.10	领用				8	50	400	2 20	50 53	500 1 060
9.15	购入	30	52	1 560				2 20 30	50 53 52	500 1 060 1 560
9.20	领用				2 13	50 53	100 689	7 30	53 52	371 1 560
9.25	购入	40	54	2 160				7 30 40	53 52 54	371 1 560 2 160
9.29	领用				7 30 3	53 52 54	371 1 560 162	37	54	1 998
合计		90		4 780	63		3 282	37	54	1 998

（2）全月一次加权平均法

本月购入材料的总成本 $= 20 \times 53 + 30 \times 52 + 40 \times 54 = 4\,780$（元）

本月购入的总数量 $= 20 + 30 + 40 = 90$（件）

$$加权平均单位成本 = \frac{本月期初材料结余成本 + 本月购买入库材料成本}{本月期初材料结余数量 + 本月购买入库材料数量}$$

$$= \frac{500 + 4\,780}{10 + 90} = 52.80（元／件）$$

本月材料发出的总成本 = 材料发出数量 × 加权平均单位成本 $= 63 \times 52.80 = 3\,326.40$（元）

账簿登记如表 5-5 所示：

表 5-5　甲材料明细账（用全月一次加权平均法计算）

日期	摘要	收入			付出			结余		
		数量（件）	单价（元）	金额（元）	数量（件）	单价（元）	金额（元）	数量（件）	单价（元）	金额（元）
9.1	月初结存							10	50	500
9.5	购入	20	53	1 060				30		
9.10	领用				8			22		

（续）

日期	摘要	收入			付出			结余		
		数量（件）	单价（元）	金额（元）	数量（件）	单价（元）	金额（元）	数量（件）	单价（元）	金额（元）
9.15	购入	30	52	1 560				52		
9.20	领用				15			37		
9.25	购入	40	54	2 160				77		
9.29	领用				40			37		
9.30	合计	90		4 780	63	52.80	3 326.40	37	52.80	1 953.60

（3）移动加权平均法

9月10日，材料发出的加权平均单位成本为

$$\text{加权平均单位成本} = \frac{\text{上次领用后结存材料成本} + \text{本次领用前购入材料成本}}{\text{上次领用后材料结余数量} + \text{本次领用前购入材料数量}}$$

$$= \frac{10 \times 50 + 20 \times 53}{10 + 20} = 52（\text{元／件}）$$

9月10日，材料发出成本 = 材料发出数量 × 加权平均单位成本 = 8 × 52 = 416（元）

9月10日，其留存的材料成本 = 期初成本 + 本期购入成本 − 本期发出成本

$$= 500 + 1\ 060 − 416 = 1\ 144（\text{元}）$$

以此金额作为下一期间（9.11~9.20）的期初余额。

9月20日，材料发出的加权平均单位成本为

$$\text{加权平均单位成本} = \frac{\text{上次领用后结存材料成本} + \text{本次领用前购入材料成本}}{\text{上次领用后材料结余数量} + \text{本次领用前购入材料数量}}$$

$$= \frac{1\ 144 + 30 \times 52}{22 + 30} = 52（\text{元／件}）$$

9月20日，本次15件材料发出成本 = 15 × 52 = 780（元）

9月20日，留存材料成本 = 上次留存成本 + 本次购入成本 − 本次发出成本

$$= 1\ 144 + 1\ 560 − 780 = 1\ 924（\text{元}）$$

以此金额作为下一期间（9.21~9.29）的期初余额。

9月29日，材料发出的加权平均单位成本为

$$\text{加权平均单位成本} = \frac{\text{上次领用后结存材料成本} + \text{本次领用前购入材料成本}}{\text{上次领用后材料结余数量} + \text{本次领用前购入材料数量}}$$

$$= \frac{1\ 924 + 40 \times 54}{37 + 40} = 53.04（\text{元／件}）$$

9月29日，材料发出的成本 = 53.04 × 40 = 2 121.60（元）

9月30日，本月材料发出的总成本 = 416 + 780 + 2 121.60 = 3 317.60（元）

账簿登记如表5-6所示。

表 5-6　甲材料明细账（用移动加权平均法计算）

日期	摘要	收入			付出			结余		
		数量（件）	单价（元）	金额（元）	数量（件）	单价（元）	金额（元）	数量（件）	单价（元）	金额（元）
9.1	期初							10	50	500
9.5	购入	20	53	1 060				30		1 560
9.10	领用				8	52	416	22	52	1 144
9.15	购入	30	52	1 560				52		2 704
9.20	领用				15	52	780	37	52	1 924
9.25	购入	40	54	2 160				77	53.04	4 084.08
9.29	领用				40	53.04	2 121.60	37	53.04	1 962.48
9.30	合计	90		4 780	63		3 317.60	37	53.04	1 962.48

通过例 5-9，将材料发出成本的核算总结如图 5-20 所示。

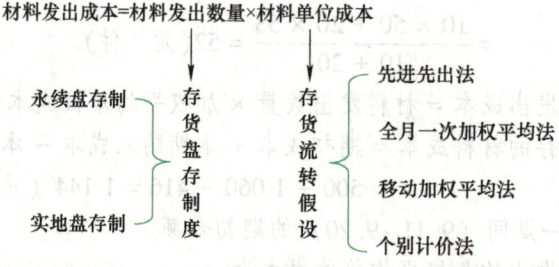

图 5-20　材料发出成本计算理论框架

5.3.3　生产业务核算中涉及的主要账户

1."生产成本"账户

（1）账户性质：生产成本（Production Cost）属于会计科目表中的成本类账户，会计要素中的费用类账户。

（2）账户用途：该账户核算企业进行工业性生产发生的各项生产成本。农业企业进行农业生产发生的各项生产成本，可将名称改为"农业生产成本"账户，房地产开发企业可将名称改为"开发成本"账户，对外提供劳务发生的成本，可将名称改为"劳务成本"账户。

（3）账户登记要领：该账户借方登记发生的生产成本（料、工、费），贷方登记结转已完工入库产品的生产成本。期末余额在借方，反映尚未完工产品的生产成本。借方余额性质表现为资产，为未完工产品。

（4）明细账设置：该账户可设置基本生产成本和辅助生产成本两个二级账。基本生产成本应当分别按照基本生产车间和成本核算对象（产品的品种、类别、订单、批别、生产阶段等）设置明细账（或成本计算单，下同），并按照规定的成本项目（料、工、费）设置专栏。该账户采用多栏式明细账簿。

2. "制造费用"账户

制造费用在未计入各产品成本计算对象之前，应先在"制造费用"账户中归集核算，然后再按一定标准分配计入各产品成本之中。

（1）账户性质：制造费用（Manufacturing Expense）账户属于会计科目表中的成本类账户，也可归类为会计要素中的费用类账户。

（2）账户用途：本科目核算工业企业生产车间（部门）为生产产品和提供劳务而发生的各项间接费用，包括折旧费、保险费、周转材料摊销、水电费、机物料消耗、季节性和修理期间的停工损失、劳动保护费、车间管理人员薪酬、车间管理部门办公费及差旅费等。

（3）账户登记要领：该账户借方登记发生的各项制造费用，贷方登记期末分配到生产成本账户的金额。由于要将本期发生额全部分配到生产成本账户，所以期末一般无余额。但是有些特殊企业例外，比如季节性生产企业在停工期间无产品生产，不发生料、工成本，但是车间折旧费、车间管理人员工资等制造费用正常发生，由于没有可分配的产品对象，此时期末留有借方余额。借方余额性质表现为资产。

（4）明细账设置：该账户应按生产车间（部门）设置明细账，并按费用内容（折旧费、保险费、周转材料摊销、水电费、办公费、劳动保护费、职工薪酬及停工损失等）设置专栏进行明细核算。明细账采用多栏式账簿。

3. "库存商品"账户

（1）账户性质：库存商品（Merchandise On Hand）属于资产类账户。

（2）账户用途：该账户核算企业库存的各种商品的成本，包括库存产成品、外购商品、存放在门市部准备出售的商品、发出展览的商品以及寄存在外的商品等。房地产开发企业的开发产品，可将"库存商品"账户名称改为"开发产品"账户。农业企业收获的农产品，可将账户名称改为"农产品"账户。

（3）账户登记要领：该账户借方登记生产完工入库产品成本或者购入的商品成本。贷方登记出售的库存商品成本。期末余额在借方，反映尚未出售的库存商品成本。余额方向在借方，余额性质属于资产。

（4）明细账设置：该账户应按库存商品的品种、种类、规格等设置明细账。明细账采用数量金额式账簿。

4. "累计折旧"账户

（1）账户性质：累计折旧（Accumulated Depreciation）属于资产类账户，但是属于固定资产的备抵账户。

（2）账户用途：该账户核算固定资产使用过程中损耗的价值（折旧额）。

（3）账户登记要领：该账户与一般资产类账户不同，它是属于备抵账户，因此其登记方向与资产类相反。该账户贷方登记本期计提的折旧额（即损耗了的固定资产价值），借方登记因固定资产报废、毁损出售等原因注销的折旧额。期末余额在贷方，反映已计提的折旧累计额。

（4）明细账设置：该账户可以进行总分类核算，也可以进行明细核算，一般不对单项固定资产设置明细账，但是可以按固定资产类别或项目设置二级明细账。需要了解某项固定资产的已计提折旧信息，可以根据"固定资产卡片"上所记载的该项固定资产原价、折旧率和实际使用年数等资料进行计算。累计折旧T字形账户结构如图5-21所示。

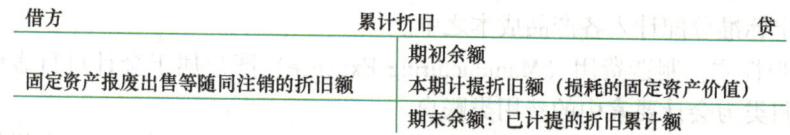

图 5-21　累计折旧 T 字形账户结构

5. "应付职工薪酬" 账户

（1）账户性质：应付职工薪酬（Wage Salaries Payable；Payroll Payable）属于负债类账户。

（2）账户用途：该账户核算企业根据有关规定应付给职工的各种薪酬。即使本月薪酬在本月发放，也得设置本账户。

（3）账户登记要领：该账户的贷方登记本期计提的应付职工薪酬，借方登记本期实际支付的职工薪酬。期末余额在贷方，反映尚未支付的职工薪酬。如果期末余额在借方，反映多支付的职工薪酬或提前支付的薪酬。

（4）明细账设置：该账户可按"工资""职工福利""社会保险费""住房公积金""工会经费""职工教育经费""非货币性福利""辞退福利""股份支付"等进行二级明细核算。明细账采用三栏式账簿。

6. "管理费用" 账户

（1）账户性质：管理费用（Administration Expense；Overhead）属于会计科目表中的损益类账户，按会计要素分类属于费用类账户。

（2）账户用途：该账户核算企业为组织和管理企业生产经营所发生的管理费用，包括企业在筹建期间内发生的开办费、董事会和行政管理部门在经营管理中发生的或者应由企业统一负担的公司经费（包括行政管理部门职工工资及福利费、物料消耗、低值易耗品摊销、办公费和差旅费等）、工会经费、董事会费（包括董事会成员津贴、会议费和差旅费等）、聘请中介机构费、咨询费（含顾问费）、诉讼费、业务招待费、技术转让费、矿产资源补偿费、研究费用及排污费等。

商品流通企业管理费用不多的，可不设置本账户，将核算内容并入"销售费用"账户核算。2021年后，执行《企业会计准则》的企业生产车间（部门）和行政管理部门等发生的固定资产日常修理费用等，不再计入管理费用。

（3）账户登记要领：该账户借方登记企业发生的各项管理费用，贷方登记管理费用结转到"本年利润"账户的金额。由于期末要将其全部金额转入"本年利润"账户，所以期末无余额。

（4）明细账设置：该账户按上述费用项目设置明细专栏进行明细核算。明细账采用多栏式账簿。

7. "销售费用" 账户

（1）账户性质：销售费用（Sales Expense；Selling Expense）属于会计科目表中的损益

类账户，按会计要素分类属于费用类账户。

（2）账户用途：核算企业销售商品和材料、提供劳务的过程中发生的各种费用，包括保险费、包装费、展览费和广告费、商品维修费、预计产品质量保证损失、运输费及装卸费等。

需要说明的是，企业为了履行收入合同而从事的运输活动，如果该运输活动不构成单项履约义务，相关运输成本作为合同履约成本，在确认商品或服务收入时结转记入"主营业务成本"或"其他业务成本"科目，不通过"销售费用"核算。

（3）账户登记要领：该账户借方登记发生的销售费用，贷方登记结转到"本年利润"账户的金额。由于期末要将其全部金额转入"本年利润"账户，所以期末无余额。

（4）明细账设置：该账户按上述费用项目设置明细专栏进行明细核算。明细账采用多栏式账簿。

5.3.4 生产业务核算内容

生产成本由直接材料、直接人工、制造费用三要素构成，简称"料、工、费"。其中直接材料和直接人工直接计入相应产品的成本，制造费用分配计入产品成本。产品完工后转入成品库等待销售。因此生产成本核算可以归纳为三大块内容：一是归集产品的料、工、费成本；二是分配制造费用；三是结转完工产品成本。这三块内容简称为生产成本业务核算"三部曲"。

第一步，归集（Accumulate）"料、工、费"三要素成本

企业在每月月末根据本月领用的材料计算发出材料成本，编制发料汇总表，将材料成本计入各种产品成本中。会计记录时，借记"生产成本"，贷记"原材料"。企业在月末计算出本月生产工人应发薪酬，将薪酬成本分配到各产品成本中，会计记录时，借记"生产成本"，贷记"应付职工薪酬"。企业要设置"制造费用"账户，将车间平时发生的间接费用记入"制造费用"账户，会计记录时，借记"制造费用"，贷记"银行存款""原材料""累计折旧""应付职工薪酬"等账户。

第二步，分配（Allocate）制造费用

每月月末，企业将"制造费用"账户中归集好的本月制造费用总额分配计入各种产品成本中，分配时可以采用工人工资、生产工时、机器工时、材料实际成本、材料定额成本等指标进行合理分配。分配标准确定后，一般不能随意变动，以保证成本核算的一致性和可比性。会计记录时，借记"生产成本"，贷记"制造费用"。

第三步，结转（Carry Forward）完工产品成本

月末，部分产品完工入库。完工产品的入库成本计算公式如下：

本期完工产品成本 = 期初在产品成本 + 本期新增产品生产成本 − 本期期末在产品成本

用账户信息来反映的话，期初在产品成本体现为"生产成本"账户期初借方余额，本期新增产品生产成本体现为"生产成本"账户本期借方发生额，本期期末在产品成本体现为"生产成本"账户期末借方余额，完工产品成本体现为"生产成本"账户本期贷方发生额。完工产品成本计算公式和生产成本账户之间关系如图5-22所示。

把上述公式调整为如下等式：

期初在产品成本 + 本期新增产品生产成本 = 本期完工产品成本 + 本期期末在产品成本

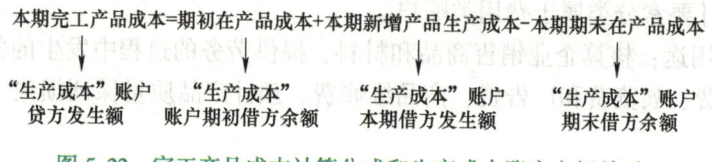

图 5-22　完工产品成本计算公式和生产成本账户之间关系

要计算完工产品成本，就是要把上述公式左边的总成本分摊到右边的两项成本中去。在基础会计学不扩展讲述分摊方法，具体可参阅《成本会计学》。

结转完工入库产品的成本的会计分录为：借记"库存商品"，贷记"生产成本"。

5.3.5　生产业务核算举例

下面以鞋厂生产鞋子为例，简要介绍生产成本核算原理，掌握一般制造企业成本核算的基本思路。鞋厂生产业务大体分为三大步骤：第一步，将鞋面材料进行裁剪，根据不同工艺要求将鞋面材料裁为各种形状，这个步骤一般在裁断生产线完成；第二步，将不同形状不同材质的鞋面材料拼接缝纫，形成一张整体的鞋面，这个步骤一般在针车生产线完成；第三步，将整体鞋面与鞋底进行黏合，最后生产出鞋子，这个步骤一般在成型生产线完成。规模大的企业每个生产线就是一个独立的车间，鞋子生产成本的核算一般采用分步法。即裁断车间将裁好的材料作为本车间生产的成品（半成品1），针车车间则以半成品1作为针车车间的原材料进行加工接缝，缝好的鞋面作为针车车间的成品（半成品2），然后转移给成型车间继续加工，成型车间则以针车车间的半成品2作为原材料进行生产，最终生产出可以出售的鞋品。

考虑到基础会计学中生产业务核算主要目的是掌握成本核算的理论框架，为了方便计算，假设三个生产线集中放在一个大型车间（取名制鞋车间），不采用分步法核算各车间成本。采用月末一次加权平均法计算领用材料单位成本，采用永续盘存制计算领用材料数量。

成本核算是一门专业性较强的工作，在实际工作中，会计人员要深入生产车间认真学习，了解企业生产工艺流程，掌握车间发生的各种支出用途，做到业财融合，心中有数，才能有效地帮助企业加强成本管理。

1. 归集"料、工、费"三要素成本项目

（1）"直接材料"成本项目。企业生产所需的原材料多种多样，有的可以明确计入某种产品的生产成本，如鞋子的大底；有些辅助材料（如鞋子用胶水）为生产多种产品共同使用，一般无法直接计入某种产品的生产成本，这类原材料需要分配到各产品成本中。企业领用材料有严格的程序和流程，车间领用时要提出申请，填制领料单，领料单一般为一式三份，包括领用部门联、仓库保管联和财务联。财务联是企业用于会计核算的重要原始凭证。月末，财务部门将当月所有的领料单据进行汇总，编制发出材料汇总表（Summary Of Materials Issued），据此编制会计分录。

【例5-10】　11月3日，裁断生产线生产领用黑色猪皮和白色羊皮，领料单填制如表5-7所示。

表 5-7　领料单

领料车间：裁断车间　　　　　　202×年 11 月 3 日　　　　　　　　　　　编号：001

材料名称	规格型号	计量单位	请领数量（元）	实发数量（元）	用　途
黑色猪皮		尺①	50 000	50 000	生产皮鞋
白色羊皮		尺	120 000	120 000	生产短靴

① 1 尺 = 0.333 333 333 333m。

11 月 8 日，针车生产线领用缝纫线和药水胶，领料单填制如表 5-8 所示。

表 5-8　领料单

领料车间：针车车间　　　　　　202×年 11 月 8 日　　　　　　　　　　　编号：002

材料名称	规格型号	计量单位	请领数量（元）	实发数量（元）	用　途
缝纫线		粒	1 000	1 000	生产皮鞋、短靴
药水胶		桶	300	300	生产皮鞋、短靴

11 月 19 日，成型生产线领用大底和药水胶，领料单填制如表 5-9 所示。

表 5-9　领料单

领料车间：成型车间　　　　　　202×年 11 月 19 日　　　　　　　　　　编号：003

材料名称	规格型号	计量单位	请领数量（元）	实发数量（元）	用　途
皮鞋大底		双	25 000	25 000	生产皮鞋、短靴
短靴大底		双	30 000	30 000	生产皮鞋、短靴
药水胶		桶	800	800	生产皮鞋、短靴

月末，会计人员将所有当月领料单进行汇总（假设全部用完，没有退料），计算发出材料单位加权平均成本和编制发料凭证汇总表。辅助材料共同用于生产两种产品，按照每双皮鞋大底和短靴大底 1∶1.5 的比例进行分配。

原材料加权平均单价计算表如表 5-10 所示。

表 5-10　原材料加权平均单价计算表

202×年 11 月 30 日

材料名称	计量单位	月初结余			本期购入			加权平均单价（元）
		数量（件）	单位成本（元）	金额（元）	数量（件）	单位成本（元）	金额（元）	
黑色猪皮	尺	1 000	5.90	5 900	50 000	5.80	290 000	5.80
白色羊皮	尺	4 000	15.45	61 800	135 000	14.20	1 917 000	14.24
皮鞋大底	双	200	7.16	1 432	25 000	7.54	188 500	7.54
短靴大底	双	500	3.40	1 700	30 000	3.70	111 000	3.70
药水胶	桶				1 500	33.44	50 160	33.44
缝纫线	桶				2 000	22.80	45 600	22.80

辅助材料分配表，如表 5-11 所示。

表 5-11　辅助材料分配表

202×年 11 月 30 日　　　　　　　　　　　　　　　　　　（单位：元）

材料名称	分配金额	分配率	分摊额	
			皮鞋	短靴
药水胶	36 784	1∶1.5	13 137.14	23 646.86
缝纫线	22 800	1∶1.5	8 142.86	14 657.14

注：分配率的意思是，如果 1 双皮鞋占用药水胶量为 X，则 1 双短靴占用药水胶量为 $1.5X$，皮鞋总占用量为 $25\,000X$，短靴占用量为 $30\,000 \times 1.5X = 45\,000X$，$45\,000X + 25\,000X = 36\,784$，计算得 $X = 0.525\,485\,71$。皮鞋分配金额 $= 25\,000 \times 0.525\,485\,71 = 13\,137.14$（元）。短靴分配金额 $= 36\,784 - 13\,137.14 = 23\,646.86$（元）。缝纫线分配计算同理。

发料凭证汇总表如表 5-12 所示。

表 5-12　发料凭证汇总表

202×年 11 月 30 日

材　料	加权平均单价（元）	生产成本				合　计
		皮　鞋		短　靴		
		数量（件）	金额（元）	数量（件）	金额（元）	
黑色猪皮	5.802	50 000	290 100			290 100
白色羊皮	14.236			120 000	1 708 320	1 708 320
皮鞋大底	7.537	25 000	188 425			188 425
短靴大底	3.695			30 000	110 850	110 850
药水胶	33.44		13 137.14		23 646.86	36 784
缝纫线	22.80		8 142.86		14 657.14	22 800
金额合计			499 805		1 857 474	2 357 279

依据上述发料凭证汇总表，编制直接材料的成本核算分录如下：

借：生产成本——短靴　　　　　　　　　　　　　　　　1 857 474
　　　　　　——皮鞋　　　　　　　　　　　　　　　　　499 805
　　贷：原材料——主要材料——白色羊皮　　　　　　　1 708 320
　　　　　　　——主要材料——黑色猪皮　　　　　　　　290 100
　　　　　　　——主要材料——短靴大底　　　　　　　　110 850
　　　　　　　——主要材料——皮鞋大底　　　　　　　　188 425
　　　　　　　——辅助材料——缝纫线　　　　　　　　　22 800
　　　　　　　——辅助材料——药水胶　　　　　　　　　36 784

（2）"直接人工"成本项目。直接人工成本项目是指发生在车间工人身上的薪酬。一线生产工人薪酬是企业生产成本的重要组成部分。按照企业的岗位分，制造企业的职工包括生产工人、车间技术人员、车间管理人员及后勤机关行政管理服务人员等。按法律角度分，职工是指与企业订立劳动合同的所有人员，含全职、兼职和临时职工，也包括虽未与企业订立劳动合同但由企业正式任命的人员（如集团控制下的子公司董事长）。劳务派遣工虽然直接与劳务公司签订合同，没有与企业直接签订合同，但是其所提供的服务与企业职工所提供的服务类似，也列为企业职工。如果企业把应支付给劳务派遣工的报酬交给劳务公司，而不是直接支付给劳务派遣工本人，则不能将其列为工资，应作为劳务费用处理。

职工薪酬可以分为短期薪酬、离职后福利、辞退福利和其他长期职工福利。常见的职工薪酬内容包括：①职工工资、奖金、津贴和补贴；②养老保险费、失业保险费、医疗保险费、工伤保险费、生育保险费等社会保险费；③住房公积金；④职工福利费、职工教育经费、工会经费；⑤非货币性福利；⑥因解除与职工劳动关系给予的补偿；⑦其他薪酬支出。其中，养老保险和失业保险属于离职后福利。

上述内容中，津贴是指为了补偿职工特殊或额外的劳动消耗和因特殊的工作环境而支付给职工的津贴，如高温作业临时补贴、冷库低温津贴、夜班津贴、班长津贴及保健津贴。补贴是为了保证职工工资水平不受物价变动的影响支付给职工的物价补贴。养老保险费、失业保险费、医疗保险费、工伤保险费、生育保险费的社会保险费和住房公积金俗称"五险一金"。职工福利费、职工教育经费、工会经费统称"三项经费"。

职工福利费实行实报实销制度，不再计提，于发生时直接计入相关成本费用项目，若为了更清晰地反映福利费的使用情况，仍可设置"应付职工薪酬——福利费"。但是税法对企业福利费的使用有限额控制，不得超过企业工资总额的14%。超过部分不得在计算应税利润时扣除。

实际工作中要正确区分工资、职工福利费、工会经费和其他费用，比如企业为一线生产工人发放的防暑饮料属于劳动保护费，而不是职工福利费；企业（非工会组织）为员工发放的节假日物品（如中秋月饼）作为实物性工资，要计入工资总额计算个人所得税。

月末，企业财务部门要根据人力资源管理部门提供的各部门薪酬资料，编制薪酬费用分配表。分配标准为：生产工人薪酬直接分配到工人所生产的产品成本，记入各产品"生产成本"明细账；车间管理人员薪酬先记入"制造费用"账户，再按一定标准分配到各产品的生产成本；后勤机关行政管理人员薪酬记入"管理费用"账户；专设销售机构人员薪酬计入"销售费用"账户；研发部门人员薪酬计入"研发支出"账户；在建工程人员薪酬记入"在建工程"账户。

需要注意的是，一些单位设有销售科，这种科室为管理职能部门，其内部管理人员薪酬记入"管理费用"而不能记入"销售费用"；采购人员的薪酬不能记入"物资采购成本"，也应记入"管理费用"。

【例 5-11】 11月末，财务部门根据人力资源管理部门上报的工资资料，编制工资费用分配表如表 5-13 所示。工资费用分配表是编制工资分配的原始凭证，记账凭证的附件。

表 5-13　工资费用分配表

202×年11月30日　　　　　　　　　　　　　　　　　（单位：元）

应借科目		生产人员	车间管理人员	行政岗位人员	销售人员	合　计
生产成本	皮鞋	559 550				559 550
	短靴	783 400				783 400

(续)

应借科目		生产人员	车间管理人员	行政岗位人员	销售人员	合计
制造费用	制鞋车间		136 500			136 500
管理费用	工资			51 800		51 800
销售费用						
合	计	1 342 950	136 500	51 800		1 531 250

依据工资费用分配表，编制会计分录如下：
借：生产成本——皮鞋　　　　　　　　　　　　　　　　559 550
　　　　　　——短靴　　　　　　　　　　　　　　　　783 400
　　制造费用——制鞋车间　　　　　　　　　　　　　　136 500
　　管理费用——工资　　　　　　　　　　　　　　　　 51 800
　　贷：应付职工薪酬——工资　　　　　　　　　　　1 531 250

上述分录的专业描述叫作分配 11 月份工资成本。一方面，当月产生 1 531 250 元工资成本，应根据职工的类别，将工资成本分配计入各个费用项目中，借记"生产成本"等相关账户；另一方面，当月工资未付，增加了一笔欠职工的负债，故贷记"应付职工薪酬"。

需要注意的是，即使当月工资当月支付，也仍要设置"应付职工薪酬"账户进行核算。例如，本题 11 月工资假设在 11 月底支付给职工，不能直接做如下处理：
借：生产成本等　　　　　　　　　　　　　　　　　　1 531 250
　　贷：银行存款　　　　　　　　　　　　　　　　　1 531 250

而应分两步处理，按分配和支付两步编制分录：
借：生产成本等　　　　　　　　　　　　　　　　　　1 531 250
　　贷：应付职工薪酬——工资　　　　　　　　　　　1 531 250
借：应付职工薪酬——工资　　　　　　　　　　　　　1 531 250
　　贷：银行存款　　　　　　　　　　　　　　　　　1 531 250

此种做法的目的是通过"应付职工薪酬"账户详细了解企业工资的计提和发放情况，便于工资管理。

除了月末计提工资成本费用外，月末还要根据职工工资总额计提职工养老保险、职工医疗保险、职工失业保险、住房公积金等。

（3）"制造费用"成本项目。制造费用是生产车间发生的除直接材料和直接人工之外的间接费用。车间里发生的各种间接费用先通过"制造费用"账户进行归集，然后再按一定标准分配到"生产成本"账户。制造费用主要内容包括水电费、固定资产折旧费、无形资产摊销、管理人员薪酬、劳动保护费、国家规定的有关环保费用、季节性和修理期间的停工损失等。

【例 5-12】制造费用业务案例

（1）11 月 15 日，企业以转账支票购买若干副口罩作为防护用品发放给裁断生产线部分员工。收到的增值税发票上注明金额为 1 000 元，税额为 130 元。

分析：口罩作为工人防护用品，列入制造费用的劳动保护费项目。会计分录如下：
借：制造费用——制鞋车间——劳动保护费　　　　　　　 1 000

应交税费——应交增值税（进项税额）　　　　　　　　　　130
　　　贷：银行存款　　　　　　　　　　　　　　　　　　　　　　　1 130

（2）11月17日，针车生产线办公室购买办公室打印纸、计算器、水笔若干支，共花费339元。款项以现金支付。收到的增值税发票上注明金额为300元，税额为39元。会计分录如下：

　　　借：制造费用——制鞋车间——办公费　　　　　　　　　300
　　　　　应交税费——应交增值税（进项税额）　　　　　　　　39
　　　贷：库存现金　　　　　　　　　　　　　　　　　　　　　　　339

（3）11月30日，计提11月份固定资产折旧费。

假设筹资阶段收到的厂房和行政办公楼的折旧年限均为20年（按税法规定的最低年限计算），残值率为5%。其他资产折旧年限均为10年，残值率为5%。采用直线法摊销折旧。

房屋和建筑物的年折旧率 =（1－预计残值率）/折旧年限 =（1－5%）/20 = 4.75%

年折旧额 = 固定资产原值 × 年折旧率 = 300 000 × 4.75% = 14 250（元）

月折旧额 = 年折旧额/12 = 1 187.50（元）

车间机器设备的年折旧率 =（1－预计残值率）/折旧年限 =（1－5%）/10 = 9.50%

10月份购入的裁断机、高头车、压底机三大机器设备的原值合计为259 600元。

车间机器设备的年折旧额 = 机器设备的原值 × 年折旧率
　　　　　　　　　　　　= 259 600 × 9.5%
　　　　　　　　　　　　= 24 662（元）

月折旧额 = 年折旧额/12 = 24 662/12 = 2 055.17（元）

月末财务人员编制公司固定资产折旧分配表如表5-14所示，并作为记账凭证的附件。

表5-14　固定资产折旧分配表

202×年11月　　　　　　　　　　　　　　　　　　　　　　（单位：元）

资产部门	固定资产原值		年折旧率	月折旧额
生产车间	房屋和建筑物	300 000	4.75%	1 187.5
	机器设备	259 600	9.5%	2 055.17
	小计			3 242.67
行政管理部门	房屋和建筑物	300 000	4.75%	1 187.5
	小计			1 187.5
合计				4 430.17

依据固定资产折旧分配表，编制会计分录如下：

　　　借：制造费用——制鞋车间——折旧费　　　　　　　　3 242.67
　　　　　管理费用——折旧费　　　　　　　　　　　　　　　1 187.5
　　　贷：累计折旧　　　　　　　　　　　　　　　　　　　　　　4 430.17

上述分录的专业描述叫作计提11份固定资产折旧费。计提折旧分录理解难度较大，予以重点说明。

（1）计提折旧实际上就是摊销以前购买固定资产的成本。一方面，固定资产在使用中为企业创造了收益；另一方面，资产在使用中价值逐渐损耗。根据收入和费用配比原则，当初购入固定资产的支出就要逐期摊销到各受益期间，这部分摊销额就叫折旧额。将折旧额计入当期产品的生产成本或当期费用中，最后通过销售收入得到补偿。

（2）"累计折旧"账户设置背景。折旧就是损耗了的资产价值。计提折旧时，可以直接贷记"固定资产"账户，减少固定资产的价值。但是在现实经济生活中，固定资产原始价值的高低代表了一个企业的生产规模或生产能力，如果账面上固定资产价值随着折旧计提而降低，将给人以企业规模不断萎缩的印象。实际上，固定资产在其有效使用寿命期内，只要维护适度，都能基本保持其原有的生产能力和水平。所以，为了反映固定资产购入或取得时的原始价值，对折旧的核算则另设"累计折旧"账户。这样，用"累计折旧"账户专门反映固定资产的损耗价值，用"固定资产"账户反映企业购入或取得固定资产时的原始价值，以体现企业的生产规模。

由于分录中不使用"贷：固定资产"，而用"贷：累计折旧"替代，所以累计折旧账户称为固定资产的备抵账户，备抵账户最重要的特点就是其记账方向与其原资产方向相反。累计折旧账户是在贷方登记增加数，借方登记转销数，余额方向必定在贷方。

将两个账户数据合并分析，引申出一个固定资产净值的概念。期末固定资产净值＝固定资产的原值－已计提的总折旧额。利用账户数据计算，固定资产净值＝"固定资产"账户的余额－"累计折旧"账户的余额。

2. 分配制造费用

【**例 5-13**】 11 月 30 日，会计人员编制"制造费用分配表"，采用生产工人工资比例分配法分配制造费用。

"制造费用"账户记录了平时车间发生的各项间接费用，当月的制造费用归集后，最后要在月末分配到所生产的各种产品中。分配制造费用的方法有多种，比如按生产工时比例法、生产工人工资比例法、机器工时比例法和产品标准产量比例法等。制造费用的分配对象是本车间生产的产品。在本例中，没有采用分步法核算各车间的生产成本，为了简便核算，将各车间发生的制造费用汇总后整体分配到生产产品中。分配方法按生产工人工资比例分配。月末，会计人员要编制"制造费用分配表"，制造费用分配表作为记账凭证的附件。

制造费用合计 = 136 500 + 1 000 + 300 + 3 242.67 = 141 042.67（元）

该四项数据分析来自例 5-11、例 5-12。

生产工人工资合计 = 559 550 + 783 400 = 1 342 950（元）

该两项数据来自例 5-11。

分配率 = 总制造费用／总工资 = 141 042.67／1 342 950 ≈ 0.10 502 451

分配率的意思即为每一元工资承担约 0.11 元的制造费用。制造费用分配表如表 5-15 所示。

表 5-15 制造费用分配表

202×年 11 月

生产成本	分配标准（工人工资）（元）	分 配 率	分配额（元）
皮鞋	559 550	0.10 502 451	58 766.47
短靴	783 400	0.10 502 451	82 276.20
合计	1 342 950		141 042.67

依据"制造费用分配表",编制会计分录如下:

借:生产成本——短靴　　　　　　　　　　　　　　　　　82 276.20
　　　　　　——皮鞋　　　　　　　　　　　　　　　　　58 766.47
　　贷:制造费用　　　　　　　　　　　　　　　　　　　　141 042.67

需要注意的是,该分录贷方并不是指制造费用的减少。同前节在途物资一样,为结转概念,是将"制造费用"账户原借方总金额结转到"生产成本"账户中。实际费用并没有减少,如劳动保护费支出仍然存在。

3. 结转完工产品成本

月末,可能有部分产品完工,部分产品还要再生产,对完工部分的产品,要从生产车间转移到产成品仓库,验收入库后,转为待销售的产品。未生产好的产品,在会计上叫作在产品(Work In Process)。根据"期初在产品成本+本期投入产品生产成本=本期完工产品成本+本期期末在产品成本"的公式,结转完工产品成本的核心是如何将公式中左边发生的总成本分配到右边的完工产品成本和在产品成本。完工产品和在产品成本之间的分配方法有约当产量比例法、按耗用直接材料费用计价法、定额比例法等。

【例5-14】 11月末,假设本月投料生产的皮鞋全部完工,短靴全部未完工。皮鞋的完工产量为25 000双。

该批皮鞋完工产品总成本=期初在产品成本+本期投入产品生产成本−期末在产品成本=0+本期发生的料工费成本−0。完工产品总成本即为本期发生的料工费成本。

本期皮鞋发生直接材料成本 = 499 805(元)
本期皮鞋发生直接人工成本 = 559 550(元)
本期皮鞋发生制造费用成本 = 58 766.47(元)
完工产品皮鞋的总成本 = 直接材料 + 直接人工 + 制造费用
　　　　　　　　　　= 499 805 + 559 550 + 58 766.47
　　　　　　　　　　= 1 118 121.47(元)

月末,会计人员编制完工产品成本分配表如表5-16所示,作为结转完工产品成本会计分录的原始凭证。

表5-16　完工产品成本分配表

202×年11月　　　　　　　　　　　　　　　　　　(单位:元)

产品名称	直接材料	直接人工	制造费用	合　计
皮鞋	499 805	559 550	58 766.47	1 118 121.47
短靴	/	/	/	/
合计	499 805	559 550	58 766.47	1 118 121.47

依据上述完工产品成本分配表,编制会计分录如下:

借:库存商品——皮鞋　　　　　　　　　　　　　　　　1 118 121.47
　　贷:生产成本——皮鞋　　　　　　　　　　　　　　　　1 118 121.47

上述完工皮鞋总数量为25 000双,总成本为1 118 121.47元,每双皮鞋的成本约为44.72元。

为了清晰地理解生产成本核算的内容，有关的生产成本和制造费用账簿记录如图 5-23～图 5-25 所示。

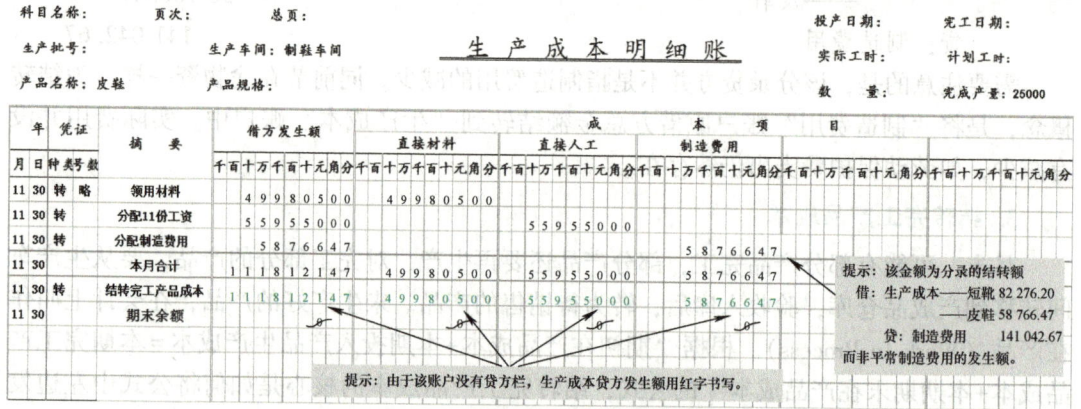

科目名称：　页次：　总页：　投产日期：　完工日期：

生产批号：　生产车间：制鞋车间　**生产成本明细账**　实际工时：　计划工时：

产品名称：皮鞋　产品规格：　数　量：　完成产量：25000

月	日	凭证种类	凭证号数	摘要	借方发生额	成本项目：直接材料	成本项目：直接人工	成本项目：制造费用		
11	30	转	略	领用材料	499 805.00	499 805.00				
11	30	转		分配11份工资	559 550.00		559 550.00			
11	30	转		分配制造费用	58 766.47			58 766.47		
11	30			本月合计	1 118 121.47	499 805.00	559 550.00	58 766.47		
11	30	转		结转完工产品成本	1 118 121.47	499 805.00	559 550.00	58 766.47		
11	30			期末余额	-0-	-0-	-0-	-0-		

提示：该金额为分录的结转额
借：生产成本——短靴 82 276.20
——皮鞋 58 766.47
贷：制造费用 141 042.67
而非平常制造费用的发生额。

提示：由于该账户没有贷方栏，生产成本贷方发生额用红字书写。

图 5-23　生产成本——皮鞋明细账

科目名称：　页次：　总页：　投产日期：　完工日期：

生产批号：　生产车间：制鞋车间　**生产成本明细账**　实际工时：　计划工时：

产品名称：短靴　产品规格：　数　量：30000　完成产量：

月	日	凭证种类	凭证号数	摘要	借方发生额	成本项目：直接材料	成本项目：直接人工	成本项目：制造费用		
11	30	转	略	领用材料	1 857 474.00	1 857 474.00				
11	30	转		分配11月工资	783 400.00		783 400.00			
11	30	转		分配11月制造费用	82 276.20			82 276.20		
11	30			本月合计	2 723 150.20	1 857 474.00	783 400.00	82 276.20		

提示：该金额为分录的结转额
借：生产成本——短靴 82 276.20
——皮鞋 58 766.47
贷：制造费用 141 042.67
而非平常制造费用的发生额。

图 5-24　生产成本——短靴明细账

生产车间：制鞋车间　**制造费用明细账**

月	日	凭证种类	凭证号数	摘要	借方发生额	成本项目：工资	成本项目：劳动保护费	成本项目：办公费	成本项目：折旧费		其他
11	15	付		发放工人口罩	1 000.00		1 000.00				
11	17	付		购办公用品	300.00			300.00			
11	30	转		计提11月折旧费	3 242.67				3 242.67		
11	30	转		分配11月份工资	136 500.00	136 500.00					
11	30			本月合计	141 042.67	136 500.00	1 000.00	300.00	3 242.67		
11	30	转		分配到生产成本	141 042.67	136 500.00	1 000.00	300.00	3 242.67		
11	30			期末余额	-0-	-0-	-0-	-0-	-0-		

图 5-25　制造费用明细账

附：第 5.3 节生产业务的核算中各科目 T 字形账户汇总如图 5-26～图 5-30 所示。

借	生产成本	贷		借	原材料	贷
1 857 474		1 118 121.47		1 708 320		
499 805				290 100		
559 550				110 850		
783 400				188 425		
82 276.20				22 800		
58 766.47				36 784		
合计：3 841 271.67		合计：1118121.47		合计：2 357 279		

图 5-26　生产成本和原材料 T 字形账户

借	制造费用	贷		借	累计折旧	贷
136 500		141 042.67				4 430.17
1 000						合计：4 430.17
300						
3 242.67				借	库存现金	贷
合计：141 042.67		合计：141 042.67				339
						合计：339

图 5-27　制造费用、累计折旧和库存现金 T 字形账户

借	库存商品	贷		借	银行存款	贷
1 118 121.47						1 130
合计：1 118 121.47						合计：1 130

图 5-28　库存商品和银行存款 T 字形账户

借	应交税费——应交增值税	贷		借	应付职工薪酬	贷
130						1 531 250
39						合计：1 531 250
合计：169						

图 5-29　"应交税费——应交增值税"和应付职工薪酬 T 字形账户

借	管理费用	贷
51 800		
1 187.5		
合计：52 987.5		

图 5-30　管理费用 T 字形账户

5.4　销售业务的核算

产品生产好后，最终需要将其销售，取得销售收入，前期投入的生产成本通过收入得以弥补，并获得利润。在销售过程中，会发生一些销售费用，比如运输费、广告费、包装

费等。同时，销售业务过程会涉及流转税，产品销售实现增值，按增值税税法规定要计算销项税额，缴纳增值税，依据增值税税额缴纳城市维护建设税、教育费附加等其他流转税。特殊商品的销售还涉及消费税、资源税等。

5.4.1 收入概述

收入有广义和狭义之分。利润表中营业收入、投资收益、公允价值变动收益、资产处置收益、其他收益、营业外收入等构成了广义收入。狭义收入指营业收入，它是企业日常活动中形成的，会导致所有者权益增加的，与所有者投入资本无关的经济利益的总流入。具体表现为资产的增加或负债的减少。本节所指收入主要是狭义收入。

营业收入分为主营业务收入和其他业务收入。主营业务是企业的主要经济活动，如汽车制造企业的主营业务是生产和销售汽车，建筑企业的主营业务是提供建筑劳务，会计师事务所的主营业务是提供审计服务等。其他业务是指主营业务之外的其他经营活动，一般工业企业的其他业务主要包括出租固定资产、出租无形资产、出租包装物和商品、销售材料，简称"三租一售"。其中出租无形资产是指转让无形资产的使用权，而不是转让所有权，转让所有权是出售资产。

需要注意的是，有的企业业务经营多元化，此时不能刻意区分主营业务和其他业务。如一家宾馆既提供住宿服务，又提供餐饮服务，对其来说，住宿和餐饮都是主营业务；一家房地产企业既从事房地产开发，又经营酒店，对其来说，房地产开发和经营酒店应该都是主营业务，相应的收入都应列为主营业务收入。

5.4.2 收入确认和计量

收入的会计处理，主要涉及两个问题：①什么时候确认收入；②收入金额怎么计量。

1. 收入确认和计量的五步骤

收入的确认和计量大致分为五步：第一步，识别与客户订立的合同；第二步，识别合同中的单项履约义务；第三步，确定交易价格；第四步，将交易价格分摊至各单项履约义务；第五步，履行各单项履约义务时确认收入。其中，第一步、第二步和第五步主要与收入的确认有关，第三步和第四步主要与收入的计量有关。上述五个步骤主要是针对复杂业务（如建造业务）的收入和确认计量模式，简单的业务不会全部涉及上述业务。

2. 收入确认条件

根据《企业会计准则第 14 号——收入》（2017 年）规定，收入的确认方式应当反映企业向客户转让商品或服务的模式。企业应当在履行了合同中的履约义务，即在客户取得相关商品或服务控制权时确认收入。取得相关商品（含服务，下同）控制权，是指取得方能够主导该商品的使用并从中获得几乎全部的经济利益。

企业与客户之间的合同同时满足下列五项条件的，企业应当在履行了合同中的履约义务，即在客户取得相关商品控制权时确认收入：一是合同各方已批准该合同并承诺将履行各自义务；二是该合同明确了合同各方与所转让商品相关的权利和义务；三是该合同有明确的与所转让商品相关的支付条款；四是该合同具有商业实质，即履行该合同将改变企业未来现金流量的风险、时间分布或金额；五是企业因向客户转让商品而有权取得的对价很可能收回。

3. 收入确认时间

合同履约的方式分某一时段内履行和某一时点履行两种情形。因此，收入的确认时间分为两种方式：①某段时间内分期确认收入；②某一时点确认收入。

对于在某一时段内履行的履约义务，企业应当在该段时间内按照履约进度分期确认收入；履约进度的计算可以采用产出法、投入法。比如工程施工企业的收入确认就属于此种情形。

对于在某一时点履行的履约义务，企业应当在客户取得相关商品或服务控制权时确认收入。在判断客户是否已取得商品控制权时，企业应当考虑下列迹象：

(1) 企业就该商品享有现时收款权利，即客户就该商品负有现时付款义务。

(2) 企业已将该商品的法定所有权转移给客户，即客户已拥有该商品的法定所有权。

(3) 企业已将该商品实物转移给客户，即客户已实物占有该商品。

(4) 企业已将该商品所有权上的主要风险和报酬转移给客户，即客户已取得该商品所有权上的主要风险和报酬。

(5) 客户已接受该商品。

(6) 其他表明客户已取得商品控制权的迹象。

4. 收入的计量

根据《企业会计准则第 14 号——收入》（2017 年）规定，收入的计量应当反映企业预计因交付商品或服务而有权获得的对价。企业应当按照分摊至各单项履约义务的交易价格计量收入。交易价格，是指企业因向客户转让商品而预期有权收取的对价金额。企业代第三方收取的款项以及企业预期将退还给客户的款项，应当作为负债进行会计处理，不计入交易价格。企业应当根据合同条款，并结合其以往的习惯做法确定交易价格。在确定交易价格时，企业应当考虑可变对价、合同中存在的重大融资成分、非现金对价、应付客户对价等因素的影响。比如，企业赊销一批商品，销售价格为 100 万元，如果客户能在赊销期内提前付款，则给予 1% 的现金折扣，且预计客户很可能提前付款。其销售价格 100 万元中含有 1 万元的可变对价，此时企业不能直接按 100 万元确认收入，而应按扣除 1 万元现金折扣后的净额计算，即应确认的收入是 99 万元。又如，企业向客户分三年按揭销售一辆汽车，销售价格为 18 万元。如果现销，实际售价为 16 万元，此时企业销售价格 18 万元中含有重大的融资成分，企业确认收入时应剔除该融资金额，实际应确认的销售收入是 16 万元，差额 2 万元为三年期间的利息收入。

5.4.3 销售业务核算中涉及的主要账户

1. "主营业务收入" 账户

(1) 账户性质：主营业务收入（Principal Business Revenue）属于会计科目表中的损益类账户，按会计要素分类属于收入类账户。

(2) 账户用途：该账户核算企业销售商品和提供劳务等主营业务获得的收入。

(3) 账户登记要领：该账户贷方登记收入的增加额，借方登记收入的减少额，包括月末结转到 "本年利润" 账户的金额，以及销售退回、销售折让等原因冲减原已确认的收入。在账结法下,每月期末账户无余额,全部要结转到"本年利润"账户,在表结法下,每月账户会留有余额,但是年末不留余额,要全部结转到"本年利润"账户。

(4) 明细账设置:该账户应按主营业务的类别设置明细账。明细账可以采用多栏式账簿或三栏式账簿。

2. "其他业务收入" 账户

(1) 账户性质:其他业务收入(Other Business Revenue)属于会计科目表中的损益类账户,按会计要素分类属于收入类账户。

(2) 账户用途:该账户核算企业确认其他经营活动实现的收入。如一般工业企业出租固定资产、出租无形资产使用权(常称转让使用权)、出租包装物和商品、销售材料等产生的收入。

(3) 账户登记要领:该账户贷方登记其他业务收入的增加额,借方登记其他业务收入的转销额、因各种原因冲减原已确认的收入。在账结法下,每月期末账户无余额,全部要结转到"本年利润"账户,在表结法下,每月账户会留有余额,但是年末不留余额,要全部结转到"本年利润"账户。

(4) 明细账设置:该账户应按其他业务的类别设置明细账。明细账可以采用多栏式账簿或三栏式账簿。

3. "主营业务成本" 账户

(1) 账户性质:该账户属于会计科目表中的损益类账户,按会计要素分类属于费用类账户。

(2) 账户用途:该账户核算企业确认销售商品、提供劳务等主营业务收入时应结转的成本。销售自产商品的主营业务成本即是该产品的生产成本。

(3) 账户登记要领:该账户借方记增加,登记本期已发生的主营业务成本,贷方记减少,登记主营业务成本结转到本年利润账户的金额。在账结法下,每月期末账户无余额,全部要结转到"本年利润"账户,在表结法下,每月账户会留有余额,但是年末不留余额,要全部结转到"本年利润"账户。

(4) 明细账设置:该账户应按主营业务的类别设置明细账。明细账可以采用多栏式账簿或三栏式账簿。

4. "其他业务成本" 账户

(1) 账户性质:该账户属于会计科目表中的损益类账户,按会计要素分类属于费用类账户。

(2) 账户用途:该账户核算企业确认的除主营业务活动以外的其他经营活动所发生的支出,包括销售材料的成本、出租固定资产的折旧额、出租无形资产的摊销额、出租包装物的成本或摊销额等。

(3) 账户登记要领:该账户借方记增加,登记其他业务成本的增加额,贷方记减少,登记其他业务成本结转到本年利润账户的金额。在账结法下,每月期末账户无余额,全部要结转到"本年利润"账户,在表结法下,每月账户会留有余额,但是年末不留余额,要全部结转到"本年利润"账户。

(4) 明细账设置:该账户应按其他业务的类别设置明细账。明细账可采用多栏式账簿或三栏式账簿。

5. "税金及附加"账户

（1）账户性质：该账户属于会计科目表中的损益类账户，按会计要素分类属于费用类账户。

（2）账户用途：该账户核算企业在经营活动过程中发生的各种税金和附加。税金包括消费税、城市维护建设税、资源税、房产税、车船税、土地使用税、印花税等，附加指的是教育费附加。教育费附加分为全国统一的教育费附加和地方教育费附加。

（3）账户登记要领：该账户借方登记税金及附加增加额，贷方登记将税金及附加结转到本年利润账户的金额。在账结法下，每月期末账户无余额，全部要结转到"本年利润"账户，在表结法下，每月账户会留有余额，但是年末不留余额，要全部结转到"本年利润"账户。

（4）明细账设置：该账户应按税种的类别设置明细账。明细账以多栏式账簿为佳。

> **小知识**
>
> "税金及附加"科目名称变迁史——2006年之前，该账户名称为"主营业务税金及附加"，专门核算主营业务产生的营业税、消费税、城市维护建设税、教育费附加等流转税。其他业务发生的税金及附加则计入"其他业务成本"账户核算。2006年企业会计准则颁布之后，该账户改名为"营业税金及附加"，合并核算主营业务和其他业务发生的税金及附加。2016年"营改增"之后，该账户则改名为"税金及附加"，核算内容扩大，把原先计入管理费用的房产税、土地使用税、车船使用税、印花税也纳入"税金及附加"账户核算。

6. "应收账款"账户

（1）账户性质：应收账款（Account Receivable）属于资产类账户。

（2）账户用途：该账户核算企业在提供企业主营业务和其他业务等经营活动时应向客户收取的款项。应收账款的核算内容包括销售收入、应收的增值税和代垫款项，如运费等。

（3）账户登记要领：该账户借方登记因赊销等原因产生的应收账款，贷方登记收回的应收账款。期末账户余额一般在借方，余额性质为资产，反映尚未收回的应收账款余额。如果期末账户余额在贷方，则余额性质为负债，反映企业多收的账款，属于预收账款。

（4）明细账设置：该账户应按债务人设置明细账。明细账采用三栏式账簿。

7. "合同资产"账户

（1）账户性质：合同资产（Contract Asset）属于资产类账户。

（2）账户用途：该账户核算企业已向客户转让商品而有权收取对价的权利，且该权利仅取决于时间流逝之外的其他因素。

（3）账户登记要领：企业在客户实际支付合同对价或在该对价到期应付之前，已经向客户转让了商品的，应当按已转让商品而有权收取的对价金额，借记本账户或"应收账款"账户，贷记"主营业务收入""其他业务收入"等科目；企业取得无条件收款权时，借记"应收账款"等科目，贷记本账户。

（4）明细账设置：本账户应按合同进行明细核算。明细账采用三栏式账簿。

8．"应收票据"账户

（1）账户性质：应收票据（Note Receivable；Acceptance Receivable）属于资产类账户。

（2）账户用途：该账户核算企业因销售商品、提供劳务等而收到的商业汇票，包括银行承兑汇票和商业承兑汇票。如果收到的是带息的商业汇票，则其计提的利息也通过本账户核算，不通过"应收利息"账户核算。

（3）账户登记要领：该账户借方登记企业增加的商业汇票面值、利息等债权金额。贷方登记应收票据该项债权的减少额。期末账户余额在借方，余额性质为资产，反映企业持有的尚未到期的票据面值和利息余额。

（4）明细账设置：该账户应按债务人设置明细账。明细账采用三栏式账簿。同时企业还应当设置"应收票据备查簿"，逐笔登记商业汇票的种类、号数和出票日、票面金额、交易合同号和付款人、承兑人、背书人的姓名或单位名称、到期日、背书转让日、贴现日、贴现率和贴现净额以及收款日和收回金额、退票情况等资料。商业汇票到期结清票款或退票后，应在备查簿中注销。

9．"预收账款"账户

（1）账户性质：预收账款（Advance On Sale）属于负债类账户。

（2）账户用途：该账户核算企业按照合同规定预收的款项。预收账款情况不多的，也可以不设置本账户，将预收的款项直接记入"应收账款"账户。根据《企业会计准则——收入》（2017年），也可以设置"合同负债"账户核算预收账款。

（3）账户登记要领：该账户贷方登记预收客户的货款，借方登记向客户发出货物后转为收入的预收款项。期末余额一般在贷方，余额性质为负债，反映企业预收的货款。期末余额如果在借方，余额性质为资产，反映企业销售货物应收取的款项超过预收账款抵扣的部分，表现为尚未收到的货款，余额性质体现为应收账款。

（4）明细账设置：该账户可按购货单位设置明细账。明细账采用三栏式账簿。

10．"合同负债"账户

（1）账户性质：合同负债（Contract Liability）属于负债类账户。

（2）账户用途：该账户核算企业已收或应收客户对价而应向客户转让商品的义务。

（3）账户登记要领：企业在向客户转让商品之前，客户已经支付了合同对价或企业已经取得了无条件收取合同对价权利的，企业应当在客户实际支付款项与到期应支付款项较早时点，按照该已收或应收的金额，借记"银行存款""应收账款""应收票据"等科目，贷记"合同负债"；企业向客户转让相关商品时，借记本账户，贷记"主营业务收入""其他业务收入"等科目。该账户的期末贷方余额，反映企业在向客户转让商品之前，已经收到的合同对价或已经取得的无条件收取合同对价权利的金额。

需要说明的是，企业因转让商品收到的预收款适用《企业会计准则第14号——收入》（2017年），所以进行会计处理时，通过"合同负债"核算，不再使用"预收账款"科目及"递延收益"科目。

（4）明细账设置：本账户应按合同进行明细核算。明细账采用三栏式账簿。

5.4.4 销售业务核算举例

当企业销售一批产品时,一方面要确认收入,另一方面产品出库,要结转产品的销售成本,以实现收入和费用的配比。同时会产生一些税金,如城市维护建设税和教育费附加等,这些业务紧密相连。为了方便理解和整体把握销售业务核算的框架,把"确认销售收入""结转销售成本""计算税金及附加"三个方面的核算内容概括为销售业务核算"三部曲"。

1. 确认销售收入

下面按某一时点确认销售收入的形式讲解营业收入的处理。分为主营业务收入和其他业务收入。

(1)主营业务收入。

【例5-15】 12月3日,企业向足下登贸易公司销售皮鞋,出库单记载出库数量为14 800双,每双价格为128元,合计金额1 894 400元;增值税税率为13%,增值税税额为246 272元,货款和增值税税额合计为2 140 672元,所有款项已通过银行转账收取,货物已发出,客户已收到货物。增值税发票已开具给客户。

分析:首先,企业销售皮鞋后,客户已收到货物,客户已取得商品控制权,货款也已收到,收入确认条件具备。收入增加1 894 400元,记入"主营业务收入"账户的贷方;其次,由于企业销售产品时,在向客户收取产品卖价的同时,还另收增值税246 272元;企业作为销售方时,为增值税代扣代缴者,在没有上交给税务部门之前,增加了一笔税负,该税负记入"应交税费——应交增值税(销项税额)"账户的贷方。会计分录为:

借:银行存款　　　　　　　　　　　　　　　　　　　　　2 140 672
　　贷:主营业务收入——皮鞋　　　　　　　　　　　　　　1 894 400
　　　　应交税费——应交增值税(销项税额)　　　　　　　　246 272

【例5-16】 企业与蓝鸟贸易公司主营业务收入案例

(1) 12月6日,企业向蓝鸟贸易公司销售皮鞋,出库单记载出库数量为4 000双,每双价格为123元,合计金额492 000元;增值税税率为13%,增值税税额为63 960元,货款和增值税税额合计为555 960元,所有款项均未收,客户信用好,款项约定三个月后付款。货物已发出,客户已收到货物,假设增值税发票已开具给客户。

分析:客户已取得商品控制权,企业虽然转移商品控制权时尚未收到货款,但是后续收回应收账款的可能性很大,具备收入确认条件。另外,该555 960元资金尚未收到,增加了一笔债权,该收款权利是一项无条件的收款权,收回的条件只与时间因素相关,故记入"应收账款"账户的借方,不记入"合同资产"账户。会计分录为:

借:应收账款——蓝鸟贸易公司　　　　　　　　　　　　　　555 960
　　贷:主营业务收入——皮鞋　　　　　　　　　　　　　　492 000
　　　　应交税费——应交增值税(销项税额)　　　　　　　　63 960

(2) 12月6日,企业同时为蓝鸟公司代办物流运输,运费由蓝鸟公司承担。运费增值税发票抬头为蓝鸟公司,运费和增值税合计为1 090元,增值税税率为9%。款项用现金支付。

分析：与采购业务章节的应付账款核算内容相似，企业代办物流，企业支付运输费给物流公司，物流公司将增值税发票开具给蓝鸟公司，这笔支出并不能作为企业的费用，而是形成一笔应收款，该应收款与销售业务紧密结合，为了便于账户管理，提高信息查询效率，企业不必再单独设置"其他应收款"类似的债权核算账户，而是将其直接并入"应收账款"账户。会计分录为：

  借：应收账款——蓝鸟贸易公司   1 090
   贷：库存现金   1 090

如果将上述两个分录合并，可以编制会计分录如下：

  借：应收账款——蓝鸟贸易公司   557 050
   贷：主营业务收入——皮鞋   492 000
     应交税费——应交增值税（销项税额）   63 960
     库存现金   1 090

> **提示**
> 应收账款内容组成：①收入；②增值税；③为客户代垫款项。

【例 5-17】 企业与华龙贸易公司主营业务收入案例

（1）12 月 15 日，企业预收华龙贸易公司购买皮鞋货款 50 000 元。款项已转账收取。

分析：企业预收客户资金，商品尚未发出，相关商品控制权尚未转移，因此收到的资金不能确认收入，而是作为一笔负债，该负债取名"预收账款"或"合同负债"。"合同负债"是《企业会计准则第 14 号——收入》（2017 年）新增会计科目。两个科目核算内容大部分重复。实际交易中，企业之间交易若不签订合同，则仍可使用"预收账款"账户核算相应的业务。本书采用"预收账款"账户。会计分录为：

  借：银行存款   50 000
   贷：预收账款——华龙贸易公司   50 000

（2）12 月 25 日，企业向华龙贸易公司发出皮鞋，出库单记载出库数量为 6 000 双。增值税发票上显示每双价格为 126 元，货物价款合计为 756 000 元；增值税税率为 13%，增值税税额为 98 280 元，价税合计金额为 854 280 元。用 15 日的预收款相抵后，剩余款项未收，但能确保后续收回账款。假设增值税发票已开具给客户。

分析：企业发出皮鞋后，相关商品控制权转移给购买方，相关经济利益很可能流入企业，企业此时应确认相应收入。一方面，贷记"主营业务收入"756 000 元，"应交税费——应交增值（销项税额）"98 280 元；另一方面，总收款额 854 280 元中，一部分用前面预收账款 50 000 元相抵外，剩余部分 804 280 元为应收账款。对此部分应收账款，根据"一笔业务、一个结算对象，不必同时设置两个结算账户，以提高账户管理和会计信息查询效率"的原则，不应再单设"应收账款"账户专门核算，可以将其并入"预收账款"账户。会计分录为：

  借：预收账款——华龙贸易公司   854 280
   贷：主营业务收入——皮鞋   756 000
     应交税费——应交增值税（销项税额）   98 280

在用"预收账款"代替"应收账款"核算的情况下，"预收账款"账户期末表现为借方余额，此时余额性质为资产，即为应收账款。

(3) 12月28日，企业收到蓝鸟贸易公司账款500 000元。收到华龙贸易公司账款800 000元，企业已接到银行收款通知。

分析：企业收到蓝鸟公司账款后，一方面银行存款增加500 000元，借记“银行存款”500 000元，另一方面收回应收账款，贷记“应收账款”500 000元；企业收到华龙公司账款后，一方面借记“银行存款”800 000元，另一方面贷记“预收账款”800 000元。此时贷记“预收账款”并不是意味着负债增加，而是因为“预收账款”代替了“应收账款”核算，其实是收回应收账款，应收账款减少，故贷记“预收账款”。会计分录如下：

借：银行存款　　500 000
　　贷：应收账款——蓝鸟贸易公司　　500 000
借：银行存款　　800 000
　　贷：预收账款——华龙贸易公司　　800 000

上述预收账款明细账如图5-31所示。

二级科目编号及名称：华龙贸易公司　　　　预收账款　明细账

年		凭证		摘要	对方科目	借方金额	✓	贷方金额	✓	借或贷	余额	✓
月	日	种类	号数			千百十万千百十元角分		千百十万千百十元角分			千百十万千百十元角分	
12	15	收	2	预收皮鞋款	银行存款			5 0 0 0 0 0 0		贷	5 0 0 0 0 0 0	
12	25	转	2	销售皮鞋	主营业务收入等	8 5 4 2 8 0 0 0				借	8 0 4 2 8 0 0 0	
12	28	收	3	收回欠款	银行存款			8 0 0 0 0 0 0 0		借	4 2 8 0 0 0	

余额方向在贷方，反映余额性质为负债，为预收账款

余额方向在借方，反映余额性质为资产，为应收账款

余额方向在借方，反映余额性质为资产，为应收账款

图5-31　预收账款明细账

(2) 其他业务收入。

【例5-18】 12月31日，企业向福新鞋业公司出售400桶药水胶，总金额为16 750元，增值税税率为13%，增值税税额为2 177.5元，价税合计为18 927.5元。增值税发票已开出，同时企业收到一张福新公司开具的面值为18 927.5元的商业承兑汇票。

分析：销售原材料属于其他业务。一方面，出售原材料获得的收入通过“其他业务收入”核算，故记入“其他业务收入”的贷方；另一方面，企业收到一张商业承兑汇票，商业承兑汇票相当于一张福新公司开具的欠条，收到商业汇票，反映一笔债权的增加，故记入“应收票据”的借方。会计分录如下：

借：应收票据——福新鞋业公司　　18 927.50
　　贷：其他业务收入——出售药水胶辅料　　16 750
　　　　应交税费——应交增值税（销项税额）　　2 177.50

2. 结转销售成本

(1) 结转主营业务成本。企业产品售出后，仓库里库存商品减少，此时，应将库存商

品成本转为主营业务成本，以实现收入和费用的配比。一般情况下，结转产品销售成本工作于月末结束后，将本月所有已销售产品汇总，编制销售成本汇总表，一次性汇总结转即可。由于当期出售的产品可能是以前期间生产的，也可能是当期生产的，每批次入库的产品成本是不一样的，所以每批次出库的产品成本也不一样。此时，计算销售出库产品成本与生产业务中领用材料成本的核算处理类似。产品销售成本公式为：产品的销售成本＝产品的销售数量×产品的单位成本。其中产品的销售数量采用永续盘存制，从产品出库单获取。产品的单位成本计算要采用先进先出法、全月一次性加权平均法、移动加权平均法、个别计价法等方法计算确定。计算方法一经确定，不得轻易改变。

【例5-19】 12月31日，结转皮鞋产品的销售成本1 109 176.53元。产品的单位销售成本采用月末一次性加权平均法计算，产品销售成本如表5-17所示：

表5-17 产品销售成本

202×年12月31日　　　　　　　　　　　　　　　　（单位：元）

产品名称	计量单位	期初库存（12月1日）		本期入库（12月）		加权单位成本	本期销售	
		数量	金额	数量	金额		数量	总成本
皮鞋	双	25 000	1 118 121.47	0	0	44.724 86	24 800	1 109 176.53
短靴	双	/			/			/

分析：本月销售皮鞋产品全部为上月生产且同一批次入库，每双皮鞋成本约为44.724 86元。合计总库存商品销售成本为1 109 176.53元。一方面，库存商品减少，贷记"库存商品"；另一方面，库存商品成本转为"主营业务成本"，借记"主营业务成本"。会计分录为：

借：主营业务成本——皮鞋　　　　　　　　　　1 109 176.53
　　贷：库存商品——皮鞋　　　　　　　　　　　　　1 109 176.53

通过上述确认收入和结转成本后，实现了主营业务收入和主营业务成本的配比。为计算利润提供了基础。如果将当期主营业务收入和主营业务成本相减，此金额叫作毛利（Gross Profit；Margin On Sales），其计算公式为：毛利＝主营业务收入－主营业务成本。毛利率＝毛利/主营业务收入。毛利和毛利率是衡量企业产品盈利能力的一个重要指标，也是财务造假识别的重要突破口。

> **总结**
> 产品销售成本计算方法与生产业务领料成本计算方法相同。产品销售成本的计算公式为：产品销售成本＝产品销售数量×销售产品的单位成本。产品的销售数量采用永续盘存制，根据出库单上出库数量确定。出库商品单位成本要采用先进先出法、全月一次加权平均法、移动加权平均法、个别计价法计算确定。

(2) 结转其他业务成本。

【例5-20】 12月31日，结转药水胶销售成本13 376元。采用月末一次性加权平均法计算药水胶单位成本，药水胶销售成本如表5-18所示：

表 5-18 药水胶销售成本

202×年12月31日　　　　　　　　　　　　　　（单位：元）

材料名称	计量单位	期初结存（12月1日）		本期收入（12月）		加权平均单位成本	本期销售	
		数量	金额	数量	金额		数量	总成本
药水胶	桶	400	13 376	0	0	33.44	400	13 376

分析：一方面，随着药水胶的出售，原材料减少，故贷记"原材料"；另一方面，该原材料成本转换为"其他业务成本"，故借记"其他业务成本"，从而实现其他业务收入和其他业务成本的配比。会计分录如下：

借：其他业务成本——药水胶辅料成本　　　　　　　　　　13 376
　　贷：原材料——药水胶　　　　　　　　　　　　　　　　　　13 376

通过结转后，实现了其他业务收入和其他业务成本的配比。

3. 计算税金及附加

企业获得了收入后，根据税法规定，须以其销售额为基础征税，税种包括消费税、资源税、城市维护建设税及教育费附加等。这些税费在经营流通环节征收，称为流转税。对企业来说，这些税是为了获得收入而付出的税金成本，同主营业务成本一样，要与主营业务收入相配比，从主营业务收入中得到补偿。

（1）消费税。消费税是以一些特殊的消费品作为征税对象，主要包括烟、酒、高档化妆品、贵重首饰及珠宝玉石、鞭炮和焰火、成品油（如汽油、柴油、润滑油等）、小汽车、摩托车、高尔夫球及球具、高档手表、游艇、木制一次性筷子、实木地板、电池、涂料等。征收方式采用从价定率计征、从量定额计征、从量和从价复合计征三种方式。如高档化妆品税率为15%，为从价计征；汽油税率为1.52元/升，为从量计征；甲类卷烟税率为56%加0.003元/支，为从价和从量计征，即当企业卖出卷烟时，既要按其销售额的56%征收消费税，还要按其卖出的数量每支征收0.003元的消费税。除了金银首饰等产品在零售环节征税外，大部分产品的消费税主要是在生产销售环节、委托加工环节和进口环节征税。与增值税在流通环节道道征收不同，消费税在生产销售环节征税后，在其他流通环节就不再征税（视同销售例外）。

（2）资源税。资源税是对企业开采或生产的矿产品征收的一种税，包括金属矿、非金属矿、海盐、原油、天然气和煤炭等。征税方式分为从价定率和从量定额两种征收方式。

（3）城市维护建设税。城市维护建设税是对从事经营活动，缴纳增值税、消费税的单位和个人征收的一种税。其计税依据是纳税人实际缴纳的增值税、消费税税额。即当企业缴纳增值税或消费税的同时还要缴纳城市维护建设税。该税的税率一般为1%～7%，如果纳税人所在地为市区，税率为7%；纳税人所在地为县城、乡镇，税率为5%；纳税人不在市区、县城及乡镇的，税率为1%。城市维护建设税的计算公式为

应纳城市维护建设税 =（当期实际缴纳的增值税+当期实际缴纳的消费税）×适用税率。

（4）教育费附加。教育费附加是对缴纳增值税、消费税的单位和个人，就其实际缴纳的税额为计税依据所征收的一种附加费。计税依据为纳税人实际缴纳的增值税和消费税税额，在企业缴纳增值税和消费税的同时一并缴纳。教育费附加除了国家层次外，还有地方

教育附加。国家层次的征收率为3%，地方的征收率为2%。其计算公式为

应纳教育费附加 =（当期实际缴纳的增值税 + 当期实际缴纳的消费税）× 征收率

增值税、消费税、城市维护建设税、教育费附加等流转税的计税期间一般有10日、15日、1个月、1个季度或半年。具体计税期由主管税务机关根据纳税人应纳税额大小核定。自然人不能按期纳税，可以按次纳税。纳税人以1个月、1个季度或者半年为一个计税期间的，自期满之日起15日内申报纳税；以10日或者15日为一个计税期间的，自期满之日起5日内预缴税款，于次月1日起15日内申报纳税并结清上月应纳税款。例如企业按月纳税，则11月期间的税要在12月15日前将税款缴清。

【例5-21】12月31日，企业计算本季度应交城市维护建设税为1 820.89元，教育费附加为780.38元，合计为2 601.27元。第四季度应交城市维护建设税和教育费附加如表5-19所示。

表5-19　第四季度应交城市维护建设税和教育费附加
202×年12月31日　　　　　　　　　　　　　　（单位：元）

税　　种	计税依据	计税金额	税率（征收率）	应纳税额
城市维护建设税	应纳增值税、消费税之和	26 012.70	7%	1 820.89
教育费附加	应纳增值税、消费税之和	26 012.70	3%	780.38
合计				2 601.27

分析：假设企业增值税以1个季度作为一个纳税期限，假设企业位于地级市市区，不考虑地方教育附加。

10~12月销项税额合计 = 246 272+63 960+ 98 280+2 177.5 = 410 689.50（元）

该四项数据分别来自例5-15、例5-16、例5-17、例5-18。

10~12月进项税额合计 = 38 220+495+286 910+5 920+4 200.3+12 870+2 320.5+6 510+16 588+10 348+126+130+39 = 384 676.80（元）

该数据分别来自例5-4、例5-5、例5-6、例5-7、例5-8、例5-12。

第四季度应纳增值税 = 销项税额 − 进项税额 = 410 689.5 − 384 676.8 = 26 012.70（元）

第四季度应纳城市维护建设税 = 应纳增值税×税率 = 26 012.7×7% = 1 820.89（元）

第四季度应纳教育费附加 = 应纳增值税×税率 = 26 012.7×3% = 780.38（元）

一方面，第四季度产生的城市维护建设税和教育费用附加要在次年1月15日之前与增值税一并缴纳，在未缴之前增加了一笔税负，故记入"应交税费"的贷方；另一方面，该税负是企业为获得收入而付出的税金成本，相当于增加了一笔费用，该费用取名"税金及附加"，故记入"税金及附加"的借方。会计分录如下：

借：税金及附加——城市维护建设税　　　　　1 820.89
　　　　　　　——教育费附加　　　　　　　　　780.38
　　贷：应交税费——应交城市维护建设税　　　　　1 820.89
　　　　　　　　——应交教育费附加　　　　　　　780.38

总结

一般销售核算三部曲：①确认销售收入；②结转销售成本；③计算销售税金。三部曲描述旨在帮助树立分析框架，知晓收入核算体系，方便记忆，指导实务。

除了上述三大块内容外,企业还会发生相关销售费用。

4. 销售费用的核算

企业在销售商品和材料、提供劳务的过程中可能会发生各种费用,如保险费、包装费、展览费和广告费、商品维修费、运输费、装卸费等。也有一些企业为销售本企业商品而专设的销售机构(如销售网点、售后服务网点等)会产生职工薪酬、业务费、折旧费等经营费用。这些支出在发生时记入"销售费用"账户。其中,对履行收入合同准则而发生的运输费,则通过"主营业务成本"或"其他业务成本"核算。

【例 5-22】 销售费用案例

(1) 12 月 31 日,结转出售皮鞋的包装盒成本共计 44 640 元,包装盒成本采用月末加权平均法计算。原始凭证附件如表 5-20 所示。

表 5-20 包装盒出库成本计算表

202×年 12 月 31 日

包装物名称	计量单位	期初结存(12月1日)		本期收入(12月)		加权平均单位成本	本期出库	
		数量(盒)	金额(元)	数量(盒)	金额(元)		数量(盒)	金额(元)
包装盒	盒	55 000	99 000	0	0	1.8	24 800	44 640
合计							24 800	44 640

分析:包装盒随同产品出售,不单独计价,不作销售处理;也没有进行加工,不需要计入皮鞋的生产成本中,在出售时直接将成本计入销售费用。一方面,随着包装盒出库,资产减少,贷记"周转材料";另一方面,包装盒的减少是为出售皮鞋而发生的销售费用,要将其成本转入"销售费用"账户,费用增加,记入"销售费用"的借方。会计分录如下:

借:销售费用——包装费　　　　　　　　　　　　　　　　　　44 640
　　贷:周转材料——包装盒　　　　　　　　　　　　　　　　　　44 640

(2) 12 月 31 日,以转账支票支付第四季度广告费 4 560.9 元(假设不考虑增值税)。

分析:一方面,转账支票付款即为银行存款减少,故贷记"银行存款";另一方面,该支出为第四季度广告费,广告费计入企业销售费用,故借记"销售费用"。根据权责发生制,支付的广告费按理应分摊到每个月。但因无法与具体收入相互配比,所以在支付时直接计入 12 月份,与整年收入配比。会计分录如下:

借:销售费用——广告费　　　　　　　　　　　　　　　　　　4 560.90
　　贷:银行存款　　　　　　　　　　　　　　　　　　　　　　　4 560.90

附:第 5.4 节销售业务的核算中各科目 T 字形账户汇总如图 5-32~图 5-39 所示:

借	银行存款	贷	借	应交税费——其他	贷
2 140 672		4 560.90			1 820.89
50 000					780.38
500 000					
800 000					
合计:3 490 672		合计:4 560.90			合计:2 601.27

图 5-32 银行存款和"应交税费——其他"T 字形账户

借　　税金及附加　　贷	借　应交税费——应交增值税　贷
1 820.89	246 272
780.38	63 960
	98 280
合计：2 601.27	2 177.50
	合计：410 689.50

图 5-33　税金及附加和"应交税费——应交增值税"T 字形账户

借　　应收账款　　贷	借　　主营业务收入　　贷
555 960　│　500 000	│　1 894 400
1 090　│	│　492 000
合计：557 050　│　合计：500 000	│　756 000
	│　合计：3 142 400

图 5-34　应收账款和主营业务收入 T 字形账户

借　　销售费用　　贷	借　　预收账款　　贷
44 640	854 280　│　50 000
4 560.90	│　800 000
合计：49 200.90	合计：854 280　│　合计：850 000

图 5-35　销售费用和预收账款 T 字形账户

借　　主营业务成本　　贷	借　　库存商品　　贷
1 109 176.53	│　1 109 176.53
合计：1109 176.53	│　合计：1 109 176.53

图 5-36　主营业务成本和库存商品 T 字形账户

借　　其他业务成本　　贷	借　　原材料　　贷
13 376	│　13 376
合计：13 376	│　合计：13 376

图 5-37　其他业务成本和原材料 T 字形账户

借　　应收票据　　贷	借　　周转材料　　贷
18 927.50	│　44 640
合计：18 927.50	│　合计：44 640

图 5-38　应收票据和周转材料 T 字形账户

借　　库存现金　　贷	借　　其他业务收入　　贷
│　1 090	│　16 750
│　合计：1 090	│　合计：16 750

图 5-39　库存现金和其他业务收入 T 字形账户

5.5 利润及其分配业务的核算

5.5.1 利润及其分步式核算概述

利润是企业一定期间内的经营成果，是将企业各项收入减去各项费用后的余额。影响利润计算的账户只有损益类账户。非损益类账户不会影响利润的计算，比如制造费用、生产成本等账户属于成本类账户，它们并不直接影响利润的计算。

目前我国利润表是一张分步式报表，具体见第 12 章内容。它分四步计算不同层次利润，分别是营业利润、利润总额、净利润、未分配利润。相关计算公式如下：

1. 营业利润

营业利润 = 主营业务收入 + 其他业务收入 − 主营业务成本 − 其他业务成本 − 税金及附加 − 管理费用 − 财务费用 − 销售费用 + 其他收益 − 资产减值损失 − 信用减值损失 ±公允价值变动损益 ±投资收益 ±资产处置损益

计算时，金额来源于各账户未结账前的账户余额，有的账户余额是双向的，如果余额在借方，为利润的减项，如果余额在贷方，为利润的加项。

营业利润反映的是企业日常经营活动中产生的利润。营业利润越高，利润质量越高。

2. 利润总额

利润总额又叫税前利润（Profit Before Taxes）。其计算公式为

利润总额 = 营业利润 +（营业外收入 − 营业外支出）

它由两部分构成，一部分是营业利润，另一部分是营业外收支净额，营业外收支净额是非日常经营活动中产生的利得或损失。把营业外收支与营业利润相互分开列示，有助于分析利润总额的质量。

3. 净利润

净利润（Net Income）又叫税后利润。其计算公式为

净利润 = 利润总额 − 所得税费用

企业实现盈利后，根据所得税法规定，企业应依据利润总额按一定的税率计算应缴纳的企业所得税。对企业来说，缴纳的企业所得税是一项实实在在的费用，所以叫作所得税费用。在实务中，计算应缴纳的企业所得税的基数并不直接依据企业的利润总额，而是依据税法规定调整后的应纳税所得额（应税利润）。其计算公式为

应纳税所得额(应税利润) = 利润总额（会计利润）+ 纳税调增额 − 纳税调减额

企业应交所得税 = 应纳税所得额 × 所得税税率

企业所得税的基本税率为 25%。

4. 未分配利润

缴了企业所得税后，本期净利润加上期初未分配利润，构成了本期可供分配利润，分配了利润之后，便是期末留存的未分配利润。其计算公式表示为

期末未分配利润 = 期初未分配利润 + 本期净利润 − 本期分配的利润

利润分配是一项严肃的事情，如果企业将当年赚取的利润全部分配给股东，则企业后续生产就是维持简单再生产，企业无法壮大，承担风险能力差。一旦企业日后亏损，则企业净资产缩水，最终股东投入的资本金都无法保障。如果不向股东分配，则不利于调动股东投资的积极性。所以利润分配既涉及国家政策，又涉及企业股东利益，需要在两者之间做出平衡。

依据《公司法》第一百六十六条规定，企业当年赚取的净利润分配顺序如下：

第一步，弥补以前年度亏损。

企业当年实现的净利润应该先弥补以前年度的亏损，弥补完之后还有剩余的用于计提盈余公积。

根据税法规定，以前年度亏损（5年内）可用所得税税前利润弥补，从第6年起只能用税后利润弥补。例如，2015年企业亏损1 000万元，2016年、2017年、2018年、2019年、2020年、2021年分别实现税前利润100万元、150万元、180万元、200万元、220万元、300万元，则2016年—2020年这5年期间都可以用税前利润弥补。企业这5年期间，虽然实现了盈利，但是可以不用缴企业所得税。到了2020年年末仍然有150万元未弥补，则2021年要采用税后利润弥补的方式，企业要先缴企业所得税=300×25%=75（万元），税后可以用于弥补以前年度亏损的利润为225万元（300-75）。

另外，经股东大会批准，企业也可以用盈余公积弥补以前企业年度亏损。

第二步，提取法定盈余公积。

公司应以当年净利润扣除弥补以前年度亏损后的余额为基数，按10%计提法定盈余公积金（《公司法》中叫法定公积金）。公司法定公积金累计额达到公司注册资本的50%以上的，可以不再提取。

第三步，提取任意盈余公积。

提取完法定盈余公积之后，企业可以依据公司章程或董事会等类似权力机构决议，自己制定提取比例。

第四步，向股东分配利润。

当年净利润在弥补亏损和提取盈余公积金之后所结余的税后利润，再加上年初未分配利润，用于向股东分配利润，分配方式为现金股利或股票股利。若股东会、股东大会或者董事会违反规定，在公司弥补亏损和提取法定公积金之前向股东分配利润的，股东必须将违反规定分配的利润退还公司。

计算分配金额时，需注意两个基数：一是提取盈余公积的基数；二是向股东分配利润的基数。提取盈余公积的基数等于当年实现的净利润，年初未分配利润不参与计算。如果以前年度有未弥补的亏损，计提盈余公积基数=当年实现的净利润-年初未弥补亏损额。如果弥补亏损后仍有亏损，则不需计提盈余公积。向股东分配利润的基数=年初未分配利润+（当年实现的净利润-当期盈余公积提取额）。年初未分配利润可以留在本期继续分配。如果年初未分配利润为负数，即为年初未弥补的亏损额。

例如，企业年初未分配利润为100万元，当年实现净利润200万元，当年计提盈余公积的基数为当年实现的净利润200万元，盈余公积计提额=200×10%=20（万元）。当年可供投资者分配的利润=年初未分配利润+本期实现净利润-盈余公积计提额=100+200-20=280（万元）。

又如，企业年初未分配利润为-100万元，当年实现税前利润为300万元，且年初未弥补亏损额在5年之内，则可以先用税前利润弥补年初亏损额，弥补完后的利润为200万元。以此基数缴纳企业所得税50万元（200×25%），弥补亏损及缴纳企业所得税后的净利润为150万元，即当年计提的盈余公积基数 = 当年实现的净利润 - 年初未弥补亏损额 = 300 - 50 - 100 = 150（万元），盈余公积计提额 = 150 × 10% = 15（万元）。当年可供投资者分配的利润 = 本期实现的净利润 - 年初未弥补亏损额 - 本期盈余公积计提额 = 300 - 50 - 100 - 15 = 135（万元）。

5.5.2 利润及其分配核算中涉及的主要账户

1. "本年利润"账户

（1）账户性质：本年利润属于会计科目表中的所有者权益类账户，按会计要素分类属于利润类账户。

（2）账户用途：该账户核算企业本期实现的净利润或净亏损。

（3）账户登记要领：该账户贷方登记收入类账户的转入额，借方登记费用类账户的转入额。把收入和费用转入该账户后，如果余额方向在贷方，表示本期实现的利润；如果余额方向在借方，表示本期发生的亏损额。平时月份，账户可以留有余额，但是到了年末，要将本年利润的账户余额转到"利润分配——未分配利润"账户，年末不留余额。

（4）明细账设置：该账户不需要设置二级明细账。账簿格式可以采用多栏式账簿或三栏式账簿。

2. "利润分配——提取法定盈余公积、提取任意盈余公积、应付股利、应付利润"四个明细账户

（1）账户性质：该账户属于会计科目表中的所有者权益类账户，按会计要素分类属于利润类账户。

（2）账户用途：这四个明细账户核算企业分配的利润。其中"利润分配——应付股利"适用于股份有限公司分配利润时使用，"利润分配——应付利润"适用于有限责任公司分配利润时使用。

（3）账户登记要领：这四个明细账户借方登记分配的利润，贷方登记结转到"利润分配——未分配利润"账户的金额。这四个账户年末无余额，需要全部结转到"利润分配——未分配利润"账户。

（4）明细账设置：这四个账户明细账名称为固定名称，不能修改，账簿格式可以采用三栏式账簿。或将这四个明细账集中登记到多栏式账簿。

3. "利润分配——未分配利润"明细账户

（1）账户性质：该账户属于会计科目表中的所有者权益类账户，按会计要素分类属于利润类账户。

（2）账户用途：该账户反映企业可供分配的利润、分配的利润及留存未分配的利润。

（3）账户登记要领：该账户贷方登记"本年利润"账户贷方余额的转入额，以及盈余公积弥补亏损的转入额，贷方增加金额反映了本期增加的可供分配利润，借方登记分了的利润，由"利润分配——提取法定盈余公积"等四个明细账户转入，反映分配的利润，如果本年利润是亏损额，还反映"本年利润"账户的借方转入额，反映减少了可供分配的利润。该账户余额如果在贷方，反映累计的未分配利润；该账户余额如果在借方，反映累计的未弥补亏损额。

（4）明细账设置：该明细账名称是专用固定名称。明细账可以采用三栏式或多栏式账簿。

4. "盈余公积"账户

（1）账户性质：盈余公积为所有者权益类账户。

（2）账户用途：该账户核算企业从利润中提取的盈余公积，记录企业盈余公积的增加、使用和结余情况。

（3）账户登记要领：该账户贷方登记当期提取的盈余公积数，借方登记当期减少的盈余公积，包括用盈余公积弥补以前年度亏损额、盈余公积转增资本额等。期末余额在贷方，反映结余的盈余公积。

（4）明细账设置：该账户可设置"盈余公积——法定盈余公积"和"盈余公积——任意盈余公积"两个明细账。明细账采用三栏式账簿。

5. "应付利润"账户和"应付股利"账户

（1）账户性质：两账户属于负债类账户。

（2）账户用途：该账户核算企业应分配的利润和现金股利。其中"应付利润"适用于有限责任公司，"应付股利"适用于股份有限公司。股利分成现金股利和股票股利，由于股票股利的特殊性，分配股票股利时不通过"应付股利"账户核算。

（3）账户登记要领：该账户贷方登记企业宣告应付给股东的利润或现金股利，借方登记企业支付给股东的利润和现金股利。期末余额在贷方，反映尚未支付给股东的利润和股利。

（4）明细账设置：该账户按股东设置明细账。账簿可以采用三栏式账簿。

6. "所得税费用"账户

（1）账户性质：该账户属于费用类账户，会计科目表中属于损益类账户。

（2）账户用途：该账户核算企业根据应纳税所得额计算的所得税。

（3）账户登记要领：该账户借方登记本期所得税费用的增加额，贷方登记结转到"本年利润"账户的金额，期末全部转入"本年利润"账户后不再有余额。

（4）明细账设置：该账户不需设置明细账。账簿可以采用三栏式账簿。

5.5.3 非日常经营业务核算举例

上节对工业企业日常经营活动的业务核算做了详细介绍，为了全面反映利润总额的内容，补充非日常业务的核算。涉及的主要账户如下：

1. "营业外收入"账户

（1）账户性质：营业外收入（Non-operating Earnings）属于广义收入类账户，会计科目表中属于损益类账户。

(2) 账户用途：该账户核算企业非日常经营活动中取得的利得，主要包括接受捐赠利得、接受赔款利得、非流动资产（如固定资产、无形资产）的盘盈利得或毁损报废净收益等。需要注意的是，固定资产或无形资产出售利得通过"资产处置损益"账户核算，不通过"营业外收入"账户核算。

(3) 账户登记要领：该账户贷方登记前述活动所获得的净收益，借方登记结转到"本年利润"账户的金额，结转后期末无余额。

(4) 明细账设置：该账户可以根据营业外收入的项目进行明细核算。如可以设置捐赠收入、赔款收入、盘盈收入等明细账。账簿可以采用多栏式或三栏式账簿。

2. "营业外支出"账户

(1) 账户性质：营业外支出（Non-operating Expenditure）属于广义费用类账户，会计科目表中属于损益类账户。

(2) 账户用途：该账户核算企业非日常经营活动中产生的损失，主要包括对外捐赠支出、罚款支出、非常损失、非流动资产（如固定资产、无形资产）的盘亏损失或毁损报废净损失等。固定资产或无形资产出售的净损失通过"资产处置损益"账户核算，不再通过"营业外支出"账户核算。

(3) 账户登记要领：该账户借方登记前述活动所产生的净损失，贷方登记结转到"本年利润"账户的金额，结转后期末无余额。

(4) 明细账设置：该账户可以根据营业外支出的项目进行明细核算。如可以设置捐赠支出、罚款支出、盘亏损失、非常损失、非流动资产毁损报废损失等明细账。账簿可以采用多栏式或三栏式账簿。

需要注意的是，前节中"主营业务收入"和"主营业务成本"两个账户形成配比关系，"其他业务收入"和"其他业务成本"两个账户也形成配比关系，但是"营业外收入"和"营业外支出"两个账户并不具有配比关系。"营业外收入"账户核算的是经济利益的净流入，是已扣除成本后的净收益。"营业外支出"账户核算的是经济利益的净流出，是扣除收益后的净损失。

【例5-23】 非日常活动核算案例

(1) 12月24日，企业开出转账支票，向希望工程捐款98 785.50元。

分析：一方面，开出转账支票，意味着银行存款减少，贷记"银行存款"；另一方面，该支出是捐赠支出，是一项非日常活动，借记"营业外支出"。会计分录如下：

借：营业外支出——希望工程捐赠　　　　　　　　　　98 785.50
　　贷：银行存款　　　　　　　　　　　　　　　　　　98 785.50

(2) 12月26日，企业收到客户合同违约金5 000元，款项已存入银行。

分析：一方面，企业收到违约金，借记"银行存款"；另一方面，该资金是客户违反合同而收取的，是一项非日常活动产生的利得，故贷记"营业外收入"。会计分录为：

借：银行存款　　　　　　　　　　　　　　　　　　　5 000
　　贷：营业外收入——合同违约收入　　　　　　　　　5 000

(3) 12月27日，企业收到税务机关罚款通知，缴纳滞纳金1 000元，款项已通过银行转账支付。

分析：一方面，企业缴纳滞纳金，贷记"银行存款"；另一方面，该资金为违反税收而支付的罚款支出，为非日常活动产生的损失，登记在"营业外支出"的借方。会计分录为：

借：营业外支出——滞纳金　　　　　　　　　　　　　　　　　　　　1 000
　　贷：银行存款　　　　　　　　　　　　　　　　　　　　　　　　　　1 000

5.5.4 利润及其分配核算举例

1. 利润总额的核算

利润总额由营业利润和营业外收支净额计算得到，因此影响利润总额计算的账户是会计科目表中的损益类账户，包括主营业务收入、其他业务收入、营业外收入、主营业务成本、其他业务成本、税金及附加、管理费用、财务费用、销售费用、营业外支出等。单纯从数学角度，计算利润总额时，只要把收入类账户的本期贷方余额减去费用类账户的借方余额相减即可，但是从会计核算角度，需要通过编制会计分录来实现。首先要设置一个专门核算利润的"本年利润"账户；然后将收入类账户贷方余额转到"本年利润"账户的贷方，将费用类账户的借方余额转到"本年利润"账户的借方；最后结出"本年利润"账户余额，该账户余额即为利润总额。

本节以前述若干例题为例，讲解利润及其分配的会计处理流程。以10~12月作为会计利润核算期。除了前述例题涉及的交易和事项，以及12月份计提固定资产折旧外，再无其他业务。

【例 5-24】 12月31日，计提12月份固定资产折旧费。会计分录同11月份。

借：制造费用——制鞋车间——折旧费　　　　　　　　　　　　　　3 242.67
　　管理费用——折旧费　　　　　　　　　　　　　　　　　　　　　1 187.50
　　贷：累计折旧　　　　　　　　　　　　　　　　　　　　　　　　　4 430.17

至此，10~12月相关损益类账户发生额信息以T字形账户汇总如图5-40~图5-44所示。

```
借        主营业务成本      贷          借      主营业务收入        贷
1 109 176.53                                                     1 894 400
合计：1 109 176.53                                                 492 000
                                                                  756 000
                                                              合计：3 142 400
```

图5-40　主营业务成本和主营业务收入T字形账户

```
借        营业外支出        贷          借      营业外收入          贷
98 785.50                                                         5 000
1 000                                                         合计：5 000
合计：99 785.50
```

图5-41　营业外支出和营业外收入T字形账户

借	其他业务成本	贷
13 376		
合计：13 376		

借	其他业务收入	贷
		16 750
		合计：16 750

图 5-42　其他业务成本和其他业务收入 T 字形账户

借	财务费用	贷
6 000		
6 000		
6 000		
30 000		
合计：48 000		

借	管理费用	贷
50		
51 800		
1 187.50		
1 187.50		
合计：54 225		

图 5-43　财务费用和管理费用 T 字形账户

借	税金及附加	贷
1 820.89		
780.38		
合计：2 601.27		

借	销售费用	贷
44 640		
4 560.90		
合计：49 200.90		

图 5-44　税金及附加和销售费用 T 字形账户

【例 5-25】　将 10~12 月所有收入类账户金额结转到"本年利润"账户。

分析：一方面，收入类账户余额在贷方，将该账户余额转出，即意味着减少，故借记"主营业务收入""其他业务收入""营业外收入"等收益类账户；另一方面，收入账户的金额转到"本年利润"账户后，使得"本年利润"账户的利润金额增加，"本年利润"账户为所有者权益类账户，故贷记"本年利润"账户。会计分录如下：

借：主营业务收入　　　　　　　　　　　　　　　　　　　3 142 400
　　其他业务收入　　　　　　　　　　　　　　　　　　　　16 750
　　营业外收入　　　　　　　　　　　　　　　　　　　　　 5 000
　　贷：本年利润　　　　　　　　　　　　　　　　　　　　3 164 150

需要注意的是，分录中借方含义是指收入账户中金额减少了，并不是指实际收入减少，其结转原理同前节"在途物资"账户转到"原材料"账户类似，只是把金额从一个账户转到另外一个账户，本身所反映的实际收入并不会减少。

【例 5-26】　将 10~12 月所有费用类账户金额结转到"本年利润"账户。

分析：一方面，费用类账户本来余额是在借方，将其金额从本账户转出去，意味着减少，故贷记"主营业务成本"等账户；另一方面，将费用类账户的金额转到"本年利润"账户后，根据"利润=收入−费用"公式，使得"本年利润"账户金额减少，故借记"本年利润"账户。会计分录如下：

借：本年利润　　　　　　　　　　　　　　　　　　　　　1 376 365.20
　　贷：主营业务成本　　　　　　　　　　　　　　　　　　1 109 176.53
　　　　税金及附加　　　　　　　　　　　　　　　　　　　　2 601.27
　　　　营业外支出　　　　　　　　　　　　　　　　　　　　99 785.50
　　　　其他业务成本　　　　　　　　　　　　　　　　　　　13 376

管理费用	54 225
销售费用	49 200.90
财务费用	48 000

需要注意的是，同收入结转一样，分录贷方含义是指各个费用账户金额减少，并不是指实际费用减少，费用产生是一个动词概念，只有产生还是不产生两种情况，不会出现减少的说法。另外，如果把"本年利润"账户视为一个"大房子"，当把费用转入这个"大房子"后，作为收入的抵减项目，"大房子"里的利润相应减少，所以借记"本年利润"。

经过上述两个结转分录后，"本年利润"账户余额便是利润总额。如果"本年利润"余额方向在贷方，反映当期为盈利；如果"本年利润"余额方向在借方，反映当期为亏损。本题中利润总额 = "本年利润"的贷方发生额合计 - "本年利润"的借方发生额合计 = 3 164 150 - 1 376 365.20 = 1 787 784.80（元）。

2. 净利润的核算

企业当期赚取的利润，需要按一定比率上缴给国家，上缴的这部分利润叫作企业所得税，对企业来讲，是一笔费用支出，叫作所得税费用。利润总额扣除了所得税费用后的净额叫作净利润，或税后利润。

（1）企业所得税的计算及计提。企业所得税是以税法为基础计算的应纳税所得额为计税依据，与会计利润并不是完全相同的概念，应纳税所得额 = 会计利润总额 + 纳税调增额 - 纳税调减额。以本节例5-23中的（3）为例，从会计角度看，企业支付的税收滞纳金罚款支出1 000元计入营业外支出，导致利润总额减少1 000元。但是按税法规定，此罚款支出与企业日常经营活动无关，不得从利润总额中扣除。企业的应纳税所得额 = 会计利润总额 + 纳税调增额 = 1 787 784.80 + 1 000 = 1 788 784.80（元）。

根据企业所得税法规定，所得税的缴纳采用每月或每季度预交，年终汇算清缴制度。在每月或每季度结束后的次月15日内预缴税款。所以每到月末或季末，会计要及时计提所得税。

【例5-27】 计提第四季度所得税费用447 196.20元，所得税税率为25%。

分析：应交所得税额 = 应纳税所得额 × 所得税税率 = 1 788 784.80×25% = 447 196.20（元）。一方面，企业增加一笔应交所得税447 196.20元，贷记"应交税费——应交所得税"；另一方面，企业增加了一笔费用，借记"所得税费用"。会计分录如下：

借：所得税费用	447 196.20
贷：应交税费——应交所得税	447 196.20

（2）将"所得税费用"账户金额结转到"本年利润"账户。将"所得税费用"账户金额转到"本年利润"账户，结转后的"本年利润"账户余额反映的就是净利润。

【例5-28】 将"所得税费用"账户金额447 196.20元结转到"本年利润"账户。

分析：一方面，将"所得税费用"账户金额转出，转出意味着减少，故贷记"所得税费用"；另一方面，"本年利润"账户接受"所得税费用"账户转入的金额后，费用的转入使得利润减少，故借记"本年利润"。会计分录如下：

借：本年利润	447 196.20
贷：所得税费用	447 196.20

经过计提和结转后,"本年利润"账户的余额即表现为净利润的含义。净利润的金额为

$$净利润额 = 1\,787\,784.80 - 447\,196.20 = 1\,340\,588.60(元)$$

需注意的是,实际工作中,是先计提所得税费用,然后将所得税费用和前述其他费用一并结转,直接算出净利润,不需要单独对所得税费用编制结转分录。因为上述收入和费用转到本年利润的过程叫结账,结账是一步完成的。此处是为了体现净利润的计算,特意进行单独处理。

3. 未分配利润的计算

企业获取的净利润是企业可以实际支配的利润,按照《公司法》规定,分配利润分两步,第一步,以本年新增的净利润为基础计提法定盈余公积和任意盈余公积;第二步,向股东分配利润,分配完之后剩余利润为最终未分配利润。

为了核算未分配利润,需设置"利润分配——未分配利润""利润分配——提取法定盈余公积""利润分配——提取任意盈余公积"和"利润分配——应付利润(或应付股利)"等明细账户。为了体现未分配利润核算的逻辑性,将其核算概括为"三部曲"。

(1) 将"本年利润"账户余额(净利润)转到"利润分配——未分配利润"账户。

【例 5-29】 将"本年利润"账户余额 1 340 588.60 元转到"利润分配——未分配利润"账户。

分析:一方面,"本年利润"账户余额本来为贷方余额,将其金额转出,意味着减少,故借记"本年利润"账户;另一方面,本年利润账户金额转到"利润分配——未分配利润"账户后,使得"利润分配——未分配利润"账户金额增加,"利润分配"账户为所有者权益类账户,故贷记"利润分配——未分配利润"。会计分录如下:

借:本年利润   1 340 588.60
　　贷:利润分配——未分配利润   1 340 588.60

通过上述结转后,"利润分配——未分配利润"账户增加了 1 340 588.60 元,表示增加了可供分配利润 1 340 588.60 元。

如果本年利润是亏损的,则分录做反方向处理。借记"利润分配-未分配利润",贷记"本年利润"。另需注意的是,前述讲到,企业当年实现的净利润应该先弥补以前年度的亏损,弥补完之后还有剩余的利润才能用于之后的分配。将当年利润转入"利润分配-未分配利润"后,弥补过程通过账户本身的内部计算自动实现了,所以用当年利润弥补以前年度亏损无须专门编制分录。

(2) 分配利润。分配利润内容主要包括计提法定盈余公积、计提任意盈余公积和向股东分配利润三个方面。

第一,计提法定盈余公积

如果当年为亏损,则当年不计提盈余公积;如果当年盈利,但以前年度有亏损,应以弥补以前年度亏损后的净利润再考虑计提。本例中假设无以前年度亏损的情况。

【例 5-30】 根据《公司法》规定,以当年实现的净利润 1 340 588.60 元为基数,按 10% 的比例计提法定盈余公积 134 058.86 元。

分析:通俗地讲,盈余公积相当于将净利润中的一部分资金拿出来专门核算,这部分

资金从利润中提取,作为企业以后年度公共积累资金,故取名"盈余公积",其属于所有者权益,本期盈余公积增加,贷记"盈余公积"账户;另一方面,计提盈余公积为企业利润分配内容的一部分,利润被分配掉了,"利润分配"账户金额减少,"利润分配"账户为所有者权益账户,故借记"利润分配"账户,为了反映利润分配的具体情况,需专门设置"利润分配——提取法定盈余公积"等明细账户。会计分录如下:

　　借:利润分配——提取法定盈余公积　　　　　　　　134 058.86
　　　　贷:盈余公积　　　　　　　　　　　　　　　　134 058.86

在编制上述分录时,有人建议利润分配明细账直接写成如下形式,或者不需要设置任何明细账:

　　借:利润分配——未分配利润　　　　　　　　　　　134 058.86
　　　　贷:盈余公积——法定盈余公积　　　　　　　　134 058.86

按理此种写法也未尝不可,但是如果企业想了解具体的利润分配信息,由于没有专门反映利润分配的明细账户,则无专门账户可以查找,不利于信息的查询。基于这种考虑,计提盈余时,专门设置"利润分配——提取法定盈余公积"明细账户,通过该明细账户的借方记录,可以直接查到企业法定盈余公积的提取情况。此思路与生产业务核算章中的应付职工薪酬处理相通。

第二,计提任意盈余公积

【例5-31】 根据董事会提议,经股东大会批准,决定以当年实现的净利润1 340 588.60元为基数,按3%的比例计提任意盈余公积40 217.66元。

分析:计提任意盈余公积,与计提法定盈余公积类似,只是把明细账改为"利润分配——提取任意盈余公积",会计分录如下:

　　借:利润分配——提取任意盈余公积　　　　　　　　40 217.66
　　　　贷:盈余公积——任意盈余公积　　　　　　　　40 217.66

第三,向股东分配利润

企业当期赚取的净利润,扣除了当期提取的盈余公积之后,加上期初未分配利润,便构成了当期可供股东分配的利润。在治理结构有董事会和股东大会的企业中,分配预案由董事会提出,经股东大会批准后,向全体股东宣告。宣告之后,便产生了一项向股东偿债义务。

【例5-32】 12月31日,董事会宣告向三位股东分配股利166 312元。李明所占股份比例为45.76%,应分76 104.37元;江北公司所占股份比例为47.63%,应分79 214.41元;张达所占股份比例为6.61%,应分10 993.22元。

分析:一方面,企业宣告向股东分配利润,一经宣告,就承担了分配义务,增加了负债,该负债取名"应付利润"或"应付股利",贷记"应付利润"或"应付股利"账户;另一方面,分配股利也是利润分配的一部分,为了反映利润分配的具体情况,设置"利润分配——应付股利"或"利润分配——应付利润"账户。会计分录如下:

　　借:利润分配——应付利润　　　　　　　　　　　　166 312
　　　　贷:应付利润——江北公司　　　　　　　　　　79 214.41
　　　　　　　　　——李明　　　　　　　　　　　　76 104.37
　　　　　　　　　——张达　　　　　　　　　　　　10 993.22

需要注意的是，分配利润业务一般不会在年末进行，都是发生在下一年度，为下个年度核算内容，属于资产负债表日后事项。为了反映利润分配的完整过程，假设这笔分配利润业务在本年年末核算。

上述三项分配业务处理后，总共分配了 340 588.52 元的利润。

4. 未分配利润的核算

经过上述分配后，最终留存的未分配利润金额＝期初未分配利润＋本期新增净利润－当期分配的利润 ＝ 0 + 1 340 588.60 - 340 588.52 = 1 000 000.08（元）。那么怎么通过会计分录形式计算出该未分配利润金额呢？

【例 5-33】 将"利润分配——计提法定盈余公积""利润分配——计提任意盈余公积""利润分配——应付股利"三个明细账金额结转到"利润分配——未分配利润"明细账，计算出最终未分配利润金额。

分析：前面分配利润的会计分录中，计提盈余公积和应付股利时，并不是直接借记"利润分配——未分配利润"账户，而是借记"利润分配——计提法定盈余公积""利润分配——计提任意盈余公积""利润分配——应付股利"三个明细账，目的是借助这三个明细账直观地查询到利润分配的情况。所以为了最终计算未分配利润，还得将这三个明细账的借方金额转到"利润分配——未分配利润"明细账的借方，真正反映未分配利润的减少和结余金额。会计分录如下：

借：利润分配——未分配利润　　　　　　　340 588.52
　　贷：利润分配——应付利润　　　　　　　　166 312
　　　　　——提取法定盈余公积　　　　　　　134 058.86
　　　　　——提取任意盈余公积　　　　　　　 40 217.66

通过上述分析，利润的核算及分配过程主要靠分录结转来完成。

首先，将收入和费用转到"本年利润"账户，结转后收入和费用账户期末不再留有余额。

其次，将"本年利润"账户余额转到"利润分配——未分配利润"账户，结转后"本年利润"账户期末不再留有余额。

再次，将"利润分配——提取盈余公积/应付股利"等明细账转到"利润分配——未分配利润"账户，结转后期末也不再留有余额。

最后，利润核算指向"利润分配——未分配利润"账户，只有该账户留有余额。

图 5-45~图 5-49 是本节本年利润、利润分配等账户的登记示例，可以更明晰地看出结转流程。

本年利润　明细分类账

年		凭证		摘要	对方科目	借方金额		贷方金额		借或贷	余额	
月	日	种类	号数			千百十万千百十元角分	√	千百十万千百十元角分	√		千百十万千百十元角分	√
12	31	转	1	收入转入	主营业务收入等			3 1 6 4 1 5 0 0 0		贷	3 1 6 4 1 5 0 0 0	
12	31	转	2	费用转入	主营业务成本等	1 3 7 6 3 6 5 2 0				贷	1 7 8 7 7 8 4 8 0	
12	31	转	4	所得税费用转入	所得税费用	4 4 7 1 9 6 2 0				贷	1 3 4 0 5 8 8 6 0	
12	31	转	5	转入利润分配——未分配利润明细账	利润分配——未分配利润	1 3 4 0 5 8 8 6 0				平		

图 5-45 "本年利润"明细账

二级科目编号及名称 未分配利润　　利润分配　明细分类账　　　　　　总 第__页 分第__页

年		凭证		摘要	对方科目	借方金额 千百十万千百十元角分	√	贷方金额 千百十万千百十元角分	借或贷	余额 千百十万千百十元角分	√
月	日	种类	号数								
12	31	转	5	本年利润转入	本年利润			1 3 4 0 5 8 8 6 0	贷	1 3 4 0 5 8 8 6 0	
12	31	转	9	利润分配——计提法定盈余公积明细账转入	利润分配	1 3 4 0 5 8 8 6			贷	1 2 0 6 5 2 9 7 4	
12	31	转	9	利润分配——计提任意盈余公积明细账	利润分配	4 0 2 1 7 6 6			贷	1 1 6 6 3 1 2 0 8	
12	31	转	9	利润分配——应付利润明细账转入	利润分配	1 6 6 3 1 2 0 0			贷	1 0 0 0 0 0 0 0 8	

图 5-46　"利润分配——未分配利润"明细账

二级科目编号及名称 计提法定盈余公积　　利润分配　明细分类账　　　　　　总 第__页 分第__页

年		凭证		摘要	对方科目	借方金额 千百十万千百十元角分	√	贷方金额 千百十万千百十元角分	借或贷	余额 千百十万千百十元角分	√
月	日	种类	号数								
12	31	转	6	计提法定盈余公积	盈余公积	1 3 4 0 5 8 8 6			借	1 3 4 0 5 8 8 6	
12	31	转	9	转入利润分配——未分配利润明细账	利润分配——未分配利润			1 3 4 0 5 8 8 6	平		

图 5-47　"利润分配——计提法定盈余公积"明细账

二级科目编号及名称 计提任意盈余公积　　利润分配　明细分类账　　　　　　总 第__页 分第__页

年		凭证		摘要	对方科目	借方金额 千百十万千百十元角分	√	贷方金额 千百十万千百十元角分	借或贷	余额 千百十万千百十元角分	√
月	日	种类	号数								
12	31	转	7	计提任意盈余公积	盈余公积	4 0 2 1 7 6 6			借	4 0 2 1 7 6 6	
12	31	转	9	转入利润分配——未分配利润明细账	利润分配——未分配利润			4 0 2 1 7 6 6	平		

图 5-48　"利润分配——计提任意盈余公积"明细账

二级科目编号及名称 应付利润　　利润分配　明细账　　　　　　总 第__页 分第__页

年		凭证		摘要	对方科目	借方金额 千百十万千百十元角分	√	贷方金额 千百十万千百十元角分	借或贷	余额 千百十万千百十元角分	√
月	日	种类	号数								
12	31	转	8	计提应付利润	应付利润	1 6 6 3 1 2 0 0			平	1 6 6 3 1 2 0 0	
12	31	转	9	转入利润分配——未分配利润明细账	利润分配			1 6 6 3 1 2 0 0	平		

图 5-49　"利润分配——应付利润"明细账

到此处为止，本章已把企业主要经济业务内容做了简单的介绍。下面通过例 5-34 把本章内容逻辑做一梳理。

【例 5-34】华诚公司以银行存款 1 000 元购入一批材料，该笔支出最终是如何影响企业利润的？用会计分录形式表达。

分析：此笔银行存款支出的核算需要通过四个步骤、四个结转分录一步步来实现。

第一步:采购
　　借:在途物资　1 000
　　　贷:银行存款　1 000
第二步:生产
　　借:生产成本　1 000
　　　贷:原材料　1 000
　　　　　应付职工薪酬
　　　　　制造费用
第三步:销售
　　借:银行存款
　　　贷:主营业务收入
第四步:利润核算
　　借:主营业务收入
　　　贷:本年利润

第一个结转
　　借:原材料　1 000
　　　贷:在途物资　1 000
第二个结转
　　借:库存商品　1 000
　　　贷:生产成本　1 000

第三个结转
　　借:主营业务成本　1 000
　　　贷:库存商品　1 000
第四个结转
　　借:本年利润　1 000
　　　贷:主营业务成本　1 000

附:第5.5节利润及其分配业务的核算中各科目T字形账户(未结账前)汇总如图5-50～图5-54所示。

借	营业外支出	贷
98 785.50		
1 000		
合计:99 785.50		

借	银行存款	贷
5000		98 785.50
		1 000
合计:5 000		合计:99 785.50

图5-50　营业外支出和银行存款T字形账户

借	制造费用	贷
3 242.67		
合计:3 242.67		

借	营业外收入	贷
		5 000
		合计:5 000

图5-51　制造费用和营业外收入T字形账户

借	管理费用	贷
1 187.5		
合计:1 187.5		

借	累计折旧	贷
		4 430.17
		合计:4 430.17

图5-52　管理费用和累计折旧T字形账户

借	所得税费用	贷
447 196.2		
合计:447 196.2		

借	应交税费	贷
		447 196.2
		合计:447 196.2

图5-53　所得税费用和应交税费T字形账户

借	利润分配	贷
134 058.86		
40 217.66		
166 312		
合计：340 588.52		

借	盈余公积	贷
		134 058.86
		40 217.66
		合计：174 276.52

借	应付利润	贷
		166 312
		合计：166 312

图 5-54　利润分配、盈余公积和应付利润 T 字形账户

知 识 训 练

一、思考题

1. 什么叫计提？
2. 期末为什么要编制计提利息支出分录？
3. 在途物资核算三部曲的内容是什么？
4. 比较增值税进项税额和销项税额、含税价和不含税价、增值税专用发票、增值税普通发票的区别。
5. 什么叫结转？
6. 生产成本核算三部曲的内容是什么？
7. 生产成本"三要素"的内容是什么？
8. 企业发出材料的单位成本计算方法有哪些？发出材料的数量计算方法有哪些？
9. 为什么预付账款期末余额可能在贷方？为什么应付账款期末余额可能在借方？如何理解其余额性质？
10. 全月一次加权平均成本法和移动加权平均成本法有什么区别？
11. 如何理解"累计折旧"账户？为什么要设置"累计折旧"账户？
12. 工业企业制造费用、管理费用的明细项目有哪些？
13. "生产成本"账户金额"四要素"代表什么含义？
14. 销售业务核算三部曲的内容是什么？
15. 销售收入的确认条件是什么？
16. 什么叫毛利？用会计科目表示出来。
17. 产品的销售成本怎么计算？
18. 为什么预收账款期末余额可能在借方？为什么应收账款期末余额可能在贷方？如何理解其余额性质？
19. 利润分配核算三部曲的内容是什么？
20. 为什么国家强制规定企业要计提法定盈余公积？
21. "借"：主营业务收入 100；"贷"：本年利润 100。分录中，有人问："主营业务收入登记在借方，即收入减少了，既然收入减少了，本年利润怎么会增加呢？"请谈谈你的想法。

22. 李达要查阅企业今年向股东分配了多少利润，请问到哪个账户查询比较方便？并思考为什么要设置"利润分配"明细账？

23. 企业购买一笔材料支出 100 元，这 100 元最终是怎么影响利润的？请用会计分录来反映。

二、单项选择题

1. 企业用本年度的税后利润弥补以前年度的亏损，需编制会计分录为（　　）。
   A. 借：盈余公积　　贷：利润分配
   B. 借：本年利润　　贷：利润分配
   C. 借：利润分配　　贷：本年利润
   D. 不需要专门账务处理

2. 下列不影响利润计算的账户是（　　）。
   A. 财务费用　　B. 制造费用　　C. 销售费用　　D. 管理费用

3. 专设销售机构的办公费，应当记入（　　）账户。
   A. 广告费用　　B. 销售费用　　C. 管理费用　　D. 其他业务成本

4. 本月收到企业活期存款利息收入 1 300 元，该收入应当计入（　　）。
   A. 财务费用　　B. 营业外收入　　C. 其他业务收入　　D. 投资收益

5. 企业收到投资者出资额超出其在注册资本或股本中所占份额的部分，应当计入（　　）。
   A. 实收资本　　B. 资本公积　　C. 营业外收入　　D. 盈余公积

6. 生产成本账户期末借方余额指的是（　　）。
   A. 未完工产品成本　B. 本期分配的成本　C. 已完工产品成本　D. 本期投入成本

7. 下列不计入采购成本的是（　　）。
   A. 运输途中的合理损耗
   B. 不可抵扣进项税
   C. 运输保险费
   D. 采购人员工资

8. 企业支付利息 2 000 元，之前已预提利息支出 1 500 元，则下列会计分录正确的是（　　）。
   A. 借：应付利息　　　2 000
   　　贷：银行存款　　　　2 000
   B. 借：财务费用　　　2 000
   　　贷：银行存款　　　　2 000
   C. 借：财务费用　　　1 500
   　　应付利息　　　　500
   　　贷：银行存款　　　　2 000
   D. 借：应付利息　　　1 500
   　　财务费用　　　　500
   　　贷：银行存款　　　　2 000

9. 下列不属于材料发出成本计价方法的是（　　）。
   A. 先进先出法
   B. 后进先出法
   C. 全月一次加权平均法
   D. 移动加权平均法

10. 企业采用表结法核算利润，12 月 31 日，"本年利润"账户余额为贷方余额 30 000 元，其含义是（　　）。
    A. 全年实现的净利润
    B. 12 月份实现的净利润
    C. 全年实现的利润总额
    D. 12 月份实现的利润总额

三、多项选择题

1. 生产成本"三要素"指的是（　　）。

A. 直接材料　　　　B. 直接人工　　　　C. 制造费用　　　　D. 生产成本

2. 生产成本核算"三部曲"指的是（　　）。

A. 归集料工费成本　　　　　　　　B. 分配制造费用
C. 结转完工产品成本　　　　　　　D. 计算生产总成本

3. 应收账款的核算内容有（　　）。

A. 销售收入　　　B. 销项税额　　　C. 代垫款项　　　D. 销售费用

4. 其他业务收入的核算内容有（　　）。

A. 材料销售收入　　　　　　　　　B. 出租包装物收入
C. 出租土地使用权收入　　　　　　D. 转让土地使用权收入

5. 下列账户年末肯定没有余额的是（　　）。

A. 本年利润　　　　　　　　　　　B. 利润分配——提取盈余公积
C. 主营业务收入　　　　　　　　　D. 利润分配——未分配利润

6. 下列属于职工福利费支出的是（　　）。

A. 职工食堂补助　B. 职工医务室支出　C. 职工澡堂支出　D. 职工工装支出

7. 应付账款的期末余额如果在借方，下列描述正确的是（　　）。

A. 余额性质是预付账款　　　　　　B. 余额性质是预收账款
C. 是应付账款代替预付账款核算的结果　D. 是应付账款代替预收账款核算的结果

8. 原材料二级分类账可以根据需要设为（　　）。

A. 主要材料　　　B. 包装材料　　　C. 辅助材料　　　D. 燃料

9. 销售核算"三部曲"指（　　）。

A. 确认销售收入　B. 结转销售成本　C. 计算税金及附加　D. 计算销售毛利

10. 计提盈余公积的经济效果有（　　）。

A. 增加企业的流动资金　　　　　　B. 扩大企业的经营规模
C. 提高企业抗风险能力　　　　　　D. 避免企业过度分配红利

11. 下列关于"利润分配——未分配利润"账户描述正确的是（　　）。

A. 贷方登记本年净利润的转入额　　B. 借方登记本年分配的利润
C. 余额在贷方反映累计未分配利润　D. 余额在借方反映累计未弥补亏损额

四、业务核算题

1. 权益性筹资业务的核算

【目的】掌握权益性筹资业务的核算。

【资料】202×年1月，李天和张朋合资成立天朋公司，注册资本为200万元。其中李天占股51%，张朋占股49%。

（1）李天以其持有的一项专利出资，专利公允价值为120万元。企业已收到专利。不考虑增值税等费用。

（2）张朋以货币资金98万元出资。企业已收到资金存入基本户。

（3）半年后，公司增资扩股，吸收战略投资者A公司投资入股70万元。战略投资者投入后，李天和张朋仍以其原投资额200万元计算股份，占公司总股本的80%，A占公司总股本的20%。

【要求】根据资料编制上述三个业务的会计分录。

2. 债务性筹资业务的核算

【目的】掌握债务性筹资业务的核算。

【资料】天朋公司发生如下借款和利息核算业务：

（1）3月1日，天朋公司向建设银行借款30万元，用于购买不需安装的固定资产，借款期限为1.5年，年利率4%。利息与本金到期一次性支付。

（2）3月2日，天朋公司向工商银行借款20万元，借款期限为40天，借款年利率为6%。利息与本金到期一次性支付。全年按360天计算。

（3）3月5日，天朋公司向本单位内部职工借款5万元。款项已存入银行。

（4）3月31日，计提建行和工行借款利息。

（5）4月11日，工商银行借款到期，偿还本金和利息。

【要求】根据资料编制上述五个业务的会计分录。

3. 采购业务的核算

【目的】掌握在途物资业务的核算。

【资料】天朋公司发生下列采购业务：

（1）4月28日，从甲公司购入A材料10t，每吨价格为1 500元，B材料15t，每吨价格为1 400元。增值税税率为13%。价税合计40 680元。同时开具一张银行承兑汇票支付。截止到月底，货物尚未验收入库。

（2）5月3日，支付A和B材料的总运费1 090元（含税价）。增值税税率9%。款项已用支付宝支付。运费按重量分摊。

（3）5月10日，货物到达企业，验收入库。验收发现A材料短缺50kg，经核实为运输途中合理损耗。

【要求】（1）根据上述业务编制物资采购业务的会计分录。

（2）计算入库A材料的单位成本。

4. 采购业务中预付账款的核算

【目的】掌握预付账款账户的核算及运用。

【资料】天朋公司发生下列与预付账款核算相关的业务：

（1）5月20日，向乙公司预付购买A材料款项2 000元。

（2）6月3日，乙公司代办托运发来的A材料，企业收到材料验收入库。同时收到两张增值税发票，一张为乙公司开具的增值税票，显示数量8吨，单价1 450元/t，总价11 600元，增值税1 508元，价税合计13 108元。另外一张发票是大地物流开具的增值税发票，显示运费240元，增值税21.60元，价税合计261.60元。

（3）6月7日，向乙公司转账支付12 000元。

【要求】（1）编制上述三个业务的会计分录。

（2）分析5月末预付账款账户余额的性质。

（3）分析为什么本题不设置应付账款核算未付的货款。

（4）计算购入本批次A材料的单位成本。

5. 采购业务中应付账款的核算

【目的】掌握应付账款账户核算及应用。

【资料】天朋公司发生下列与应付账款核算相关的业务：

(1) 6月1日，"应付账款——丙公司"账户的期初余额为贷方余额1 000元。

(2) 6月6日，向丙公司转账支付6 000元。

(3) 6月15日，向丙公司购入A材料6t，价格为1 520元/t，总价为9 120元，增值税税率为13%，增值税税额1 185.60元，价税合计为10 305.60元。款项未付。货物已验收入库。假设无后续其他费用产生。

(4) 6月20日，以转账支票方式向丙公司支付货款6 000元。

【要求】(1) 编制上述四个业务的会计分录。

(2) 分析为什么本题不设置预付账款账户核算预付的款项？

(3) 分析应付账款期末余额的性质是什么？

6. 生产业务中发出材料成本的计算

【目的】掌握发出材料成本计算的方法。

【资料】天朋公司6月份购入和领用材料的情况如下：

(1) 6月1日，A材料期初结余情况：数量9t，总成本为13 455元。单位成本为1 495元/t。

(2) 6月3日，从乙公司购入A材料8t，总成本为11 840元。单位成本1 480元/t。

(3) 6月7日，生产车间生产产品领用10t。

(4) 6月15日，从丙公司购入A材料6t，总成本为9 156元，单位成本1 526元/t。

【要求】分别采用全月一次加权平均成本法和先进先出法计算6月领用材料的生产成本。

7. 生产业务中生产成本的核算

【目的】掌握企业生产成本核算的步骤和内容。

【资料】天朋公司6月份与生产业务有关的情况如下：

(1) 本月发料凭证汇总见表5-21。

表5-21 天朋公司6月发料凭证汇总

（单位：元）

项　　目	A 材料	B 材料	合　　计
生产产品领用			
X 产品	44 000	5 300	49 300
Y 产品	25 000		25 000
车间一般耗用		1 200	1 200
行政部门领用		3 700	3 700
合计	69 000	10 200	79 200

(2) 以现金支付给企业财务人员困难补助费2 000元。

(3) 月末分配本月工资合计44 500元，其中，生产X产品的工人工资为18 000元，生产Y产品的人员工资为11 000元，车间行政管理人员的工资为3 100元，行政部门人员工资为7 800元，专设销售机构人员工资为4 600元。

(4) 月末，计提本月固定资产折旧费12 000元。其中生产车间固定资产折旧费8 000元，行政办公固定资产折旧费3 000元，专设销售机构固定资产折旧费1 000元。

(5) 月末，按本月工资总额的20%计提本月职工基础养老保险金合计 8 900 元。其中生产 X 产品的工人养老金为 3 600 元，生产 Y 产品的人员养老金为 2 200 元，车间行政管理人员的养老金为 620 元。行政部门人员的养老金为 1 560 元。专设销售机构人员的养老金为 920 元。

(6) 月末，分配本月支付给财务人员的困难补助费 2 000 元。

(7) 月末，将本月发生的制造费用分摊到 X 和 Y 两种产品，按生产工时比例分摊，其中 X 产品工时为 600 工时，Y 产品工时为 400 工时。

(8) 月末，假设 X 产品全部完工，Y 产品全部未完工，结转完工 X 产品的生产成本。

【要求】(1) 根据上述资料编制生产业务的会计分录。

(2) 用 Excel 工具设计制造费用明细账和生产成本明细账，并填制账簿。

8. 生产成本账户的运用

【目的】掌握生产成本账户四要素的含义及运用。

【资料】某公司专业生产铁锹，相关的"生产成本——铁锹"账户有关事项如下：

(1) 生产成本期初余额信息如下：直接材料成本项目 6 800 元，直接人工项目 5 600 元，制造费用项目 4 800 元。

(2) 本月发生费用为直接材料 70 000 元，直接人工 32 000 元，制造费用 21 200 元。

(3) 本月完工 32 箱（一箱 30 把），月末在产品 16 箱，在产品完工程度约 50%。假设生产原材料于生产时一次性投入。

【要求】(1) 按约当产量法计算完工产品成本和期末在产品成本。

(2) 写出生产成本账户期初余额、借方发生额、贷方发生额及期末余额的含义。

9. 销售业务的核算

【目的】掌握销售业务核算三部曲的内容。

【资料】老山特曲酒业公司 11 月销售业务资料如下：

(1) 11 月 5 日，向华润超市销售老山特曲 100 瓶，价格为 120 元/瓶。总价为 12 000 元，增值税税率为 13%，增值税税额为 1 560 元。价税合计 13 560 元。款项已收，发票已开。

(2) 11 月 25 日，向福林酒业专卖店销售老山特曲 200 瓶，价格为 115 元/瓶。总价为 23 000 元，增值税税率为 13%，增值税税额为 2 990 元。价税合计 25 990 元，同时收到相应金额的商业承兑汇票一张，发票已开。

(3) 其他相关信息为：所售产品对应的"库存商品"账户信息如下：期初余额 120 瓶，单位成本为 30 元/瓶。本期 11 月 4 日完工入库 200 瓶，单位成本为 35 元/瓶。11 月 20 日，完工入库 150 瓶，单位成本为 32 元/瓶。按全月一次加权平均成本计算销售产品成本。

(4) 白酒的消费税税率假设为从价征收，税率为 20%。城市维护建税税率为 7%，教育费附加税率为 3%。本月可抵增值税进项税额为 2 550 元。

【要求】编制销售核算三部曲分录。

10. 销售业务过程中预收账款的核算

【目的】掌握预收账款的核算及运用。

【资料】天朋公司 11 月发生如下业务：

(1) 11月10日，预收美林公司订货款10 000元。假设预收款无任何附加条件。

(2) 11月15日，向美林公司发出货物，价税合计16 950元。增值税税率为13%。增值税发票已开具。产品销售成本为4 500元。

(3) 11月25日，收到美林公司转账货款，总金额为7 000元。

【要求】（1）编制上述三个业务分录。

（2）分析截止到11月15日时预收账款账户余额的性质。

（3）分析为什么第二步不使用应收账款核算。

11. 销售业务过程中应收账款的核算

【目的】掌握应收账款账户的核算及运用。

【资料】天朋公司11月发生下列与应收账款核算相关的业务：

（1）11月1日，"应收账款——申达公司"账户的期初余额为借方余额2 100元。

（2）11月8日，收到申达转来账款4 000元。

（3）11月16日，向申达公司销售产品，开具的增值税发票注明：总价为6 500元，增值税税率为13%，增值税税额为845元，价税合计为7 345元。同时代办申达公司托运货物，以现金支付给物流公司运输费价税合计55元。物流运费发票开具给申达公司。

（4）11月26日，转账收到申达公司资金6 000元。

【要求】（1）编制上述四个业务的会计分录。

（2）应收账款期末余额的性质是什么？

（3）分析为什么相关题目不设置预收账款账户核算多收的账款。

（4）分析代办托运支出会计处理的原因。

12. 利润的核算

【目的】掌握利润核算的方法。

【资料】天朋公司12月末与利润核算相关的账户信息如下：

（1）相关账户余额信息见表5-22。

表5-22 天朋公司12月末相关账户余额信息 （单位：元）

科目名称	借方余额	科目名称	贷方余额
主营业务成本	13 000	主营业务收入	90 000
其他业务成本	8 000	其他业务收入	2 000
销售费用	22 000	营业外收入	400
管理费用	15 000	投资收益	3 000
财务费用	-600		
资产减值损失	1 000		
制造费用	3 400		
生产成本	1 600		

（2）上述金额中，其中税法认为资产减值损失为未真正实现损失，不得在税前扣除。天朋公司收到的投资收益是投资方的税后利润分配，已在被投资方征过税，在投资方不再征税。企业所得税税率为25%。

【要求】（1）计算本年度应交所得税，并编制计提所得税分录。

（2）用会计分录核算本年净利润。

13. 利润分配的核算

【目的】掌握利润分配的核算。

【资料】天朋公司年末与利润分配核算相关的账户信息如下：

（1）本年税前利润为 60 000 元，按税法规定，可在税前弥补以前年度亏损。企业所得税税率为 25%。

（2）"利润分配——未分配利润"账户为年初借方余额 40 000 元。

（3）按本期弥补亏损后的净利润 10% 计提法定盈余公积，按 5% 计提任意盈余公积。

（4）向投资者分配利润 1 750 元。

【要求】（1）计算本期应交所得税，并编制分录。

（2）计算本期弥补亏损后的净利润，并编制分录。

（3）编制计提公积金的分录。

（4）编制分配利润的分录。

（5）计算未分配利润的余额，并编制分录。

五、案例分析题

1. 交货时"短斤少两"，付款还是不付款？

【资料】中国企业将一批包装完好的 100kg 羊毛销售给非洲客户，羊毛售价假设为 40 元/kg。到达非洲后，包装仍然完好，但实际称重为 96kg。你如果作为非洲的商人，应该支付多少钱？即羊毛的采购成本是多少？（注：本案例根据真实的国际贸易案例改编）

【思考】（1）如何理解运输途中的合理损耗？

（2）在生意往来中，与他人签订购买合同时要注意什么？

2. 康尼机电：34 亿元买入一个造假公司，一年后无奈 4 亿元卖出

【资料】江苏南京康尼机电股份有限公司（简称康尼机电）是一家专业生产轨道交通门的上市公司（股票代码：603111）。2017 年 12 月，公司通过发行股份及支付现金的方式作价 34 亿元收购了广东龙昕科技有限公司（简称龙昕科技）100% 的股权，龙昕科技成为康尼机电的全资子公司。龙昕科技 2017 年 6 月 30 日资产负债表的净资产账面价值约为 9 亿元，根据并购协议，2017 年、2018 年、2019 年 3 年期间龙昕科技归属于母公司所有者（以合并报表扣除非经常性损益前后孰低为准）的净利润分别不低于 2.38 亿元、3.08 亿元和 3.87 亿元，如果达不到业绩预期，龙昕科技原股东给予康尼机电业绩补偿。

2018 年，龙昕科技原董事长、总经理廖某私自以龙昕科技名义对外违规担保被银行追债，龙昕科技几乎所有银行账户被冻结，资金链断裂，生产经营受到严重影响，导致 2018 年度龙昕科技产生巨额亏损 11.50 亿元，资不抵债。2019 年 6 月 26 日，康尼机电发布公告称，为了解决公司因并购龙昕科技产生的危机，防止亏损进一步扩大，公司向南京一家纾困发展基金合伙企业出售龙昕科技 100% 股权，转让价为人民币 4 亿元。34 亿元买入，一年之后以 4 亿元卖出，亏损 30 亿元。

经证监会调查，除了违规担保外，龙昕科技还存在虚增收入、利润等财务造假行为。

2015 年至 2017 年期间，龙昕科技通过虚开增值税发票或未开票即确认收入的方式，通过 11 家客户公司，在正常业务基础上累计虚增收入 90 069.43 万元。其中，2015 年虚

增收入 14 412.50 万元，占龙昕科技总收入的 22.02%；2016 年虚增收入 30 647.52 万元，占龙昕科技总收入 30.09%；2017 年虚增收入 45 009.40 万元，占龙昕科技总收入 40.59%。

龙昕科技虚增收入导致各期末形成大量虚假应收账款余额，2015 年年末虚假应收账款余额 13 176.95 万元，2016 年年末虚假应收账款余额 7 820.10 万元；2017 年年末虚假应收账款余额 21 492.14 万元。

龙昕科技虚增收入的回款主要由廖某控制的东莞龙冠真空科技有限公司、东莞德誉隆真空科技有限公司以客户名义支付。其中，2015 年回款 2 022.80 万元，2016 年回款 34 458.62 万元，2017 年回款 46 498.29 万元。

同时，龙昕科技按正常业务毛利率水平，虚假结转成本。其中，2015 年虚增成本 8 843.59 万元，2016 年虚增成本 18 759.73 万元，2017 年虚增成本 27 624.49 万元。导致龙昕科技 2015 年虚增利润 5 568.91 万元，2016 年虚增利润 11 887.80 万元，2017 年虚增利润 17 384.91 万元。

此外，为平衡结转的虚假成本，龙昕科技倒算出需采购的原材料数据，进行虚假采购，虚假采购的款项主要用于支付给东莞龙冠真空科技有限公司、东莞德誉隆真空科技有限公司。其中，2015 年虚假采购金额 18 700.94 万元，2016 年虚假采购金额 33 700.15 万元，2017 年虚假采购金额 30 498.45 万元。龙昕科技虚假采购导致各期末形成大量虚假应付账款余额，2015 年年末虚假应付账款余额 11 577.81 万元，2016 年年末虚假应付账款余额 233.22 万元，2017 年年末虚假应付账款余额 4 172.91 万元。

龙昕科技虚增收入和虚假采购中的相关单据，如销售合同、订单、发货单、对账单、入库单等均由龙昕科技财务部制作。相关单据需外部单位签字或盖章的，均由龙昕科技财务部人员模仿签字，或由龙昕科技财务部人员使用私刻的部分客户和供应商的公章、财务专用章等盖章。相关单据需龙昕科技内部部门配合签字的，部分由龙昕科技财务人员代签。

最终，因为子公司的财务造假和违规担保，作为母公司的康尼机电也承担相应责任。根据证券法，受到证监会严重处罚。（注：本案例内容根据康尼机电公开披露的公告整理）

【思考】（1）分析龙昕科技财务造假的动机是什么？

（2）结合所学的知识，请对本案例中龙昕科技的造假内容和手段进行评价。

第 6 章

会计凭证

> **学习目标**
>
> **掌握**：原始凭证填制要求；记账凭证填制方法；原始凭证的分类；记账凭证的分类；支票填制。
> **理解**：原始凭证和记账凭证的作用；本章相关财经法规。
> **了解**：收料单、领料单、入库单、出库单；会计凭证保管期限。

6.1 会计凭证概述

6.1.1 会计凭证的概念和作用

会计凭证（Accounting Document）是原始凭证和记账凭证的统称，是记录经济业务发生或完成情况的书面证明，是进行复式记账、登记账簿的依据。

会计凭证是会计核算的起点，在会计工作中扮演着重要角色：

（1）记录企业交易和事项。企业交易和事项发生后，必须取得或填制会计凭证。会计凭证上详细记载了交易和事项发生的时间和内容等信息，是企业经济活动的真实写照。

（2）提供会计记账依据。《会计基础工作规范》规定，除结账和更正错误的记账凭证可以不附原始凭证外，其他记账凭证必须附有原始凭证。这意味着会计凭证是会计核算的基础，没有会计凭证，企业经济业务就不应纳入会计信息处理系统进行处理。

（3）监督企业经济活动。会计工作程序中，要求记账前逐笔审核会计凭证，分析经济活动是否真实，是否符合有关法律法规、规章制度的规定，有无铺张浪费、贪污盗窃等行为，从而及时发现并纠正管理中存在的问题，发挥会计监督作用，保护财产安全完整，维护投资者利益。

（4）落实人员经济责任。每笔经济业务的发生或完成都要填制和取得会计凭证，并由相关人员在凭证上签名盖章，这样能促使经办人员严格按照规则制度办事。一旦出现问题，便于分清责任，落实岗位责任制。

6.1.2 会计凭证的种类

在实务中，由于不同会计主体的业务性质不同，管理上要求各异，会计凭证种类繁多，格式及内容千差万别。为了正确使用会计凭证，有必要对会计凭证按照一定标准进行分类。

会计凭证按照填制的程序和用途不同，可以分为原始凭证和记账凭证两大类。在此基础上，原始凭证和记账凭证还可以各自进一步细分。

6.2 原始凭证

原始凭证（Original Evidence；Source Document），又称原始单据，是指在经济业务发生或完成时由相关人员取得或填制的，用以记录或证明经济业务发生或完成情况并明确有关经济责任的一种会计凭证。

6.2.1 原始凭证的种类

实际工作中使用的原始凭证种类繁多。因此有必要对原始凭证进行分类。通过对原始凭证按不同标准进行分类，有助于更进一步理解和使用原始凭证。

1. 按取得来源不同分类

原始凭证按其来源不同，可以分为外来原始凭证和自制原始凭证两种。

（1）外来原始凭证。外来原始凭证又称外部凭证，它是在经济业务活动发生或完成时，从外部组织或个人直接取得的原始凭证。例如，铁路运输部门的火车票、银行开具的利息回单、银行办理业务时填制的银行收账通知单、现金缴款单、对外支付款项时取得的收据和购货时从供应商取得的增值税发票、企业缴纳税费的完税凭证等。

（2）自制原始凭证。自制原始凭证又称内部凭证，由本单位内部经办业务部门或人员在经济业务发生或完成时自行填制，仅供企业内部使用的原始凭证。例如，企业出差人员申请报销时填制的"差旅费报销单"、购入材料验收入库时填制的"收料单"、生产车间领用生产材料时填制的"领料单"、产品完工验收入库时填制的产品"入库单"、产品销售时填制的"出库单"等。

需要说明的是，收料单、领料单、入库单和出库单等单据是存货管理的重要手段，也是会计核算的重要凭证。

收料单（Material Received Note），是企业购进材料验收入库时，由仓库保管人员根据购入材料实际验收情况，填制的一次性原始凭证。企业外购材料，应履行入库手续，由仓库保管人员根据供应单位开具的发票账单，严格审核入库材料，盘点其实收数量，并认真填制收料单。收料单一般一式三联，每联具有不同用途。一联是仓库保管联，供仓库保管员记账使用；一联是财务联，随发票账单到财务部门报账使用，财务联也是会计编制记账凭证的重要原始凭证；一联是存根联，交采购部存查。三联单据是企业加强存货管理的重要手段，便于各部门之间互相牵制，互相监督，在企业中应用广泛。

领料单（Material Requisition Note），是企业车间或其他部门从仓库中领用各种材料时填制的一种自制原始凭证。企业车间等部门领料时，都应履行出库手续，由领料经办人根据材料的需要情况填写领料单，并经该单位主管领导批准到仓库领用材料。仓库保管员根据领料单，审核其用途，认真计量发放材料，并在领料单上签章。领料单一般一式三联：一联为领料单位留存联，供领料单位留存备查；一联为仓库联，供仓库保管员记录材料物资明细账或材料卡片；一联转会计部门或月末经汇总后转会计部门据以编制记账凭证。

入库单（Warehouse Warrant），是在完工产成品入库时填制的原始凭证。当企业车间将生产完工产品入库时,要与仓库交接,经验收人、仓库保管员等相关人员验收合格后,登记入库单。入库单也是一式三联:一联生产车间留存;一联仓库留存;一联交财务部门用于记账使用。

出库单(Delivery Order),是库存商品销售出库时填制的原始凭证。企业销售产品后,应填制出库单。出库单一般也是一式三联:一联是销售部门留存联,供销售部门统计销售情况;一联是仓库保管联,供仓库保管员登记物资明细账的减少;一联是财务联,供财务部门编制记账凭证使用。企业还可以根据实际需要,设置联数为四联或五联的出库单,如第四联可以设置成提货联,供购货单位直接到仓库提货使用。

图 6-1~图 6-5 是常见的自制原始凭证。

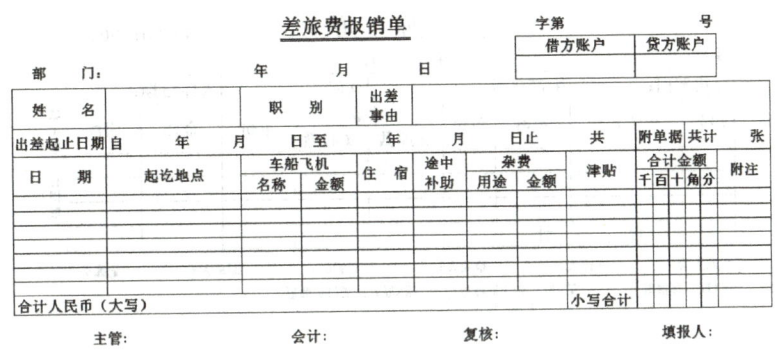

图 6-1　差旅费报销单

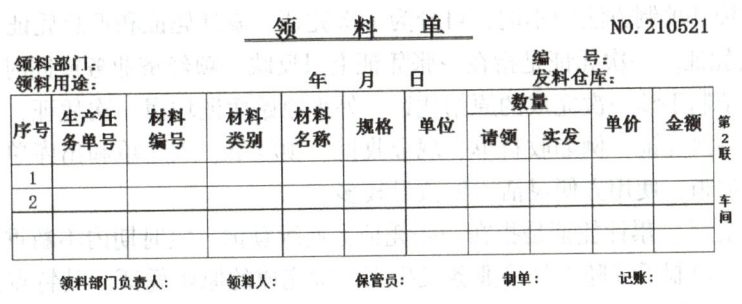

图 6-2　领料单

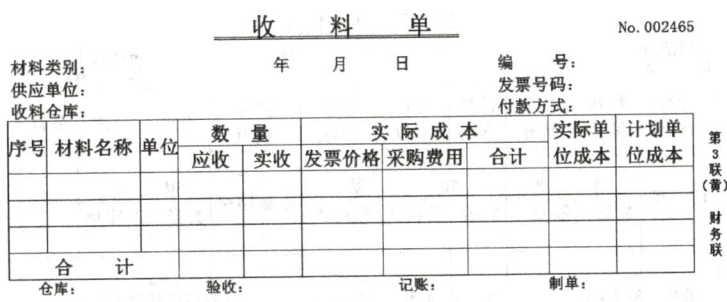

图 6-3　收料单

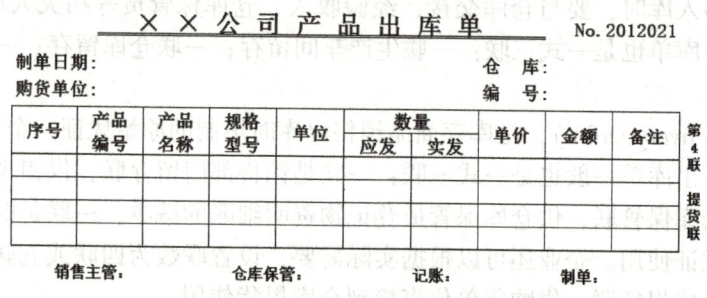

图 6-4　××公司产品出库单

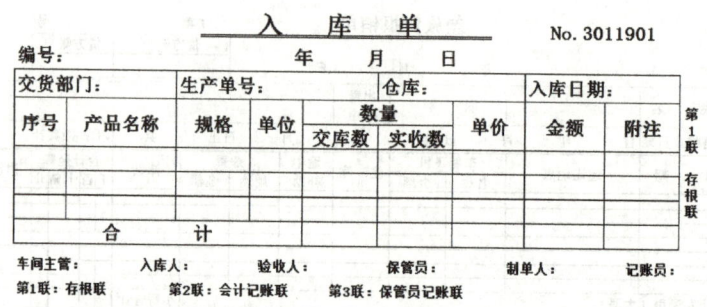

图 6-5　入库单

2. 按填制方法不同分类

原始凭证按其填制方法的不同，可分为一次凭证、累计凭证和汇总凭证三种。

（1）一次凭证。一次凭证是指在一张凭证上只反映一项经济业务或同时反映若干项同类经济业务，填制手续一次完成的原始凭证。外来原始凭证均属一次凭证，自制原始凭证中大多数也是一次凭证，例如收料单、现金收据、领料单、入库单和出库单等。一次凭证反映经济业务清晰，使用方便灵活，但数量较多。

（2）累计凭证。累计凭证是指在一张凭证上连续登记一定时期内不断重复发生的若干同类经济业务，填制手续随着经济业务发生而分次完成的原始凭证。其特点是在一张凭证内可以连续登记相同性质的经济业务，随时结出累计数及结余数，期末按实际发生额记账。累计凭证是多次有效的原始凭证，限额领料单如图6-6所示。

图 6-6　限额领料单

(3) 汇总凭证。汇总凭证也称原始凭证汇总表，是指根据许多同类经济业务的原始凭证定期加以汇总而重新编制的原始凭证。汇总凭证既可以提供企业经营管理所需总量指标，又可以简化记账凭证编制手续。常用汇总原始凭证有：发料凭证汇总表、收料凭证汇总表、工资结算汇总表、差旅费报销单等。

发料凭证汇总表是材料会计以各部门到仓库领用材料时填制的领料单为依据，按一定时间（旬或月）汇总，每月编制一份，会计部门以此作为期末编制材料发出会计分录的原始凭证。发料凭证汇总表如图6-7所示。

发料凭证汇总表

年 月 日

会计科目	领料部门	领用材料									
		原材料							周转材料		
		原料	主要材料	辅助材料	包装材料	燃料	外购半成品	备品备件	包装物	低值易耗品	
基本生产成本	一车间										
	二车间										
	小计										
辅助生产成本	供电车间										
	供水车间										
	小计										
制造费用	一车间										
	二车间										
	小计										
管理费用	行政部门										
	研发部门										
	小计										
合 计											

会计主管：　　　　审核：　　　　制表：　　　　保管：

图6-7　发料凭证汇总表

6.2.2　原始凭证的基本内容

企业经济业务纷繁复杂，原始凭证的内容和格式也各式各样，但在设计原始凭证时，都应该具备一些共同的基本内容。原始凭证必须具备的基本内容有：

(1) 凭证的名称。

(2) 填制凭证的日期。

(3) 填制凭证单位名称或者填制人姓名。

(4) 经办人员的签名或者盖章。

(5) 接受凭证单位名称。

(6) 经济业务内容。

(7) 数量、单价和金额。

上述七项基本内容通常称为凭证要素，印制或自制原始凭证时要完整纳入上述要素。

当然，在实际工作中，企业根据会计处理和管理的需要，可在基本内容之上，自行设计增添特殊内容。例如在原始凭证上面注明经济合同号码、结算方式、定额指标等。

6.2.3　原始凭证的填制和使用要求

根据《会计基础工作规范》和《支付结算办法》等相关法律规定，原始凭证在填制和使用时要遵守相关法律和法规的要求。

1. 原始凭证中金额、数字和日期的填写要求

（1）阿拉伯数字应当逐个书写，不能连笔，特别是在多个"0"同时，更不能连笔书写。数字之间的空格要均匀，要求数字的高度占凭证横格的1/2为宜，紧靠横格底线。

（2）所有以元为单位的阿拉伯数字，除表示单价等情况外，一律填写到角分；无角分的，角位和分位可写"00"，或者符号"-"；有角无分的，分位应当写"0"，不得用符号"-"代替。

（3）大写金额数字前未印有货币名称的，应当加填货币名称。货币名称与金额数字之间不得留有空白。

（4）阿拉伯数字前面应该书写货币币种或者货币名称简写和币种符号。币种符号与阿拉伯数字之间不得留空白。凡阿拉伯数字前写有币种符号的，数字后面不再写货币单位。

（5）中文大写金额数字应用正楷或行书填写。如壹、贰、叁、肆、伍、陆、柒、捌、玖、拾、佰、仟、万、亿、元、角、分、零、整（正）等字样。不得用一、二（两）、三、四、五、六、七、八、九、十、念、毛、另（或0）填写，不得自造简化字。但元和圆两字可以通用。大写金额数字写到元或角位的，在"元"或者"角"字之后应当写"整"字或者"正"字；大写金额数字有分的，分字后面不写"整"或"正"字。

（6）阿拉伯金额数字之间有"0"时，汉字大写金额应写"零"；阿拉伯金额数字中间连续有几个"0"时，大写金额中只写一个"零"；阿拉伯金额数字元位是"0"，或者数字中间连续有几个"0"、元位也是"0"但角位不是"0"时，汉字大写金额可以只写一个"零"字，也可以不写"零"字。阿拉伯金额数字角位是"0"，而分位不是"0"时，中文大写金额"元"后面应写"零"字。

例如，￥1 409.50，应写成人民币壹仟肆佰零玖元伍角整；￥6 005.24，应写成人民币陆仟零伍元贰角肆分；￥2 120.32，应写成人民币贰仟壹佰贰拾元零叁角贰分，或者写成人民币贰仟壹佰贰拾元叁角贰分；￥157 000.53，应写成人民币壹拾伍万柒仟元零伍角叁分，或者写成人民币壹拾伍万柒仟元伍角叁分；￥325.04，应写成人民币叁佰贰拾伍元零肆分。

需要注意的是，由于我国的数字读写以四位数为一节，所以万位和亿位是"0"时，汉字大写时不用写零。如￥1 006 025元，应写成人民币壹佰万陆仟零贰拾伍元整。

（7）支付结算票据时出票日期的填写要符合规定。根据中国人民银行《支付结算办法》（银发〔1997〕393号）规定，票据出票日期要用大写，若使用小写填写的，银行不予受理。大写日期未按要求规范填写的，银行可予受理，但由此造成损失的，由出票人自行承担。

出票日期大写要遵守如下规定：①月的填写：1~9月、10月应分别写成零壹月、零贰月……零玖月、零壹拾月；11月和12月应写成壹拾壹月、壹拾贰月。②日的填写：1~9日前面要加零字，如1日要写成零壹日、9日要写成零玖日；10日、20日、30日前也要加零，要写成零壹拾日、零贰拾日、零叁拾日；11~19日前面要加壹字，如11日要写成壹拾壹日、15日要写成壹拾伍日。上述规定可以有效避免数字前面或后面被人为篡改。

附现金支票填制样式如图6-8和图6-9所示。

第6章　会计凭证

图6-8　现金支票的正面填写样式

图6-9　现金支票的背面填制样式

2. 原始凭证使用要求

（1）各类原始凭证须盖有相应的印章。从外单位取得的原始凭证，必须盖有填制单位的公章；从个人取得的原始凭证，必须有填制人员的签名或者盖章。自制原始凭证必须有经办单位领导人或者其指定的人员签名或者盖章。对外开出的原始凭证，必须加盖本单位公章。企业常用的公章包括单位法定名称章（俗称公章）和业务专用章。业务专用章有财务专用章、发票专用章、合同专用章等。财务部门最常用的是发票专用章和财务专用章。例如，企业开具增值税发票时，须盖发票专用章；企业签发支票、承兑汇票等银行结算票据，以及对外的重要单证和有价单证上要盖财务专用章。财务专用章须由专人保管，使用时须征得财务负责人同意。其他与会计相关的名章还有"现金收讫""现金付讫""银行收讫""银行付讫"等资金收付讫专用章。"已报销入账"章，用于加盖已作为记账凭证附件的原始凭证。

另外，会计人员应刻制一枚长方形姓名章，用于原始凭证、记账凭证、财务会计报告等指定位置和更正数字。盖姓名章时，用红色印油。

（2）购买实物的原始凭证，必须有验收证明。支付款项的原始凭证，必须有收款单位和收款人的收款证明。如果企业所购买物品品种较多（如到超市购物），增值税发票上应

179

该详细列明各物资明细，如果未能详细列明，要附盖章的详细物资清单（如购物小票）。

（3）一式几联的原始凭证，应当注明各联的用途，只能以一联作为报销凭证。一式几联的发票和收据，必须用双面复写纸（发票和收据本身具备复写纸功能的除外）套写，并连续编号。作废时应当加盖"作废"戳记，连同存根一起保存，不得撕毁。

（4）发生销货退回的，除填制退货发票外（增值税是红字发票），还必须有退货验收证明；退款时，必须取得对方的收款收据或者汇款银行的凭证，不得以退货发票代替收据。

（5）职工因公借款的借款凭据，必须附在记账凭证之后。收回借款时，应当另开收据或者退还借据副本，不得退还原借款收据。

（6）经上级有关部门批准的经济业务，应当将批准文件作为原始凭证附件。如果批准文件需要单独归档，另行保管的，可以用批准文件的复印件作为附件，或在凭证上注明批准机关名称、日期和文件字号。

在税务实践中，以票控税是常见的税收管理办法，原始凭证的取得和使用是否合法合规，是否能作为费用扣除、收入确认的依据，关系到企业应纳税额的计算，也关系到国家的税收利益，国家为此出台了一系列专门法规，如《中华人民共和国发票管理办法实施细则》《企业所得税税前扣除凭证管理办法》等，详细规定了各种原始凭证的使用规范。企业会计人员要熟悉这些法律法规，规避纳税风险。《企业所得税税前扣除凭证管理办法》见本章末尾的法规阅读。

▶ 6.2.4 原始凭证的审核

审核原始凭证是正确组织会计核算的一项重要内容，也是会计监督的一个重要手段，为了正确反映和监督经济业务，会计部门应当对各种原始凭证进行严格的审核。只有经过严格审核的原始凭证，才能作为编制记账凭证和登记账簿的依据。原始凭证的审核主要包括如下几个方面：

（1）真实性审核。真实性要求经济业务双方当事单位和当事人必须真实；经济业务发生的时间、地点、填制凭证的日期必须真实；经济业务的内容必须真实；经济业务的金额和数量等数字指标必须真实。

（2）完整性审核。根据原始凭证的基本内容，逐项审核原始凭证内容是否完整，原始凭证各项目是否按照规定填写齐全，是否按规定手续办理。要素不完整的原始凭证原则上应当退回重填；手续不齐全的原始凭证，应退回补办手续后再予以受理。

（3）准确性审核。要审核文字表达是否准确，各项金额计算和填写是否正确，如阿拉伯数字书写是否凌乱、连笔，大小写金额是否相等，有无刮擦、涂改和挖补等影响准确性的情况。

（4）合法性审核。要审核原始凭证是否符合国家有关法律法规及制度的规定，有无违法乱纪。在实际工作中，常见的违法原始凭证是假发票和假车票；有的发票虽然是真实的，但业务并不真实，如虚开获得的增值税专用发票等；制度规定不允许报销的原始凭证，如不合规定的收据、白条等。

需要注意的是，发票和收据是两个法律地位截然不同的原始凭证。发票抬头上盖有国家税务局监制章，须到税务部门购买使用。行政事业单位开具的财政收据上盖有财政部门监制章，具有与发票同等的法律地位。而市面上购买的则为收据，其法律地位较发票为低。

（5）合理性审核。审核原始凭证所记录的经济业务是否符合生产经营活动的需要，是否与有关的计划、预算、内部控制管理等要求相一致。

（6）及时性审核。审核时要注意审查填制日期，尤其是支票、银行汇票、银行本票等时效性较强的原始凭证，要关注其签发日期。例如有的企业开具支票时，把日期提早或推后，不经意造成严重后果。如企业在 11 月 1 日开具支票时，本应将支票日期填写为 11 月 1 日，但是故意写成 12 月 1 日，此时支票的收款人要等到 12 月 1 日以后才能向银行提示收款，这种支票就变成了一张远期支票，很可能成为一张空头支票。

6.3 记账凭证

记账凭证（Accounting Voucher；Entry Document）又称记账凭单、分录凭证，银行中俗称传票。记账凭证是指会计人员依据原始凭证编制会计分录而设计的会计凭证。通俗地讲，企业进行复式记账，可以根据原始凭证的信息直接登到对应的账簿中，但是为了减少出错，提高工作效率，先在记账凭证上编制一个会计分录，然后再登记到账簿上，确保账簿记录准确，同时提高登记效率。

6.3.1 记账凭证的种类

记账凭证为登记账簿的依据，根据其反映经济业务的内容、填列方式的不同，记账凭证可按不同的标准进行分类，具体分类如下：

1. 按经济用途不同分类

记账凭证按照经济用途不同可以分为专用记账凭证和通用记账凭证。

（1）专用记账凭证。专用记账凭证是一种专门用于记录某一特定种类经济业务的记账凭证，按其所反映经济业务内容的不同，可进一步分为收款凭证、付款凭证和转账凭证。

收款凭证（Receipt Voucher）：它是指专门用于记录库存现金和银行存款收款业务的会计凭证，收款凭证是出纳人员收讫款项的依据，也是登记总账、现金日记账和银行存款日记账以及有关明细账的依据，一般按现金和银行存款分别编制，收款凭证的借方科目通常位于凭证的右上方，其格式如图 6-10 所示。

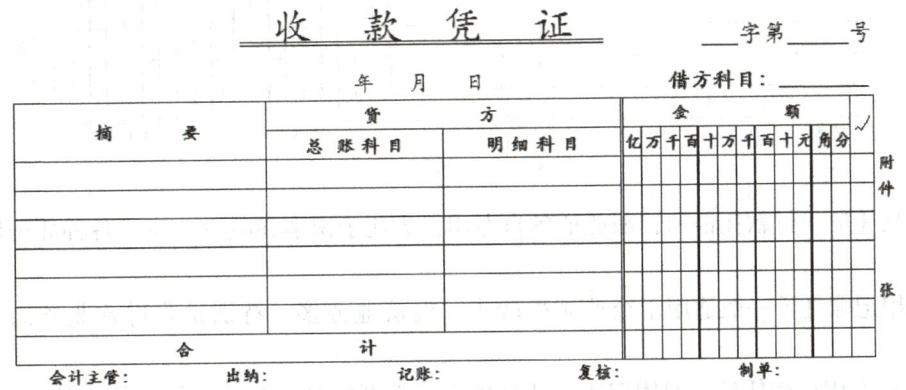

图 6-10 收款凭证

付款凭证（Payment Voucher）：它是指用来登记库存现金和银行存款付出业务的记账凭证。付款凭证是出纳人员支付款项的依据，也是登记总账、现金日记账和银行存款日记账以及有关明细账的依据，付款凭证一般也按库存现金和银行存款分别编制，付款凭证的贷方科目通常位于凭证的右上方，其格式如图 6-11 所示。

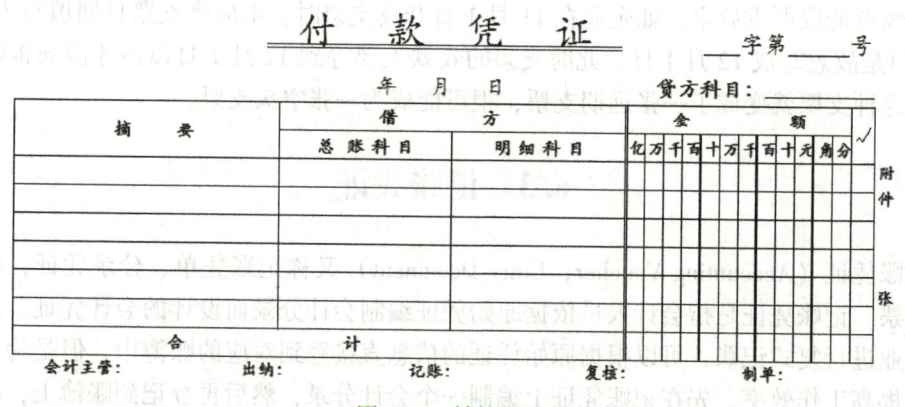

图 6-11　付款凭证

转账凭证（Transfer Voucher）：转账凭证是指用来登记不涉及库存现金和银行存款收付等经济业务的记账凭证。其格式如图 6-12 所示。

> **提示**
> 转账凭证中的"转账"并不是指银行结算业务中的资金转账。转账凭证专门登记一个分录中不涉及库存现金和银行存款会计科目的会计分录。如"借：原材料；贷：应付账款"分录。

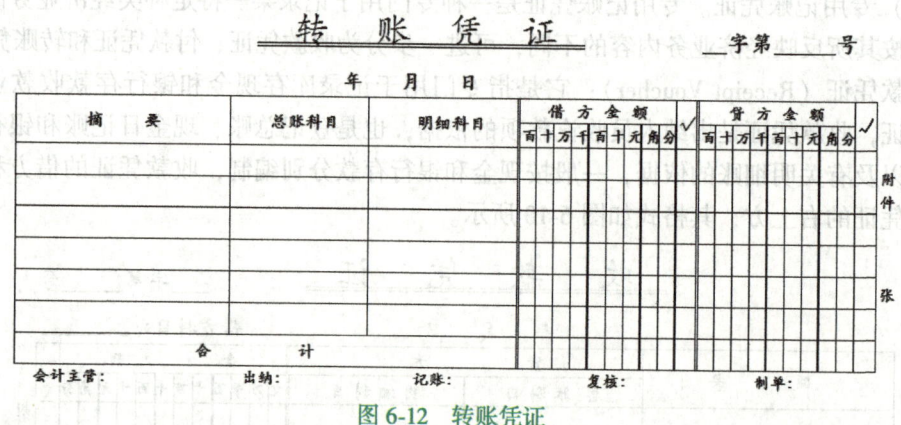

图 6-12　转账凭证

收款凭证、付款凭证和转账凭证各自专用，为便于识别和减少差错，各种凭证印制不同颜色。

专用记账凭证一般适用于企业规模较大、经济业务多，特别是收付款业务比较多的企业。

（2）通用记账凭证。通用记账凭证是指不同类型经济业务都可统一使用的记账凭证。通用记账凭证的一般格式如图 6-13 所示。通用记账凭证适用于经济业务比较简单、规模较小、收付款业务较少的企业。

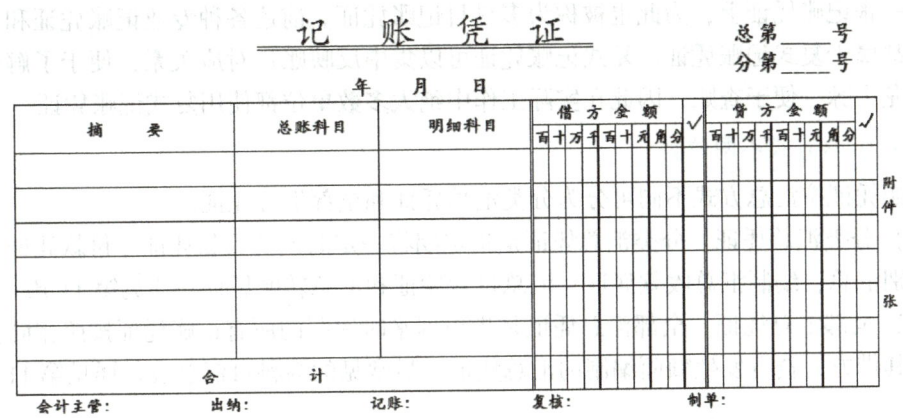

图 6-13 通用记账凭证

需要注意的是，一个企业一年之内不能同时使用专用和通用两种记账凭证。不过有的印刷厂家在设计时考虑了两种凭证的结合。如图 6-13 所示的通用记账凭证右上角的编号是双式编号。总第×号是指记账凭证的编号，分第×号是指收款或付款的编号。

2. 按填列方式不同分类

记账凭证按照填制方式不同可分为单式记账凭证和复式记账凭证。

（1）单式记账凭证。单式记账凭证又叫单科目记账凭证，是指一张凭证上只填列经济业务所涉及的一个会计科目及其金额的记账凭证。填列借方科目的称为借项记账凭证，填列贷方科目的称为贷项记账凭证。一笔会计分录要在两张或多张单式凭证上填写，用凭证号数将其联系起来，以便查对。设置单式记账凭证的好处是便于汇总计算每个会计科目的发生额，便于记账分工，便于贯彻会计岗位责任制，确定每个岗位人员负责对应账户。但是填制凭证的工作量大，且不能进行试算平衡，不容易查找错误。单式记账凭证格式如图 6-14 和图 6-15 所示。

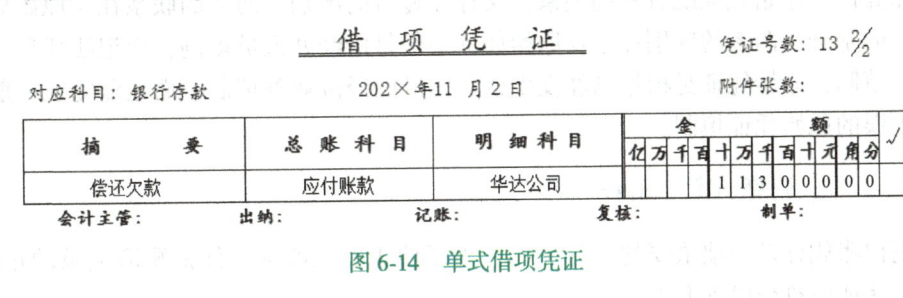

图 6-14 单式借项凭证

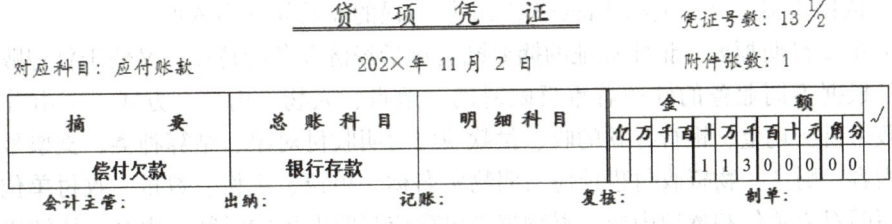

图 6-15 单式贷项凭证

（2）复式记账凭证。复式记账凭证是指将一项经济业务所涉及的全部会计科目都集中填制在一张记账凭证上，为此也被称为多科目记账凭证。前述各种专业记账凭证和通用记账凭证都属于复式记账凭证。复式记账凭证可以集中反映账户对应关系，便于了解经济业务的来龙去脉，便于查账，因此在实际工作中绝大多数单位都使用复式记账凭证。

3. 按汇总方式不同分类

记账凭证按汇总方式不同可分为分类汇总凭证和全部汇总凭证。

（1）分类汇总凭证。分类汇总凭证是指定期将一定时期的收款凭证、付款凭证和转账凭证分别汇总，编制汇总收款凭证、汇总付款凭证和汇总转账凭证。详见第11章。

（2）全部汇总凭证。全部汇总凭证是指根据平时编制的所有记账凭证按照相同科目归类汇总其借方、贷方发生额而编制的汇总凭证。最常见的为科目汇总表。详见第11章。

▶ 6.3.2 记账凭证的基本内容

记账凭证是登记账簿的依据，虽然格式有所差异，但应具备以下基本内容：

（1）记账凭证名称。如"收款凭证""付款凭证""记账凭证"等。

（2）记账凭证填制日期。将填制记账凭证的日期与所附原始凭证的日期对照，可以发现有关凭证的传递是否及时。

（3）记账凭证编号。记账凭证应连续编号，以分清会计事项处理的先后顺序，便于记账、查找并确保凭证完整无缺。

（4）经济业务内容摘要。为对所记载经济业务内容的简明扼要的说明。

（5）经济业务所涉及的会计科目、记账方向及金额。要能满足登记会计分录的要求。

（6）所附原始凭证的张数。

（7）有关人员的签名或盖章。填制凭证人员（制单人员）、稽核人员、记账人员（登记账簿人员）、会计机构负责人、会计主管人员应在规定的位置签名或盖章。收款和付款记账凭证还应当由出纳人员签名或盖章。

记账凭证与原始凭证既有密切关系，又存在显著的区别。两者的联系在于原始凭证是记账凭证的基础。两者的区别在于：原始凭证一般是由经办人员填制，而记账凭证一律由会计人员填制；原始凭证是根据已经发生或者完成的经济业务填制，而记账凭证一般是根据审核无误的原始凭证填制。

▶ 6.3.3 记账凭证填制的基本要求

填制记账凭证是一项重要的会计工作，为了便于登记账簿，保证账簿记录的正确性，填制记账凭证应符合以下要求：

（1）依据真实可靠。记账凭证必须以审核无误的原始凭证为依据。

（2）摘要简明扼要。记账凭证的摘要既要概括经济业务的特点，又便于登记账簿和信息查询。根据不同业务的性质着重反映时间、地点、人物、内容、方式、事由等基本信息。一般来讲，现金、银行存款的收、付款项应写明收付对象、结算种类、支票号码和款项主要内容；财产、物资收付事项应写明物资名称、单位、规格、数量、收付单位；往来款项要写明对方单位和款项内容；财物损溢事项应写明发生的时间、内容；待解决待处理事项应写明对象内容、发生时间；内部转账事项应写明事项内容；调整账目事项应写明被调整账目的记账凭证日期、编号及原因。

（3）日期反映业务发生时间或归属期间。记账凭证的日期一般指会计人员填制记账凭证当天的日期。一般以财会部门受理会计事项日期为准，而不完全是业务发生的日期或原始凭证的日期。收付款凭证填写日期与资金收付日期一般相同；月底的一些账项调整分录一般是在次月填制，此时填制日期直接填写当月的最后一天。例如，11月30日发生的一笔计提利息事项，12月5日填制记账凭证，则记账凭证日期应当填写为11月30日，而不能填为12月5日，这样做的目的是反映业务归属于11月。

（4）分录填写完整准确。填制记账凭证实际上就是填制会计分录，所以必须把会计分录的三要素信息完整准确地登记到记账凭证中。记账凭证的金额要与原始凭证的金额或原始凭证汇总表的金额一致。会计科目名称要符合准则规定，明细科目要规范合理。在手工填制凭证时，遇到相同会计科目的，要逐个填写科目全称，不要用点点"〃"代替。

（5）凭证按种类按月连续编号。记账凭证一般应按月采用顺序编号法，编号顺序是从每个月月初的第一张凭证开始，一直编到本月末的最后一张凭证为止。下个月业务又从头开始编号。由于科目汇总表一般每个月编制张数少，甚至一个月只有一张，此时可按年为顺序编号。企业应按月汇总记账凭证，然后装订成册，每月最后一张记账凭证的编号后加注"全"字，以免凭证散失不知总数。

不同种类记账凭证需要采用不同的编号名称。具体为：

通用记账凭证：编号方法为"记字第××号"。编号前面冠以"记"字符号，反映记账凭证用的是通用记账凭证，然后按经济业务发生的先后顺序，将所有记账凭证分月按自然数1、2、3等依序连续编号。

专用记账凭证：专用记账凭证应采用字号编号法，即把收款凭证、付款凭证和转账凭证分收字号、付字号、转字号三类加以区别，再把同类记账凭证按顺序编号。其中收款凭证还可以细分为银收字、现收字，付款凭证分成银付字、现付字。

汇总记账凭证：汇总记账凭证分为汇总收款凭证、汇总付款凭证、汇总转账凭证。对应的凭证编号方法为：汇收字第××号、汇付字第××号、汇转字第××号。

科目汇总表：编号方法为科汇字第××号或记汇字第××号。

具体编号方法汇总如图6-16所示。

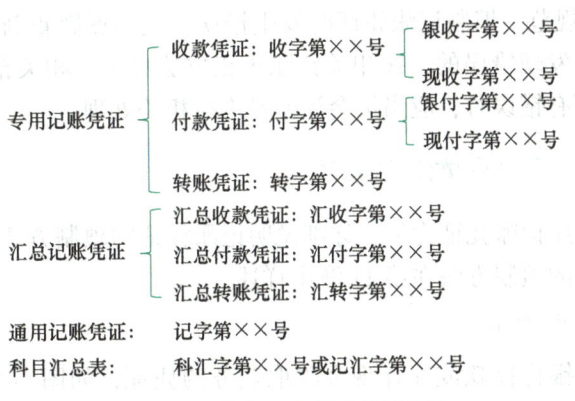

图6-16　各类记账凭证编号方法

（6）合理使用分数编号法。有些情况下，一笔会计分录在一张记账凭证上写不下时，需要用到多张记账凭证，则此时应采用"分数编号法"。例如，一笔会计分录需要三张转账凭证才能完整反映出来，该笔分录的前面一张转账凭证编号为转字第 11 号，如果按常规填写，该分录编号是转字第 12 号，但是该分录需要用到三张转账凭证，则这三张凭证编号应写成"转字第 12 1/3"号、"转字第 12 2/3"号、"转字第 12 3/3"号。其中 12 代表总编号，1/3、2/3、3/3 代表该分录所用的三张转账凭证中的第一张、第二张和第三张的编号。

（7）附件数量完整。除结账和更正错误的记账凭证可以不附原始凭证外，其他记账凭证必须附有原始凭证。记账凭证所附的原始凭证必须完整，同时应注明所附的原始凭证张数。

对于计算、分配等事项，如计提折旧、分配工资、计提利息、计算税金等业务，应当将计算、分配的过程和结果编制成一张原始凭证，作为记账凭证的附件。

如果一张原始凭证涉及几张记账凭证，可以把原始凭证附在一张主要的记账凭证后面，并在其他记账凭证上注明"附件××张，见第××号记账凭证"，或者附原始凭证复印件。如果原始凭证（如合同）需要另行保管，不能附在记账凭证的后面，则应在记账凭证上注明"附件另订"的字样，并注明原始凭证名称、编号、存放地点等信息，便于查阅。

在实际中，一张原始凭证所列支出需要几个单位共同负担的，应当将其他单位负担的部分，开给对方原始凭证分割单，进行结算。原始凭证分割单必须具备原始凭证的基本内容：凭证名称、填制凭证日期、填制凭证单位名称或者填制人姓名、经办人的签名或者盖章、接受凭证单位名称、经济业务内容、数量、单价、金额和费用分摊情况等。例如，一栋写字楼内的企业共用一个电表，电费发票只能开给其中一个单位，企业支付分摊的电费后要求对方开具原始凭证分割单，然后以该原始凭证分割单编制记账凭证。

（8）内容登记完整。记账凭证上所列项目逐项填写清楚，有关人员的签名或盖章要齐全，不可缺漏。金额登记方法、数字必须正确，角位和分位不留空白。

（9）注销空行。编制记账凭证时，应按行次逐行填写，不得跳行或留有空行。记账凭证填完后，如有空行，应当在金额栏字最后一笔金额数字下的空行至合计数的空行处划斜线或波浪线注销。

（10）错误更正规范。填制记账凭证时发生错误，应当撕毁重新填制。已经登记入账的记账凭证在当年内发现错误的，按相关错账更正方法更正，相关错账更正详见第 7 章。发现以前年度的金额有错误时，应当按会计差错进行相关处理。

6.3.4 记账凭证的具体填制方法

下面以常见的专用记账凭证为例，详细说明记账凭证的填制方法。科目汇总表、汇总记账凭证类记账凭证的填制方法在第 11 章中详述。

1. 收款凭证的填制方法

收款凭证是记录银行存款或库存现金收取业务的凭证，如图 6-10 所示。它由会计人员或出纳人员依据审核无误的收款业务原始凭证填制。它是出纳登记现金日记账和银行存

款日记账的重要依据,也是出纳收讫款项的依据。手工填制收款凭证的方法如下:

(1) 借方科目:填写银行存款或库存现金科目名称,即会计分录中借方会计科目的名称。

(2) 凭证编号:为收款凭证的编号,如收字第 20 号,如果企业银行存款和现金收款业务较多,还要进一步细分,可以细分为"银收字第×号"或"现收字第×号"。

(3) 日期:为编制收款凭证的当天日期。一般来讲,银行收款凭证上的填写日期可以根据企业的实际情况,按照银行进账单或是银行受理回执的戳记日期或银行资金实际到账的日期来填写;现金收款记账凭证上的填写日期应按照收到现金的日期填写。

(4) 摘要:填写本业务的基本信息。摘要的填写一般要简明扼要,长短适当,说明问题即可。对银行存款或现金收款业务应着重说明付款人、结算种类、支票号码和款项来源等信息。支票号码一般只写最后四位数。

(5) 贷方科目:填写会计分录中的贷方科目,其中总账科目(或一级科目)即为国家颁布的会计科目表中科目名称,明细科目名称则是企业自设的明细科目名称。

(6) 金额:为每个贷方科目对应的金额。在手工账务处理时,金额要沿着金额栏底线、占行高一半、斜体书写。

(7) "√"或"记账符号":反映该凭证信息是否已登记到账簿。如果打"√",表示该科目已登记入账。借方科目直接在科目名称边上打"√"。打"√"的目的是防止登账时遗漏或重复。

(8) 合计:将贷方科目发生额加总填列,并在金额前面插入小写人民币"¥"符号。

(9) 附件:指收款凭证后附原始凭证的张数。附件张数按原始凭证的自然张数计算。如果将多张原始凭证经过汇总后编制成原始凭证汇总表,且原始凭证汇总表具备原始凭证的基本内容,则以该张原始凭证汇总表计为一张附件。原始凭证有附件的,原始凭证及其附件作为一张原始凭证。例如,差旅费报销单上粘贴了若干张火车票、公交车票,则差旅费报销单连同火车票、公交车票一起算一张附件。为了避免混乱,企业要规定好附件计数规则。

(10) 签名栏:其中制单指编制该收款凭证人员签名;记账指登记账簿人员签名;收款凭证还涉及出纳签名。

(11) 空白行:如果存在空白行,则从空白金额栏的左下角与右上角划斜线或波浪线"彡"注销。

(12) 收款凭证只适用于一借多贷或一借一贷的分录。如果分录借方有非货币资金的科目,则要拆成两个分录,分别填写到不同的凭证上。例如:

借:应收账款　　　　　　　　　　　　　　　　　　　　20 000
　　银行存款　　　　　　　　　　　　　　　　　　　　 2 600
　贷:主营业务收入　　　　　　　　　　　　　　　　　20 000
　　　应交税费——应交增值税(销项税额)　　　　　　 2 600

该分录无法填制到收款凭证上,须拆成如下两个分录:

分录①借:银行存款　　　　　　　　　　　　　　　　 2 600
　　　贷:应交税费——应交增值税(销项税额)　　　　 2 600
分录②借:应收账款　　　　　　　　　　　　　　　　20 000

　　　　贷：主营业务收入　　　　　　　　　　　　　　　　　　　　　20 000

其中分录①登记到收款凭证，分录②登记到转账凭证。

【例6-1】 202×年12月8日，企业向亨利贸易公司销售皮鞋100双，价款为20 000元，增值税销项税额为2 600元，合计金额为22 600元。增值税发票已开具，购货单位开具相应金额转账支票一张。12月11日，出纳持转账支票到银行柜台填制银行进账单后连同支票交银行柜员提示收款，款项转入企业银行存款基本户。同时带回银行进账单回单一张。假设同类收款凭证编号已编到第5号。

分析：本业务的会计分录为：

借：银行存款——基本户　　　　　　　　　　　　　　　　　　22 600
　　贷：主营业务收入——皮靴　　　　　　　　　　　　　　　　20 000
　　　　应交税费——应交增值税（销项税额）　　　　　　　　　　2 600

在填制凭证时，凭证日期应当是12月11日，而不是12月8日。相关附件主要有三张：①盖有转讫字样的银行进账单回单；②增值税发票（记账联）；③商品出库单复印件。收款凭证填制示例如图6-17所示。

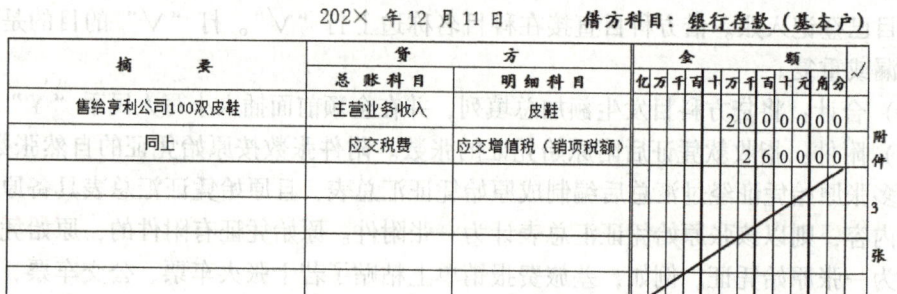

图6-17　收款凭证填制示例

2. 付款凭证填制方法

付款凭证是记录银行存款或库存现金支付业务的记账凭证，如图6-11所示。它依据付款业务的原始凭证填制，是出纳登记现金日记账和银行存款日记账的重要依据，也是出纳支付款项的依据。付款凭证格式与收款凭证基本相同，只是凭证右上角科目方向为贷方科目，表格内的科目为借方科目。其填制方法与收款凭证基本相同，主要区别为：

（1）贷方科目：填写库存现金或银行存款科目名称。

（2）凭证编号：填写付字第×号，可以根据需要细分为"银付字第×号"和"现付字第×号"。

（3）日期：为填制凭证的当天日期。一般来讲，现金付款业务填写办理付出现金的日期；支票付款业务为实际银行付款日期或支票存根签发日期，如果以支票签发日期填写，要注意期末未达账项。

（4）摘要：要着重说明付款方式，如支票、现金等。

(5) 附件：记账凭证所附的费用支出类原始凭证应在登记会计账簿完毕前，加盖"已报销"入账章，防止重复报销。

(6) 付款凭证只适用于一贷一借或一贷多借的分录。贷方只能有一个银行存款或库存现金科目，如果分录贷方有非货币资金的科目，则要拆成两个分录，分别填写到不同的凭证上。

(7) 从银行提取现金，或将现金存入银行，其分录分别为：

从银行提取现金：　　　　　　　　将现金存入银行：
借：库存现金　　　　　　　　　　借：银行存款
　　贷：银行存款　　　　　　　　　　贷：库存现金

该两笔分录既可以填在收款凭证上，也可以填在付款凭证上。为了避免重复记账，一般规定将这种分录填制在付款凭证上。即从银行提取现金，填制银行存款付款凭证；将现金存入银行，填制现金付款凭证。这样处理的原因如下：首先，防止重复登记；其次，可以理解为业务发生时都是先付后收；最后，常人思维中，得与失之间，更看重的是失，所以填制在付款凭证上有助于加强付款管理意识。

【例6-2】 202×年12月3日，财务科王强报销出差火车票218元，当即以现金支付。同类付款凭证的编号已编到第8张。

分析：该业务的会计分录为：

借：管理费用——差旅费　　　　　　　　　　　　　　200
　　应交税费——应交增值税（进项税额）　　　　　　 18
　　贷：库存现金　　　　　　　　　　　　　　　　　218

依据差旅费报销单和火车票付款凭证填制示例如图6-18所示。

付　款　凭　证　　　　付　字第 9 号

202×年12月3日　　　　贷方科目：库存现金

摘　要	借　方		金　　额	√
	总账科目	明细科目	亿千百十万千百十元角分	
财务科王强报销差旅费	管理费用	差旅费	2 0 0 0 0	附件1张
同上	应交税费	应交增值税（进项税额）	1 8 0 0	
	合　　　计		￥2 1 8 0 0	

会计主管：　　出纳：　　记账：　　复核：　　制单：郑华诚

图6-18　付款凭证填制示例

3. 转账凭证的填制方法

转账凭证是专门填制不涉及银行存款和库存现金收、付事项的记账凭证。即如果一笔分录中，借方和贷方均无库存现金或银行存款科目，则填制到转账凭证上。转账凭证的填制方法与其他凭证不同的地方如下：

(1) 字号：填写"转字第×号"。

(2) 日期：为填制转账凭证的日期。由于有些填制在转账凭证上的分录是月末计提或结转分录，这些分录一般都要在月末结束后，在次月才能填制。此类分录虽然是在次月填制，但是日期应写当月的最后一天，目的是让业务归属于当月管理。

(3) 表内填写时先写借方，再写贷方，与会计分录写法一致。

(4) 空白画线：借方金额和贷方金额可以分别画线，也可以从左下角到右上角画一条线。

(5) 在使用分数编号法时，所用凭证都为转账凭证的话，则前面几张转账凭证的合计栏可以不填，合计数填在最后一张凭证的合计栏。未填的转账凭证合计栏用斜线划除。

【例6-3】 202×年12月5日，编制结转11月完工皮鞋的生产成本12 510元，数量1 000件。同类转账凭证已编到第16号。

分析：本业务的会计分录为：

借：库存商品——皮鞋　　　　　　　　　　　　　　　12 510
　贷：生产成本——皮鞋　　　　　　　　　　　　　　　　12 510

根据完工产品入库单复印件和生产成本计算表两张原始凭证，编制转账凭证如图6-19所示。

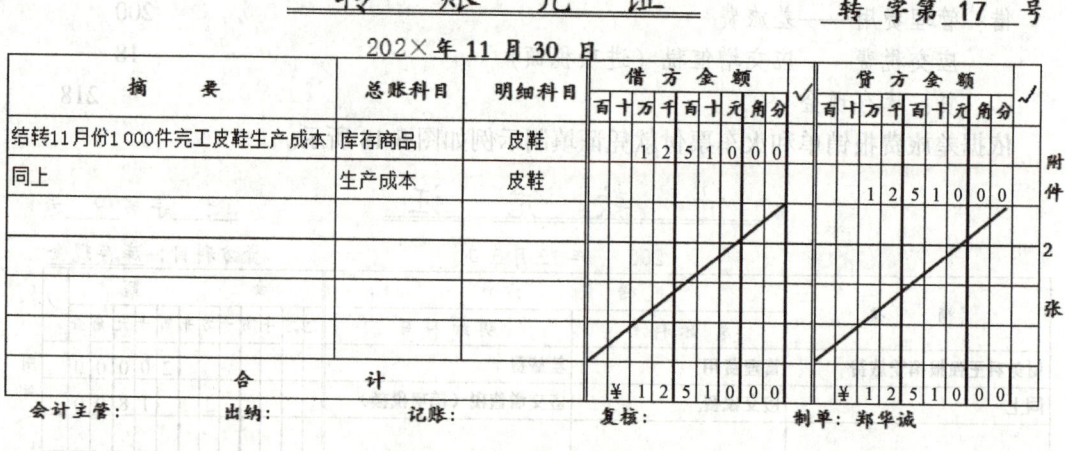

图6-19 转账凭证填制示例

> **提示**
>
> 除了银行存款和库存现金科目外，会计科目表中还有一个"其他货币资金"科目。其他货币资金是一种特定用途的资金。当把普通的资金转化为特定用途的资金时，分录为："借：其他货币资金；贷：银行存款/库存现金"。此分录登记在付款凭证。但是，当购买物资等情形使用其他货币资金时，分录为："借"：原材料；"贷"：其他货币资金，该分录应当记录在转账凭证中。因为如果再登记付款凭证，则付款金额重复计算。

4. 通用记账凭证填制方法

通用记账凭证与专用记账凭证不同，它可以登记企业所有经济业务，包括收、付款业务。其凭证格式与登记方法类似转账凭证。主要区别是凭证中间抬头名称为"记账凭证"，凭证编号为"记"字开头。通用凭证一般应用于规模较小的企业。其填制方法与转账凭证相似，不再赘述。

6.3.5 记账凭证的审核

记账凭证编制以后，必须由专人进行审核，记账凭证审核的基本内容包括以下几项：

（1）内容是否真实。审核记账凭证是否有原始凭证，所附原始凭证的内容是否与记账凭证内容一致。

（2）项目是否齐全。审核记账凭证各项目的填写是否齐全，如日期、凭证编号、摘要、金额、所附原始凭证张数等。

（3）科目是否正确。审核记账凭证中应借、应贷科目是否正确，是否有明确的对应关系。

（4）金额是否正确。审核记账凭证所记录的金额与原始凭证的有关金额是否一致、计算是否正确。

（5）书写是否规范。审核记账凭证中记录的文字是否工整，数字是否清晰，是否按规定进行更正。

（6）签名是否齐备。审核记账凭证上的制单、记账、出纳、复核、会计主管等相关人员的签名是否齐备。

实务工作中，出纳人员在记账凭证上签名的同时，还应在收、付款凭证及所附全部原始凭证空白处加盖"收讫""付讫""已报销"等类似的戳记，目的是防止原始凭证被故意重复利用，重复报销。同样，转账凭证及其所附原始凭证上也可加盖"转讫"戳记，避免重复记账。

6.4 会计凭证的传递与保管

6.4.1 会计凭证的传递

会计凭证的传递是指从会计凭证的取得或填制时起至归档保管的过程中，在单位内部有关部门和人员之间的传递程序和传递时间。会计凭证传递分为取得和填制、审核、记账、保管这四方面。正确组织会计凭证的传递能够及时、真实反映和监督各项经济业务的发生和完成情况，为经济管理提供可靠的经济信息；便于有关部门和个人分工协作，相互牵制，加强岗位责任制，更好地发挥会计监督作用。

6.4.2 会计凭证的保管

会计凭证的保管是指会计凭证记账后的整理、装订、归档和存查工作。会计凭证是重要的经济档案和历史资料，必须按规定立卷归档，妥善保管，不得丢失和任意销毁。

（1）定期装订成册。各种记账凭证连同所附的原始凭证，要分类按编号顺序，按月装订成册。以专用记账凭证为例，首先将收款凭证、付款凭证和转账凭证各自按编号顺序整理好，然后按收付转凭证种类从上到下叠好，再在上方放置编制总账用的科目汇总表，最后加具封面、封底，装订成册。装订方法有左边装订法和左上角包角装订法（如图6-20所示）。一般装订厚度控制在2.5~3cm为宜。装订好的封面上要注明企业名称、凭证种类、所属年月和起讫日期、起止号码、凭证张数等。为防止任意拆装，应在装订处贴上封签，并由经办人员在封签处加盖骑缝章。

装订记账凭证前，每张记账凭证后面所附的原始凭证要粘贴整齐美观，便于装订归档。对于规格大于记账凭证的原始凭证，要按照记账凭证的相同规格折叠整齐，折叠整理中要注意装订线处的折留方法，留有装订位，便于日常翻阅原始凭证。对于差旅费报销单等原始凭证，其本身要附诸如火车票、公交车票等较多且不规则的小票据。此时要专门使用原始凭证粘贴单，采用鱼鳞法将小票据粘贴在原始凭证粘贴单上。内容相同且数量过多的原始凭证，应当对该类原始凭证汇总。被汇总的原始凭证应当单独装订保管，在汇总原始凭证上注明被汇总凭证的日期、编号、种类等，同时在记账凭证上注明"附件另订"。对于各种产权凭据、存出保证金收据以及涉外文件等重要原始凭证，应当另编目录，单独登记保管，并在有关的记账凭证和原始凭证上相互注明日期和编号，如图6-20所示。

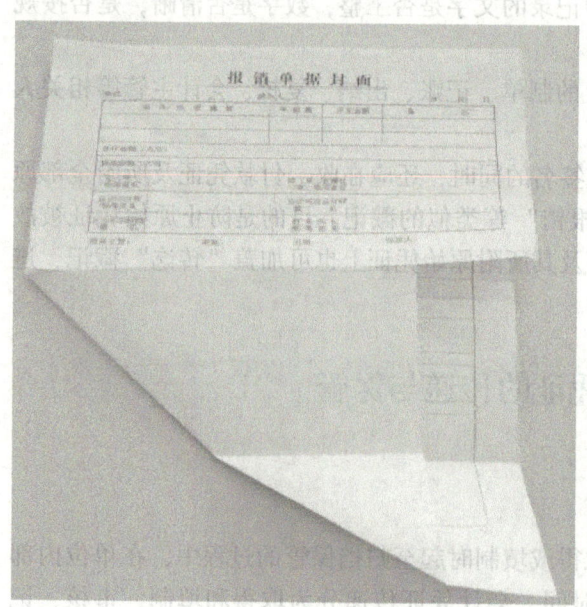
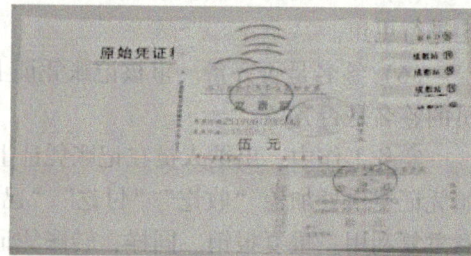

图6-20 凭证的折叠和装订样式示例

（2）妥善归档保管。会计凭证装订成册后，应有专人负责分类保管。会计凭证与其他文件一样，为公司重要档案，不能一直由会计部门负责保管。当年的会计凭证可以在年度终了后由会计部门临时保管一年，但最长不得超过3年，临时保管期间，出纳人员不得兼管会计档案。期满后移交企业档案部门保管。如果没有专门的档案保管部门，也要设置专门的房间、专用档案柜子妥善保存。实行会计电算化的单位，有关电子数据、会计软件资料等应当作为会计档案进行管理。会计部门移交时，应当编制会计档案移交清册。

（3）严格借阅手续。原始凭证不得外借，其他单位如因特殊原因需要使用原始凭证，经本单位会计机构负责人、会计主管人员批准，可以复印。向外单位提供的原始凭证复印件，应当专门登记，并由提供人员和接收人员共同签名或者盖章。

（4）遵守保管期限。会计凭证为会计档案的重要组成部分，会计档案的保管期限分为永久、定期两类。定期保管期限分为10年和30年。会计档案的保管期限，从会计年度终了后的第一天算起。会计档案保管期满后，可以由档案部门牵头，组织会计、审计、纪检监察等机构或人员对已到保管期限的会计凭证进行鉴定，并形成鉴定意见书。履行相关手续后方可销毁。企业正常经营期间故意销毁会计凭证是严重的违法行为。

企业和其他组织会计档案保管期限表如表6-1所示。

表 6-1　企业和其他组织会计档案保管期限表

序号	档案名称	保管期限	备注
一	**会计凭证**		
1	原始凭证	30年	
2	记账凭证	30年	
二	**会计账簿**		
3	总账	30年	
4	明细账	30年	
5	日记账	30年	
6	固定资产卡片		固定资产报废清理后保管5年
7	其他辅助性账簿	30年	
三	**财务会计报告**		
8	月度、季度、半年度财务会计报告	10年	
9	年度财务会计报告	永久	
四	**其他会计资料**		
10	银行存款余额调节表	10年	
11	银行对账单	10年	
12	纳税申报表	10年	
13	会计档案移交清册	30年	
14	会计档案保管清册	永久	
15	会计档案销毁清册	永久	
16	会计档案鉴定意见书	永久	

拓展阅读：

企业所得税税前扣除凭证管理办法

（国家税务总局公告2018年第28号）

第一条　为规范企业所得税税前扣除凭证（以下简称"税前扣除凭证"）管理，根据《中华人民共和国企业所得税法》（以下简称"企业所得税法"）及其实施条例、《中华人民共和国税收征收管理法》及其实施细则、《中华人民共和国发票管理办法》及其实施细则等规定，制定本办法。

第二条　本办法所称税前扣除凭证，是指企业在计算企业所得税应纳税所得额时，证明与取得收入有关的、合理的支出实际发生，并据以税前扣除的各类凭证。

第三条　本办法所称企业是指企业所得税法及其实施条例规定的居民企业和非居民企业。

第四条　税前扣除凭证在管理中遵循真实性、合法性、关联性原则。真实性是指税前扣除凭证反映的经济业务真实，且支出已经实际发生；合法性是指税前扣除凭证的形式、来源符合国家法律、法规等相关规定；关联性是指税前扣除凭证与其反映的支出相关联且有证明力。

第五条　企业发生支出，应取得税前扣除凭证，作为计算企业所得税应纳税所得额时扣除相关支出的依据。

第六条　企业应在当年度企业所得税法规定的汇算清缴期结束前取得税前扣除凭证。

第七条　企业应将与税前扣除凭证相关的资料，包括合同协议、支出依据、付款凭证等留存备查，以证实税前扣除凭证的真实性。

第八条　税前扣除凭证按照来源分为内部凭证和外部凭证。

内部凭证是指企业自制用于成本、费用、损失和其他支出核算的会计原始凭证。内部凭证的填制和使用应当符合国家会计法律、法规等相关规定。

外部凭证是指企业发生经营活动和其他事项时，从其他单位、个人取得的用于证明其支出发生的凭证，包括但不限于发票（包括纸质发票和电子发票）、财政票据、完税凭证、收款凭证、分割单等。

第九条　企业在境内发生的支出项目属于增值税应税项目（简称"应税项目"）的，对方为已办理税务登记的增值税纳税人，其支出以发票（包括按照规定由税务机关代开的发票）作为税前扣除凭证；对方为依法无须办理税务登记的单位或者从事小额零星经营业务的个人，其支出以税务机关代开的发票或者收款凭证及内部凭证作为税前扣除凭证，收款凭证应载明收款单位名称、个人姓名及身份证号、支出项目、收款金额等相关信息。

小额零星经营业务的判断标准是个人从事应税项目经营业务的销售额不超过增值税相关政策规定的起征点。

税务总局对应税项目开具发票另有规定的，以规定的发票或者票据作为税前扣除凭证。

第十条　企业在境内发生的支出项目不属于应税项目的，对方为单位的，以对方开具的发票以外的其他外部凭证作为税前扣除凭证；对方为个人的，以内部凭证作为税前扣除凭证。

企业在境内发生的支出项目虽不属于应税项目，但按税务总局规定可以开具发票的，可以发票作为税前扣除凭证。

第十一条　企业从境外购进货物或者劳务发生的支出，以对方开具的发票或者具有发票性质的收款凭证、相关税费缴纳凭证作为税前扣除凭证。

第十二条　企业取得私自印制、伪造、变造、作废、开票方非法取得、虚开、填写不规范等不符合规定的发票（以下简称"不合规发票"），以及取得不符合国家法律、法规等相关规定的其他外部凭证（以下简称"不合规其他外部凭证"），不得作为税前扣除凭证。

第十三条　企业应当取得而未取得发票、其他外部凭证或者取得不合规发票、不合规其他外部凭证的，若支出真实且已实际发生，应当在当年度汇算清缴期结束前，要求对方补开、换开发票、其他外部凭证。补开、换开后的发票、其他外部凭证符合规定的，可以作为税前扣除凭证。

第十四条　企业在补开、换开发票、其他外部凭证过程中，因对方注销、撤销、依法被吊销营业执照、被税务机关认定为非正常户等特殊原因无法补开、换开发票、其他外部凭证的，可凭以下资料证实支出真实性后，其支出允许税前扣除：

（一）无法补开、换开发票、其他外部凭证原因的证明资料（包括工商注销、机构撤销、列入非正常经营户、破产公告等证明资料）；

（二）相关业务活动的合同或者协议；

（三）采用非现金方式支付的付款凭证；

（四）货物运输的证明资料；

（五）货物入库、出库内部凭证；

（六）企业会计核算记录以及其他资料。

前款第一项至第三项为必备资料。

第十五条　汇算清缴期结束后，税务机关发现企业应当取得而未取得发票、其他外部凭证或者取得不合规发票、不合规其他外部凭证并且告知企业的，企业应当自被告知之日起60日内补开、换开符合规定的发票、其他外部凭证。其中，因对方特殊原因无法补开、换开发票、其他外部凭证的，企业应当按照本办法第十四条的规定，自被告知之日起60日内提供可以证实其支出真实性的相关资料。

第十六条　企业在规定的期限未能补开、换开符合规定的发票、其他外部凭证，并且未能按照本办法第十四条的规定提供相关资料证实其支出真实性的，相应支出不得在发生年度税前扣除。

第十七条　除发生本办法第十五条规定的情形外，企业以前年度应当取得而未取得发票、其他外部凭证，且相应支出在该年度没有税前扣除的，在以后年度取得符合规定的发票、其他外部凭证或者按照本办法第十四条的规定提供可以证实其支出真实性的相关资料，相应支出可以追补至该支出发生年度税前扣除，但追补年限不得超过五年。

第十八条　企业与其他企业（包括关联企业）、个人在境内共同接受应纳增值税劳务（以下简称"应税劳务"）发生的支出，采取分摊方式的，应当按照独立交易原则进行分摊，企业以发票和分割单作为税前扣除凭证，共同接受应税劳务的其他企业以企业开具的分割单作为税前扣除凭证。

企业与其他企业、个人在境内共同接受非应税劳务发生的支出，采取分摊方式的，企业以发票外的其他外部凭证和分割单作为税前扣除凭证，共同接受非应税劳务的其他企业以企业开具的分割单作为税前扣除凭证。

第十九条　企业租用（包括企业作为单一承租方租用）办公、生产用房等资产发生的水、电、燃气、冷气、暖气、通信线路、有线电视、网络等费用，出租方作为应税项目开具发票的，企业以发票作为税前扣除凭证；出租方采取分摊方式的，企业以出租方开具的其他外部凭证作为税前扣除凭证。

第二十条 本办法自2018年7月1日起施行。

知识训练

一、思考题

1. 填写支票要注意哪些问题？日期和金额的大写怎么写？
2. 收料单、领料单、入库单、出库单有何作用？如何使用收料单？
3. 填写收款凭证、付款凭证、转账凭证要注意哪些问题？
4. 如何填写规范的记账凭证摘要？
5. 什么叫原始凭证分割单？
6. 凭证编号怎么编？如何理解分数编号法？

二、单项选择题

1. 限额领料单属于（   ）。
   A. 一次凭证　　　B. 累计凭证　　　C. 汇总凭证　　　D. 外来凭证
2. 对于将现金送存银行的业务，会计人员应填制的专用记账凭证是（   ）。
   A. 收款凭证
   B. 付款凭证
   C. 收款凭证或付款凭证
   D. 转账凭证
3. 会计凭证的保管期限最低为（   ）。
   A. 10年　　　B. 20年　　　C. 30年　　　D. 永久
4. 下列关于原始凭证使用方面，描述不正确的是（   ）。
   A. 购买货物的原始凭证，必须有验收证明
   B. 一式几联的原始凭证，只能以一联作为报销凭证
   C. 职工因公借款的借款收据，收回借款时，应当退还原借款收据
   D. 发生退款时，必须取得对方收款收据或者汇款银行凭证，不得以退货发票代替收据
5. 下列关于记账凭证的填制方面，描述不正确的是（   ）。
   A. 记账凭证要按年初到年末连续编号
   B. 记账凭证上的日期一般为填制凭证的日期
   C. 小企业可以使用通用记账凭证，不必采用专用记账凭证
   D. 除结账和更正错账等特殊情况外，记账凭证后面必须附原始凭证

三、多项选择题

1. 领料单一般一式三联，具体的联次有（   ）。
   A. 仓库联　　　B. 财务联　　　C. 领料部门联　　　D. 门卫联
2. 下列属于专用记账凭证编号方法的是（   ）。
   A. 收字第×号　　　B. 付字第×号　　　C. 转字第×号　　　D. 记字第×号
3. 下列属于记账凭证范畴的是（   ）。
   A. 汇总记账凭证　　　B. 通用记账凭证　　　C. 科目汇总表　　　D. 专用记账凭证
4. 下列业务需填在转账凭证上的是（   ）。

A. 结转在建工程成本到固定资产账户　　B. 开具银行转账支票支付欠款
C. 销售一批商品，并转账收取货款　　　D. 将收入转到本年利润账户

5. 一项经济业务需要连续编制多张记账凭证的，应采取的措施是（　　）。

A. 将原始凭证附在其中一张记账凭证后面
B. 将原始凭证拆成多张原始凭证分割单
C. 采用分数编号法编制凭证编号
D. 拆分成多个分录编制记账凭证

四、业务训练题

1. 原始凭证的填制

【目的】练习填制支票。

【资料】20×1年11月20日，企业开出一张现金支票，从银行提取现金作为备用金，票面金额为20 300元。中国工商银行现金支票样式如图6-21所示。

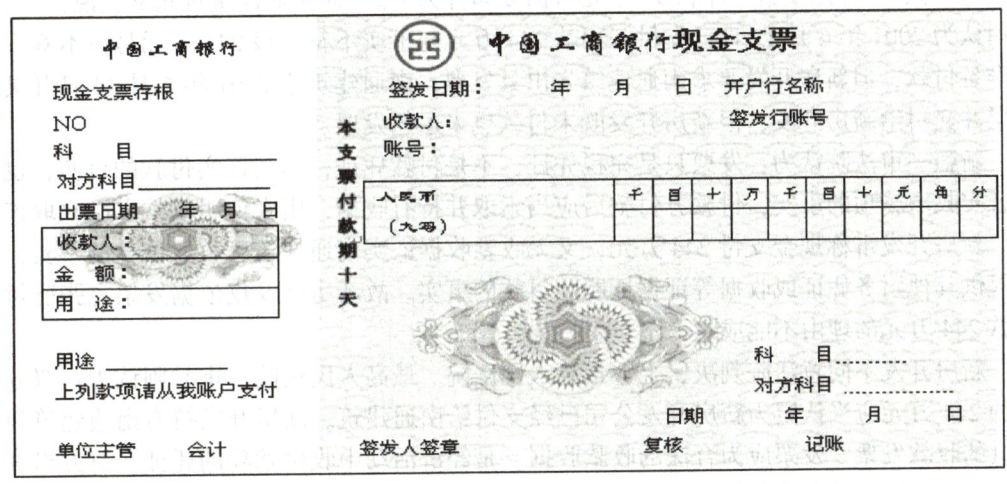

图6-21　中国工商银行现金支票

【要求】编制上述现金支票，注意签发日期和金额的写法。

2. 专用记账凭证的填制

【目的】掌握专用记账凭证的填制方法。

【资料】20×1年12月26日，企业向东方公司销售皮鞋100双，增值税发票注明价税合计11 300元，增值税税率为13%。款项未收。企业会计于20×2年1月3日填制记账凭证。同类凭证已编制到第23张。

【要求】用Excel工具设计仿真专用记账凭证，并进行填制。

五、案例分析题

1. "迟到"的发票能报销吗？

【资料】某企业员工持有一张乘车日期为20×1年11月20日，金额为1 000元的火车票，当年未报销，假设到了20×2年7月份才交给企业财务部门报销。

【思考】该火车票还有用吗？如果还能报销，该费用是列入20×1年还是列入20×2年？请认真阅读《企业所得税税前扣除凭证管理办法》、相关企业所得税法法规后作答。

2. 股东可以查阅记账凭证吗？

【资料】张三是某股份有限公司的股东之一，因与其他股东发生纠纷，要求查阅公司记账凭证，但企业管理者说，可以查阅账簿，但不能查阅记账凭证，因为记账凭证是企业的核心商业秘密。

【思考】你认为公司管理者的说法是否合理？请扩展此类知识后回答。

3. 发票能当作收付款证明吗？

【资料】2000年7月，江苏南通某建筑公司（简称南通建筑）与新疆某房地产开发有限公司（简称新房开发）签订建设工程施工合同。合同签订后，南通建筑依约施工，但是新房开发却多次违约不按时履行付款义务。南通建筑于是将新房开发诉之法庭，要求新房开发给付工程欠款。

然而，新房开发提出了反诉并答辩称，"新房公司已付款中，其中一笔支付的244万元工程款，有南通建筑出具的发票为证；另两笔90万元共计180万元的工程款，有南通建筑的一张90万元收据原件和90万元借据复印件为证。"而南通建筑对此反驳说，"新房公司认为2001年6月12日已支付工程款244万元与事实不符，该244万元是原本双方协商准备付款，但新房开发要求南通建筑先出具发票，南通建筑于2001年6月14日开具了发票并交付给新房开发，但新房开发既未付款也未退还发票。"

新疆一审法院认为：发票只是完税凭证，不是付款凭证，不能证实付款的事实，也不能证实收取款项的事实，付款方付款后应当索取并持有收据，用来证明收款方已收取该款项。新房开发辩称现金支付244万元，又无收款收据证实南通建筑已收取该款的事实，也未提供其他财务凭证或收据等证据证明已付款的事实。故新房开发仅依据发票主张已付工程款244万元的理由不能成立，不予支持。

新房开发不同意法院判决，上诉最高人民法院。最高人民法院二审时则认为：双方争议的244万元应当认定为新房开发公司已经支付给南通建筑。新房开发持有南通建筑为其开具的收款发票。发票应为合法的收款收据，是经济活动中收付款项的凭证。双方当事人对244万元发票的真实性没有提出异议，新房开发持有发票，在诉讼中处于优势证据地位，南通建筑没有举出有效证据证明付款事实不存在。一审法院认为发票只是完税凭证，而不是付款凭证，不能证明付款事实的存在，曲解了发票的证明功能，应予纠正。

【思考】在实际工作中，先开票再收款是企业的交易习惯。通过此案例，你认为应该采取什么有效的方法避免类似事件的发生？请谈谈你的观点。

第 7 章

会计账簿

 学习目标

掌握：账簿的分类；多栏式明细账格式；账簿的使用范围；账簿登记的基本要求；错账更正方法；红字书写范围。
理解：过次页、承前页的含义；多栏式账簿设计原理；平行登记式账簿。
了解：账簿作用；账簿设置。

7.1 会计账簿概述

7.1.1 会计账簿的概念

会计账簿简称账簿（Accounting Books），由专门格式账页装订成本，又俗称账本。它是以经过审核的会计凭证为依据，全面、系统、连续地记录各项经济业务的一种簿籍。国家规定各单位应当按照国家统一会计制度规定和会计业务需要设置会计账簿。

7.1.2 账簿的作用

设置和登记会计账簿是连接会计凭证与会计报表之间的中间环节，是编制会计报表的基础，在会计工作中扮演着重要角色。

（1）记载、储存会计信息。会计以复式记账的方法将经济业务进行翻译，并以会计分录的形式登记在会计凭证上，最终这些会计信息要过到账簿，形成全面、连续、系统的会计信息。

（2）分类、汇总会计信息。会计凭证上的会计信息分散，只能零散地反映个别经济信息，不能全面、完整、系统地反映会计信息。会计账簿克服了会计凭证记录的缺点，分为总账和明细账。总账提供总括信息，明细账提供具体信息，不同明细账簿登记不同会计信息，信息在账簿中进行详细分类和汇总，增加了信息可读性。

（3）检查、校正会计信息。会计账簿具有较为强大的自我检查和校正功能，例如，账簿金额四要素公式表示为：期初余额+本期增加额−本期减少额＝期末余额，它们之间互推互算，具有一定的检查功能。所有账户借方发生额合计等于所有账户贷方发生额合计，试算平衡公式能够检查和发现会计信息记录是否错误。将账户的余额与实际数进行核对，看是否账实相符，有助于提高会计信息质量。

（4）编报、输出会计信息。会计信息的最终形式为报表，报表数据全部来源于账簿，账簿发生额和余额等数据经过分析和整理，最终成为报表会计信息。

7.1.3 会计账簿与账户的关系

如同账户和科目之间的关系，账户和账簿之间也存在着紧密的联系和区别。账户是具有一定格式和结构，记录会计要素增减变动情况的一种载体。一方面，账户存在于账簿之中，账簿中的每一账页都是账户存在的形式和载体，没有账簿，账户就无法存在；账簿序时、分类记载经济业务，是在每个具体账户中完成的。另一方面，账簿是一种具有一定结构的账册，仅表现为一个外在形式，而账户才是账簿的真实内容。账簿与账户的关系是形式和内容的关系。学习账簿时，在了解账簿的外在形式时，要更多地思考账户的内容。这样才能真正理解账簿的作用。

7.2 会计账簿的分类

为了满足实际工作需要，更好地反映会计信息，实际工作中会设置多种样式的账簿，不同类别账簿的格式、用途、登记方法都各不相同。

7.2.1 按照账簿的用途分类

按照账簿的用途分类如下：

1. 序时账簿

序时账簿（Book Of Chronological）也称日记账（Journal），是按照经济业务发生完成时间的先后顺序逐日逐笔进行登记的账簿。序时账簿的登记特点是逐日、逐笔、顺序、连续。

序时账簿按其记录的内容可以分为普通日记账和特种日记账两种。

（1）普通日记账。普通日记账（General Journal）又叫通用日记账、分录日记账，是一种代替记账凭证使用的账簿。每笔经济业务发生时，不填制记账凭证，而是将会计分录直接登记到日记账。

普通日记账格式如图 7-1 所示。

普通日记账

第 月 页

年		凭证		摘 要	会计科目	过账	借方金额										贷方金额									
月	日	种类	号数				千	百	十	万	千	百	十	元	角	分	千	百	十	万	千	百	十	元	角	分
11	5	转	20	结转销售成本	主营业务成本	√				1	0	8	0	0	0	0										
					库存商品	√														1	0	8	0	0	0	0

图 7-1 普通日记账格式

（2）特种日记账。特种日记账（Special Journal）是用来登记某一特殊经济业务发生情况的账簿。最常见的特种日记账是"现金日记账"和"银行存款日记账"。具体介绍见本章后节。

2. 分类账簿

分类账簿（Ledger）是按照会计要素具体类别设置分类账户进行登记的账簿。分类账簿提供的核算信息是编制会计报表的主要依据。按照其核算指标的详细程度不同，可以分为总分类账簿和明细分类账簿。

（1）总分类账簿，又称总分类账（General Ledger），简称总账。其按照总账科目设置，分类登记某一大类经济业务事项，总括反映某一大类经济业务活动的情况。

（2）明细分类账簿，又称明细分类账（Subsidiary Ledger），简称明细账。其按照明细科目设置账户，分类登记某一特定经济业务事项，详细反映某一具体经济业务的情况。

3. 备查账簿

备查账簿简称备查簿（Memorandum Record）。税收法规中称之为辅助账簿。它是对某些在序时账簿和分类账簿等主要账簿中不予登记或登记不够详细的经济业务事项进行补充登记时使用的账簿。备查簿作为一种辅助账簿，其不需要根据会计凭证登记，也没有固定账页格式和登记方法。常见备查账簿主要有：租入固定资产备查簿、应收票据备查簿、应付票据备查簿、支票登记簿、委托加工材料备查簿等。

7.2.2 按照账簿的外表形式分类

按照账簿外表形式不同，可以分为如下三种：

1. 订本式账簿

订本式账簿简称订本账（Bound Book）。订本账特点是在启用之前就已将账页装订在一起，并对每一张账页印好页码，类似于一本书。这种账簿的优点是账簿页数固定，可以避免账页丢失或被抽换。缺点是账簿页数固定好之后，账簿中的每个账户要预留好合适的账页数，预留多了会造成浪费，预留少了无法增补。为了克服这一缺点，现在市面上也有售活页式的总账。订本式账簿主要适用于银行存款日记账、现金日记账、总分类账，如图7-2所示。

图7-2 订本式账簿封面样式

2. 活页式账簿

活页式账簿简称活页账（Loose-leaf Book）。该账簿登记完毕之前并不固定装订在一起，而是装在活页账夹中。当账簿登记完毕之后（通常是一个会计年度结束之后），才将账页予以装订，加具封面，并给各账页连续编号。

活页账的优缺点和订本式刚好相反。其优点是使用灵活方便，可以根据实际需要随时加入、抽减、更换账页，也方便多人同时分工记录。缺点是账页控制比较困难，容易被人非法更换、抽减，造成损失。各种明细分类账一般采用活页式账簿。图7-3便是活页式账簿封面样式。左边账簿封皮用绳子装订，右边账簿封皮用螺丝装订。

图 7-3　活页式账簿封面样式

3. 卡片式账簿

卡片式账簿简称卡片账（Card Book）。它是将账户所需格式印刷在一张硬卡上。一张卡片对应一个明细账户。严格来说，卡片账也是一种活页账，只不过它不是装在活页账夹中，而是装在卡片箱内。使用时，可以根据需要增加或抽出卡片。卡片账所用纸张较硬，可以长久使用。固定资产明细账多采用卡片账形式。现在市面上多用普通纸张制作，与一般的明细账一样，只是格式相对特殊。图7-4便为固定资产卡片样式。

图 7-4　固定资产卡片样式

7.2.3 按照账簿的内部账页格式分类

为了满足不同账户的使用特点，根据账簿的内部账页格式种类，可以把账簿分为三栏式账簿、数量金额式账簿、多栏式账簿、横线登记式账簿。

1. 三栏式账簿

三栏式账簿是指账簿中设置"借方栏""贷方栏"和"余额栏"三个基本栏目的账簿。此类账簿主要用于现金日记账、银行存款日记账、总账、债权类明细账（如应收账款、应收票据等）、债务类明细账（如应付账款、短期借款等）、资本类明细账（如实收资本、资本公积、盈余公积等）。三栏式账簿又分为设对方科目和不设对方科目两种，有的账簿在摘要栏右边添加"对方科目"栏。有"对方科目"栏的，称为设对方科目的三栏式账簿；不设"对方科目"栏的，称为不设对方科目的三栏式账簿。

2. 数量金额式账簿

数量金额式账簿是指在其借方、贷方和余额三个栏目内，都分设数量、单价和金额三小栏，借以反映财产物资的实物数量和价值量。原材料、库存商品等存货明细账一般都采用数量金额式账簿。

3. 多栏式账簿

多栏式账簿是指在账簿的借方和贷方按需要分设若干专栏的账簿。

多栏式账簿有三种，一种为只在借方设置多栏，为借方多栏式账簿；一种为只在贷方设置多栏，称为贷方多栏式账簿；还有一种为借方和贷方均设置多栏，称为借贷方多栏式账簿。

多栏式账簿主要适用于收入、成本、费用、利润和利润分配明细账。其中收入类账户采用贷方多栏式账簿；生产成本、制造费用、期间费用等成本费用类账户采用借方多栏式账簿；应交增值税账户采用借贷方多栏式账簿；本年利润、"利润分配——未分配利润"也可采用借贷方多栏式账簿。市面出售的账簿中，栏目数量一般有九栏式、十三栏式、十九栏式、二十一栏式，主要满足管理费用、制造费用等需要栏目较多的账户。

4. 横线登记式账簿

横线登记式账簿又称平行式账簿，是指将经济业务从发生到结束整个过程都登记在同一行上。横线登记式账簿的最大特点是贷方也设置日期栏、凭证号数栏、摘要栏。该账簿可以清晰方便地看到经济业务从产生到结束的整个过程。该账簿主要适用于其他应收款账户、在途物资账户、材料采购账户等。图7-5为在途物资横线登记式明细账。

在途物资 明 细 账

日期	凭证	摘要	借方			日期	凭证	摘要	贷方	方向	余额
			买价	采购费用	合计						

图7-5 横线登记式明细账

此外，个别账簿还根据其会计核算的特殊性而设计，以满足其特殊会计核算的要求。图 7-6 为材料采购明细账，该账簿是根据计划成本法核算特点而设置的。

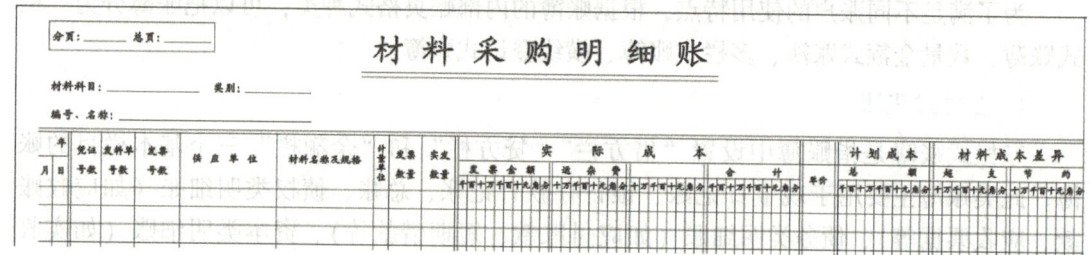

图 7-6　材料采购明细账

会计账簿分类可总结如图 7-7 所示。

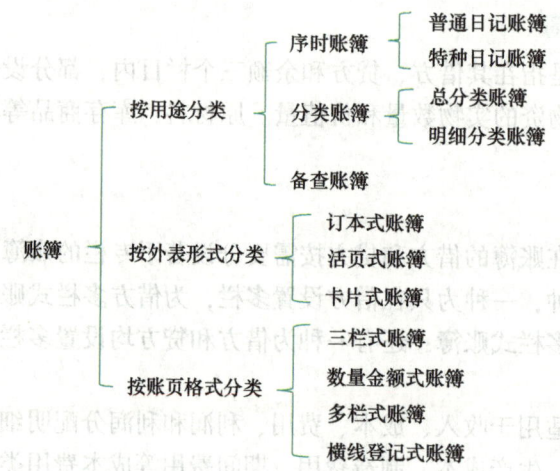

图 7-7　会计账簿分类

7.3　会计账簿的设置，基本内容、启用、更换和保管以及登记的基本要求

7.3.1　会计账簿的设置

《会计基础工作规范》第五十六条规定，各单位应当按照国家统一会计制度规定和会计业务需要设置会计账簿。会计账簿包括总账、明细账、日记账等账簿。

1. 企业常见账簿设置

在手工会计实务中，企业要设置哪些账簿呢？根据会计法规相关规定，一般企业要设置总账、明细账和日记账等三种账簿。总账设置一本，采用订本式。日记账设置两本，专门登记银行存款和库存现金两个账户，采用订本式，有多个银行账户的，各银行账户设一本。明细账根据企业经济业务量配置。下列科目一般可单设一本明细账簿，以便管理。

（1）往来结算明细账：将债权债务科目并在一本账簿，封面取名"往来结算明细账"。

（2）存货明细账：将原材料、库存商品、周转材料等存货科目并在一本账簿，封面取名"存货明细账"。如果企业原材料、库存商品和周转材料很多，则可以为它们各设置一本账簿，取名"材料明细账""库存商品明细账""周转材料明细账"。

（3）固定资产明细账：固定资产科目单独配置一本"固定资产明细账"。

（4）应交增值税明细账：增值税核算要单设一本"应交增值税明细账"。

（5）成本费用明细账：将"生产成本""制造费用""管理费用""财务费用""销售费用"等合并在一本账簿中登记。

（6）销售明细账：市场上专门有售，它将主营业务收入科目、主营业务成本科目设计在同一张账页上，以方便计算毛利，查看收入费用匹配情况。

（7）其他科目明细账：其他不需要单独成册的科目集中并到一本上，取名"其他科目明细账"。

需要注意的是，在组合各明细账户时，尽量不要将不同格式的账户合并在一个账簿中，如不要将数量金额式和多栏式账户合在一本账簿中。

（8）备查账簿：如支票登记簿、应收票据登记簿等。

2. 企业设置账簿时一般应遵循的原则

（1）要与企业自身规模和特点相适应。企业要设置哪些账簿，设置多少，完全取决于企业自身的规模和特点，以满足工作管理所需要为前提。如果企业规模较小、业务笔数少，那么总账和明细账可以合二为一。又如在设置存货类明细账时，有的企业存货简单，此时可以把原材料、库存商品、周转材料等全部存货合并在一本存货明细账上进行登记。但是有的企业原材料繁多，则可单独设置一本材料明细账，与其他存货明细账分开。

（2）要能够方便查阅会计信息，满足管理需要。会计账簿是会计管理的工具，企业在设置账簿时要方便查阅会计信息，满足管理需要。比如有企业将"工资和福利费"合并设置为一个明细科目，此种处理方法就不便于查阅福利费的支出情况，特别是税法规定，福利费必须专门设置相应台账管理，如果工资和福利费合并设置，则会产生纳税风险。又如在应收账款核算时，有时会出现多收款的情况，此时不要设置预收账款，将多收的款项仍然在应收账款下核算，这样更便于查阅债权和债务的关系。再如有的企业购买股票、理财产品、对外投资业务很多，此时可将它们合并到一本账簿中登记，方便查询企业投资情况。

（3）要考虑账簿的设置与岗位的配置相结合。会计岗位互不相容，互相牵制，是内部控制的基本原则。比如出纳人员不得同时兼任债权和债务、收入和费用账簿的登记工作，但是可以登记其他账簿，此时如果企业将债权债务账户和其他账户同时设置在一个账簿中，出纳就无法方便地登记其他账户，所以需要企业单独设置一本往来结算明细账，与其他账户分开设置，这样就能很好地解决此类问题。

7.3.2 会计账簿的基本内容、启用、更换和保管

1. 会计账簿的基本内容

（1）封面，主要标明账簿的名称。

（2）扉页，主要有科目目录索引、账簿启用和经管人员一览表。

（3）账页，是账簿用来记录经济业务事项的最重要的内容，包括账户的名称、登记账

户的日期栏、凭证种类和号数栏、摘要栏、金额栏、总页次、分户页次等基本内容。

2. 会计账簿的启用

启用会计账簿时,应当在账簿封面上写明单位名称和账簿名称。在账簿扉页上应当附启用表,内容包括:启用日期、账簿页数、记账人员和会计机构负责人、会计主管人员姓名,并加盖名章和单位公章。记账人员或者会计机构负责人、会计主管人员调动工作时,应当注明交接日期、接办人员或者监交人员姓名,并由交接双方人员签名或者盖章。

启用订本式账簿,应当从第一页到最后一页顺序编定页数,不得跳页、缺号。使用活页式账页,平时设计好每个明细账账户的顺序,按顺序编号,年度终了再按实际使用的账页顺序编定页码和建立账户目录,然后装订成册。

> **提示**
> 账簿需要缴纳印花税。应税营业账簿的应纳税额为实收资本(股本)、资本公积合计金额乘以适用税率。税率为万分之二点五。电脑机打账簿装订成册后征收。

3. 会计账簿的更换和保管

(1) 会计账簿的更换。会计账簿通常要在每年年初建账时进行更换。总账、日记账和多数明细账应每年更换一次。但有些财产物资明细账,材料品种明细多,有的债权债务明细账,往来结算明细多,如更换新账簿则要在新账上重新登记每个明细账余额,工作量较大。为了降低结转工作量,可以跨年使用,不必每年更换一次。固定资产明细账因年内变动不多,新年度也可不必更换账簿。备查账簿也可以连续使用。

(2) 会计账簿的保管。更换下来的旧账簿要按照《会计档案管理办法》保存管理。会计账簿保管形式包括纸质版和电子版两种存储形式。

需要保管的会计账簿包括总账、明细账、日记账、固定资产卡片及其他辅助性账簿。

会计账簿是重要的会计档案,其管理规定与会计凭证相同,临时保管期间,出纳人员不得兼任会计账簿的保管工作。

会计账簿的保管期限:总账账簿、明细账账簿、日记账账簿、辅助账簿的保管期限为30年,固定资产卡片在固定资产报废清理后保管5年。

▶ 7.3.3 会计账簿登记的基本要求

1. 登记及时准确清楚

登记会计账簿时,就是把记账凭证的信息原封不动地转记到账簿中,这个过程叫过账(Posting)。过账时应当将会计凭证日期、编号、业务内容摘要、金额和其他有关资料逐项记入账簿内,做到数字准确、摘要清楚、登记及时、字迹工整。

登记完毕后,要在记账凭证上签名或者盖章,并在记账凭证上打上"√"符号,表示已经记账,避免以后重复记账或漏记。

2. 书写格式要规范

账簿中书写的文字和数字应紧靠底线书写,上面要留有适当空格,不要写满格,一般占行高的1/2。字体大体上要向右侧倾斜60°书写。写6上出头,写7和9下出头,并超过底线,出头的长度约为一般字体高度的 1/4;写 0 时,字高、字宽要与其他数字相同;写 6、8、9、0 时,圆圈必须封口。账簿金额书写格式如图 7-8 所示。

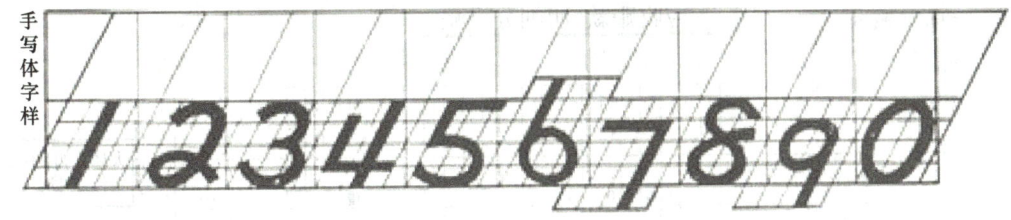

图 7-8　账簿金额书写格式

3. 合理选择书写工具

登记账簿要用蓝黑墨水笔或者碳素墨水笔书写,不得使用圆珠笔(银行的复写账簿除外)或者铅笔书写。水笔一般要使用较细的笔芯。

下列情况,可以用红色墨水笔记账:

(1) 按照红字冲账的记账凭证,冲销错误记录。
(2) 在不设借贷等栏的多栏式账页中,登记减少数。
(3) 在三栏式账户的余额栏前,如未印明余额方向的,在余额栏内登记负数余额。
(4) 根据国家统一的会计制度的规定可以用红字登记的其他会计记录。

4. 逐行逐页顺序连续登记

各种账簿应按页次顺序连续登记,不得跳行、隔页。如果发生跳行、隔页,应当将空行、空页从右上角向左下角画红线注销,并在摘要栏内注明"此行空白""此页空白"等字样,并由记账人员压线盖章。

5. 余额方向栏要注明余额方向

凡需要结出余额的账户,结出余额后,应当在"借或贷"栏内写明"借"或者"贷"字样。没有余额的账户,应在"借或贷"栏内写"平"字,余额栏写"0","0"写在元位,并在"0"字画一条斜线或波浪线,如"∅"所示。

6. 每页最后一行要留空专用

账簿中每页最后一行一般空置不填,专门用于登记结计本页合计数及余额。

每一账页登记完毕结转下页时,应当结出本页合计数及余额,写在本页最后一行和下页第一行有关栏内,并在摘要栏内注明"过次页"和"承前页"字样;也可以当页最后一行不设置"过次页",只要将本页合计数及金额写在下页第一行有关栏内,并在摘要栏内注明"承前页"字样。企业要规定好过次页的方法,只能采用其中一种方法。

对需要结计本月发生额的账户,结计"过次页"的本页合计数应当为自本月初起至本页末止的发生额合计数;对需要结计本年累计发生额的账户,结计"过次页"的本页合计数应当为自年初起至本页末止的累计数;对既不需要结计本月发生额,也不需要结计本年累计发生额的账户,可以只将每页末的余额结转次页。

7. 不得随意修改账簿记录

账簿记录发生错误,不准涂改、挖补、刮擦或者用药水消除字迹,不准重新抄写,必须按错账更正方法规范更正。

相关登记要求示例如图7-9、图7-10所示。

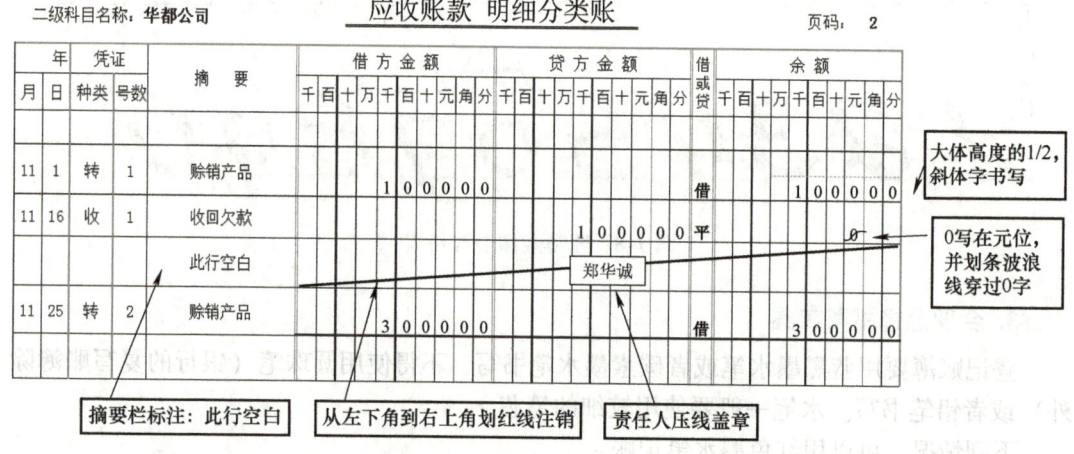

图7-9 账簿"空白画线、金额写法"登记示意图

图7-10 账簿"过次页和承前页"填列示意图

7.4 日记账的格式和登记方法

日记账又称序时账，有现金日记账、银行存款日记账和普通日记账。本节主要讲述现金日记账和银行存款日记账。普通日记账相关知识见第11章账务处理程序。

7.4.1 现金日记账的格式和登记方法

1. 现金日记账的格式

现金日记账是用来核算和监督库存现金每天的收入、支出和结存情况的账簿，按其账页格式分有三栏式和多栏式两种。从外表形式分，不管采用三栏式还是多栏式现金日记账，都必须使用订本账。

2. 现金日记账账页登记

（1）日期栏：同记账凭证的日期。登记时，同一页中相同的月份栏可以不填，用点点号 " " 代替，但是当页首行和第二行的日期仍要写全。

（2）凭证号数栏：登记记账凭证的凭证号数，采用简写形式。如现金收款凭证，则写成"收×号"；现金付款凭证，则写成"付×号"；如收付款记账凭证编号为细分编号，则写成"现收×号、现付×号、银付×号"。

（3）摘要栏：填写记账凭证上的摘要，与记账凭证上摘要总体保持一致。有时不要把记账凭证的摘要一字不漏抄到账簿，账簿上的"摘要"可以适当增减记账凭证上的"摘要"内容，做到文字简洁又能反映资金来龙去脉。

（4）对方科目栏：对方科目就是会计分录中库存现金科目的对方科目。如"借：库存现金；贷：其他应收款"分录中，库存现金的对方科目就是"其他应收款"。如"借管理费用；贷：库存现金"分录中，对方科目就是"管理费用"。

（5）收入和支出栏：填写分录中库存现金的借方发生额和贷方发生额。

（6）核对栏"√"：此栏主要用于账账核对，比如将现金日记账的余额和现金总账账户余额相互核对，当核对完毕后在两个账簿上互相打钩，表示核对相符。

3. 现金日记账登记人员、登记依据、登记时间的规定

（1）登记人员。现金日记账要由出纳人员专人登记。

（2）登记依据。出纳人员应依据同现金收付有关的记账凭证进行登记。

（3）登记时间。出纳人员要按时间顺序逐日逐笔序时登记。

（4）登记本日发生额及余额。每天最后一笔业务登记完毕后，要根据"上日余额+本日收入−本日支出=本日余额"的公式，结出本日现金借方、贷方发生额和余额，在摘要栏写上"本日合计"字样，叫作"日结"，并与库存现金实存数核对，以确保每日现金账实相符。

三栏式现金日记账填写示例如图 7-11 所示。

现金日记账   第 3 页

年		凭证		摘要	对方科目	收入（借方）金额									√	支出（贷方）金额									借或贷	余额									√
月	日	种类	号数			千	百	十	万	千	百	十	元	角	分		千	百	十	万	千	百	十	元	角	分		千	百	十	万	千	百	十	元	角	分	
12	3			本日合计					4	3	4	7	2	0						1	2	0	1	6	0		借				3	1	4	5	6	0	
12	4	付	5	提现	银行存款				1	5	0	0	0	0																							
		收	1	收取张三客户押金	其他应付款				2	0	0	0	0	0																							
		付	6	付李四工资	应付职工薪酬															4	2	7	6	0	0												
		付	7	购财务用品	管理费用																6	0	0	0	0												
		付	7	购财务用品	应交增值税（进项）																		7	8	0												
				本日合计					3	5	0	0	0	0							4	9	5	4	0	0		借				3	3	1	9	1	6	0	

注：实务中，在一天内，不需要每一行都要结出余额，等到本日最后一笔结束之后，进行本日合计时再结出余额，这样页面显得更为清晰。

图 7-11 三栏式现金日记账填写示例

7.4.2 银行存款日记账的格式和登记方法

1. 银行存款日记账的格式

银行存款是用来核算和监督银行存款每日的收入、支出和结余情况的账簿。其内部账页格式也可以分为三栏式和多栏式，外表形式也必须为订本账。由于一般企业开设银行账号较多，有的还涉及外币交易，所以银行存款日记账应按企业在银行开立的账户和币种分别设置明细账，登记量大的银行账户可单独设置一本日记账。

2. 常用三栏式银行存款日记账的登记方法

银行存款日记账的格式和登记方法与现金日记账的总体相同，也是由出纳专人登记。出纳人员要以银行存款收付款凭证、支票结算凭证等会计凭证为依据，逐日逐笔按时间先后顺序登记。

银行存款日记账与现金日记账的主要区别是银行存款日记账中一般增设有"结算凭证栏"。例如，当企业用支票结算时，则结算凭证栏的种类填写"现金支票"或"转账支票"，号数一般填支票编号最后四位数。银行存款日记账登记示例如图7-12所示。

银 行 存 款 日 记 账　　　　　　　　第　页

年		凭证		摘要	结算凭证		对方科目	收入（借方）金额	支出（贷方）金额	借或贷	余额
月	日	种类	号数		种类	号数		千百十万千百十元角分 √	千百十万千百十元角分 √		千百十万千百十元角分 √
12	1			月初余额						借	4 5 0 0 0 0 0
12	5	银付	1	付材料款	转账支票	2113	原材料、应交税费		1 1 3 0 0 0 0		
	5	银收	1	收投资款	转账支票	3854	实收资本	1 8 0 0 0 0 0 0			
		银付	2	提现	现金支票	2114	库存现金		3 0 0 0 0 0		
				本日合计				1 8 0 0 0 0 0 0	1 4 3 0 0 0 0	借	2 1 0 7 0 0 0 0

图7-12　银行存款日记账登记示例

7.5 总分类账的格式和登记方法

7.5.1 总分类账的格式

总分类账简称总账，是按照总分类账户分类登记以提供总括会计信息的账簿。总账格式有三栏式和多栏式，但是最常用的格式为三栏式，设置借方、贷方和余额三个基本金额栏目。总账要采用订本账。

7.5.2 总账的登记方法

1. 总账内部账页登记内容

（1）目录页：目录页的排序与会计科目表的编排格式总体保持一致。

（2）日期栏：填写记账凭证的日期、科目汇总表的日期或汇总记账凭证的日期等凭证日期。其中科目汇总表或汇总记账凭证的日期是该汇总期间的最后一天。如科目汇总表汇总的是 11 月 1 日~10 日期间的发生额，则总账上的日期应写 11 月 10 日。

（3）凭证号数栏：根据填制总账依据不同填写。如为记账凭证账务处理程序方式下，凭证号数则为记账凭证的种类和号数，如"收字×号、付字×号、转字×号、银收字×号、现收字×号、银付字×号、现付字×号"等，通用记账凭证则为"记字×号"；在科目汇总表账务处理程序方式下，凭证号数栏写"科汇字×号或记汇字×号"；在汇总记账凭证账务处理程序下，凭证号数栏写"汇收字×号、汇付字×号和汇转字×号"。

（4）摘要栏：在记账凭证账务处理程序方式下，摘要栏与记账凭证中的摘要总体相同。在科目汇总表和汇总记账凭证账务处理程序方式下，根据科目汇总表和汇总记账凭证的设计方式，摘要栏一般写法有两种：一种是突出汇总的时间段；另一种是突出汇总的凭证号数。例如，如果是每隔一段时间汇总的，则写为"汇总 1~10 日发生额""1~10 日发生额汇总""1~10 日发生额"等描述；如果是一个月汇总一次的，可以写为"本月发生额汇总""汇总本月发生额""本月发生额""本月合计"等。另外一种是写汇总的凭证号数，如"汇总 1#~25#凭证""1#~25#凭证汇总"等。为了便于查账，可以两种方法结合起来描述，例如"汇总 1~10 日 1#~25#凭证发生额"。

2. 总账登记人员、登记依据及登记时间

（1）登记人员。总账人员一般由指定的总账会计人员进行登记。由于登记总账工作涉及日后报表编制，所以该人员应具备较强的业务能力和职业素养。

（2）登记依据。总账登记依据取决于会计账务处理程序，不同的账务处理程序，登记总账的依据是不相同的。在记账凭证账务处理程序方式下，登记总账的依据是记账凭证；在科目汇总表账务处理程序方式下，登记总账的依据是科目汇总表；在汇总记账凭证账务处理程序下，登记总账的依据是汇总记账凭证；在通用日记账账务处理程序下，登记总账的依据是通用日记账。

（3）登记时间。总账登记时间与日记账不同。其登记时间没有严格的要求，可以按 5 天、10 天、15 天甚至一个月汇总后登记。

图 7-13 为三栏式总账格式，具体登记样式见第 11 章相关内容。

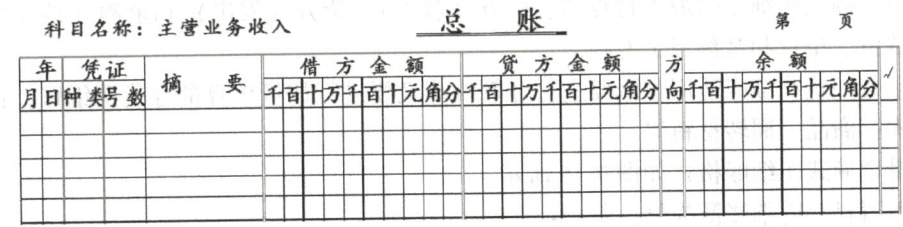

图 7-13 三栏式总账格式

7.6 明细分类账的格式和登记方法

明细分类账简称明细账，是根据二级账户或明细账户开设账页，分类、连续地登记经济业务以提供明细核算资料的账簿。

明细账格式有三栏式、多栏式、数量金额式、卡片式和横线登记式等多种。不同格式账簿应用于不同的账户，明细分类账一般采用活页式，便于增减账页。

从登记时间来看，不同类型经济业务明细账可根据管理需要，依据记账凭证、原始凭证或汇总原始凭证逐日逐笔或定期汇总登记。固定资产、债权、债务等明细账应逐日逐笔登记；库存商品、原材料、产成品收发等明细账以及收入、费用等明细账可以逐笔登记，也可定期登记。从登记人员来看，由于明细账登记工作量大，企业可以根据会计工作人员数量合理分配明细账登记人员，出纳也可以参与登记明细账，但要考虑到岗位牵制原则，不能登记债权债务结算、收入费用等明细账，以免出纳利用职务之便从事非法活动。

7.6.1 三栏式明细账

三栏式明细账是设有借方、贷方和余额三个基本栏目，用以分类核算各项经济业务，提供详细核算资料的账簿，其格式与三栏式总账格式相同。

三栏式明细账适用于只进行金额核算的资本、债权、债务等明细账，如应收账款、应付账款、实收资本等账户。

三栏式明细账格式如图 7-14 所示。

＿二＿＿级科目编号及名称＿＿＿＿明阳公司＿＿＿＿＿＿　　**应收账款　明细账**　　总 第＿页　分第＿页

＿＿＿级科目编号及名称＿＿＿＿＿＿＿＿＿＿＿＿＿＿

年		凭证		摘要	对方科目	借方金额										√	贷方金额										√	借或贷	余额										√
月	日	种类	号数			千	百	十	万	千	百	十	元	角	分		千	百	十	万	千	百	十	元	角	分			千	百	十	万	千	百	十	元	角	分	

图 7-14　三栏式明细账格式

7.6.2 数量金额式明细账

数量金额式明细账的最大特点是：借方（收入）、贷方（发出）和余额（结存）都分别设有数量、单价和金额三个专栏。

数量金额式明细账适用于既要进行金额核算又要进行数量核算的存货明细账，比如原材料、库存商品、周转材料等。

数量金额式明细账格式如图 7-15 所示。

以填写材料明细账簿为例，其中：

（1）“类别”栏：用于填写原材料分类名称。这个类别即为原材料账户的二级账户（子目）。原材料的类别一般分为原料及主要材料、辅助材料、包装材料、燃料、外购半成品、修理用备品备件、其他材料等。企业可以根据实际情况合理对原材料进行分类。

（2）“名称”栏：登记原材料的具体名称。为原材料的细目名称。

（3）“贷方单价”栏：该单价要根据存货的计价方法而定。存货的计价方法有先进先出法、个别计价法、移动加权平均单价法、全月一次加权平均单价法等。如果单价计算采用全月一次加权平均法，则月末要编制原材料加权平均单价计算表和发料凭证汇总表，计算出发出材料加权平均单位成本，因此贷方发出栏平时不用填写，于月末一次性填写。

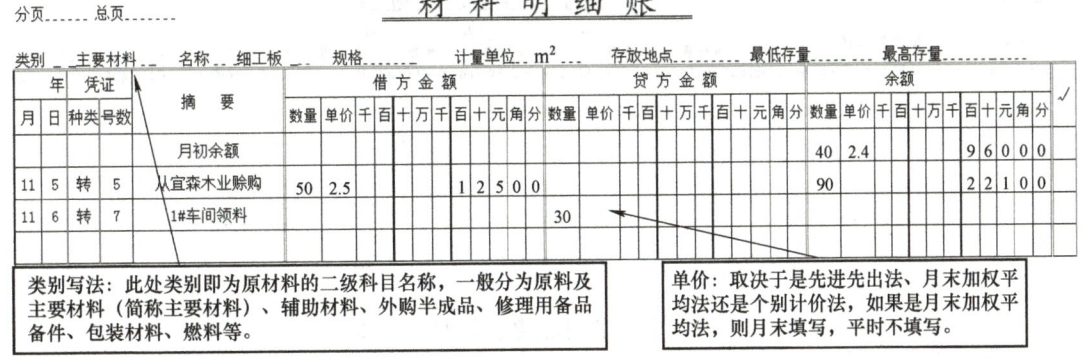

图 7-15 数量金额式明细账格式

7.6.3 多栏式明细账

多栏式明细分类账是将属于同一个总账科目的各个明细科目合并在一张账页上进行登记的账簿。多栏式明细账可以分为借方多栏式明细账、无借贷符号的多栏式明细账、借贷双方均为多栏式明细账三种。

1. 借方多栏式明细账

借方多栏式明细分类账主要适用于成本、费用类明细账，如生产成本、制造费用、管理费用、税金及附加等账户。栏目数一般有九栏、十三栏、十九栏、二十四栏等。图 7-16 和图 7-17 为常见的借方多栏式明细账格式。由于这种多栏式明细账设置了借方发生额，但没有设置贷方发生额，如果需要填贷方发生额，则用红字书写。

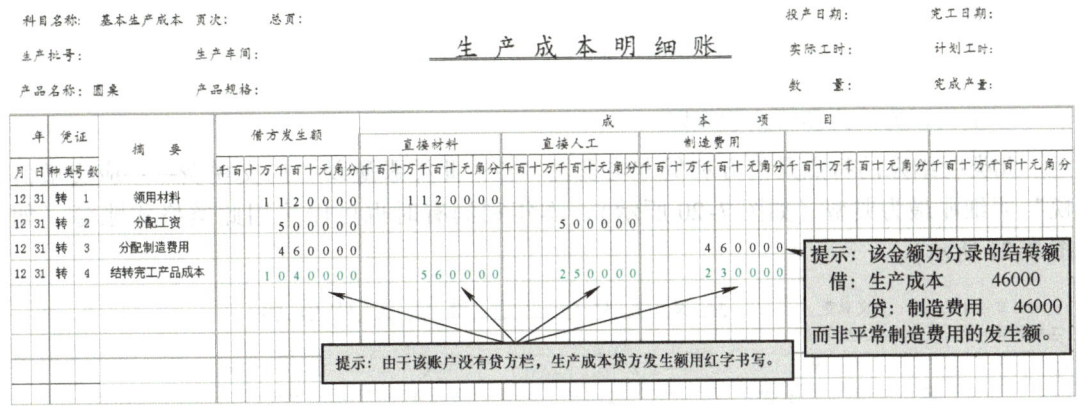

图 7-16 借方多栏式明细账（登记成本）

2. 无借贷符号的多栏式明细账

无借贷符号的账本既适合费用类账户，也适用于收入类账户。之所以不设置借贷符号，因为费用类账户默认为借方发生额，收入类账户默认为贷方发生额。如果费用出现贷方发生额时，则用红字书写；收入出现借方发生额时，则用红字书写。无借贷符号的多栏式明细账如图 7-18 和图 7-19 所示。

生产车间：__________

制造费用明细账

年		凭证		摘要	借方发生额	成本项目								
						工资	福利费	折旧费	劳动保护费	水电费	办公费	机物料消耗	…………	其他
月	日	种类	号数		千百十万千百十元角分	千百十万千百十元角分	千百十万千百十元角分	千百十万千百十元角分	千百十万千百十元角分	千百十万千百十元角分	千百十万千百十元角分	千百十万千百十元角分	千百十万千百十元角分	千百十万千百十元角分

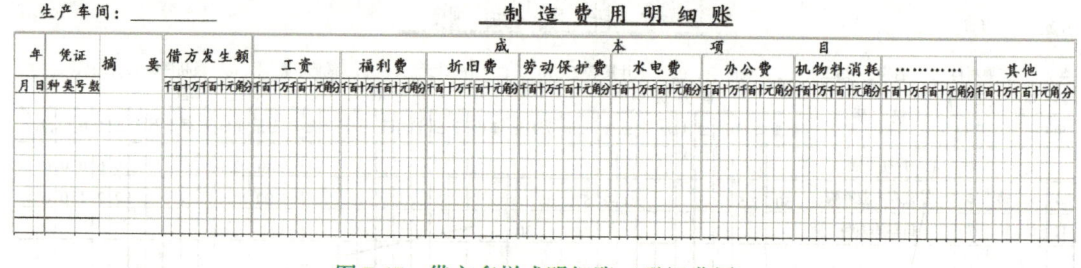

图 7-17　借方多栏式明细账（登记费用）

管理费用明细账

______级科目编号及名称：______________.

年		凭证		摘要	工资	福利费	办公费	水电费	交通费	折旧费	差旅费	………	其他
月	日	种类	号数		千百十万千百十元角分	千百十万千百十元角分	千百十万千百十元角分	千百十万千百十元角分	千百十万千百十元角分	千百十万千百十元角分	千百十万千百十元角分	千百十万千百十元角分	千百十万千百十元角分

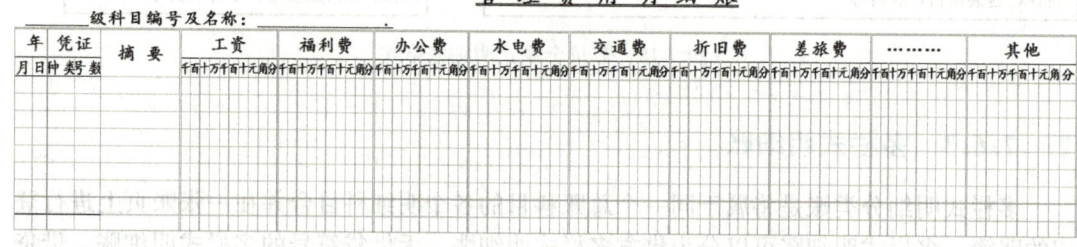

图 7-18　无借贷符号的多栏式明细账（登记费用）

主营业务收入明细账

二级______级科目编号及名称：H8系列

年		凭证		摘要	继电器	隔离开关	交流接触器	断路器	自切换装置	自转换开关	………	
月	日	种类	号数		千百十万千百十元角分	千百十万千百十元角分	千百十万千百十元角分	千百十万千百十元角分	千百十万千百十元角分	千百十万千百十元角分	千百十万千百十元角分	千百十万千百十元角分

图 7-19　无借贷符号多栏式明细账（登记收入）

3. 借贷双方均为多栏式明细账

此类明细账的特点是借方和贷方均设置多栏，此类账簿以“应交税费——应交增值税”明细账最为典型（如图 7-20 所示）。本年利润有时也可以采用此类格式账簿（如图 7-21 所示）。

一级科目编号及名称：应交税费

二级科目编号及名称：应交增值税

应交税费——应交增值税明细账

第____页

年		凭证		摘要	借方				贷方				方向	余额
					进项税额	已交税金	………	合计	销项税额	进项税额转出	………	合计		
月	日	种类	号数		千百十万千百十元角分	千百十万千百十元角分	千百十万千百十元角分	千百十万千百十元角分	千百十万千百十元角分	千百十万千百十元角分	千百十万千百十元角分	千百十万千百十元角分		千百十万千百十元角分

图 7-20　应交税费——应交增值税明细账

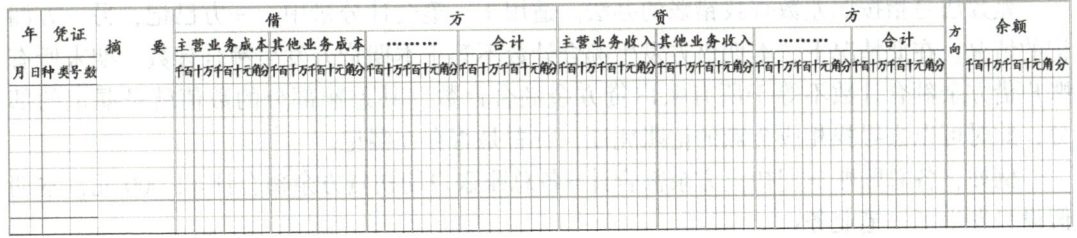

图 7-21 本年利润明细账

7.6.4 平行式（横线登记式）明细账

横线登记式明细账是采用横线登记，即将每一笔相关的业务登记在一行，从而可依据每一行各个栏目的登记是否齐全来判断该项业务的进展情况。该种明细账主要适用于材料采购、在途物资、其他应收款、应收票据等明细账。图 7-22 为其他应收款明细账登记时，从借出款项到收回款项都在同一行登记，从一行中体现借款和还款的整个完整的业务流程。

图 7-22 其他应收款明细账

7.7 错账查找及更正方法

会计工作要求数据计算严谨，不能有丝毫差错，试算平衡时左右两边相差一分钱都需要查明原因。发现错账，不能随意在账簿上涂改、挖补、刮擦，或者用药水消除字迹，必须按会计工作基础规范要求进行更正。

7.7.1 错账查找方法

错账的主要原因大体是记账时没有遵守复式记账原理所致，比如，借贷双方登记金额不相等、一方已登另一方漏登、借贷方向登记相反、借贷科目登记错误等都会导致试算不平衡。有些错误可以利用数学规律帮助查找。根据产生错账的原因，常见的错账查找方法如下：

1. 差数法

差数法是指按照差数查找错账的办法。适用于一笔会计分录中，一方已记，另一方漏记的情况。在此情况下，本期借方发生额合计数不等于本期贷方发生额合计数，期末所有账户借方余额合计数不等于所有账户贷方余额合计数，其差额部分的数值就是漏记的部分，此时可以去寻找相应金额的记账凭证，查看是否存在漏记。

例如，各总账账户期初借方余额合计＝各总账账户期初贷方余额合计＝1 000元，本期假设只发生了一笔业务：

　　借：应收账款　　　　　　　　　　　　　　　　　　　　　　　　　300
　　　　贷：应收票据　　　　　　　　　　　　　　　　　　　　　　　　300

但是登记到账簿时应收账款借方漏记。结果是各总账账户期末借方余额合计数为1 000元，各总账账户期末贷方余额合计数为1 300元，两者相差金额是300元，此时便可以寻找是否有金额为300元的记账凭证。找到之后再去查对应账簿是否漏记。

2. 尾数法

尾数法是指对于发生差额只查找末位数，以提高查错效率的方法。这种方法适合于借贷方金额其他位数都一致，而只有末位数出现差错的情况。

例如总账余额为12 300.06元，而各明细账余额合计数是12 300元，差额为0.06元，在此种情况下，可以查找相应账户所记金额末位数是否有0.06元的，从而提高查找效率。

3. 除2法

除2法是指以差数除以2来查找错账的方法。实际工作中，可能会把一笔分录的贷方误记到借方，或把借方金额误记到贷方，导致某一方未记，而另一方多记一笔。此时将本期借方发生额合计数与本期贷方发生额合计数之差除以2，或者把期末所有账户借方余额合计数与所有账户贷方余额合计数之差除以2，该数值就是记错方向的数值。

例如，企业本月发生计提活期存款利息收入业务，会计分录为：

　　借：银行存款　　　　　　　　　　　　　　　　　　　　　　　　1 000
　　　　贷：财务费用——利息收入　　　　　　　　　　　　　　　　1 000

但是登记财务费用账簿时误记到财务费用账户借方，结果在期末试算平衡时，所有账户借方发生额合计数与所有账户贷方发生额合计数的差额为2 000元，或者所有账户借方余额合计数与所有账户贷方余额合计数之差为2 000元，此时用差额2 000元除以2，得出1 000元，此时可以有目的地寻找某张记账凭证是否有1 000元的业务，找到之后查阅账簿是否记错方向。

4. 除9法

除9法是指将差额除以9来查找错误的方法。适用于以下三种情况：

（1）将数字少写一位

例如，记账凭证上的会计分录为：

　　借：生产成本　　　　　　　　　　　　　　　　　　　　　　　　40 000
　　　　贷：原材料　　　　　　　　　　　　　　　　　　　　　　　　40 000

但是登记原材料账簿时，金额被错写成4 000元。此时如果用写错的金额36 000元

（40 000-4 000）除以9，商为4 000元。此4 000元即为写错的金额，再将错写的金额乘以10倍，即为正确的金额。此时可以有目的地查找记载金额为40 000元的记账凭证，再从记账凭证找到账簿记录检查是否有错。应用此规律，一旦发现两个试算平衡公式中的借贷差额能够被9整除，则以此商数乘以10后的得数（正确数）为目标寻找具有此金额的记账凭证。

（2）将数字多写一位

同上例，假设原材料账簿登记时将40 000元扩大一倍，写成了400 000元，此时错写的差额为360 000（400 000-40 000）元。将此差额除以9，商为40 000元，此数值为记账凭证上正确的金额，再乘以10倍，即为错误的金额400 000元。此时可以有目的地查找记载金额为40 000元的记账凭证，找到后再查对应的账簿记录是否错记成400 000元。应用此规律，如果发现两个试算平衡公式的借贷差额能够被9整除，则以该商数（正确数）为目标寻找记载该商数的记账凭证，再从记账凭证找到账簿记录，查阅账簿记录是否扩大了10倍。

（3）邻数颠倒

例如，记账凭证上会计分录为：

借：银行存款   25 000
　　贷：短期借款   25 000

但是在登记账簿时，短期借款账簿错记为52 000元。此时借贷方差额为27 000元，以此差额除以9，商为3 000，3恰好是千位5和万位2之差。应用此规律，如果发现两个试算平衡公式中借贷差额能被9整除，则以整除后的商为突破口进行分析。

7.7.2 错账更正方法

会计业务处理流程是以原始凭证为依据编制记账凭证，这个过程叫"制单"（也称记账），再将记账凭证上的会计分录信息分别登记到账簿，这个过程叫作"过账"或"登账"。错误就发生在制单和过账两个环节。围绕这两个环节发生的错账类型及对应的处理方法如图7-23所示。

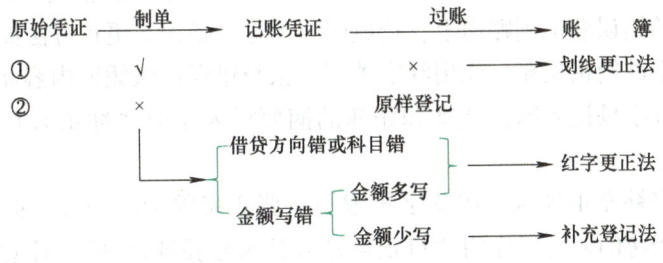

图7-23　错账类型及更正方法

1. 划线更正法

划线更正法是指在账簿中直接用红线对错误记录进行更正的方法。该方法适用于制单环节没有错误，即记账凭证没有错误，只是过到账簿时不慎发生文字或数字记录错误的情况。更正的方法是：先在错误的文字或数字上画一条红色横线，表示注销，在红线的上方填写正确的文字或数字，并由记账及相关人员在更正处盖章。需要注意的是，对于错误的数字，应全部画红线更正，不得只更正其中错误的数字，而且画线数字仍要保持清楚可识别，以备日后查看。对于错误的文字，可只画去局部错误的部分。

【例 7-1】 企业于 11 月发生如下业务：

借：应收账款 11 300

　　贷：主营业务收入 10 000

　　　　应交税费——应交增值税（销项税额） 1 300

记账凭证完全正确，但是应收账款账簿上误将金额记录为 13 300。同时将对方科目栏中的主营业务收入写成了主营业务成本。

分析：由于记账凭证是正确的，只是过账错误，所以应采用划线更正法，如图 7-24 所示。

___级科目编号及名称__________

___级科目编号及名称__________

应收账款　　明细账

总 第_页　分第_页

年 月	日	凭证 种类	号数	摘要	对方科目	借方金额（千百十万千百十元角分）	✓	贷方金额（千百十万千百十元角分）	✓	借或贷	余额（千百十万千百十元角分）	✓
11	11	转	5	赊销产品	主营业务~~成本~~ 收入	1130000 ~~1330000~~	郑华诚					

图 7-24　划线更正法

划线更正法看似简单，其实并不是所有的此类差错都可以采用这种方法。比如银行存款账户，平时要结出余额，中间的一笔错误金额按以上方法进行更正，后续结计的余额都要进行大面积修改，这样会造成工作量大，账簿不美观。这种情况应改用其他方法更正。

2. 红字更正法

（1）会计科目或借贷方向错。当记账凭证的会计科目名称或借贷方向写错，过账时按记账凭证上原样的错误登记到账簿上，造成账簿上记录错误。更正方法如下：

第一步：红字冲销错误账。先用红字填写一张与错误记账凭证内容相同的红字记账凭证，然后据此用红字登记入账，凭证和账簿的摘要栏内注明“冲销×月×日×号凭证错账”，以示注销。

第二步：蓝字补充正确账。用蓝字再编写一张正确的记账凭证，据此用蓝字登记入账，并在凭证和账簿的摘要栏注明“订正×月×日×号凭证错账”。注意此处蓝字并不是真的用蓝色墨水，由于历史的原因，在 20 世纪墨水只有蓝色和红色，后来有了蓝黑色、黑色，所以此处的蓝色是代表正常的书写颜色，一般为黑色。

【例 7-2】 企业于 11 月 3 日发生了一笔以 1 000 元现金购买财务用品的业务（不考虑增值税），正确的会计分录为：

借：管理费用——办公费 1 000

　　贷：库存现金 1 000

但是记账凭证上的会计分录为：

借：财务费用——办公费　　　　　　　　　　　　　　　　　　1 000

　　贷：库存现金　　　　　　　　　　　　　　　　　　　　　　1 000

并据以登记入账。原错误的记账凭证编号是11月份付字第3号，11月10日发现错误。

分析：错误原因是记账凭证中的会计科目名称书写有错误，因此要采用红字更正法，更正方法如下：

第一步：红字冲销。编制一张红字记账凭证（如图7-25所示），并据以登记入账，以冲销错误账簿记录。以红字凭证为基础登记入账时，登记账簿也用红字书写（如图7-27和图7-28所示）。

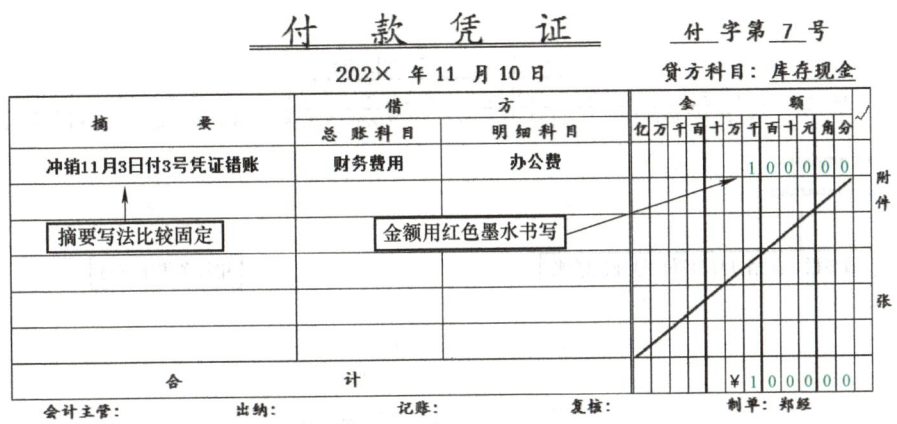

图7-25　红字记账凭证

第二步：蓝字补充。编制一张正确付款凭证（如图7-26所示），摘要栏注明订正11月3日付3号凭证错账。并据以登记到现金日记账、财务费用明细账和管理费用明细账（见图7-27~图7-29所示）。登记时用正常墨水书写。

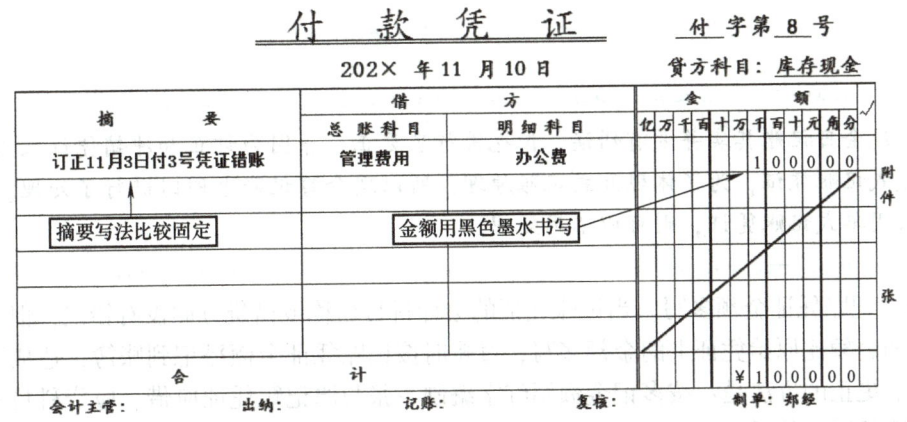

图7-26　蓝字补充凭证

现金日记账

第　页

年		凭证		摘要	对方科目	收入（借方）金额	√	支出（贷方）金额	√	余额	√
月	日	种类	号数			千百十万千百十元角分		千百十万千百十元角分		千百十万千百十元角分	
11	3	付	3	财务科购财务用品	财务费用			1 0 0 0 0 0			
11	10	付	7	冲销11月3日付3号凭证错账	财务费用						
11	10	付	8	订正11月3日付3号凭证错账	管理费用			1 0 0 0 0 0			

（注意摘要写法 → ；用红字书写 → ）

图 7-27　红字更正法（冲销和订正）

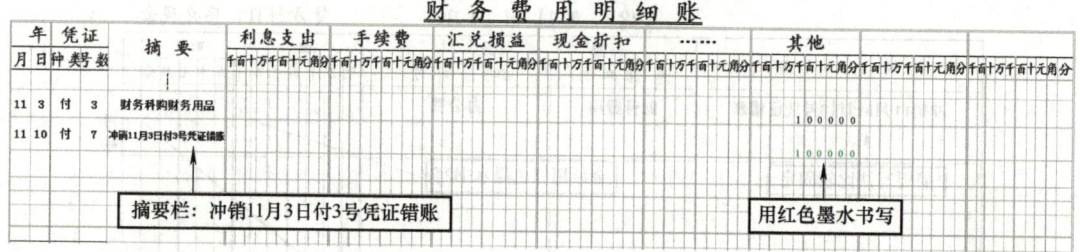

图 7-28　红字更正法（红字冲销）

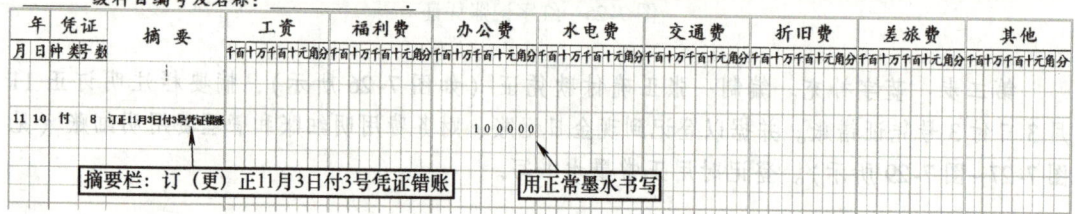

图 7-29　红字更正法（蓝字补充）

> **提示**
> 现金日记账其实并没有错误，但也进行了更正，原因为订正和冲销凭证采用的是复式记账凭证，为了体现复式记账原理，所以现金日记账也同时进行了处理。如果采用单式记账凭证，则可以不用处理。

（2）记账凭证金额多写。当记账凭证的会计科目名称或借贷方向没有错误，但是记账凭证上的金额比原始凭证上的金额多写，过账时按记账凭证金额登记到账簿，造成账簿记录错误。更正的方法是：按多记金额用红字编制一张与原记账凭证应借、应贷科目完全相同的记账凭证，然后据此用红字记入账内，在摘要栏注明"冲销×月×日×号凭证多记金额"。

【例 7-3】 企业于 11 月 11 日从大宝公司赊购一批原材料（尼龙布）（不考虑增值税），价格为 5 000 元，正确的分录是：

借：原材料——主要材料——尼龙布　　　　　　　　　　　5 000
　　贷：应付账款——大宝公司　　　　　　　　　　　　　　5 000

但是实际编制会计分录时将 5 000 元写成了 50 000 元，并按 50 000 元登记入账。原记账凭证编号为 11 月份转 11 号。发现错误日期为 11 月 20 日。

分析：记账凭证上的分录金额多写，导致账簿上金额多写，采用红字冲销法。更正方法为：编制一张多写的金额 45 000 元（50 000−5 000）的红字凭证，如图 7-30 所示。

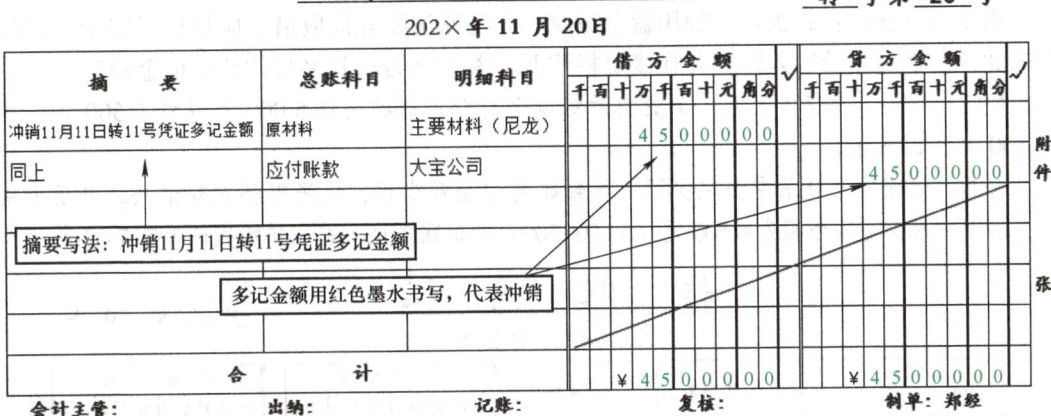

图 7-30　红字凭证（冲销多记金额）

然后将该红字转账凭证登记到原材料明细账和应付账款明细账中，登记账簿中的金额也用红字书写，代表冲销。红字更正法如图 7-31 和图 7-32 所示。

图 7-31　红字更正法（冲销材料多记金额）

3. 补充登记法

补充登记法是指记账凭证的会计科目名称或借贷方向没有错误，但是记账凭证上金额比原始凭证上金额少写，过账时按记账凭证上金额登记到账簿，造成账簿记录少写。

图 7-32 红字更正法（冲销应付账款多记金额）

更正的方法是：将少记金额用蓝字编制一张与原记账凭证应借、应贷科目完全相同的记账凭证，然后用蓝字入账，并在摘要栏注明"补记×月×日×号凭证少记金额"。

【例7-4】 以例7-3为例，企业实际编制会计分录时将金额5 000元写成了500元，并以500元登记入账。

分析：记账凭证分录中金额少记，导致账簿中金额少记，应采用补充登记法。更正方法是：编制一张少写的金额为4 500元（5 000-500）的记账凭证，补充转账凭证如图7-33所示。

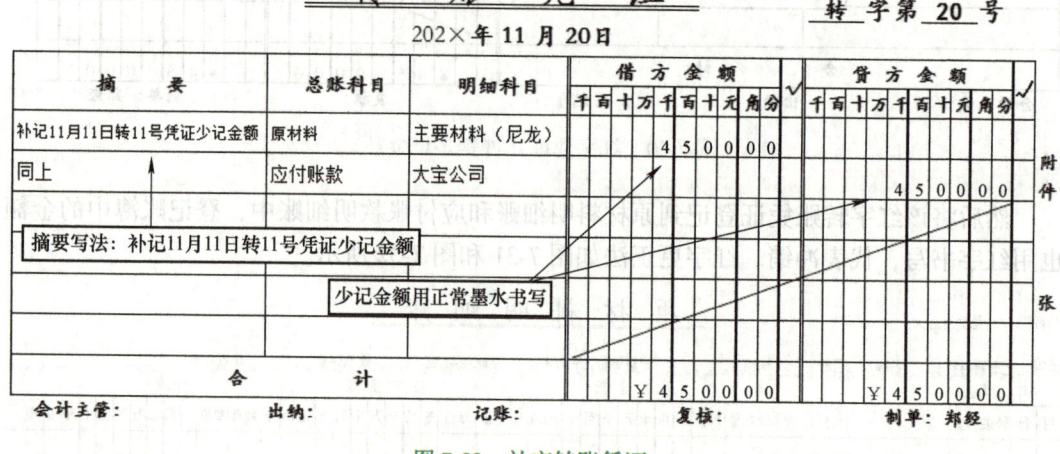

图 7-33 补充转账凭证

然后依据补充转账凭证登记到应付账款和原材料明细账。登记时用正常墨水书写。补充登记法如图7-34和图7-35所示。

图 7-34 补充登记法（补充少记金额）

原材料明细账

分页_____ 总页_____
类别_____ 主要材料_____ 名称_____ 尼龙_____ 规格_____ 计量单位_____ 平方米_____ 存放地点_____ 最低存量_____ 最高存量_____

年月日	凭证种类	凭证号数	摘要	借方金额（数量 单价 千百十万千百十元角分）	贷方金额（数量 单价 千百十万千百十元角分）	余额（数量 单价 千百十万千百十元角分）	√
11 11	转	11	从大宝公司赊购	5 0 0 0 0			
11 20	转	20	补记11月11日转11号凭证少记金额	4 5 0 0 0 0			

摘要栏：补记11月11日转11号凭证少记金额

金额用正常墨水书写

图 7-35 补充登记法（补充少记金额）

需要注意的是，上述用于更正或补充的记账凭证不需要附原始凭证。错账分为本期差错和前期差错，本节讲述的错账更正方法适用于当年发现错误并在年度结账之前完成更正的情况。如果是以前年度发生的差错，涉及损益账户的则要采取"以前年度损益调整"账户进行更正处理，具体可参阅《企业会计准则第 28 号——会计政策、会计估计变更和差错更正》。

知识训练

一、思考题

1. 账簿的种类有哪些？
2. 登记账簿时要注意哪些事项？
3. 多栏式账簿有什么特点？为什么多栏式账簿可以不设置借方栏和贷方栏？
4. 错账更正法有哪几种？每种更正方法是怎么处理的？
5. 如何理解过次页和承前页？
6. 如何规范填写更正错账的记账凭证摘要？
7. 假设你到一家新成立的企业当会计，请问该如何设置账簿？

二、单项选择题

1. 不采用订本式账簿的是（　　）。
   A. 现金日记账　　B. 银行存款日记账　　C. 总账　　D. 明细账
2. 应交增值税明细账应当采用（　　）账簿格式。
   A. 三栏式　　B. 数量金额式　　C. 多栏式　　D. 横线登记式
3. 记账人员在登记账簿后，发现所依据的记账凭证中无错误，但是账簿中金额多记。则更正时应采用的更正方法是（　　）。
   A. 蓝字更正法　　B. 划线更正法　　C. 红字更正法　　D. 补充登记法
4. 下列不可以跨年度使用的账簿是（　　）。
   A. 总账　　B. 固定资产卡片　　C. 材料明细账　　D. 债权债务明细账
5. 会计账簿的保管期限是（　　）。
   A. 10 年　　B. 20 年　　C. 30 年　　D. 永久

三、多项选择题

1. 下列明细账账户要采用多栏式账簿的是（　　）。
   A. 生产成本　　　B. 管理费用　　　C. 制造费用　　　D. 实收资本

2. 下列关于账簿中每一页最后一行的描述，正确的是（　　）。
   A. 账簿中账页下端最后一行一般空置不填，专门用于登记结计本页合计数及余额
   B. 需要结计本月发生额的，本页合计数应当为自本月初起至本页末止的发生额合计数
   C. 需要结计本年累计发生额的，本页合计数应当为自年初起至本页末止的累计数
   D. 不需要结计本月发生额和本年累计发生额的账户，可以只将每页末的余额结转次页

3. 下列关于账簿摘要栏描述正确的是（　　）。
   A. 发生隔页时，应当将空白页画红线注销，并在摘要栏内注明"此页空白"字样
   B. 每张账页最后一行要进行本页合计，并在摘要栏内填写"过次页"
   C. 发生错账订正时，要在摘要栏内填写"订正×月×日×号凭证错账"
   D. 登记日记账时，每日收支要进行合计，在摘要栏内填写"本日合计"

4. 下列关于红笔使用规定，描述正确的是（　　）。
   A. 按照红字冲账的记账凭证，冲销错误记录
   B. 在不设借贷等栏的多栏式账页中，登记减少数
   C. 在三栏式账户的余额栏前，如未印明余额方向的，在余额栏内登记负数余额
   D. 账簿期末结账画线

5. 下列关于账簿登记要求，正确的是（　　）。
   A. 将记账凭证登到账簿后，要在记账凭证上打上"√"符号，表示已经记账
   B. 账簿之间相互对账后，在账簿的对账栏上打"√"符号，表示对账无误
   C. 账簿中金额应紧靠底线书写，一般应占行高的1/2，不能满格
   D. 没有余额的账户，应在"借或贷"栏内写"平"字。在余额栏元位栏写"∅"表示

四、业务训练题

练习错账的更正。

【目的】练习错账的更正

【资料】12月5日，企业开出转账支票1 000元，购买财务室日常办公用品。记账凭证的会计分录如下，并按记账凭证上的金额登记到相关账户：

借：管理费用——财务支出　　　　　　　　　　　　　　　　10 000
　　贷：银行存款　　　　　　　　　　　　　　　　　　　　　　10 000

【要求】用Excel工具设计仿真付款凭证、管理费用明细账（多栏式）和银行存款日记账，然后采取合适的更正方法更正错账。

第 8 章

账户的分类

> **学习目标**
>
> **掌握**：总分类账户和明细分类账户；备抵账户；账面价值和账面余额概念；实账户和虚账户；资产负债表账户和损益表账户。
>
> **理解**："待摊费用"账户和"预提费用"账户；"分支机构往来"账户和"内部往来"账户；"债权债务结算"账户。
>
> **了解**：账户分类体系。

目前国家公布的会计科目名称有一百多个，这些账户虽然核算内容各不相同，但是有的账户间存在共性和内在联系，具有一定的规律，账户分类便是对其共性和规律的总结。深入学习账户分类知识，掌握账户设置规律，有助于更好地使用账户。

账户分类的依据主要有：按经济内容分类、按用途和结构分类、按与会计报表的关系分类、按是否有期末余额分类、按提供信息的详细程度分类等。

8.1 账户按经济内容分类

按经济内容分类，是指按会计核算对象的具体内容分类。因此该分类方法实质上就是按照会计要素分类，也是各种账户分类方法中最基本的分类法。六大会计要素分为资产、负债、所有者权益、收入、费用、利润。与此相对应，账户按照经济内容分类，可以分为资产类账户、负债类账户、所有者权益类账户、收入类账户、费用类账户、利润类账户。

1. 资产类账户

资产类账户是指用来核算企业资产变动及其结果的账户。资产按其流动性的不同可以分为流动资产和非流动资产，同理，资产类账户可以划分为流动资产类账户和非流动资产类账户。

（1）反映流动资产的账户。流动资产是指一年或一个营业周期内可以变现的资产。反映流动资产的账户主要有："银行存款""库存现金""其他货币资金""应收账款""应收票据""预付账款""其他应收款""应收股利""应收利息""坏账准备""材料采购""在途物资""原材料""库存商品""发出商品""商品进销差价""材料成本差异""委托加工物资""周转材料""存货跌价准备""交易性金融资产"等。

（2）反映非流动资产的账户。非流流动资产是指除了流动资产之外的其他资产，其变现周期在一年或一个营业周期以上。反映非流动资产的账户主要有："固定资产""累计折旧""固定资产清理""固定资产减值准备""无形资产""累计摊销""无形资产减值准备""在建工程""工程物资""长期股权投资""长期股权投资减值准备""债权投资"

"债权投资减值准备""投资性房地产""长期应收款""未实现融资收益""长期待摊费用"等。

如果无法明确哪类账户是属于流动资产或非流动资产，可以结合资产负债表中流动资产和非流动资产的分类。用于核算资产负债表中流动资产项目的一般为流动资产账户，核算资产负债表中非流动资产项目的一般为非流动资产账户。

2. 负债类账户

负债类账户是指用来核算企业负债变动及结果的账户。负债按照偿还期限可以分为流动负债和非流动负债，同理，负债类账户可以划分为流动负债类账户和非流动负债类账户。

（1）反映流动负债的账户。流动负债是指在一年或一个营业周期内需要偿还的负债。反映流动负债的账户主要有："短期借款""交易性金融负债""应付账款""应付票据""应交税费""预收账款""合同负债""应付职工薪酬""应付利息""应付股利""其他应付款"等。

（2）反映非流动负债的账户。非流流动负债是指除了流动负债之外的其他负债，偿还期限在一年或一个营业周期以上。反映非流动负债的账户主要有："长期借款""应付债券""长期应付款""未确认融资费用""专项应付款""预计负债""递延收益""递延所得税负债"等。

需要注意的是，在会计科目表中单列共同类，包括"清算资金往来""货币兑换""衍生工具""套期工具""被套期工具"等。此类账户的特点是双方会计主体都使用相同名称的账户核算彼此之间发生的业务，对一方来说，如果核算的是资产，则另一方核算的为负债。类似于购销双方的"应付账款"和"应收账款"。此类账户可根据业务核算情况归入资产类或负债类。

3. 所有者权益类账户

所有者权益类账户是指用来核算企业所有者权益变动及结果的账户。反映所有者权益的账户有："实收资本"（或"股本"）"资本公积""盈余公积""库存股"等账户。

4. 收入类账户

反映收入类的账户主要有："主营业务收入""其他业务收入""营业外收入""投资收益""公允价值变动损益""资产处置损益""其他收益"等账户。

需要注意的是，对"投资收益""公允价值变动损益""资产处置损益"的账户，如果发生的是损失，则可以当作费用类账户来看待。

5. 费用类账户

费用类账户主要有："主营业务成本""其他业务成本""营业外支出""销售费用""财务费用""管理费用""税金及附加""资产减值损失""信用减值损失""所得税费用"等。

在会计科目表中被列为成本类的账户如"生产成本""制造费用""研发支出""劳务成本"等，列为费用类账户。

6. 利润类账户

利润账户是指核算利润形成和分配情况的账户，主要有："本年利润""利润分配"

"其他综合收益"等账户。

8.2 账户按用途和结构分类

账户按经济内容分类，是一种总括分类，即使归类为相同内容的账户，其用途也并不完全相同，账户的结构也可能与同类账户不一致。最典型的就是固定资产和累计折旧账户，双方按经济内容划分，都与核算固定资产有关，但是两个账户的用途完全不同，账户的登记方法也不一致。因此，在总体认识经济内容分类的基础上，采用按用途和结构对各种账户进行分类，找出另外规律性的特征，可以更好地理解和运用账户。

账户按用途和结构分类总体可以分为盘存账户、资本账户、结算账户、跨期摊提账户、成本计算账户、集合分配账户、调整账户、财务成果账户和损益计算账户。

1. 盘存账户

盘存账户是用来核算和监督各项财产物资和货币资金增减变动及其结存情况的账户。属于盘存账户的主要有："库存现金""银行存款""原材料""库存商品""在途物资""固定资产"等账户。"生产成本"账户期末余额反映在产品的成本，所以"生产成本"账户也可以归入盘存账户。

盘存账户的主要特点是：

（1）账户期末余额必定在借方。

（2）账户既反映其价值量，也反映其实物数量。因此可以通过实地盘点或者核对账目的方法来检查账面数与实存数是否相符。

盘存账户的基本结构如图 8-1 所示。

借方	盘存账户	贷方
期初余额：期初财产、货币资金结存额		
借方发生额：本期财产、货币资金增加额		贷方发生额：本期财产、货币资金减少额
期末余额：期末财产、货币资金结存额		

图 8-1 盘存账户的基本结构

2. 资本账户

资本账户是用来核算和监督企业资本增减变动的账户，实际即为会计科目表中的所有者权益账户，包括"实收资本""资本公积""盈余公积"账户等。

资本账户的主要特点是：期末余额如不为零，必定在贷方；它只反映价值量指标。

资本账户的基本结构如图 8-2 所示。

借方	资本账户	贷方
		期初余额：期初资本余额
借方发生额：本期资本减少额		贷方发生额：本期资本增加额
		期末余额：期末资本余额

图 8-2 资本账户的基本结构

3. 结算账户

结算账户是用来核算企业与其他单位或者个人之间发生的债权、债务结算情况的账户。具体可以分为债权结算账户、债务结算账户和债权债务结算账户。

（1）债权结算账户。债权结算账户是用来核算企业与债务单位或个人之间发生的债权结算业务的账户。债权结算账户归属资产类账户。债权结算账户主要有："应收账款""应收票据""其他应收款""预付账款""应收利息""应收股利""长期应收款"等账户。

债权结算账户期末余额一般在借方，反映实际债权余额。债权结算账户的基本结构如图 8-3 所示。

借方	债权结算账户	贷方
期初余额：期初债权余额		
借方发生额：本期债权增加额		贷方发生额：本期债权减少额
期末余额：期末债权结存额		

图 8-3　债权结算账户的基本结构

（2）债务结算账户。债务结算账户是用来核算企业与债权单位或者个人之间发生的债务结算业务的账户。债权结算账户归属于负债类账户。债务结算账户主要有"应付账款""应付票据""应付职工薪酬""短期借款""预收账款""其他应付款""应付职工薪酬""应付利息""应付股利""长期应付款"等账户。

债务结算账户期末余额一般在贷方，反映期末实际债务余额。

债务结算账户的基本结构如图 8-4 所示。

借方	债务结算账户	贷方
		期初余额：期初债务余额
借方发生额：本期债务减少额		贷方发生额：本期债务增加额
		期末余额：期末债务余额

图 8-4　债务结算账户的基本结构

（3）债权债务结算账户。债权债务结算账户是用来核算企业与某一单位或者个人之间发生的债权和债务结算业务的账户。

在实际工作中，当企业是购买方时，会经常同某供应商发生业务往来，有时企业会先付款后收货，有时会先收货后付款，企业经常会发生应付和预付交替的情况；当企业作为销售方时，会经常和某客户发生业务往来，会发生先收款后发货，或者先发货后收款，企业经常会发生应收和预收交替的情况。在这样的背景下，企业有时是债权人，有时又变成债务人。为了减少会计科目的设置，方便账户管理，便于账户信息查询，对同一个结算对象，可以设置具有债权债务双重性质的结算账户。

常见的债权债务双重性质的账户主要是"应收账款"账户和"预收账款"账户、"应付账款"账户和"预付账款"账户、"其他应收款"账户和"其他应付款"账户。当"应收账款"账户或"预收账款"账户之间、"应付账款"账户和"预付账款"账户之间、"其他应收款"账户和"其他应付款"账户之间互相代替核算时，这些账户便成了双重性质的账户。关于它们的部分应用在相关章节已述，此处不再赘述。

在实际工作中，有时可以设置"××往来"账户，比如"清算资金往来""分支机构往来""其他往来""内部往来"等账户。该账户相当于把债权方的"应收账款"和债务方的"应付账款"两个账户名称合并而成。此时该账户既可以核算债权，又可以核算债务，也属于债权债务结算账户。

【例 8-1】 A 连锁店把成本为 100 元的库存商品拨付给 B 连锁店。

A 发出商品时，会计分录为：

借：分支机构往来——B 连锁店　　　　　　　　　　　　100
　　贷：库存商品　　　　　　　　　　　　　　　　　　　　　100

B 连锁店收到该商品时，会计分录为：

借：库存商品　　　　　　　　　　　　　　　　　　　　100
　　贷：分支机构往来——A 连锁店　　　　　　　　　　　　　100

此时，A 连锁店将"分支机构往来"账户按债权结算账户核算，B 连锁店则将"分支机构往来"账户按债务结算账户核算。如果与总部发生往来，则可以设置"总部往来"账户。

【例 8-2】 步步高连锁超市总部将一批成本为 2 000 元的商品拨付给 A 连锁店。

总部发出商品时，会计分录为：

借：分支机构往来——A 连锁店　　　　　　　　　　　2 000
　　贷：库存商品　　　　　　　　　　　　　　　　　　　　2 000

A 连锁店收到该商品时，会计分录为：

借：库存商品　　　　　　　　　　　　　　　　　　　2 000
　　贷：总部往来　　　　　　　　　　　　　　　　　　　　2 000

期末，总部依据"分支机构往来"账户，A 连锁店依据"总部往来"账户，双方互相对账，核实双方货物的拨出和接收情况。

债权债务结算账户的特点是：①如果期末余额是借方，余额性质是资产，反映余额是净债权；如果期末余额在贷方，余额性质为负债，反映余额是净债务。②各个账户明细账与其对应的总账余额性质可能不一致，总账余额不能判定企业实际的债权债务情况。

债权债务结算账户的基本结构如图 8-5 所示。

借方	债权债务结算账户	贷方
期初余额：期初净债权余额		期初余额：期初净债务余额
借方发生额：本期债权增加额		贷方发生额：本期债务增加额
本期债务减少额		本期债权减少额
期末余额：期末净债权余额		期末余额：期末净债务余额

图 8-5　债权债务结算账户的基本结构

4. 跨期摊提账户

跨期摊提账户是用来核算应由几个会计期间共同负担的费用，并将这些费用在几个会计期间进行分配的账户。典型的跨期摊提账户是"预提费用""待摊费用""长期待摊费用"等。其中《企业会计准则》中已停用"预提费用"和"待摊费用"两个账户，但是《政府会计制度》仍然保留这两个账户。故本书仍对这两个账户做简要介绍。

（1）"待摊费用"账户。"待摊费用"账户核算单位已经支付，但应当由本期和以后各期分别负担的分摊期在 1 年以内（含 1 年）的各项费用，如预付保险费、预付租金等。

按经济内容分类,"待摊费用"账户属于资产类科目。待摊费用实质是预付账款,符合资产的定义,是能够为企业带来经济利益的经济资源。

【例8-3】 9月20日,企业预付第四季度办公用房租金60 000元,每月20 000元。

9月20日,企业预付房租时,会计分录为:

借:待摊费用——房租　　　　　　　　　　　　　　　60 000
　　贷:银行存款　　　　　　　　　　　　　　　　　　　　　60 000

10月31日,分摊7月份应承担的租金,会计分录为:

借:管理费用——房租　　　　　　　　　　　　　　　20 000
　　贷:待摊费用——房租　　　　　　　　　　　　　　　　 20 000

11~12月同10月份一样处理,最终于12月摊销完毕。

待摊费用明细分类账如图8-6所示。

二级科目编号及名称 房租				待摊费用 明细账			第 页	
年		凭证		摘要	对方科目	借方金额	贷方金额	借或贷	余额	
月	日	种类	号数							
9	20	付	略	付第四季度房租	银行存款	60 000 00		借	60 000 00	
10	31	转	略	摊销10月份房租	管理费用		20 000 00	借	40 000 00	
11	30	转	略	摊销11月份房租	管理费用		20 000 00	借	20 000 00	
12	31	转	略	摊销12月份房租	管理费用		20 000 00	平	0	

图8-6 待摊费用明细账

(2)"预提费用"账户。"预提费用"账户是用来核算单位预先提取的已经发生但尚未支付的费用的账户,如预提租金费用等。按经济内容分类,"预提费用"账户属于负债类科目。"预提费用"核算原理类似于计提每期利息支出。

【例8-4】 企业与房东约定,每月租金10 000元,每季度支付一次房租,1~3月份房租于4月初支付。

1月30日,企业预提房租,会计分录为:

借:管理费用——房租　　　　　　　　　　　　　　　10 000
　　贷:预提费用——房租　　　　　　　　　　　　　　　　 10 000

2月和3月同1月份做相同处理。

4月2日,支付3个月房租费30 000元,会计分录为:

借:预提费用——房租　　　　　　　　　　　　　　　30 000
　　贷:银行存款　　　　　　　　　　　　　　　　　　　　　30 000

预提费用明细账如图8-7所示。

跨期摊提账户的特点:它是权责发生制的典型运用,"待摊费用"是先支出后摊销,"预提费用"是先摊销后支付。"待摊费用"账户余额反映尚未摊销的金额,"预提费用"账户余额反映已计提但尚未支付的金额。

需要注意的是,如果预提费用支付额超出预提额,意味着多支付的金额,预提费用余额会出现在借方,此时预提费用余额性质就变成了待摊费用。

二级科目编号及名称 房租　　　　　　预提费用 明细账　　　　　　　　　第　页

年		凭证		摘要	对方科目	借方金额 千百十万千百十元角分		贷方金额 千百十万千百十元角分		借或贷	余额 千百十万千百十元角分	
月	日	种类	号数									
1	31	转	略	计提1月份房租	管理费用			1 0 0 0 0 0 0		贷	1 0 0 0 0 0 0	
2	28	转	略	计提2月份房租	管理费用			1 0 0 0 0 0 0		贷	2 0 0 0 0 0 0	
3	31	转	略	计提3月份房租	管理费用			1 0 0 0 0 0 0		贷	3 0 0 0 0 0 0	
4	2	付	略	支付第一季度房租	银行存款	3 0 0 0 0 0 0				平		✓

图 8-7　预提费用明细账

跨期摊销账户的基本结构如图 8-8 所示，跨期计提账户如图 8-9 所示。

借方	跨期摊销账户	贷方
期初余额：期初待摊费用余额		
借方发生额：本期待摊费用增加额	贷方发生额：本期待摊费用摊销额	
期末余额：剩余未摊销额		

图 8-8　跨期摊销账户的基本结构

借方	跨期计提账户	贷方
	期初余额：期初预提费用余额	
借方发生额：本期预提费用支付额	贷方发生额：本期预提费用增加额	
	期末余额：已预提但尚未支付的金额	

图 8-9　跨期计提账户

5. 成本计算账户

成本计算账户是用来核算企业经营过程中某一阶段发生的全部费用，并确定各个成本计算对象实际成本的账户。成本计算账户主要有"材料采购""在途物资""生产成本""在建工程""研发支出""劳务成本"等账户。

成本计算账户的主要特点是：①它主要是归集资产的实际成本，因此也属于资产类账户。例如，"材料采购"和"在途物资"期末余额反映的是尚未验收入库资产的成本；"生产成本"期末余额反映的是在产品的成本；"在建工程"期末余额反映的是正在建设工程的成本；"研发支出"账户反映的是正在研发的无形资产的成本。②明细分类账要设置为多栏式，按成本明细项目设置专栏，反映成本的具体构成信息。

成本计算账户的基本结构如图 8-10 所示。

借方	成本计算账户	贷方
期初余额：期初未完工的资产实际成本		
借方发生额：本期增加的实际成本	贷方发生额：本期转出完工资产的实际成本	
期末余额：期末留存未完工资产的实际成本		

图 8-10　成本计算账户的基本结构

6. 集合分配账户

集合分配账户是用来归集和分配企业在生产经营过程中某一阶段所发生费用的账户。

典型的集合分配账户有"制造费用"账户。

集合分配账户的主要特点是它所具有的集合和分配作用，平时通过该账户归集相关金额，月末或业务结束后将其分配到其他账户，分配完毕之后不再有余额。因此这种账户是一种过渡性质的账户。

集合分配账户的基本结构如图 8-11 所示。

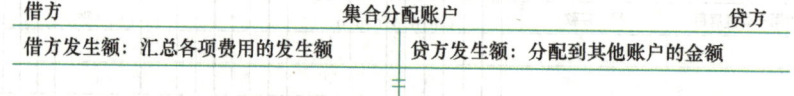

图 8-11　集合分配账户的基本结构

7. 调整账户

调整账户是用来计算被调整账户实际余额而开设的账户。在实际工作中，对某些要素，要用两个不同的价值进行核算，一个反映该要素的原始金额，另一个反映调整的金额，然后将原始金额与调整的金额相加或相减，计算出调整后的金额。此时，核算原始金额的账户为被调整账户，核算调整金额的账户为调整账户。

根据调整账户的作用，可将调整账户分为备抵账户、附加账户和备抵附加账户。

（1）备抵账户。备抵账户也称抵减账户，是对被调整账户余额起冲减或冲抵作用的账户。备抵账户的余额与被调整账户的余额方向相反，它们之间存在如下关系：

被调整账户的实际价值 = 被调整账户余额 − 备抵账户余额

备抵账户主要应用在资产类账户。常见的资产备抵账户主要有："累计折旧"账户、"累计摊销"账户以及各种资产减值准备账户，包括"固定资产减值准备"账户、"无形资产减值准备"账户、"坏账准备"账户、"存货跌价准备""长期股权投资减值准备"账户、"在建工程减值准备"账户等。其中，"累计折旧"账户和"固定资产减值准备"账户是"固定资产"账户的备抵账户，"累计摊销"账户和"无形资产减值准备"账户是"无形资产"账户的备抵账户，"坏账准备"账户是"应收账款""预付账款"等债权账户的备抵账户，"存货跌价准备"账户是"原材料""库存商品"等存货账户的备抵账户。

下面以"累计折旧"和"坏账准备"为例讲述备抵账户的用途。

【例 8-5】　"固定资产"和"累计折旧"账户的备抵。

企业于 2020 年购入一批固定资产，入账价值为 200 000 元，年末，对该批固定资产计提折旧费 15 000 元。

购入时会计分录为（不考虑相关税费）：

借：固定资产　　　　　　　　　　　　　　　　　　　　200 000
　　贷：银行存款　　　　　　　　　　　　　　　　　　　　　　200 000

年末计提折旧费会计分录为：

借：制造费用、管理费用等　　　　　　　　　　　　　　15 000
　　贷：累计折旧　　　　　　　　　　　　　　　　　　　　　　15 000

2020 年年末，"固定资产"账户余额为 200 000 元，反映固定资产购入时的原值。"累计折旧"账户余额为 15 000 元，反映固定资产的总损耗价值。

2021 年年末，

固定资产净值(或折余价值) = "固定资产"账户的借方余额 −
"累计折旧"账户的贷方余额
= 200 000 − 15 000
= 185 000(元)

在公式中，"固定资产"账户是被调整账户，"累计折旧"账户是调整账户，"固定资产"账户期末余额在借方，"累计折旧"账户期末余额在贷方。两个账户功能不同，"固定资产"账户反映的是固定资产原始价值，体现了企业资产规模和生产能力。"累计折旧"账户反映的是固定资产的折损价值。两个账户余额相抵减后计算出固定资产的净值。固定资产净值也叫折余价值，该值为历史成本。

2021年年末，假设计提2021年度固定资产折旧费18 000元。会计分录为：
借：制造费用、管理费用等　　　　　　　　　　　　　　　18 000
　　贷：累计折旧　　　　　　　　　　　　　　　　　　　　18 000

2021年年末，"固定资产"账户的借方余额仍为200 000元，反映该固定资产的原始价值，"累计折旧"账户的贷方余额为33 000元（15 000+18 000），反映截至2021年年末固定资产总的损耗价值。

2021年年末：
固定资产的净值 = "固定资产"账户借方余额 − "累计折旧"账户贷方余额
= 200 000 − 33 000
= 167 000(元)

"固定资产"和"累计折旧"账户在2021年年末的账户结构比较如图8-12和图8-13所示。

借方	固定资产（被调整账户）	贷方
期初余额：200 000（2020年购入原值）		
本期发生额：	本期发生额：	
期末余额：200 000（仍是2020年原值）		

图8-12　固定资产账户基本结构

借方	累计折旧（调整账户）	贷方
	期初余额：15 000（2020年计折旧额）	
	本期发生额：18 000（2021年计提折旧额）	
	期末余额：33 000（截至2021年总折旧）	

图8-13　累计折旧账户基本结构

在中级财务会计中，还会涉及"固定资产减值准备"账户，如果考虑减值准备，期末固定资产价值（账面价值）= "固定资产"账户借方余额 − "累计折旧"账户贷方余额 − "固定资产减值准备"账户贷方余额。抵减了减值准备后的固定资产价值叫作账面价值。固定资产账面价值反映的是企业年末固定资产当时的现时价值（现时成本），而固定资产净值则反映原始固定资产的折余价值，其实质是历史成本。

【例8-6】 "应收账款"和"坏账准备"账户的备抵。

2020年年末，企业应收账款账户余额为260 000元。按百分比法估计有5%的账款很可能收不回来，存在着坏账损失。

分析：未来有 13 000 元（260 000×5%）的应收账款很可能产生坏账，根据谨慎性的会计信息质量要求，在会计报表中披露应收账款的金额时，不能以账户余额 260 000 元直接披露，而应以扣除了这笔很可能发生坏账的 13 000 元后的金额 247 000 元披露。

对该 13 000 元的很可能发生的坏账进行处理，会计处理为：

借：信用减值损失　　　　　　　　　　　　　　　　　　　　　　　13 000
　　贷：坏账准备——应收账款　　　　　　　　　　　　　　　　　　13 000

此分录中的"坏账准备"账户便是"应收账款"等债权账户的备抵账户。

如同计提累计折旧分录一样，本来该分录可以按如下编制：

借：信用减值损失　　　　　　　　　　　　　　　　　　　　　　　13 000
　　贷：应收账款　　　　　　　　　　　　　　　　　　　　　　　　13 000

但是，"贷：应收账款"可以理解为应收账款真的收不回来了。其实，这笔金额并没有确定为实际坏账，只是预计很可能要产生坏账，所以核算时不直接写"贷：应收账款"，而是专设"坏账准备"账户。

期末，"应收账款"账户和其备抵账户"坏账准备"账户之间存在着如下关系：

应收账款账面价值 = "应收账款"账面余额（借方余额）- "坏账准备"贷方余额
　　　　　　　　 = 260 000 - 13 000
　　　　　　　　 = 247 000（元）

在引入备抵账户后，产生了两个很重要的概念，一个是账面余额（Book Balance），另一个是账面价值（Book Value）。账面余额是被调整账户中期末结余金额，账面价值是该被调整账户的账面余额减去调整账户"坏账准备"余额后的结果，账面价值是资产的现时价值，与账面余额相比，信息质量更高，更能满足投资者的投资决策需要。

本例中"应收账款"和"坏账准备"账户结构比较如图 8-14 所示。

借方	应收账款（被调整账户）	贷方
期末余额：　　　260 000		

借方	坏账准备（调整账户）	贷方
	期初余额：0	
	本期发生额：	13 000
	期末余额：	13 000

图 8-14　"应收账款"和"坏账准备"账户结构比较

附："坏账准备"账户登记要领：

（1）账户性质：该账户属于会计科目表中的资产类账户，为各应收款项的备抵账户。

（2）账户用途：该账户核算各应收款项计提的坏账准备。

（3）账户登记要领：该账户贷方登记本期计提的坏账准备增加额，借方登记坏账准备转销额或多计提的坏账准备的冲销额，期末余额必定在贷方，反映计提的坏账准备总额。

（4）明细账设置：该账户可按应收款项的类别设置明细账。应收款项的类别是指应收账款、预付账款、应收票据、其他应收款、应收利息、长期应收款等。明细账可以采用三栏式账簿。

（2）附加账户。附加账户是指用来增加被调整账户余额的账户。附加账户的余额与被调整账户的余额方向相同，它们之间存在如下等式关系：

被调整账户的实际余额 = 被调整账户余额 + 附加账户余额

在实际工作中，纯粹的附加账户很少见。

（3）备抵附加账户。备抵附加账户是指同时具有备抵账户和附加账户双重功能的账户。当备抵附加账户的余额与被调整账户的余额方向相反时，起备抵作用，其调整原理与备抵账户一致；当备抵附加账户的余额与被调整账户的余额方向一致时，起附加作用，其调整原理与附加账户一致。

备抵附加账户以"材料成本差异"账户最为典型。在计划成本法下核算原材料成本时，"材料成本差异"账户是"原材料"的备抵附加账户，通过"材料成本差异"账户调整原材料的计划成本和实际成本的差异。具体在中级财务会计教材中有详细论述。

8. 财务成果账户

财务成果账户是用来计算企业某一期间经营成果的账户。"本年利润"账户为典型的财务成果账户。

"本年利润"账户贷方登记的是各项收入的转入额，借方登记的是各项费用的转入额。如果贷方大于借方，即收入大于费用，余额方向在贷方，反映企业当年的盈利总额；如果借方大于贷方，即收入小于费用，余额方向在借方，反映企业当年的亏损额。期末结账时，"本年利润"账户余额要转到"利润分配——未分配利润"账户，期末无余额。实际工作中，一般月份结账时可以不用结转余额，以便能清楚反映当年利润累计情况。年末结账时，则一定要转入"利润分配——未分配利润"账户，年末无余额。按经济内容分类，它属于所有者权益类账户。财务成果账户（本年利润）的基本结构如图 8-15 所示。

借方	财务成果账户（本年利润）	贷方
本期发生额：本期各项费用转入额		本期发生额：本期各项收入转入额
期末余额：本期亏损额		期末余额：本期实现的净利润

图 8-15　财务成果账户（本年利润）的基本结构

9. 损益计算账户

损益计算账户是指用于计算利润的账户。因为利润根据收入和费用相减计算而来，所以损益计算账户包括收入账户和费用账户两大类。损益计算账户名称对应会计科目表中的损益类科目名称。具体收入和费用账户结构可参阅前述内容。

8.3　账户的其他分类方法

账户分类除了上述两种主要分类外，还有一些其他的分类方法。如按提供指标的详细程度分类、按账户与会计报表的关系分类、按有无期末余额分类。

8.3.1　账户按照提供指标的详细程度分类

企业在进行会计核算时，提供的信息不仅包括一些总括指标，还应该包括一些详细的信息。例如，"原材料"账户提供的信息只能反映企业全部材料的增减变动及结存情况，当企业需要某一种材料的信息时，"原材料"账户是无法提供的。因此，上述账户需要进一步细分，提供各类详细资料，满足各方面的需求。账户按照提供指标的详细程度，可以分为总分类账户和明细分类账户。

1. 总分类账户

总分类账户也称总账账户、一级账户。它是根据一级会计科目开设的，是对企业经济活动具体内容进行总括分类会计处理的账户。总分类账户只能以金额进行记录。总分类账户控制和统驭所属明细分类账户，能综合反映所属明细分类账户。在我国，各企业、机关和事业单位等，均应按会计科目表中的会计科目名称开设总分类账户，进行总分类核算。例如，根据"应收账款"科目开设"应收账款"总分类账户，用以核算应收账款增减变动及结存的总括情况。

2. 明细分类账户

明细分类账户也称明细账户，是根据明细分类科目开设的，是对企业经济活动具体内容进行明细核算的账户。明细分类账户除了能以金额进行记录外，部分账户还涉及实物计量。在实际工作中，大部分总分类账户都要设置明细分类账户，明细分类账户是对总分类账户的补充说明。例如，在"应收账款"总分类账户下，应该按客户名称开设明细分类账户。

将账户按提供指标详细程度分类，有助于企业宏观管理和微观管理相结合，充分满足经营者对会计信息的决策需要。

▶ 8.3.2 账户按与会计报表的关系分类

账户按与会计报表的关系分类，可以分为资产负债表账户和损益表账户。

1. 资产负债表账户

资产负债表账户是指编制资产负债表时需要用到的账户。资产负债表由资产、负债和所有者权益3大部分构成，所以资产负债表账户主要是指资产类账户、负债类账户、所有者权益类账户。成本类账户的余额性质体现为资产，属于资产负债表账户。例如"生产成本"账户期末余额性质代表在产品，属于资产，列为资产负债表账户。

2. 损益表账户

损益表账户又称利润表账户，是指编制利润表时需用到的账户。利润表账户包括收入类和费用类账户。

▶ 8.3.3 账户按期末是否有余额分类

账户按期末是否有余额分，可以分为实账户和虚账户。

1. 实账户

实账户是指期末有余额的账户。一般来说，资产类账户、负债类账户、所有者权益类账户期末有余额，故它们属于实账户。所以实账户与资产负债表账户相对应。

2. 虚账户

虚账户是指期末无余额的账户。虚账户主要是指收入类账户和费用类账户，收入类账户和费用类账户期末均要结转到"本年利润"账户，期末不留余额。收入类账户和费用类账户又属于损益表账户，所以虚账户与损益表账户相对应。"本年利润"账户期末要转到"利润分配——未分配利润"账户，期末不留余额，故也属于虚账户。

知 识 训 练

一、思考题

1. 分析"固定资产"账户和"累计折旧"账户的关系。
2. 分析"应收账款"账户和"坏账准备"账户的关系。
3. 比较账面价值与账面余额的概念。
4. 分析"待摊费用"账户和"预提费用"账户的区别。
5. 比较实账户和虚账户的概念。
6. 什么叫资产负债表账户和损益表账户？

二、单项选择题

1. 在连锁企业中，如果总部将物资调配给下面的连锁店时，总部可以设置（　　　）账户反映拨付资产记录。
   A. 应收账款　　　B. 应付账款　　　C. 分支机构往来　　　D. 总部往来
2. 期末，将应收账款账户余额减去坏账准备账户余额的值叫作（　　　）。
   A. 账面余额　　　B. 账面价值　　　C. 账面原值　　　D. 账面净值
3. 成本类账户从经济实质上属于（　　　）类账户。
   A. 资产　　　B. 负债　　　C. 费用　　　D. 损失
4. 下列属于结算账户的是（　　　）。
   A. 实收资本　　　B. 应收账款　　　C. 在途物资　　　D. 本年利润
5. 成本计算账户一般要设置成（　　　）。
   A. 多栏式　　　B. 数量金额式　　　C. 三栏式　　　D. 横线登记式

三、多项选择题

1. 关于下列"预提费用"的描述中，正确的是（　　　）。
   A. 从会计要素定义属于资产类
   B. 从会计要素定义属于负债类
   C. 期末余额反映已付款但尚未摊销的费用
   D. 期末余额反映已计提但尚未支付的费用
2. 下列属于固定资产的备抵账户的是（　　　）。
   A. 累计折旧　　　　　　　　B. 累计摊销
   C. 固定资产减值准备　　　　D. 在建工程减值准备
3. 账户按是否有余额可以分为（　　　）。

A. 实账户　　　　B. 虚账户　　　　C. 总分类账户　　　D. 明细分类账户

4. 下列属于损益表账户的是（　　）。

A. 财务费用　　　B. 管理费用　　　C. 制造费用　　　　D. 待摊费用

5. 下列描述正确的是（　　）。

A. 固定资产账户期末余额反映资产的原始购买成本

B. 累计折旧账户期末余额反映资产的累计折旧额

C. 固定资产账户期末余额与累计折旧账户期末余额差值叫作固定资产折余价值

D. 累计折旧账户是固定资产的被调整账户

四、业务训练题

1. 练习调整账户和被调整账户

【目的】熟悉调整账户和被调整账户之间的关系。

【资料】11 月 30 日，企业用银行存款购入一台供财务室使用的复印机，总价值为 12 100 元，假设使用年限为 5 年，报废时残值为 100 元。按平均年限法计算每年的折旧额。不考虑增值税。

【要求】（1）编制购入复印机时的分录。

（2）编制 12 月计提折旧分录。

（3）编制 12 月末固定资产和累计折旧账户的 T 字形账户。

（4）分析固定资产和累计折旧账户余额的含义。

（5）计算固定资产的净值或折余价值。

2. 练习待摊费用和预提费用

【目的】熟悉待摊费用和预提费用的核算。

【资料】企业 10~12 月份发生如下业务：

（1）10 月 01 日，预付本季度办公用房租金 30 000 元。

（2）10 月 31 日，分摊 10 月办公用房租金 10 000 元。

（3）10 月 31 日，预提 10 月车间厂房租金 50 000 元。

（4）11 月 30 日，分摊 11 月办公用房租金 10 000 元。

（5）11 月 30 日，预提 11 月车间厂房租金 50 000 元。

（6）12 月 31 日，分摊 12 月办公用房租金 10 000 元。

（7）12 月 31 日，预提 12 月车间厂房租金 50 000 元。

（8）12 月 31 日，支付 10~12 月车间厂房租金 150 000 元。

【要求】编制上述业务分录，并用 T 字形账户登记，同时思考月末余额的含义。

第 9 章

会计期末工作

 学习目标

掌握：期末账项调整内容；对账内容；结账内容。
理解：结账程序；月结、季结、年结方法。
了解：编报工作底稿。

9.1 期末账项调整

在期末结账前，要将所有的经济交易和事项登记完毕。有的交易和事项实实在在，看得见，摸得着，比如，企业购买、销售、偿债、收款等业务，这些交易事项大部分有发票等原始凭证支撑，有真实场景体现，一般会计在期末之前都会及时登记入账。然而有些事项，感觉并没有实际发生，没有实际场景体现，但从会计角度则需要进行处理。这些业务主要是与权责发生制核算要求有关。在权责发生制基础约束下，以前已收到或支出的现金交易和事项可能要等到本期才能确认为收入和费用，未来才收到或付出的现金交易或事项可能要提前在本期确认为收入和费用，可是在确认收入和费用的同时却没有相应的真实场景体现，这些没有真实场景的业务，往往被会计人员忽视，结账之前没有及时入账，造成会计信息不真实、不完整和不准确。因此在期末结账之前，要统一按权责发生制的要求进行期末账项调整（Adjustment），为此编制的会计分录称为调整分录（Adjustment Entry）。

期末账项调整的内容主要有应计项目、递延项目、估计项目及其他期末账项处理内容。

9.1.1 应计项目

应计项目包括应计收入和应计费用。

1. 应计收入

应计收入是指没有收到款项但是符合本期确认条件的收入。常见的应计收入有：

（1）计提存款利息收入。

例如，企业将一笔资金存入银行，存款时间为 10 月 1 日~12 月 31 日，利息到期与本金一并收取，假设每月利息收入为 1 000 元，则 10 月 31 日，应做如下账项调整，编制调整分录：

　　借：应收利息　　　　　　　　　　　　　　　　　　　　　1 000
　　　　贷：财务费用——利息收入　　　　　　　　　　　　　　　　　1 000

(2) 计提票据利息收入。

例如，企业于 10 月 1 日收到一张带息的商业承兑汇票，面值为 120 000 元，票面利率为 3%，票据到期日为 12 月 31 日，每月票据利息为 300 元（120 000×3%×1/12），则 10 月 31 日，应做如下账项调整，编制调整分录：

借：应收票据　　　　　　　　　　　　　　　　　　　　　　　300
　　贷：财务费用　　　　　　　　　　　　　　　　　　　　　　　　300

(3) 计提资产租金收入。

例如，企业于 10 月 1 日出租一栋房子，租赁合同约定，租金按季度结算，于季度末收取房租。假设每月租金为 2 000 元，则 10 月 31 日，企业应做如下账项调整，编制调整分录：

借：其他应收款　　　　　　　　　　　　　　　　　　　　　2 000
　　贷：其他业务收入　　　　　　　　　　　　　　　　　　　　2 000

2. 应计费用

应计费用是指没有付出款项但是符合本期确认条件的费用。常见的应计费用刚好与前述的应计收入相反。常见的有：

(1) 计提借款利息支出。

例如，企业从银行贷款，贷款时间为 10 月 1 日~12 月 31 日，利息到期与本金一并支付，假设每月利息支出为 1 000 元，则 10 月 31 日，应做如下账项调整，编制调整分录：

借：财务费用　　　　　　　　　　　　　　　　　　　　　　1 000
　　贷：应付利息　　　　　　　　　　　　　　　　　　　　　　1 000

(2) 计提票据利息支出。

例如，企业于 10 月 1 日开出一张带息的商业承兑汇票，面值为 120 000 元，票面利率为 3%，票据到期日为 12 月 31 日，每月票据利息为 120 000×3%×1/12＝300（元），则 10 月 31 日，应做如下账项调整，编制调整分录：

借：财务费用　　　　　　　　　　　　　　　　　　　　　　　300
　　贷：应付票据　　　　　　　　　　　　　　　　　　　　　　　300

(3) 计提资产租赁费用。

例如，企业于 10 月 1 日租入一栋房子用于办公，租赁合同约定，租金按季度结算，于季度末支付房租。假设每月租金为 2 000 元，则 10 月 31 日，企业应做如下账项调整，编制调整分录：

借：管理费用　　　　　　　　　　　　　　　　　　　　　　2 000
　　贷：其他应付款　　　　　　　　　　　　　　　　　　　　2 000

(4) 计提税金及附加。

例如，企业 10 月份的应交消费税为 12 000 元，按法律规定在 11 月初上交，故 10 月 31 日，企业应做如下账项调整，编制调整分录：

借：税金及附加　　　　　　　　　　　　　　　　　　　　12 000
　　贷：应交税费——应交消费税　　　　　　　　　　　　　12 000

(5) 计提所得税费用。

例如，企业本年第四季度利润为 100 000 元，应交所得税 25 000 元，企业应于次年 1

月份缴纳。故 12 月 31 日，企业应做如下账项调整，编制调整分录：

  借：所得税费用   25 000
    贷：应交税费——应交所得税   25 000

（6）计提工资成本。

例如，企业 10 月份应发工人工资 20 000 元，管理人员工资 30 000 元，工资 11 月份支付，则 10 月 31 日，企业应做如下账项调整，编制调整分录：

  借：生产成本   20 000
    管理费用   30 000
    贷：应付职工薪酬——工资   50 000

（7）计提养老保险费等社会保险费用。

例如，以企业 10 月份工资 50 000 为基数，按 16% 计提养老保险费。其中生产工人为 3 200 元，管理人员为 4 800 元。合计 8 000 元。10 月末应编制调整分录如下：

  借：生产成本   3 200
    管理费用   4 800
    贷：应付职工薪酬——社会保险费——养老保险   8 000

除了上述例子外，还有多种类似的应计收入和应计费用项目，有的例子超出了基础会计范畴，此处不赘述。计提应计收入和应计费用的最大特点是确认收入和费用在前，收到或支付资金在后。

9.1.2 递延项目

所谓递延项目，是指现金收付的当期没有确认收入和费用，而是先确认为负债和资产，以后期间将负债转变为收入，将资产转变为费用。常见的递延项目主要有预收项目和预付项目等。

1. 预收项目

预收项目为当期收到款项时先确认为一项负债，以后期间再将负债转为收入。常见的预收项目有：

（1）预收账款调整为收入。

例如，9 月份，企业预收客户货款 50 000 元，10 月份企业发出相应价格的货物。

9 月份收到货款时，编制会计分录如下：

  借：银行存款   50 000
    贷：预收账款   50 000

10 月份，发出货物后，企业应做如下账项调整，编制调整会计分录如下：

  借：预收账款   50 000
    贷：主营业务收入   50 000

（2）预收租金调整为收入。

例如，企业 9 月份预收第四季度房租合计 3 000 元，每月 1 000 元。

9 月份预收房租时，编制会计分录如下：

  借：银行存款   3 000

贷：预收账款　　　　　　　　　　　　　　　　　　　　　　　　　　3 000

由于9月份收到的3 000元是第四季度的租金，根据权责发生制原则和收入费用配比原则，应将该3 000元平均分摊到10~12月，列为10~12月的收入。故10月31日，企业应做如下账项调整，编制调整会计分录如下：

　　借：预收账款　　　　　　　　　　　　　　　　　　　　　　　　　　1 000
　　　　贷：其他业务收入　　　　　　　　　　　　　　　　　　　　　　　1 000

2. 预付项目

预付项目为当期付出款项时先确认为一项资产，以后期间再将资产转为费用。常见的预付项目的调整有：

（1）预付租金调整为费用。

例如，企业9月份预付第四季度房租合计3 000元，每月1 000元。

9月份预付房租时，编制会计分录如下：

　　借：预付账款（待摊费用）　　　　　　　　　　　　　　　　　　　　3 000
　　　　贷：银行存款　　　　　　　　　　　　　　　　　　　　　　　　　3 000

由于9月份支付的3 000元是为第四季度而付，受益期是在第四季度，根据权责发生制基础和收入费用配比原则，应将该3 000元平均分摊到10~12月中，列为10~12月的费用，故10月31日，企业应做如下账项调整，编制调整会计分录如下：

　　借：管理费用　　　　　　　　　　　　　　　　　　　　　　　　　　1 000
　　　　贷：预付账款（待摊费用）　　　　　　　　　　　　　　　　　　　1 000

（2）预付财产保险金调整为费用。

例如，企业于9月份预付下一个周期（10月到次年9月）的财产保险费120 000元，每个月10 000元。

9月份预付保险金时，编制会计分录如下：

　　借：预付账款（待摊费用）　　　　　　　　　　　　　　　　　　　　120 000
　　　　贷：银行存款　　　　　　　　　　　　　　　　　　　　　　　　　120 000

由于9月份支付的120 000元是为10月到次年9月份的财产投保，其受益期为10月至次年的9月，根据权责发生制基础和收入费用配比原则，应将该120 000元平均分摊到以后的12个月，故10月31日，企业应做如下账项调整，编制调整分录：

　　借：管理费用　　　　　　　　　　　　　　　　　　　　　　　　　　10 000
　　　　贷：预付账款（待摊费用）　　　　　　　　　　　　　　　　　　　10 000

与应计项目不同的是，递延项目是收到或付出资金在先，确认收入和费用在后。

9.1.3 估计项目

与前述递延和应计项目不同，估计项目是事项发生存在着不确定性，金额的计算也需要估计。此类项目主要有：

1. 计提折旧费

按会计制度规定，企业每个月末都要对固定资产计提折旧，折旧金额是损耗的资产价值，计提折旧也是基于权责发生制基础和配比原则，其实质就是把资产购买成本分摊到资产各个使用年限期间。折旧没有真实场景体现，比如土地、专利等一般都无法感觉到折旧发生。折旧计算还需要大量估计，例如，企业使用年限、资产使用强度等都会影响到每期折旧额的计算。所以此类业务也是一项典型的账项调整，期末需要编制调整分录。

例如，企业9月份购入一台车间用机器设备，价值366 000元，假设使用年限为6年，预计净残值为6 000元，则每年计提折旧额=（366 000-6 000）/6＝60 000（元）。每月计提折旧额5 000元（60 000/12）。则10月31日，企业应做如下账项调整，编制调整分录：

　　借：制造费用　　　　　　　　　　　　　　　　　　　　　　5 000
　　　　贷：累计折旧　　　　　　　　　　　　　　　　　　　　　　5 000

2. 计提无形资产摊销费

同计提折旧费一致，无形资产也要基于权责发生制基础，期末对无形资产初始成本进行摊销。

例如，企业10月1日购入一项专利技术，购买成本为1 200 000元，法律规定使用年限10年，则每年应计提摊销额120 000元（1 200 000/10），每月摊销额10 000元。

则10月31日，企业应做如下账项调整，编制调整分录：

　　借：管理费用　　　　　　　　　　　　　　　　　　　　　　10 000
　　　　贷：累计摊销　　　　　　　　　　　　　　　　　　　　　　10 000

3. 计提资产减值损失

企业资产预期会存在着减值，根据会计谨慎性的信息质量要求，期末，企业要对资产预计损失进行处理，提前计提损失，而不是在以后发生实际损失时再处理。

例如，10月31日，企业应收账款的账面余额为250 000元，根据测试，估计有25 000元存在着信用减值损失，很可能收不回来。假设企业以前没有计提过资产减值准备，则10月31日，企业应做如下账项调整，编制调整分录：

　　借：信用减值损失　　　　　　　　　　　　　　　　　　　　25 000
　　　　贷：坏账准备　　　　　　　　　　　　　　　　　　　　　　25 000

类似的减值准备的计提还有很多，按会计准则规定，应收款项、固定资产、无形资产、在建工程、存货、长期股权投资、商誉、投资性房地产等资产都需要期末计提减值准备。

9.1.4　其他期末账项处理内容

有些事项在当期早已发生，但是实际会计处理要集中到月末，由于实际发生时间和月末做账时间相距较长，会计人员可能会忘记在期末进行会计处理。最为典型的有：

1. 期末产品销售成本结转

企业一个月内会发生多笔产品的销售业务，每批产品的销售成本又不同，如果采用月末一次性加权平均计算单位产品销售成本的话，则销售成本的结转要在月末集中处理。

例如，企业10月份共发生了10笔销售业务，共销售产品18台。月末，企业计算出该18台产品的加权平均单位成本为10 000元/台，则10月31日，企业应做如下账项处理，编制会计分录如下：

　　借：主营业务成本　　　　　　　　　　　　　　　　　　　180 000

　　　　贷：库存商品　　　　　　　　　　　　　　　　　　　　　　　　　180 000

2. 期末材料成本结转

同产品销售成本核算，企业每个月多次领用材料，如果采用月末一次性加权平均单位成本法计算发出材料的成本，则要在月末汇总所有的发出材料，编制发出材料汇总表，然后进行月末一次性集中会计处理。此时，月末要集中进行账项调整，编制调整分录。

例如，企业10月车间多次从仓库领用某一材料，合计领用数量为40件，月末加权平均单位成本200元/件，则总成本为8 000元。10月31日，企业应进行账项处理，编制会计分录如下：

　　借：生产成本　　　　　　　　　　　　　　　　　　　　　　　　　8 000
　　　　贷：原材料　　　　　　　　　　　　　　　　　　　　　　　　　8 000

3. 期末制造费用分配

月末，企业要将本期制造费用账户发生额按一定方法分配到各产品的生产成本账户。

例如，10月份，企业制造费用账户发生额总共为60 000元，按生产工人工资的比例分配到A、B产品的生产成本中，其中A产品应分配40 000元，B产品应分配20 000元。则10月31日，企业应进行如下账项处理，编制会计分录如下：

　　借：生产成本——A产品　　　　　　　　　　　　　　　　　　　　40 000
　　　　　　　——B产品　　　　　　　　　　　　　　　　　　　　20 000
　　　　贷：制造费用　　　　　　　　　　　　　　　　　　　　　　　60 000

4. 期末完工产品成本结转

期末，企业本月发生的车间生产总成本要在完工入库产品和未完工产品之间进行分配，计算出完工入库产品的成本。

例如，10月份，企业计算出本期A产品完工入库产品成本为21 000元。则10月31日，企业应进行如下账项调整，编制调整会计分录如下：

　　借：库存商品——A产品　　　　　　　　　　　　　　　　　　　　21 000
　　　　贷：生产成本——A产品　　　　　　　　　　　　　　　　　　21 000

5. 期末财产清查调整

期末，特别是年末，要对企业进行财产清查，检查是否账实相符，如果不符，也要进行账项调整并编制调整分录。具体的调整内容参见第10章财产清查。

上述调整分录与权责发生制无关，实为业务核算流程的一部分，但是因为这些分录需要企业自制原始凭证反映，有的会计人员期末忘记处理，从而导致本期业务没有完全记录。所以也是期末会计工作的重要内容。

9.2　对账

9.2.1　对账的定义

对账（Checking）是账目核对的俗称。会计人员将企业日常交易或事项完整地记入有关账户后,为了保证账簿记录的真实、准确和完整,需进行相关账目核对。

对账内容具体包括账证核对、账账核对和账实核对。

对账时间一般有日常核对和期末核对。企业平常要进行账证核对,当把记账凭证上的会计分录登记入账后,要及时进行账证核对。期末核对一般开展账账核对和账实核对,又可以分成账项调整前的核对和账项调整后的核对。

对账一般是在记账之后,结账之前进行。由于结账之后再也不能随意调整,所以对账是期末会计工作的重要步骤。

9.2.2 对账的内容

1. 账证核对

账证核对指会计账簿记录与原始凭证、记账凭证的核对,核对时间、凭证字号、内容、金额是否一致,记账方向是否相符。常见账证核对内容有:

(1) 总账和科目汇总表、汇总记账凭证的核对。

(2) 明细账、日记账和记账凭证的核对。

(3) 银行存款日记账上的支票结算种类名称与原始结算凭证进行核对。

因为总账登记依据是科目汇总表或汇总记账凭证这两种特殊的记账凭证,所以两者相互核对也属于账证核对。账证核对工作一般在平时过账过程中进行,在期末如果发现账账不符时,也要重新进行账证核对。

2. 账账核对

账账核对是指核对不同会计账簿之间的账簿记录是否相符。具体包括如下内容:

(1) 总账有关账户的余额核对。该核对一般借助于试算平衡公式进行。公式为

$$\text{所有总账账户借方期末(期初)余额合计数} = \text{所有总账账户贷方期末(期初)余额合计数}$$

或者,

$$\text{资产类总账账户余额合计数} = \text{负债类总账账户余额合计数} + \text{所有者权益类总账账户余额合计数}$$

(2) 总账与其所属明细账之间核对。该核对主要是依据总账和明细账的平行登记原理进行。公式为

$$\text{某一总账的期末(期初)余额} = \text{其所属的所有明细账期末(期初)余额合计数}$$

$$\text{总账账户的本期借方(贷方)发生额} = \text{所属的明细分类账户的本期借方(贷方)发生额合计数}$$

(3) 日记总账与日记账核对。该核对指现金总账和现金日记账核对,银行存款日记账和银行存款总账的核对。核对主要为核对余额,公式为

$$\text{现金日记账期末余额} = \text{现金总账账户余额}$$

$$\text{银行存款日记账期末余额} = \text{银行存款总账余额}$$

(4) 会计部门的财产物资明细账与财产物资保管和使用部门的有关明细账核对。该核对是将会计部门持有的财产物资账簿的余额和其他各部门持有的财产物资账簿余额进行核对,比如将会计部门的材料账簿的余额与仓库保管员持有的材料登记簿余额进行

核对。

需要注意的是，账账核对主要核对期末余额，有些情况下也可以核对它们的发生额。

3. 账实核对

账实核对是指核对会计账簿记录与财产等实有数额是否相符。具体包括：

（1）现金日记账账面余额与现金实际库存数相核对。

（2）银行存款日记账账面余额定期与银行对账单相核对。

（3）各种财物（包括有价证券）明细账账面余额与财物实存数额相核对。

（4）各种应收、应付款明细账账面余额与有关债务、债权单位或者个人核对等。

需要注意的是，银行对账单反映企业存在银行的资金，体现为实物资产，所以银行存款日记账和对账单的核对属于账实核对。在实际工作中，企业一般将应收账款的余额信息编制一张对账单寄给债务人确认，如果债务人确认此债务，反映双方认可这项债权债务的实际存有数，所以是一项账实核对。

> **提示**
>
> 记账凭证中的"√"和账簿中的"√"作用有区别。记账凭证中的"√"是过账符号，当记账凭证信息过到账簿之后打勾号，反映已登记入账。账簿中的"√"是对账符号，主要用于对账，当对完账后打勾号，反映已对账。

9.3 结账

9.3.1 结账的定义

结账（Closing）是指把一定时期内发生的经济业务，在全部登记入账的基础上，结算出每个账户的本期发生额和期末余额，并将期末余额转入下期或下年新账。

结账包括月结、季结和年结。根据《会计基础工作规范》规定，在编制会计报表前要完成结账工作，不能先编制财务报表再结账。

9.3.2 结账的内容

1. 结清各种虚账户，并计算确定本年利润

虚账户为期末无余额的账户，主要为收入和费用等损益类账户，损益类账户期末要转到本年利润，期末无余额。结清虚账户是通过编制结转分录，将收入、费用等账户余额结转到本年利润账户实现的。结账分录分为两大部分：

（1）结清损益类账户。将收入和费用等损益类账户余额结转到"本年利润"账户。分录为：

借：主营业务收入
　　其他业务收入
　　营业外收入

　　　　其他收益
　　　　资产处置损益等
　　　　　贷：本年利润
　　借：本年利润
　　　　　贷：主营业务成本
　　　　　　　其他业务成本
　　　　　　　管理费用
　　　　　　　财务费用
　　　　　　　销售费用
　　　　　　　税金及附加
　　　　　　　所得税费用
　　　　　　　营业外支出
　　　　　　　资产减值损失
　　　　　　　信用减值损失等

结转完之后，收入和费用类账户期末无余额。

（2）结清"本年利润"账户。期末，将"本年利润"账户余额结转到"利润分配——未分配利润"账户，结转后，"本年利润"账户期末无余额。如果原"本年利润"账户余额在贷方，则会计分录为：

　　借：本年利润
　　　　　贷：利润分配——未分配利润

如果原"本年利润"账户余额在借方，则会计分录为：

　　借：利润分配——未分配利润
　　　　　贷：本年利润

结账分录的编制时间可以分为两种情形：一种方法是每个月月末编制结账分录，并过入账簿中，此种方法叫"账结法"；另一种方法是每月月末不编制结账分录，而是到年末再编制结账分录，这种方法叫"表结法"。在表结法下，每个月月末不编制结账分录，但需在结账前编制试算平衡表，模拟编制结账分录。实际工作中，平时月份采用表结法，年末采用账结法。

2. 结清实账户

实账户是指资产、负债和所有者权益等期末有余额的账户。结清实账户指期末结出资产、负债和所有者权益类账户的本期发生额和余额，并结转到下期。此过程并不需要编制分录，而是直接在账簿中完成。

9.3.3　结账的程序

结账程序主要分为四个步骤：

（1）将本期发生的经济事项全部登记入账，并保证其正确性。

（2）根据权责发生制等要求，调整有关账项，合理确定本期应计的收入和费用。

（3）将损益类科目余额转入"本年利润"账户，"本年利润"账户余额转入"利润分配"账户。

（4）结计资产、负债和所有者权益科目等实账户的本期发生额和余额，并结转下期。收入类和费用类等虚账户虽然没有余额，也要结出本期发生额。

在上述四个步骤中，第一步和第二步是结账前所要做的准备工作，目的是保证所有的经济业务都要登记完毕。在完成了第一步和第二步工作之后，进行第三步和第四步的正式结账工作。

9.3.4 结账的方法

当把所有会计分录（包括结账分录）登记完毕之后，经过对账，确认无误后，便可对所有账户进行结账。结账可以分为月结、季结和年结。月结和季结方法一般相同，年结与月结有异，不同账户的结账方法也有所不同。根据《会计基础工作规范》，相关结账方法如下：

1. 明细账期末结账方法

（1）月结。

1）不需按月结计本期发生额的账户。对于此类账户，每次记账以后，都要随时结出余额，每月最后一笔余额即为月末余额。月末结账时，只需要在最后一笔经济业务下沿账本表格线画通栏单红线。通栏红线一般指从账页的最左边到账页的最右边，也可以仅从借方金额栏开始到余额栏部分画线。画线的目的是突出有关数字，表示本月的会计记录已经结束或截止，并将本期与下期的记录明显分开。次月业务在红线下面空行继续登记。

一般不需要月结本期发生额的账户主要为一些债权、债务类账户和所有者权益类账户。从会计信息使用者角度来看，债权和债务的发生额和余额信息中，人们更关注的是余额信息。比如说企业领导想了解企业欠款情况，一般领导会问"我们欠了人家多少钱"，而不会问"这个月我们产生了多少欠款"，所以针对此类账户，月结时重点结出余额，而不需要结计本月发生额。当然也可以根据工作需要结计本月发生额。

2）需要按月结计本期发生额的账户。此类账户主要是指现金、银行存款日记账和收入、费用等明细账，它们的本期发生额信息非常重要。对此类账户，月结时，首先在当月最后一笔业务下面沿表格方框线划通栏红线，然后开始在下面空行结出本月发生额和余额，摘要栏内注明"本月合计"字样，最后再划一次通栏单红线。次月业务在下一行继续登记。

有的账户，除了结计本月发生额之外，还需要结计本年累计发生额。此类明细账户在每月结账时，应在"本月合计"行下登记"本年累计"。首先结出自年初起至本月末止的累计发生额和余额，登记在"本月合计"下面空行的借方、贷方和余额栏，摘要栏内注明"本年累计"字样，并在下面划通栏单红线。

（2）季结。对要季结的账户，在月结的下面空行进行季结，结出本季的发生额和余额，摘要栏内注明"本季合计"字样。然后下画单红线。

（3）年结。年度结束后，要在12月月结的下行进行年结（要季结的先填季结），摘要栏注明"本年合计"字样，借方和贷方栏登记全年的发生额合计数，有余额的账户一并结出年末余额。然后在下方画一条通栏双红线。该双红线表示封账线，意味着全年结束账户记录。对平时月末随时进行本年累计的账户，12 月月末的“本年累计”就是全年累计发生额，全年累计发生额下画通栏双红线。

年结后，有的账户需要在次年更换新账簿，有余额的账户，则要将其余额结转到下年新建的账簿中。此时，在双红线下方的空行摘要栏注明“结转下年”字样，“结转下年”那一行只要在摘要栏写上“结转下年”即可，余额不需要再抄写一遍。如果下年的会计科目名称发生变化，摘要栏要写成“结转下年（新账户名称）”。当页剩余空白部分从右上角至左下角画单红线注销。

次年新建账簿时，在下一会计年度新建有关会计账户的第一行余额栏内填写上年结转的余额，日期栏写 1 月 1 日，摘要栏注明“上年结转”字样。如果新账户名称与旧账户名称不一样，新开账户第一行摘要栏写成“上年结转（旧账户名称）”或“从上年（旧账户名称）转来”。对诸如债权和债务类账户的一些明细账户，填写“上年结转”摘要的同时，需要适当增补结转余额的基本信息（如余额内容及发生时间等）。

2. 总账账户期末结账方法

由于总账的登记方式与明细账、日记账的登记方式不同，总账一般是定期汇总本月发生额，甚至一个月汇总一次后登记，月末结束时发生额已做合计，因此，除非每月登记笔数仍然较多，否则不需要再来一次“本月合计”，月末只需结出月末余额即可，然后画单红线与次月分开。但年终结账时，要将所有总账账户结出全年发生额和年末余额，在摘要栏内注明“本年合计”字样，并在合计数栏下方画通栏双红线。总账每年都要更换，每个账户的期末余额都要结转到下年。

下面为结账方法示例：

示例 1：不需按月结计本期发生额账户的月结方法（见图 9-1）

二 级科目编号及名称 美大公司　　　　应收账款　明细账　　　　总 第_页 分第_页

年		凭证		摘要	对方科目	借方金额	√	贷方金额	√	借或贷	余额	√
月	日	种类	号数			千百十万千百十元角分		千百十万千百十元角分			千百十万千百十元角分	
				承前页		600000		200000		借	400000	
11	6	收	6	收回欠款	银行存款			300000		借	100000	
11	9	转	2	赊销产品	主营业务收入等	1130000				借	1230000	
11	20	收	8	收回欠款	银行存款			530000		借	700000	
12	3	转	6	赊销产品	主营业务收入等	791000				借	1491000	

在11月份的最后一笔下面，沿着边框通栏画单条红线，此为月结线，借此与下月业务分开。

图 9-1　不需按月结计本期发生额账户的月结方法

示例 2：需要结计本期发生额账户的月结方法（见图 9-2）

示例 3：总账账户年结方法（见图 9-3）

在计算本月合计或本年累计时，需要注意“过次页”“承前页”与“本月合计”“本年累计”的关系。如果有的账户“承前页”是从年初到本页止的累计数，那么“本年累计”数可以在承前页的基础上进行本页适当的调整即可计算出来。

银行存款日记账

第 页

年		凭证		摘要	对方科目	收入(借方)金额									✓	支出(贷方)金额									✓	借或贷	余额									✓
月	日	种类	号数			千	百	十	万	千	百	十	元	角	分		千	百	十	万	千	百	十	元	角	分		千	百	十	万	千	百	十	元	角	分
				承前页				1	4	3	0	0	0	0	0				1	1	2	0	0	0	0	0	借			1	2	5	5	0	0	0	0
1	12	付	5	提现	库存现金															1	5	0	0	0	0	0	借										
	12	收	1	收回欠款	应收账款				2	0	0	0	0	0	0																						
				本日合计					2	0	0	0	0	0	0												借										
	23	付	8	支付工资	应付职工薪酬																5	5	0	0	0	0	借			1	3	0	5	0	0	0	0
	26	付	9	偿还欠款	应付账款															1	6	0	0	0	0	0	借			1	2	5	0	0	0	0	0
	29	收	7	销售产品	主营业务收入				4	5	0	0	0	0	0												借			1	5	4	0	0	0	0	0
1	31			本月合计					7	9	3	0	0	0	0					4	7	7	0	0	0	0	借			1	5	4	0	0	0	0	0

- 摘要栏：本月合计
- 上下画通栏红线
- 本月借贷方发生额合计

注：承前页中的借贷方发生额为月初到上页末止数据

图 9-2 需按月结计本期发生额账户的月结方法

总账

科目名称：银行存款   页码：2

2021年		凭证		摘要	借方金额										贷方金额										借或贷	余额									
月	日	种类	号数		千	百	十	万	千	百	十	元	角	分	千	百	十	万	千	百	十	元	角	分		千	百	十	万	千	百	十	元	角	分
1	1			上年结转																					借			2	3	3	1	0	0	0	0
1	31	科汇	1	本月合计				5	6	0	0	0	0	0				2	8	3	0	0	0	0	借			2	6	0	8	0	0	0	0
⋮																																			
12	31	科汇	12	本月合计				4	7	8	0	0	0	0				6	3	1	0	0	0	0	借			3	0	2	5	0	0	0	0
12	31			本年合计				2	3	4	9	0	0	0				1	6	5	5	0	0	0	0	借			3	0	2	5	0	0	0	0
				结转下年																															

- 通栏双红线：年结线，封账线
- 通栏单红线：月结线

科目名称：银行存款   页码 2

2022年		凭证		摘要	借方金额										贷方金额										借或贷	余额									
月	日	种类	号数		千	百	十	万	千	百	十	元	角	分	千	百	十	万	千	百	十	元	角	分		千	百	十	万	千	百	十	元	角	分
1	1			上年结转																					借			3	0	2	5	0	0	0	0

图 9-3 总账账户年结方法

总结

摘要栏常用合计术语：本日合计、本月合计、本年累计、本年合计、过次页、承前页、结转下年、上年结转。手工会计中，可用专门刻制橡皮印章代替手写。

9.4 期末工作底稿的编制

为了保证记账、过账、对账、结账各步骤的正确性，同时为报表编制打好基础，在结账前后都要编制试算工作底稿。试算工作底稿的编制程序如下：

（1）首先把企业发生的会计科目按资产、负债、所有者权益、收入、费用、利润排序填好。

（2）将上述会计科目的总账账户余额填入工作底稿的第①列试算表内，试算表为一张余额试算表，这是第一次进行余额试算平衡。实际工作中企业多采用科目汇总表登记总账发生额，科目汇总表已进行发生额试算平衡验证，因此重点是验证总账余额的试算平衡。如没有采用科目汇总表填制总账，则要验证发生额试算平衡。

（3）将调整分录过入工作底稿的第②列。

（4）将每个科目第①列试算表的余额加上第②列的借贷发生额，算出调整后的余额。这是第二次进行余额试算平衡。

（5）将结账分录过入工作底稿的第④列。

（6）将第③列试算表的余额加上第④列的借贷发生额，算出结账后的余额。这是第三次进行余额试算平衡。如果试算平衡发现没有问题，则可以在账簿上完成结账工作。

（7）将该结账后的余额分析填列到资产负债表和利润表。

期末试算工作底稿如图9-4所示。

期末试算工作底稿

会计科目	① 试算表		② 调整分录		③ 调整后试算表		④ 结账分录		⑤ 结账后试算表		资产负债表		损益表	
	借	贷	借	贷	借	贷	借	贷	借	贷	借	贷	借	贷
……														
合计														

图9-4 期末试算工作底稿

需要注意的是，随着会计软件的普及，会计期末工作中的大部分内容如对账、结账、试算平衡等工作，软件系统都可以自动完成。这大大减轻了会计人员的工作量。因此本节的内容主要是针对手工会计而言，但是会计软件设计的原理也是类似。

知 识 训 练

一、思考题

1. 期末账项调整的内容有哪些？为什么要进行账项调整？
2. 对账内容有哪些？
3. 什么叫结账？结账程序包括哪些？
4. 月结和年结有什么区别？
5. 结账分录是指什么分录？

二、单项选择题

1. 下列不属于账账核对的是（　　）。

A. 总账与其所属明细账核对　　　　B. 总账与日记账核对
C. 总账与总账的核对　　　　　　　D. 银行存款日记和银行对账单核对

2. 下列不属于结账时所用术语的是（　　）。
A. 本日合计　　B. 本月合计　　C. 本季合计　　D. 本年合计

3. 会计部门的财产物资明细账与财产物资保管和使用部门的有关明细账核对属于（　　）。
A. 账账核对　　B. 账实核对　　C. 账证核对　　D. 证证核对

4. 账账核对一般核对（　　）。
A. 本期发生额　　B. 期末余额　　C. 期初余额　　D. 余额方向

5. 月结时可以不要结计发生额的是（　　）。
A. 银行存款　　B. 主营业务收入　　C. 销售费用　　D. 应付账款

三、多项选择题

1. 下列属于期末调整事项的是（　　）。
A. 计提利息支出　　B. 计提租金收入　　C. 计提折旧费　　D. 计提资产减值损失

2. 对账内容包括（　　）。
A. 账证核对　　B. 账账核对　　C. 账实核对　　D. 账表核对

3. 根据结账分录编制时间不同，结账可以分为（　　）。
A. 账结法　　B. 表结法　　C. 划线结账法　　D. 红线结账法

4. 下列关于年结的描述，正确的是（　　）。
A. 年结时所有的账户都要结本年发生额和余额
B. 要在本年合计栏下画双行通栏红线
C. 需要结转下年的，要在双行通栏红线下行摘要栏填写"结转下年"字样
D. 年结时，需要在合计金额的摘要栏填写"本年合计"字样

5. 按时间的长短，结账可以分为（　　）。
A. 日结　　B. 月结　　C. 季结　　D. 年结

四、业务题

练习结账

【目的】熟悉实账户的结账。

【资料】某企业银行存款相关资料如下：上年结转余额 26 500 元。假设本年 1 月到 9 月无业务。

10 月发生如下业务：

（1）10 月 2 日，收取押金 13 200 元；
（2）10 月 7 日，付欠款 39 700 元；
（3）10 月 15 日，收欠款 85 030 元；
（4）10 月 23 日，付电费 14 124 元。

11 月无业务。

12 月发生如下业务：

（5）12 月 4 日，偿还银行借款 16 205 元；

(6) 12 月 4 日，提现 10 000 元；
(7) 12 月 4 日，预付下年度房租 15 000 元；
(8) 12 月 4 日，销售收款 32 147 元；
(9) 12 月 15 日，支付利息 21 124 元；
(10) 12 月 24 日，从银行借款 24 000 元。

【要求】（1）用 Excel 工具编制仿真银行存款日记账，然后登记银行存款日记账。
（2）登记过程要进行日结、月结、季结和年结。

第 10 章

财产清查

 学习目标

掌握： 未达账项；银行存款余额调节表编制；坏账准备、待处理财产损溢、固定资产清理3个账户的运用。

理解： "固定资产清理"账户的缺陷；财产清理法规。

了解： 财产清查的意义；财产清查的分类。

10.1 财产清查概述

10.1.1 财产清查的概念与意义

1. 财产清查的概念

财产清查就是通过对企业的财产物资进行盘点和核对，查明实存数，并与账存数核对，从而检查实存数与账存数是否相符的一种会计核算方法。财产清查涉及的资产主要有货币资金、存货、固定资产、往来结算款、有价证券等。

在实际工作中，虽然按照规范的程序和方法对各项经济业务进行会计核算，并审核会计凭证、试算平衡、对账，保证账簿记录的正确与完整，但是，由于各种原因，往往会出现实存数与账存数不一致的情况，即账实不符。

实际工作中常见账实不符的原因主要有：①贪污盗窃或故意造假等非法活动；②管理不善造成财产变质或短缺；③计量、检验等不准确造成品种、数量差异；④火灾、水灾等自然灾害造成非常损失等。为了保证会计资料的客观真实性，财产物资的安全完整，企业必须建立财产清查制度，定期或不定期进行财产清查，及时发现问题，查明原因，确保账实相符。

2. 财产清查的意义

我国《会计基础工作规范》第九十三条规定，各单位应当建立财产清查制度。建立财产清查制度具有以下重要意义：

（1）掌握企业财产物资家底，确保会计资料记录的真实性和完整性。通过财产清查，可以查明企业各项财产物资的实存数，并与账存数进行核对，确定账面记录是否与实际相符。如果账本记录大于实际盘存数，要查明原因，是否存在着失误或者故意虚增记录等情况；如果账本记录小于实际盘存数，要及时调整账簿记录。最终实现账实相符，保证会计资料的真实性和完整性。

(2) 摸清企业财产物资的使用情况，提高资产使用效率。通过财产清查，检查财产是否存在缺损、霉变、闲置、积压等现象，是否存在贬值、浪费、破坏等情况，以便及时采取措施，提高资产使用效率。

(3) 贯彻财经纪律和结算纪律，确保财产物资安全。通过对货币资金、往来款项等各项财产物资的清查，查明是否存在着贪污、盗窃、挪用公款、私设小金库等违反财经和结算纪律的问题，促进职工遵守财经纪律和结算纪律，保证财产物资的安全。

10.1.2 财产清查的种类

财产清查可以按照清查的范围、清查的时间、清查的执行单位进行分类。

1. 按照清查范围分类

(1) 全面清查。全面清查是指对本单位所有的财产物资进行全面清查和核对。全面清查范围广、工作量大、涉及工作人员多，一般在下列情况下才需要进行全面清查：①年终决算时；②企业改制、联营、合并或改变隶属关系时；③因资产评估等开展清产核资时；④企业主要负责人调离工作时。

全面清查时，清查的对象除了本单位的所有财产物资外，还包括存放于本单位，但所有权不属于本单位的物资；除了已验收入库物资，还包括尚未入库的在途物资。

(2) 局部清查。局部清查是指根据需要对企业的部分财产物资进行盘点和核对。局部清查一般在以下情况下采用：①库存现金由出纳人员在每个工作日结束时进行清点核对；②银行存款每月应与银行进行核对一次；③流动性较大或者容易损耗的存货，在年内应轮流盘点或重点抽查；④企业的各种债权债务，每年至少核对一至两次；⑤贵重物资每月都应清查盘点一次。

2. 按照清查时间分类

(1) 定期清查。定期清查是指按照预先计划安排的时间对企业的财产进行清查。这种清查是为了确保账实相符，保证会计资料的真实性、可靠性，通常是在年末、季末、月末结账时进行。定期清查根据企业需要可以是局部清查，也可以是全面清查。

(2) 不定期清查。不定期清查是指事先并未规定清查时间，而是根据需要对企业财产进行临时清查。以下情况需要进行不定期清查：①企业更换财产物资保管员、出纳时，要对所保管的财产物资和现金进行清查，以分清经济责任，便于办理交接手续；②发生自然灾害和意外损失时，要对受损的财产物资进行清查，以查明受损情况；③上级部门对本单位会计工作进行检查时；④按照规定进行临时性清产核资时。

3. 按照清查执行单位分类

(1) 内部清查。内部清查是由本单位组织相关人员建立清查小组所进行的清查工作。

(2) 外部清查。外部清查是由上级主管部门、司法部门、聘请的审计机构根据国家的有关规定或企业实际需要对企业进行的财产清查。

10.1.3 财产清查制度

财产清查是一项涉及面广、工作量多、责任重大的工作，必须建立一套完善的财产清查制度，实际清查时按制度执行。财产清查制度的主要内容有：

（1）确定财产清查范围。企业要根据清查目的确定财产清查范围，是开展局部清查还是全面清查。全面清查也要确定重点检查范围。

（2）配备财产清查组织。要合理配备财产清查组织，清查人员要熟悉业务，责任心强，清查小组要与各部门协调推进工作。

（3）规定财产清查的期限和方法。要制订清查时间计划，确定清查物资起始与截止时间，要求财产物资保管人员及会计部人员在清查之前把相关业务及时登记入账。清查前设计好清查方法、制定好清查表格并取得相关证据。

（4）发现问题的处理方法。检查中发现物资盘盈、盘亏、毁损、变质等问题，要及时查明原因，是人为问题、技术问题还是环境问题。如果是人为问题，是员工故意还是失误，对造成的财产损失要追究相应的行政、民事甚至刑事责任。

（5）财产管理人员的奖惩办法。要根据奖罚分明、激励与约束相结合的原则，对财产管理中表现优秀的人员给予奖励，表现差劣的人员进行惩戒和处罚。

10.2　货币资金清查及其会计处理

货币资金是企业核心资产，流动性强，容易产生问题，是财产清查的重要对象。货币资金主要包括库存现金、银行存款和其他货币资金。本章主要讲述库存现金和银行存款。

10.2.1　库存现金清查

库存现金的清查，是通过实地盘点法，即通过点票数来确定库存现金的实存数，然后与现金日记账的账面余额进行核对，以查明账实是否相符。由于企业的现金收支业务十分频繁，容易出现差错，有些出纳也会利用工作便利挪用和贪污现金，因此出纳应每日进行自我清点，单位要定期或不定期进行专门清查。

对库存现金进行盘点，需要注意以下几个事项：

（1）清查前，出纳应先将库存现金收付凭证全部登记入账，并结出余额。

（2）清查时，出纳和清查人员必须同时在场。出纳是日常库存现金管理的直接人员，清查时为了明确出纳和清查人员的责任，需要双方都在场，在双方互相监督下进行清点。

（3）清查时，清查人员应注意出纳是否存在着如"白条抵库""坐支现金"等违反现金管理制度规定的情形。

（4）清查后，清查人员应及时填制"库存现金盘点报告表"，并由出纳和清查人员双方签名盖章。

企业在设计"库存现金盘点报告表"时，要设计盘点金额和账面金额两栏内容，并进行对比。表格既是一张盘存表，又是一张账实对比表，因此该表是一张编制盘盈和盘亏会计分录的重要原始凭证，是调整现金日记账的重要依据。"库存现金盘点报告表"如图10-1所示。表中盘盈是指实际盘点的金额大于现金日记账记录数，盘亏是指实际盘点金额小于现金日记账记录数。

库存现金盘点报告表

单位名称：　　　　　　　　　　　　年　　月　　日　　　　　　　　　　计量单位：

盘点金额	账面金额	对比结果		备注
		盘盈（长款）	盘亏（短款)	

盘点人员（签字）：　　　　　　　　　　　　　　　　　　　　　出纳（签字）：

图 10-1　库存现金盘点报告表

10.2.2　银行存款清查

银行存款的清查，是将银行存款日记账与银行对账单进行逐笔核对。银行存款日记账是企业出纳登记的账簿，银行对账单相当于银行登记的账簿，反映企业银行存款的实际流水情况。因此，银行日记账与银行对账单核对实际上就是账实核对，是对银行存款的财产清查。需要注意的是，从银行获取对账单时，不能让出纳人员操办，以防出纳人员伪造对账单。在核对前，要将银行存款日记账应记录而未记录的款项补充完整。

通过核对，如果发现银行存款日记账和银行对账单不一致，也不一定是账实不符。其中一个最重要的原因是双方记账时存在着"未达账项"。

1. 未达账项概念及内容

未达账项是指由于同一项经济业务银行和企业凭证传递时间的不同，而导致记账时间不同，从而发生一方已入账而另一方未入账的会计事项。未达账项一般有以下四种情况：

（1）企业已收而银行未收。如企业将收到的银行转账支票送交开户银行提示收款，然后凭银行盖章退回的银行受理回执单在日记账上登记银行存款的增加，而开户银行因银行结算原因尚未收到账款。

（2）企业已付而银行未付。如企业已开出一张银行转账支票给供应商，企业于开出支票后，凭支票存根在银行存款日记账上登记银行存款的减少，而银行尚未收到供应商提示付款的支票，所以未有付款记录。

（3）银行已收而企业未收。例如，银行收到客户以汇兑方式支付给企业的货款，银行已收到款项并进行记录，而企业尚未收到收款通知，尚未在银行存款日记账上登记增加。

（4）银行已付而企业未付。例如，企业每月的水电费是通过银行委托扣款的方式支付的，银行收到水电公司的代扣申请后，便从企业账户上将资金扣除，银行方面记录了企业一笔款项支出，但企业尚未索取到相关付款凭证，尚未在日记账上登记银行存款的减少。

由于存在着上述四种情形，导致银行存款日记账和银行对账单的记录内容不一致。因此，在核对双方账目时，应先查明是否有未达账项，如有未达账项，要编制"银行存款余额调节表"，消除未达账项的影响，调节后的余额应该相等。如果调节后的余额仍不相等，则说明企业和银行双方的记账可能存在错误，应该及时查明原因，并予以更正。

2. 银行存款余额调节表的编制

银行存款余额调节表的编制一般采取补记法，即假设将双方未登记的事项各自全部补登入账，然后结出各自余额，再看双方余额是否相等。站在银行存款日记账角度，对银行已付而企业未付的部分，在日记账上补记金额减少；对银行已收而企业未收的部分，在日记账上补记金额增加。站在银行对账单角度，对企业已收而银行未收的部分，在对账单上补记金额增加；对企业已付而银行未付的部分，在对账单上补记金额减少。这样双方就不存在未达账项。用公式可以表示如下：

企业银行存款日记账余额 + 银行已收而企业未收 − 银行已付而企业未付
= 银行对账单余额 + 企业已收而银行未收 − 企业已付而银行未付

银行存款余额调节表如图 10-2 所示。

银行存款余额调节表

开户银行账号：　　　　　　　　　　　　　年　　月　　日　　　　　　　　　　　（单位：元）

项目	金额	项目	金额
银行存款日记账余额：		银行对账单余额：	
加：银行已收企业未收		加：企业已收银行未收	
减：银行已付企业未付		减：企业已付银行未付	
调节后余额：		调节后余额：	

图 10-2　银行存款余额调节表

需要注意的是，银行存款余额调节表只是用于调节未达账项使用，仅是一种对账工具而已，不是盘存和账实对比表。因此对发现的未达账项进行会计处理时，不能依据该调节表进行调账，调账的依据只能依据业务发生时的原始凭证。比如说企业有一笔未达账项，内容是银行已划款而企业尚未收到支付凭证的电费支出 100 元，企业必须依据之后取得的电费发票和银行支付凭证后才能补登入账，而不能直接依据银行存款余额调节表登记入账。

【例 10-1】 华诚公司 202×年 12 月 31 日企业银行存款日记账余额为 316 600 元，银行对账单余额为 110 000 元。银行存款日记账和银行对账单如图 10-3 和图 10-4 所示。

要求：比较银行存款日记账和银行对账单，编制银行存款未达账项余额调节表。

开户行：中国××银行9018

银 行 存 款 日 记 账

年		凭证		摘要	结算凭证		收入（借方）金额	支出（贷方）金额	余额
月	日	种类	号数		种类	号数	千百十万千百十元角分 √	千百十万千百十元角分 √	千百十万千百十元角分 √
12	1			月初余额					1 0 0 0 0 0 0 0
12	5	银付	1	付亚太公司材料款	转账支票	1221		1 1 3 0 0 0 0	8 8 7 0 0 0 0
12	6	银收	1	收大立公司销货款			1 2 0 0 0 0 0 0		2 0 8 7 0 0 0 0
12	15	银付	2	提现	现金支票	2023		5 0 0 0 0 0 0	1 5 8 7 0 0 0 0
12	16	银付	3	付11份工资				8 2 1 0 0 0 0	7 6 6 0 0 0 0
12	18	银收	2	收润和公司欠款	转账支票	1854	2 4 0 0 0 0 0 0		3 1 6 6 0 0 0 0

图 10-3　银行存款日记账

中国××银行企业存款对账单

网点：
账号：6228481771701539018　　户名：华诚公司　　币种：人民币

日期	类型	对方账号	对方名称	摘要	借方	贷方	余额
12.1				承上月			100 000.00
12.6	转账	略	大立公司	货款		120 000.00	220 000.00
12.8	转账	略	供电公司	电费	1 280.00		218 720.00
12.15	支票	略	华诚公司	提现	50 000.00		168 720.00
12.16	转账	略	华诚公司	工资	82 100.00		86 620.00
12.20	电汇	略	泰和公司	货款		23 380.00	110 000.00

图 10-4　银行对账单

注：对银行来说，企业存于银行的资金是一项负债（科目名称为吸收存款），所以银行对账单的记账方向与企业日记账的记账方向相反。当企业账户存款增加时，银行记录负债增加；当企业账户存款减少时，银行记录负债减少。

分析：根据资料编制银行存款余额调节表如表 10-1 所示。

表 10-1　银行存款余额调节表

银行账号：中国××银行9018　　202×年12月31日　　（单位：元）

项　目	金　额	项　目	金　额
银行存款日记账余额	316 600.00	银行对账单余额	110 000.00
加：银行已收企业未收	23 380.00	加：企业已收银行未收	240 000.00
减：银行已付企业未付	1 280.00	减：企业已付银行未付	11 300.00
调节后余额	338 700.00	调节后余额	338 700.00

10.2.3　货币资金清查结果的会计处理

财产清查结束后，清查人员应向相关部门提交清查报告，提出处理建议，等待股东大会、董事会、经理厂长会议等类似权力机构决定处理方式。因此财产清查结果会计处理包括两步：审批前会计处理和审批后会计处理。

1. 审批前会计处理

在有关部门没有正式下达处理方式之前，会计部门应同财产管理部门协调，根据盘点报告表等财产清查资料，编制记账凭证，调整财产账面记录，使账簿记录与实际盘存数相等，实现账实相符。

调整财产账面价值时，要使用"待处理财产损溢"账户，该账户属于资产类账户。下设"待处理财产损溢——待处理流动资产损溢"和"待处理财产损溢——待处理非流动资产损溢"两个明细账。如果资产发生盘亏，则该账户借方登记审批之前等待处理的盘亏资产金额，贷方登记审批之后盘亏资产的转销额；如果资产发生盘盈，则该账户贷方登记审批之前等待处理的盘盈资产金额，借方登记审批之后盘盈资产的转销额；期末如有借方余额，反映尚未批准处理的盘亏资产金额；如为贷方余额，反映尚未批准处理的盘盈资产金额。批准处理完毕之后，该账户不再保留余额。待处理资产损溢账户结构图如图 10-5 所示。

借方	待处理财产损溢账户	贷方
期初余额：尚未审批处理的盘亏资产金额 借方发生额： ①本期新增未审批处理盘亏资产 ②本期审批后盘盈资产转销额		期初余额：尚未审批处理盘盈资产金额 贷方发生额： ①本期新增未审批处理盘盈资产 ②本期审批后盘亏资产转销额
期末余额：尚未审批处理盘亏资产金额		期末余额：尚未审批处理盘盈资产金额

图 10-5　待处理资产损溢账户结构图

2. 审批后会计处理

经相关部门审批之后，应根据审批意见进行处理。一方面通过"待处理财产损溢"账户转销待处理资产，另一方面将盘盈收益或盘亏损失记入"管理费用""营业外收入""营业外支出"等收益和费用账户。如果存在着责任人赔偿承担的，登记相应的"其他应收款"等账户。

库存现金盘盈、盘亏会计处理原则：

（1）无法查明原因的现金盘盈。一般来说现金盘盈很少发生，可以作为一项偶然所得，作为利得处理，其盘盈收益记入"营业外收入"账户。

（2）无法查明原因的现金盘亏。经批准后，一般将盘亏损失记入"管理费用"账户，而不记入"营业外支出"账户，通过这种处理可以有助于企业加强现金管理。

（3）需要责任人赔偿的现金盘亏。经批准后，在未收到赔偿之前，通过"其他应收款"账户核算。

【例 10-2】　库存现金盘盈会计处理。华诚公司于202×年12月末对库存现金进行清查时发现盘盈1 500元。经核查，其中900元属于少付甲公司的账款；另外600元无法查明原因。

（1）审批前会计处理：

一方面，借记"库存现金"账户，调增库存现金账户金额，实现账实相符；另一方面，将该盘盈资产记入"待处理财产损溢"账户的贷方，等待转销。

借：库存现金　　　　　　　　　　　　　　　　　　　　　　1 500
　　贷：待处理财产损溢——待处理流动资产损溢　　　　　　　　1 500

（2）审批后会计处理：

一方面，转销"待处理财产损溢"贷方发生额；另一方面，转销收益转入"营业外收入"账户，应退还的现金在未退还之前记入"其他应付款"账户。

借：待处理财产损溢——待处理流动资产损溢　　　　　　　　　1 500
　　贷：其他应付款——甲公司　　　　　　　　　　　　　　　　　900
　　　　营业外收入　　　　　　　　　　　　　　　　　　　　　　600

【例 10-3】　库存现金盘亏会计处理。华诚公司于202×年12月末对库存现金进行清查时发现盘亏800元。经核查，其中500元是出纳员张萌的责任，由他进行赔偿；另外300元无法查明原因。

（1）审批前会计处理：

一方面，贷记库存现金800元，调减现金日记账记录，实现账实相符；另一方面，将该盘亏资产记入"待处理财产损溢"账户的借方，等待转销。

借：待处理财产损溢——待处理流动资产损溢　　　　　800
　　贷：库存现金　　　　　　　　　　　　　　　　　　　　800

（2）审批后会计处理：

一方面，转销"待处理财产损溢"账户借方发生额，贷记"待处理财产损溢"账户；另一方面，转销的一部分损失计入管理费用，借记"管理费用"账户，另一部分由责任人赔偿，在未收到赔款前借记"其他应收款"账户。

借：其他应收款——张萌　　　　　　　　　　　　　　500
　　管理费用　　　　　　　　　　　　　　　　　　　300
　　贷：待处理财产损溢——待处理流动资产损溢　　　　　800

> **提示**
>
> 会计准则规定，企业在日常清查中发生的待处理财产损溢，须在年末结账前全部处理完毕，保证"待处理财产损溢"账户年末不留余额。如果当年的确无法处理完毕的，也仍要转销账户余额，待到次年进行追溯调整。确保"待处理财产损溢"账户年末不留余额，目的是防止企业利用该账户操纵利润。

10.3 实物财产清查及其会计处理

10.3.1 实物财产清查的方法

实物财产清查是指对各种存货、固定资产等进行的清查，存货包括原材料、在产品、产成品、包装物、低值易耗品等。清查时，既要关注物资的数量，也要关注物资的质量，还要注意财产的所有权是否属于企业所有。因为有的部门为了应付检查，将非本企业财产充当本企业的财产。实物财产种类繁多，形态、体积、重量、堆放方式等不同，资产清查方法有所不同。实物财产的清查方法主要有以下几种：

（1）实地盘点法。实地盘点法是指在实物堆放地逐一清点实物数量或用计量器具来确定实物的实存数量。这种方法适用范围较广，大部分实物财产的清查都可以采用这种方法。

（2）技术推算法。技术推算法是指通过某种技术方法推断财产物资的实存数。比如矿山开采的煤炭，建筑工地堆放的砂石、林场的林木等，一般不能直接盘点，需要通过专门的技术方法才能测量出来。

（3）抽样盘点法。通过抽样测算某一样本，计算其体积、重量，然后再以样本为基础，测算出总体财产的数值。比如海底网箱养殖鱼产品的核算便是采用该方法。

（4）函证核查法。对一些委托外单位加工或保管的财产，可以向对方单位发函进行确定。

10.3.2 实物财产清查的一般要求

（1）实物清查过程中，有关实物保管人员和盘点人员必须同时在场，并参加盘点工作。目的是互相监督，分清责任，避免因清查错误而互相推诿，逃避责任。

（2）认真填制盘存单。对于盘点结果，应如实登记到"盘存单"，并由盘点人和实物保管人签字或盖章，以明确经济责任。"盘存单"详细地记录了清查财产实存数，是反映实存数的原始凭证。财产物资清查盘存单如图10-6所示。

盘存单						
被盘点部门：		存放地点：			编　　号：	
盘点时间：		财产类别：			金额单位：	
序号	名称	计量单位	盘点数量	单价	金额	备注
盘点人（签字）：		实物保管人（签字）：			负责人（签字）：

图10-6　财产物资清查盘存单

需要注意的是，上述格式的盘存单只记录盘点结果的数据，并没有实存数和账存数对比，无盘盈和盘亏的数据信息，所以无法利用此盘存单编制调账分录。

（3）编制"实存账存对比表"。为了查明账实是否相符，确定盘盈或盘亏情况，还应根据"盘存单"和记录财产账簿进行对比，编制"实存账存对比表"。"实存账存对比表"能反映盘盈盘亏信息，所以该表是编制调账分录的重要原始凭证。实存账存对比表如图10-7所示。

实存账存对比表										
单位名称：					年　月　日					
编号	名称	单位	单价	实存		账存		对比结果			备注
								盘盈		盘亏		
				数量	金额	数量	金额	数量	金额	数量	金额	
主管（签字）：				会计（签字）：				制表（签字）：			

图10-7　实存账存对比表

10.3.3　存货清查结果的会计处理

同货币资金清查一样，也分为审批前会计处理和审批后会计处理。

1. 存货审批前会计处理

会计部门要依据账实对比表，编制调整分录，实现账实相符。对盘盈的存货，编制会计分录为：借记"原材料、库存商品"等账户，贷记"待处理财产损溢"账户，存货按其重置成本入账；对盘亏的存货，编制会计分录为：借记"待处理财产损溢"账户，贷记"原材料、库存商品"等账户，盘亏存货按账面价值冲减。

2. 存货审批后会计处理

（1）存货盘盈会计处理。无法查明原因、以及因计量收发错误等造成的存货盘盈，经批准后，冲减"管理费用"账户。编制会计分录为：借记"待处理财产损溢"账户，贷记"管理费用"账户。

（2）存货盘亏会计处理。如果存货盘亏是因无法查明原因、计量收发错误、定额内损耗、管理不善等原因造成的，其净损失计入"管理费用"账户。编制会计分录为：借记

"管理费用"账户，贷记"待处理财产损溢"账户。涉及增值税的按增值税法规定处理，因为盘亏存货无法后续增值，所以存货购入时未抵扣的增值税不能抵扣，已抵扣的增值税进项税额要做转出处理。

如果存货盘亏是自然灾害等不可抗力原因造成的盘亏，其净损失计入"营业外支出"账户。编制会计分录为：借记"营业外支出"账户，贷记"待处理财产损溢"账户。为了减轻纳税人负担，因自然灾害导致存货盘亏部分，其对应的增值税进项税额仍然可以抵扣。

如果存货盘亏需要有过失人赔偿的，在未收到赔偿前，暂记"其他应收款"。编制会计分录为：借记"其他应收款"账户，贷记"待处理财产损溢"账户。

如果盘亏的存货有残值可以收回的，对收回残料部分，借记"原材料"账户等，贷记"待处理财产损溢"账户。

【例10-4】 存货盘盈会计处理。华诚公司于202×年12月末对原材料进行清查时盘盈A材料500kg，估计价值为5 000元，经查实为收发计量错误造成，不考虑增值税。

(1) 审批前会计处理：

一方面，借记"原材料"账户，调增A原材料账户金额，实现账实相符；另一方面，贷记"待处理财产损溢"账户，等待转销其盘盈收益。

借：原材料　　　　　　　　　　　　　　　　　　　　　　　5 000
　　贷：待处理财产损溢——待处理流动资产损溢　　　　　　　　5 000

(2) 审批后会计处理：

一方面，转销"待处理财产损溢"账户贷方金额，借记"待处理财产损溢"账户；另一方面贷记"管理费用"账户，相当于增加盘盈收益。

借：待处理财产损溢——待处理流动资产损溢　　　　　　　　5 000
　　贷：管理费用　　　　　　　　　　　　　　　　　　　　　5 000

【例10-5】 存货盘亏会计处理。华诚公司于202×年12月末财产清查时发现B材料盘亏100kg，共3 600元，假设不考虑增值税。经查实并给出如下处理：保管员李强过失造成的损失600元，由李强赔偿；定额内损耗为300元；事故造成损失2 700元，其中保险公司承担赔款1 000元，剩余1 700元由企业自己承担。

(1) 审批前会计处理：

一方面，贷记"原材料"账户3 600元，并登记入账，调减"原材料"账户金额，实现账实相符；另一方面，借记"待处理财产损溢"账户，等待转销损失。

借：待处理财产损溢——待处理流动资产损溢　　　　　　　　3 600
　　贷：原材料　　　　　　　　　　　　　　　　　　　　　　3 600

(2) 审批后会计处理：

一方面，转销"待处理财产损溢"账户借方金额，贷记"待处理财产损溢"账户；另一方面，由李强和保险公司赔偿的部分，在未收到赔款前，借记"其他应收款"账户；定额内损耗部分借记"管理费用"账户；残料价值部分借记"原材料"账户；非常损失部分借记"营业外支出"账户。

借：其他应收款——保险公司　　　　　　　　　　　　　　　1 000
　　　　　　　——李强　　　　　　　　　　　　　　　　　　600

管理费用	300
营业外支出	1 700
贷：待处理财产损溢——待处理流动资产损溢	3 600

▶ 10.3.4　固定资产清查结果的会计处理

固定资产清查结果一般分为盘盈、盘亏和毁损三种结果。三种结果会计处理各不相同，调整账户也不一样。

1. 固定资产盘盈会计处理

固定资产一般价值高，体积大，通常不会存在账实不符的情况，多数情况是因故意不入账造成的。因为账外固定资产不计提折旧，可以虚增利润。把固定资产盘盈收益计入当年利润，也会导致盘盈当年利润大幅度增加。为了防止企业利用盘盈固定资产操纵利润，盘盈的固定资产一律按前期会计差错处理，对以前未计提的折旧进行追溯调整。追溯调整使用专用会计分录"以前年度损益调整"账户。

2. 固定资产盘亏会计处理

固定资产盘亏处理程序与存货相同，通过"待处理财产损溢"科目核算盘亏资产。

审批前，按固定资产账面价值借记"待处理财产损溢——待处理非流动资产损溢"账户，按已计提旧额借记"累计折旧"账户，如果已计提固定资产减值准备，还应借记"固定资产减值准备"账户，按固定资产原值贷记"固定资产"账户。

审批后，其中属于应由责任人赔偿的部分，借记"其他应收款"账户，属于自然灾害等原因造成的非常损失，扣除保险公司赔款后，将净损失借记"营业外支出"账户，其他无法查明原因的损失均计入"营业外支出"账户，同时贷记"待处理财产损溢——待处理非流动资产损溢"账户。

【例10-6】 固定资产盘亏会计处理。华诚公司于202×年12月末对固定资产进行清查时发现盘亏设备一台，其原值10 000元，已计提折旧2 000元。经查是意外丢失。

（1）审批前会计处理：

一方面，因固定资产真正减少，其原值要予以注销，故贷记"固定资产"10 000元；另一方面，固定资产减少后，"累计折旧"科目的备抵作用也就不存在，"累计折旧"账户也要转销，"累计折旧"账户的余额2 000元为贷方余额，转销时便借记"累计折旧"2 000元；再者，固定资产原值10 000元减去累计折旧2 000元后剩余的8 000元便是固定资产的净值，该净值是盘亏损失的价值，暂记入"待处理财产损溢"账户的借方。会计分录为：

借：待处理财产损溢——待处理非流动资产损溢	8 000
累计折旧	2 000
贷：固定资产	10 000

（2）审批后会计处理：

经查明是意外丢失，其盘亏资产净损失记入"营业外支出"账户。一方面，贷记"待处理财产损溢"账户，转销其盘亏损失；另一方面，将盘亏损失记入"营业外支出"的借方。会计分录为：

借：营业外支出　　　　　　　　　　　　　　　　　　　　　　　　8 000
　　贷：待处理财产损溢——待处理非流动资产损溢　　　　　　　　　8 000

3. 固定资产毁损、报废会计处理

财产清查目的除了查明实际数量外，还要清查财产的使用状况，如果固定资产清查过程中发现毁损、无法修理的情况，要及时报废处理。

固定资产毁损及报废处理，通过"固定资产清理"账户核算。"固定资产清理"账户非常特殊，特做介绍如下：

（1）账户性质："固定资产清理"账户按会计经济内容划分为资产类账户。

（2）账户用途：专门核算企业因出售、报废、毁损等原因转出的固定资产价值以及在清理过程中发生的费用等。

（3）账户登记要领：企业因出售、报废、毁损等转出的固定资产，按该项固定资产的账面价值，借记"固定资产清理"账户，按已计提的累计折旧，借记"累计折旧"账户，按其账面原价，贷记"固定资产"账户。已计提减值准备的，还应同时结转减值准备。

清理过程中应支付的相关税费及其他费用，借记"固定资产清理"账户，贷记"银行存款"账户等。收回出售固定资产的价款、残料价值和变价收入等，借记"银行存款""原材料"等账户，贷记"固定资产清理"账户。应由保险公司或过失人赔偿的损失，借记"其他应收款"等账户，贷记"固定资产清理"账户。

固定资产清理完成后，如果"固定资产清理"账户余额在借方，反映清理净损失；如"固定资产清理"账户为贷方余额，反映清理净收益。清理净损失或清理净收益要根据处置形式不同，区别处理。对于按正常资产一样出售的固定资产处置项目，应将清理净损失或净收益转入"资产处置损益"账户，结转清理净损失时，借记"资产处置损益"账户，贷记"固定资产清理"账户；结转清理净收益时，借记"固定资产清理"账户，贷记"资产处置损益"账户。对于报废和毁损的固定资产清理项目，清理净损失转入"营业外支出"账户，借记"营业外支出"账户，贷记"固定资产清理"账户；清理净收益转入"营业外收入"账户，借记"固定资产清理"账户，贷记"营业外收入"账户。

期末借方余额，反映企业尚未清理完毕的固定资产清理净损失。如果出现贷方余额，则应于当年结账之前清理完毕，不留余额，防止企业用该账户调节利润。

（4）账户明细账的设置：按被清理固定资产项目进行明细核算。账簿设置可以采用三栏式或多栏式格式账簿。

"固定资产清理"账户结构如图 10-8 所示。

借方	固定资产清理账户	贷方
期初余额：期初尚未清理完毕的资产净损失		
借方发生额：①处置资产账面价值转入额 ②处置资产发生的清理费用 ③清理净收益的转销额		贷方发生额：①处置资产的清理收益 ②清理净损失的转销额
期末余额：期末尚未清理完毕的资产净损失		

图 10-8　"固定资产清理"账户结构

【例 10-7】　固定资产报废的会计处理。华诚公司于 202×年 12 月末对固定资产进行清查发现一台机械设备已严重毁损,经确定已无使用价值,申请报废处理。已知该设备原值230 000元,已计提折旧170 000元。出售残值获取收益5 000元。出售时用现金支付清理费用1 000元。假设不考虑增值税。

分析:固定资产清理核算分为三步,第一步是通过"固定资产清理"账户借方归集清理过程中发生的成本;第二步是通过"固定资产清理"账户贷方归集清理过程中发生的收益;第三步是计算"固定资产清理"账户余额,确认清理净损益。如果"固定资产清理"账户余额在借方,反映清理净损失;如果余额在贷方,反映清理净收益。然后将清理净损益结转到相关损益类账户。

(1)归集固定资产清理成本。

将固定资产账面价值转入"固定资产清理"账户的借方:

借:固定资产清理　　　　　　　　　　　　　　　　60 000
　　累计折旧　　　　　　　　　　　　　　　　　　170 000
　　　贷:固定资产　　　　　　　　　　　　　　　　　　230 000

将清理费用记入"固定资产清理"账户的借方:

借:固定资产清理　　　　　　　　　　　　　　　　1 000
　　　贷:库存现金　　　　　　　　　　　　　　　　　　1 000

"固定资产清理"账户借方发生总额为61 000元,反映总清理成本。

(2)归集固定资产清理收益。

将出售残值收益记入"固定资产清理"账户的贷方:

借:银行存款　　　　　　　　　　　　　　　　　　5 000
　　　贷:固定资产清理　　　　　　　　　　　　　　　　5 000

"固定资产清理"账户贷方发生总额5 000元,反映总清理收益。

(3)确认净损益,并结转到损益类账户。

"固定资产清理"账户余额为借方余额56 000元,反映为净损失,该净损失最终转入"营业外支出"账户。结转后"固定资产清理"账户无余额。

借:营业外支出　　　　　　　　　　　　　　　　　56 000
　　　贷:固定资产清理　　　　　　　　　　　　　　　　56 000

固定资产清理明细账如图10-9所示。

固定资产清理明细账

年		凭证		摘要	借方金额								√	贷方金额								√	借或贷	余额								√
月	日	种类	号数		千	百	十	万	千	百	十	元	角	分	千	百	十	万	千	百	十	元	角	分		千	百	十	万	千	百	十	元	角	分	
12	31	略		结转资产账面价值				6	0	0	0	0	0	0											借				6	0	0	0	0	0	0	
				支付清理费用					1	0	0	0	0	0											借				6	1	0	0	0	0	0	
				出售残值收益															5	0	0	0	0	0	借				5	6	0	0	0	0	0	
				结转清理净损失														5	6	0	0	0	0	0	借										0	

图10-9　固定资产清理明细账

> **提示**
>
> "固定资产清理"账户属于资产类账户，但贷方却反映清理收益，不符合账户的性质。一种处理方式是把贷方理解为清理成本的冲减，另一种处理方式是采取清理收益不通过贷方核算，将上述会计处理第二步取消，将三步合并为两步。会计分录如下：
>
> 借：银行存款　　　　　　　　　　　　　　　　　　5 000
> 　　营业外支出　　　　　　　　　　　　　　　　　56 000
> 　　贷：固定资产清理　　　　　　　　　　　　　　　　　61 000

10.4　往来款项清查及其会计处理

往来款项主要包括应收账款、预付账款、其他应收款、长期应收款、应付账款、预收账款、其他应付款、长期应付款等款项。

10.4.1　往来款项的清查方法

往来款项清查一般采用"函证核对法"，即通过向对方发函与对方单位核对账目。往来款项清查时，在保证本单位各项往来结算账户正确的情况下，编制"往来款项对账单"，寄往各往来单位。该单一式两联，其中一联为对方单位留存联，另一联为回单联。要求对方单位经核对相符后，在回单联上加盖公章寄回本企业。如不相符，要求对方单位在回联单上注明。收到回联单后，企业再进行核对，最后编制"往来款项清查报告单"，作为调整账面记录的原始凭证。

往来款项对账单如图 10-10 所示。

往来款项对账单

＿＿＿＿单位：
　　你单位202×年7月3日购入我单位A产品480件，已付货款46 000元，尚有38 000元货款未付，请核对后将回联单寄回。

　　　　　　　　　　　　　　　　　　　　　　清查单位：（盖章）
　　　　　　　　　　　　　　　　　　　　　　202×年12月20日

------沿此虚线裁开，将以下回联单寄回！谢谢合作！------

往来款项对账单（回联）

＿＿＿＿清查单位：
　　你单位寄来的"往来款项对账单"已经收到，经核对相符无误。

　　　　　　　　　　　　　　　　　　　　　　××单位（盖章）
　　　　　　　　　　　　　　　　　　　　　　202×年12月26日

图 10-10　往来款项对账单

往来款项清查报告单如图 10-11 所示。

往来款项清查报告单

总账名称：应收账款　　　　202×年12月31日　　　　　　　　（单位：元）

明细账名称	账面余额	清查结果		核对不符原因分析				备注
		核对相符金额	核对不符金额	未达账项	争议款项	拒付款项	错误款项	其他原因	
A公司	38 000	√							
B公司	24 000		×		2 000				

记账员：　　　　　　　　　　　　　　　　　　　　清查人员：

图 10-11　往来款项清查报告单

10.4.2　往来款项清查结果的会计处理

在财产清查过程中，发现确实无法收回的应收账款等债权，属于坏账，按照坏账损失核算方法进行核算。坏账损失核算不通过"待处理财产损溢"账户。

对于无法支付的应付账款等债务，经批准后，直接记入"营业外收入"账户，不通过"待处理财产损溢"账户核算。

【例10-8】 执行《小企业会计准则》企业的坏账损失处理。易达公司是一家小型企业，执行《小企业会计准则》，20××年12月末企业进行往来款项清查时，发现有一笔应收账款1 500元，账龄已超过三年，债务人也无法找到，经厂长办公会研究决定，按坏账核销。

分析：《小企业会计准则》规定，小企业发生的坏账采用直接转销法。当确认该笔应收账款收不回来时，一方面，要核销该应收账款，故贷记"应收账款"；另一方面，造成的损失记入营业外支出，借记"营业外支出"账户。编制会计分录如下：

借：营业外支出——坏账损失　　　　　　　　　　　　　　　　　1 500
　　贷：应收账款　　　　　　　　　　　　　　　　　　　　　　　　　1 500

【例10-9】 执行《企业会计准则》企业的坏账损失处理。成达公司是一家股份制有限公司，执行《企业会计准则》。坏账处理采用备抵法。

(1) 20×1年12月31日，企业应收账款余额为120 000元，按余额5%计提坏账准备。假设无以前年度数据。

(2) 20×2年8月15日，企业进行往来款项清查时，发现有一笔应收账款4 400元，因债务人破产，已无法收回，经董事会研究决定，按坏账核销。

(3) 20×2年12月31日，企业应收账款余额为180 000元，按余额的5%计提坏账准备。

分析：《企业会计准则》规定，坏账的处理执行备抵法。

(1) 20×1年12月31日，企业估计未来很可能发生的坏账金额为6 000元（120 000×5%）。计提坏账准备会计分录如下：

借：信用减值损失　　　　　　　　　　　　　　　　　　　　　　6 000
　　贷：坏账准备　　　　　　　　　　　　　　　　　　　　　　　　　6 000

(2) 20×2年8月15日，由于坏账真的产生了，所以将原计提的坏账准备转化为应收账款的减少。编制会计分录如下：

借：坏账准备　　　　　　　　　　　　　　　　　　　　　　　　　4 400
　　贷：应收账款　　　　　　　　　　　　　　　　　　　　　　　　　4 400

(3) 20×2年12月31日，企业应收账款余额为180 000元，按余额的5%应计提坏账准备为9 000元。该9 000元的含义是，站在20×2年12月末预测未来，将来很可能有9 000元的坏账产生。180 000元是20×2年末"应收账款"账户的余额值，所以按余额的5%计算的坏账准备9 000元也是一个余额值。余额值即是一个累计值，就是说，年末"坏账准备"账户余额应保证为9 000元。该9 000元要填列在"坏账准备"账户余额栏，而不是填在发生额栏。但是，以前"坏账准备"余额已有1 600元，所以本期只需要计提7 400元的坏账准备即可。编制会计分录如下：

借：信用减值损失　　　　　　　　　　　　　　　　　　　　　　　7 400
　　贷：坏账准备　　　　　　　　　　　　　　　　　　　　　　　　　7 400

"坏账准备"账户如图10-12所示。

二级科目名称：			坏账准备　明　细　账								第　　页						
20×2年		凭证		摘　要	借方金额			✓	贷方金额			✓	借或贷	余　额			✓
月	日	种类	号数		千百十万千百十元角分				千百十万千百十元角分					千百十万千百十元角分			
1	1	略		年初余额									贷	6 0 0 0 0 0			
8	15	略		实际坏账转销	4 4 0 0 0 0								贷	1 6 0 0 0 0			
12	31	略		本年计提					7 4 0 0 0 0				贷	9 0 0 0 0 0			

倒推得到

图10-12　"坏账准备"账户

知识训练

一、思考题

1. 什么叫未达账项？如何设计银行存款余额调节表？
2. 比较库存现金盘盈、存货盘盈的会计处理有何不同？
3. 为什么"待处理财产损溢"账户期末不能留有余额？
4. 谈谈"固定资产清理"账户有什么缺陷？
5. 每年年末计提坏账准备时，金额该如何计算？应注意什么情况？
6. 比较固定资产盘盈、盘亏、报废处置的会计处理有何不同？

二、单项选择题

1. "待处理财产损溢"账户属于（　　）账户。
   A. 资产类　　　　　B. 负债类　　　　　C. 收入类　　　　　D. 所有者权益
2. 无法查明原因的库存现金盘盈处理结果应记入（　　）账户。
   A. "管理费用"　　　　　　　　　　　B. "资产减值损失"
   C. "营业外支出"　　　　　　　　　　D. "营业外收入"

3. 无法查明原因的存货盘盈处理结果应记入（　　）账户。
   A. "管理费用"　　　　　　　　B. "营业外收入"
   C. "营业外支出"　　　　　　　D. "其他业务收入"
4. "待处理财产损溢"账户一般年末要保证（　　）。
   A. 无余额　　　B. 有余额　　　C. 借方余额　　　D. 贷方余额
5. 下列资产盈亏要通过"待处理财产损溢"账户核算的是（　　）。
   A. 应收账款坏账　　B. 应付账款盘盈　　C. 固定资产盘盈　　D. 库存现金长款

三、多项选择题

1. 按照清查的执行单位不同，可以将财产清查分为（　　）。
   A. 全面清查　　　B. 内部清查　　　C. 局部清查　　　D. 外部清查
2. 下列不可以作为原始凭证进行银行存款账实不符调账依据的是（　　）。
   A. 银行对账单　　　　　　　　B. 未达账项登记表
   C. 银行转账凭单　　　　　　　D. 银行存款余额调节表
3. 下列关于库存现金清查描述正确的是（　　）。
   A. 库存现金的盘点，出纳和清查人员必须同时在场
   B. 库存现金盘点报告表是编制调整分录的重要原始凭证
   C. 盘点前，出纳应先将库存现金收付凭证全部登记入账并结出余额
   D. 提前通知出纳人员接受盘点
4. 下列固定资产清查中发现的问题，处理正确的是（　　）。
   A. 固定资产盘盈，通过"以前年度损益调整"账户核算
   B. 固定资产盘亏，通过"待处理财产损溢"账户核算
   C. 固定资产毁损，通过"固定资产清理"账户核算
   D. 固定资产报废，通过"固定资产清理"账户核算
5. 下列凭证可以作为账实不符调账凭证的是（　　）。
   A. 实存账存对比表　　　　　　B. 往来款项对账单
   C. 银行存款余额调节表　　　　D. 库存现金盘点报告表

四、业务训练题

1. 银行存款余额调节表编制

【目的】掌握银行存款余额调节表的编制。

【资料】华塔公司202×年11月30日企业银行存款日记账余额为256 800元，银行对账单余额为271 200元。经逐笔核对，有如下未达账项：

（1）银行代扣公司水电费28 000元，公司未收到付款通知单，尚未入账。
（2）银行已转账收到公司应收账款45 000元，但公司未收到银行收款通知单。
（3）收到宏大公司银行汇票38 600元，企业已入账，但银行因系统原因尚未到账。
（4）公司开具转账支票36 000元支付购货款，但销售方尚未到银行提示收款。

【要求】根据以上未达账项，编制银行存款余额调节表（见表10-2）。

2. 财产清查会计处理

【目的】掌握财产清查会计分录的编制。

表 10-2　银行存款余额调节表

202×年 11 月 30 日　　　　　　　　　　　　　　　　（单位：元）

项　　目	金　　额	项　　目	金　　额
企业银行存款日记账余额		银行对账单余额	
加：银行已收企业未收 减：银行已付企业未付		加：企业已收银行未收 减：企业已付银行未付	
调节后余额		调节后余额	

【资料】宏远公司在财产清查中，发现以下情况：

（1）清查库存现金时发现现金盘盈 1 800 元。经核查，其中 1 000 元属于少付甲公司的账款，需补付给对方，但未付。另 800 元无法查明原因。

（2）清查原材料时发现 A 材料盘亏 200kg，共 4 500 元，不考虑增值税。经查验，具体原因如下：保管员张东过失造成的损失 1 200 元，应由其承担损失；定额内损耗为 200 元；意外事故造成的损失 3 100 元（保险公司赔款 2 000 元，其余损失企业自己承担）。

（3）盘亏固定资产一台，已知固定资产的原值为 120 000 元，已计提折旧 40 000 元。经查为被盗所致。

【要求】根据以上资料，编制财产清查的会计处理分录。

3. 坏账会计处理

【目的】掌握坏账核算的备抵法。

【资料】瑞普公司每年末按应收账款余额的 5% 计提坏账准备。相关资料如下：

（1）20×1 年 12 月 31 日，应收账款账户余额为 100 000 元；

（2）20×2 年 12 月 31 日，应收账款账户余额为 300 000 元；

（3）20×3 年 12 月 31 日，应收账款账户余额为 200 000 元；

（4）20×4 年 10 月 15 日，实际发生坏账 400 元；

（5）20×4 年 12 月 31 日，应收账款账户余额为 400 000 元。

【要求】（1）编制上述 5 小题与坏账准备有关的分录。

（2）用 Excel 编制坏账准备的仿真账户，记录坏账准备的变化信息。

第 11 章

账务处理程序

> **学习目标**
>
> **掌握**：账务处理程序的分类；科目汇总表账务处理程序；汇总记账凭证账务处理程序。
>
> **理解**：账务处理程序概念；汇总转账凭证的编制。
>
> **了解**：日记总账和通用日记账账务处理程序。

11.1 账务处理程序概述

11.1.1 账务处理程序的概念

账务处理程序（Bookkeeping Procedures）又叫会计核算组织程序或会计核算形式，是会计循环中会计凭证、账簿的组织和记账程序相互结合的方法。

前述相关章节讲到，会计凭证可以分为原始凭证和记账凭证，记账凭证按经济用途可以分为专用记账凭证和通用记账凭证。专用记账凭证则分为收款凭证、付款凭证、转账凭证。企业要依据原始凭证编制会计分录，并登记到记账凭证。账簿分为序时账和分类账，最典型的序时账是银行存款日记账和现金日记账，这两个账簿需要专门由出纳人员依据记账凭证逐日逐笔序时登记。分类账又分为总分类账和明细分类账（简称总账和明细账）。登记分类账账簿的原始数据主要来源于记账凭证。账簿的信息经过整合反映到会计报表上，在填制资产负债表和利润表等报表时，有的项目可以直接采用总账信息，有的则要利用明细账信息分析填列。

上述账务处理过程中，将原始凭证编制成会计分录登记到记账凭证，再将记账凭证上的会计分录信息登记到账簿，这个过程叫作记账程序。其间涉及凭证之间、账簿之间、凭证和账簿之间的组织。记账程序贯穿于凭证和账簿组织之中，形成了复杂的账务处理程序，其中的核心是总账处理程序。由于总账只需提供总括的会计信息，那么登记总账时是否有必要与明细账一样逐笔登记，是否有必要与日记账一样逐日登记，是否一定要依据每一张记账凭证进行登记，能否对记账凭证进行整理后汇总登记，这就涉及账务处理程序的组织问题。不同企业业务复杂程度不一样，业务量不一样，企业应根据自己的实际情况，采用适合自己企业环境的账务处理程序，规范会计核算工作，最终提高会计核算的效率和质量，降低会计处理的成本。

11.1.2 账务处理程序的种类

根据总账登记的依据和方法不同，会计账务处理程序基本可以分为如下五大类：

(1) 记账凭证账务处理程序。
(2) 日记总账账务处理程序。
(3) 通用日记账账务处理程序。
(4) 汇总记账凭证账务处理程序。
(5) 科目汇总表账务处理程序。

在上述五大类程序中，其中记账凭证账务处理程序是最基本的账务处理程序，科目汇总表账务处理程序是最为常用的记账程序。五大类程序之间最大的不同就是登记总账的依据和方法不同。企业要根据自己的实际情况采用不同的记账程序。

11.2 记账凭证账务处理程序

记账凭证账务处理程序是指经济业务发生后，依据原始凭证或汇总原始凭证登记记账凭证，再依据记账凭证直接登记总账的一种账务处理程序。

11.2.1 记账凭证账务处理程序的步骤

(1) 根据原始凭证或汇总原始凭证编制收款凭证、付款凭证和转账凭证（或通用记账凭证）。

(2) 出纳人员根据收款凭证、付款凭证逐笔登记现金日记账和银行存款日记账（银行存款日记账设置票据结算种类栏的则依据结算原始凭证登记）。

(3) 明细账会计人员根据原始凭证、汇总原始凭证和记账凭证，逐笔登记各种明细账（依据原始凭证或汇总原始凭证登记明细账的情形主要为材料等存货的数量登记）。

(4) 总账会计人员根据记账凭证逐笔登记总账，登记时间可以每隔若干天登记一次。

(5) 期末，稽核人员将现金日记账、银行存款日记账和明细账同有关总账进行核对，查验是否相符。

(6) 期末，根据总账和明细账编制会计报表。

记账凭证账务处理程序流程图如图 11-1 所示。

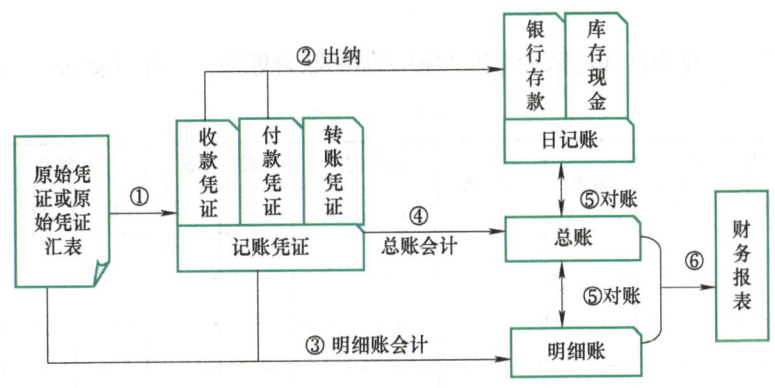

图 11-1 记账凭证账务处理程序流程图

11.2.2 记账凭证账务处理程序的评价

1. 特点

通过图 11-1 的流程图可见，总账会计人员登记总账时，与明细账会计人员一样，直接依据记账凭证逐笔登记总账。该方法简明扼要，是最基本的记账程序，其他程序都是在此基础上改进而来。

2. 优缺点

该记账程序的优点是登记总账简单，操作方便，总账信息一目了然，可以较详细地反映经济业务的发生情况，也便于与明细账核对。其缺点是登记工作量大，登记总账的工作量几乎与登记明细账的工作量相当，总账反映的会计信息与明细账反映的信息完全相同，造成重复劳动。另外，总账一般采用订本式，无法准确预留每一科目的总账页数，登记工作被动。

3. 适用范围

鉴于该记账程序的缺点，此程序适用于规模较小、经济业务量较少、凭证编制数量不多的企业。为了减少登记笔数，对相同性质的原始凭证可以编制汇总原始凭证，然后再依据汇总原始凭证登记记账凭证，这样登记到总账的笔数减少，相应减少了登记工作量。

> **提示**
> 虽然明细账和总账的登记笔数一模一样，但是不能把明细账数据直接抄到总账。如此处理，则明细账错误，总账也跟着错误，导致无法账账核对。另外，也不能让一个人全部承担明细账和总账的登记工作，一个人重复做相同的事，容易发生错误。

11.3 日记总账账务处理程序

日记总账账务处理程序是指设置一套日记总账，然后依据记账凭证直接逐笔登记日记总账的一种账务处理程序。

11.3.1 日记总账的编制和填写方法

日记总账是一种兼具日记账和总账两种功能的联合账簿。其格式如表 11-1 所示。

表 11-1 日记总账

年		凭证		摘要	发生额	库存现金		银行存款		应收账款		…	
月	日	种类	号数			借	贷	借	贷	借	贷	借	贷

从上述日记总账可以看出，它与普通总账的不同点是：普通总账是每隔一页或每隔若干页数设置一个总账科目，而日记总账则是把每个科目都集中到一页中。这样当每笔业务

发生时,可将一笔分录同时登记到同一行的对应账户借贷方栏中,从而可以很清晰地看到一笔业务的来龙去脉。

【例 11-1】 某企业 12 月份发生如下两笔业务:

业务①:12 月 5 日,从银行提取现金 800 元,会计分录(付 1 号)为:

借:库存现金　　　　　　　　　　　　　　　　　　　　　　800
　　贷:银行存款　　　　　　　　　　　　　　　　　　　　　　800

业务②:12 月 8 日,收回应收账款 560 元,会计分录(收 2 号)为:

借:银行存款　　　　　　　　　　　　　　　　　　　　　　560
　　贷:应收账款　　　　　　　　　　　　　　　　　　　　　　560

则登记的日记总账如表 11-2 所示。

表 11-2　日记总账　　　　　　　　　　　　　　　　　　(单位:元)

年		凭证		摘要	发生额	库存现金		银行存款		应收账款		…	
月	日	种类	号数			借	贷	借	贷	借	贷	借	贷
	5	付	1		800	800			800				
	8	收	2		560			560			560		
					⋮								

11.3.2　日记总账账务处理程序的步骤

(1) 根据原始凭证或汇总原始凭证编制收款凭证、付款凭证和转账凭证。

(2) 出纳人员根据收款凭证、付款凭证逐笔登记现金日记账和银行存款日记账。

(3) 明细账会计人员根据原始凭证、汇总原始凭证和记账凭证,逐笔登记各种明细账。

(4) 总账会计人员根据记账凭证逐笔登记日记总账。

(5) 期末,稽核人员将现金日记账、银行存款日记账和明细账同日记总账进行核对,查验是否相符。

(6) 期末,根据总账和明细账编制会计报表。

日记总账账务处理程序流程图如图 11-2 所示。

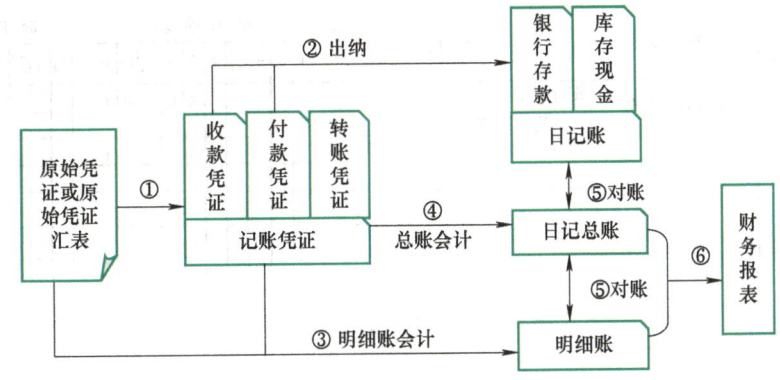

图 11-2　日记总账账务处理程序流程图

11.3.3 日记总账账务处理程序的评价

1. 特点

通过上述流程图及编制例子可见，其记账程序与记账凭证账务处理程序一致，依据记账凭证逐笔登记。但是日记总账与普通总账的账簿格式明显不同。

2. 优缺点

该记账程序的优点是：能够清晰地反映对应账户的关系，清楚地看到一笔业务的来龙去脉，方便查账和分析。同时登记日记总账也较为方便、登记过程便于查找错误。其缺点是：日记总账逐笔登记，工作量大；所反映的会计信息在日记账、明细账上也能清楚查询，造成重复劳动；记账工作只能一个人完成，不便于分工合作，降低了工作效率；如果企业使用会计科目较多，一张纸无法全部登记完整，将会制约其功能的发挥。

3. 适用范围

该程序适用于规模较小、经济业务量较少、使用会计科目不多的企业。

11.4 通用日记账账务处理程序

通用日记账账务处理程序是指用通用日记账代替记账凭证，每次业务发生时序时逐笔直接登记到通用日记账中，然后依据通用日记账直接登记总账。此程序下登记总账的依据是通用日记账。所以在此处理程序下，不再需要记账凭证，企业账簿种类则有日记账、明细分类账、总分类账和通用日记账四种。

11.4.1 通用日记账的格式和编制方法

通用日记账又称普通日记账。在通用日记账中，会计科目栏写的是分录，借方写在上面，贷方写在下面，贷方要在借方的基础上右移两个字符。每笔业务序时逐笔登记后，适时逐笔登记到日记账、各个明细账和总账中。通用（普通）日记账如图 11-3 所示。

通用（普通）日 记 账   第 1 页

年		凭证		摘要	会计科目	过账	借方金额	贷方金额
月	日	种类	号数				千百十万千百十元角分	千百十万千百十元角分
		收	1	收回应收账款	银行存款	√	80000	
					应收账款	√		80000
		付	2	提现	库存现金		56000	
					银行存款			56000

图 11-3 通用（普通）日记账

11.4.2 通用日记账账务处理程序的步骤

（1）根据原始凭证或原始凭证汇总表填制通用日记账。
（2）出纳根据通用日记账逐笔登记银行存款和现金日记账。
（3）明细账会计人员根据通用日记账及原始凭证或原始凭证汇总表逐笔登记明细账。
（4）总账会计人员根据通用日记账逐笔登记总账。
（5）月末，稽核人员将日记账和明细账的余额与有关总账的余额相核对。
（6）月末，根据核对无误的总账和明细账的资料编制会计报表。
通用日记账账务处理程序流程如图11-4所示。

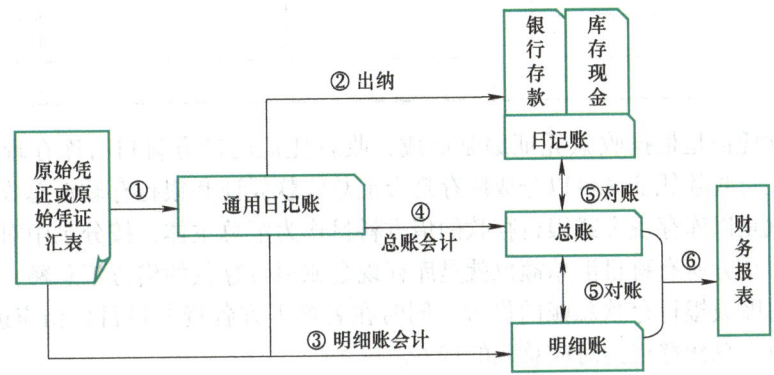

图11-4 通用日记账账务处理程序流程图

11.4.3 通用日记账账务处理程序的评价

1. 特点

该账务处理程序的最大特点是取消了记账凭证，以通用日记账代替记账凭证。登记总账的依据为通用日记账。

2. 优缺点

该记账程序优点是：减少了编制记账凭证的工作量。通用日记账编排简洁，便于查找会计信息。其缺点是：总账需逐笔登记，工作量大。

3. 适用范围

该程序适用于运用电算化财务软件时辅助使用。熟悉分录编制的会计人员先在通用日记账上编好分录，然后让其他人员快速输入财务软件进行处理。

11.5 汇总记账凭证账务处理程序

汇总记账凭证账务处理程序是根据已有记账凭证定期编制汇总收款凭证、汇总付款凭证和汇总转账凭证，再根据该三种汇总记账凭证登记总账的一种账务处理程序。

11.5.1 汇总记账凭证的编制方法

汇总记账凭证分为汇总收款凭证、汇总付款凭证和汇总转账凭证三种格式。

1. 汇总收款凭证

汇总收款凭证（Summarized Receipt Voucher）如表 11-3 所示。

表 11-3 汇总收款凭证

借方科目：**库存现金（或银行存款）**　　　__年__月__日　　　　　　　　　汇收字第__号

贷方科目	1~10 日收款凭证 第　号至第　号	11~20 日收款凭证 第　号至第　号	21~31 日收款凭证 第　号至第　号	合计	总账页数
合计					

汇总收款凭证是根据收款凭证编制而成，收款凭证的借方科目有库存现金或银行存款，所以，汇总收款凭证又可以分成库存现金汇总收款凭证和银行存款汇总收款凭证。汇总收款凭证就是以库存现金或银行存款的借方科目作为汇总主体，按分录中对应的贷方科目进行汇总。贷方所有科目汇总额也就是库存现金或银行存款的借方汇总额，然后把汇总额填到现金总账或银行存款总账的借方。同时在表格下方各贷方科目也相应进行了汇总，可将各自科目汇总额登记到对应总账的贷方。

汇总收款凭证要定期汇总，每隔 5 天、10 天或者 15 天汇总一次，月末编制一张汇总收款凭证，月终根据本月汇总额一次性登记总分类账。

汇总收款凭证为一种特殊的记账凭证，其编号名称一般为汇收字第×号，具体还可以分成汇现收字第×号和汇银收字第×号。登记到总账的凭证号数栏时填写汇收×号（汇现收×号、汇银收×号）。

在采用汇总收款凭证的情况下，记账凭证要采用专用收款凭证，不要使用通用记账凭证。收款业务分录分成一借一贷或一借多贷的分录，否则不便于汇总。

2. 汇总付款凭证

汇总付款凭证（Summarized Payment Voucher）如表 11-4 所示。

表 11-4 汇总付款凭证

贷方科目：**库存现金（或银行存款）**　　　__年__月__日　　　　　　　　　汇付字第__号

借方科目	1~10 日付款凭证 第　号至第　号	11~20 日付款凭证 第　号至第　号	21~31 日付款凭证 第　号至第　号	合计	总账页数
合计					

汇总付款凭证是依据付款凭证编制而成，付款凭证的贷方科目只有库存现金和银行存款，所以汇总付款凭证可以分为库存现金汇总付款凭证和银行存款汇总付款凭证。汇总付款凭证就是以库存现金或银行存款的贷方作为汇总主体，按分录中对应的借方科目进行汇

总。借方所有科目汇总额也就是库存现金或银行存款的贷方汇总额，然后把汇总额填到现金总账或银行存款总账的贷方。同时借方科目也相应地进行了汇总，可将各自科目汇总额登记到对应总账的借方。

同汇总收款凭证一样，汇总付款凭证一般也是每隔一段时间汇总一次，如每隔 5 天、10 天或者 15 天汇总一次，月末编制一张汇总付款凭证，月终根据本月汇总额一次性登记总分类账。

汇总付款凭证编号名称一般为汇付字第×号，具体还可以分为汇现付第×号和汇银付第×号。登记到总账的凭证号数栏时填写汇付×号（或汇现付×号、汇银付×号）

在采用汇总付款凭证的情况下，记账凭证要采用专用付款凭证，不要使用通用记账凭证。而且要将付款业务分录统一写成一贷一借或一贷多借的分录，以便于按贷方主体汇总。

3. 汇总转账凭证

汇总转款凭证（Summarized Transfer Voucher）如表 11-5 所示。

表 11-5　汇总转款凭证

贷方科目：＿＿＿＿＿＿　　　　　　　　　　＿年＿月＿日　　　　　　　　　　汇转字第＿号

借方科目	1~10 日转账凭证 第　号至第　号	11~20 日转账凭证 第　号至第　号	21~31 日转账凭证 第　号至第　号	合计	总账页数	
					借方	贷方
合计						

汇总转账凭证是根据转账凭证编制而成，可以用分录中的借方科目作为汇总主体，也可用分录中的贷方科目作为汇总主体。实际工作中，以分录中的贷方科目作为汇总主体，按其分录的借方进行汇总。汇总后，将该科目的贷方汇总额填至其总账的贷方，借方汇总额登记到各自总账的借方。

银行存款和库存现金两个科目的借贷方都需专门编制汇总记账凭证进行单独汇总，其他科目的贷方也通过汇总转账凭证进行了汇总，但是借方并没有专门设置汇总记账凭证进行汇总。为了防止重复汇总，减少工作量，某一科目的借方汇总额可以通过查找汇总付款凭证和其他汇总转账凭证的借方来获得，如果查有该科目，则将其全部加起来，得出该科目的借方汇总额。

汇总转账凭证也要定期汇总，每隔 5 天、10 天或者 15 天汇总一次，月末编制一张汇总转账凭证，月终根据本月汇总额一次性登记总分类账。

汇总转款凭证编号名称为汇转字第×号，登记到总账的凭证号数栏时填写汇转×号。

在编制汇总转账凭证时，转账凭证中的会计分录要统一拆分成一贷一借或一贷多借的分录，以便于按贷方主体汇总。

需要说明的是，如果某个科目的贷方不经常发生，此时专门针对其贷方编制汇总转账凭证则没必要，可以直接依据转账凭证登记总账。

11.5.2 汇总记账凭证账务处理程序的步骤

（1）根据原始凭证或汇总原始凭证编制记账凭证。
（2）出纳人员根据收款凭证、付款凭证逐笔登记现金日记账和银行存款日记账。
（3）明细账会计根据原始凭证、汇总原始凭证和记账凭证，登记各种明细分类账。
（4）总账会计根据各种记账凭证编制有关汇总记账凭证。
（5）总账会计根据各种汇总记账凭证登记总分类账。
（6）期末，稽核人员将现金日记账、银行存款日记账和明细账的余额同有关总账的余额进行核对查验是否相符。
（7）期末，根据总账和明细账编制会计报表。

汇总记账凭证账务处理程序流程图如图 11-5 所示。

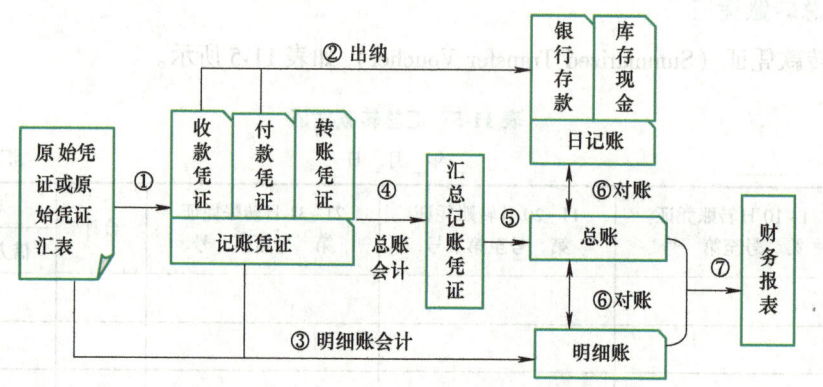

图 11-5 汇总记账凭证账务处理程序流程图

11.5.3 汇总记账凭证账务处理程序的评价

1. 特点

该账务处理程序的最大特点是其登记总账的依据为汇总记账凭证。企业每隔一段时间对记账凭证进行汇总，编制汇总记账凭证，然后直接登记总账。

2. 优缺点

该方法的优点是：减轻了登记总账的工作量，便于了解账户之间的对应关系，克服了科目汇总表记账程序的不足。其缺点是：按每一贷方科目编制汇总转账凭证，不利于会计核算的日常分工，当转账凭证较多时，编制汇总转账凭证的工作量较大；无法做到与科目汇总表记账程序一样进行试算平衡。

3. 适用范围

该财务处理程序适用于规模较大、经济业务较多的单位。特别适合收付款凭证登记业务较多，但是转账凭证登记业务较少的情形。

11.5.4 汇总记账凭证账务处理程序应用实例

【例11-2】 假设某企业12月份发生如图11-6~图11-9所示的共12项经济业务。采用汇总记账凭证账务处理程序编制总账，上、中、下旬各汇总一次，月末一次性登记总账。

```
银收1：                              银付1：
    借：银行存款          1 000         借：应付账款——美华公司    500
      贷：应收账款——华大公司  1 000           贷：银行存款           500

转1：                               转2：
    借：原材料——A材料      2 000        借：生产成本——X产品      700
      应交税费——应交增值税（进） 260         贷：原材料——B材料       700
      贷：应付账款——美的公司  2 260
```

图11-6　12.1~12.10 上旬业务（4项）

```
银付2：                              转3：
    借：原材料——B材料       700        借：应收账款——华为公司    904
      应交税费——应交增值税（进） 91         贷：主营业务收入        800
      贷：银行存款          791            应交税费——应交增值税（销）104

银收2：                              转4：
    借：银行存款         2 000         借：生产成本——X产品     1 500
      贷：短期借款        2 000            贷：原材料——A材料      1 500
```

图11-7　12.11~12.20 日中旬业务（4项）

转3业务为一借多贷的情况，无法在汇总转账凭证上依据贷方主体进行汇总，要将转3业务拆成两笔分录如图11-8所示。

```
转3 1/2：                            转3 2/2：
    借：应收账款——华为公司   800        借：应收账款——华为公司    104
      贷：主营业务收入       800            贷：应交税费——应交增值税（销）104
```

图11-8　转3业务拆分分录

```
转5：                               银收4：
    借：库存商品——X产品    1 400        借：银行存款          1 200
      贷：生产成本——X产品   1 400           贷：应收账款——华大公司  1 200

银收3：                              银付3：
    借：银行存款         3 390         借：应付账款——美的公司   1 000
      贷：主营业务收入      3 000           贷：银行存款          1 000
      应交税费——应交增值税（销） 390
```

图11-9　12.21~12.31 日下旬业务（4项）

分析：根据上述业务编制汇总记账凭证如表11-6~表11-12所示。

表 11-6　汇总收款凭证

借方科目：银行存款　　　　　202×年12月31日　　　　　汇收字第 1 号
（单位：元）

贷方科目	1~10日收款凭证 第1号至第1号	11~20日收款凭证 第2号至第2号	21~31日收款凭证 第3号至第4号	合计	总账页数
应收账款	1 000		1 200	2 200	3
短期借款		2 000		2 000	6
主营业务收入			3 000	3 000	10
应交税费			390	390	8
合计	1 000	2 000	4 590	7 590	

表 11-7　汇总付款凭证

贷方科目：银行存款　　　　　202×年12月31日　　　　　汇付字第 1 号
（单位：元）

借方科目	1~10日付款凭证 第1号至第1号	11~20日付款凭证 第2号至第2号	21~31日付款凭证 第3号至第3号	合计	总账页数
应付账款	500		1 000	1 500	7
原材料		700		700	4
应交税费		91		91	8
合计	500	791	1 000	2 291	

表 11-8　汇总转款凭证

贷方科目：应付账款　　　　　202×年12月31日　　　　　汇转字第 1 号
（单位：元）

借方科目	1~10日转账凭证 第1号至第1号	11~20日转账凭证 第 号至第 号	21~31日转账凭证 第 号至第 号	合计	总账页数 借方	总账页数 贷方
原材料	2 000			2 000	4	7
应交税费	260			260	8	7
合计	2 260			2 260		

表 11-9　汇总转款凭证

贷方科目：原材料　　　　　202×年12月31日　　　　　汇转字第 2 号
（单位：元）

借方科目	1~10日转账凭证 第2号至第2号	11~20日转账凭证 第4号至第4号	21~31日转账凭证 第 号至第 号	合计	总账页数 借方	总账页数 贷方
生产成本	700	1 500		2 200	9	4
合计	700	1 500		2 200		

表 11-10　汇总转款凭证

贷方科目：生产成本　　　　202×年 12 月 31 日　　　　汇转字第 3 号
（单位：元）

借方科目	1~10 日转账凭证 第 号至第 号	11~20 日转账凭证 第 号至第 号	21~31 日转账凭证 第 5 号至第 5 号	合计	总账页数	
					借方	贷方
库存商品			1 400	1 400	5	9
合计			1400	1 400		

表 11-11　汇总转款凭证

贷方科目：主营业务收入　　　　202×年 12 月 31 日　　　　汇转字第 4 号
（单位：元）

借方科目	1~10 日转账凭证 第 号至第 号	11~20 日转账凭证 第 3 号至第 3 号	21~31 日转账凭证 第 号至第 号	合计	总账页数	
					借方	贷方
应收账款		800		800	3	10
合计		800		800		

表 11-12　汇总转款凭证

贷方科目：应交税费　　　　202×年 12 月 31 日　　　　汇转字第 5 号
（单位：元）

借方科目	1~10 日转账凭证 第 号至第 号	11~20 日转账凭证 第 3 号至第 3 号	21~31 日转账凭证 第 号至第 号	合计	总账页数	
					借方	贷方
应收账款		104		104	3	8
合计		104		104		

依据上述汇总记账凭证登记各账户总账如图 11-10~图 11-18 所示。

科目名称：**银行存款**　　　　总　　账　　　　页码：2

年		凭证		摘要	借方金额	贷方金额	借或贷	余额
月	日	种类	号数		千百十万千百十元角分	千百十万千百十元角分		千百十万千百十元角分
…								
12	31	汇收	1	汇总12月发生额	7 5 9 0 0 0			
	31	汇付	1	汇总12月发生额		2 2 9 1 0 0		
12	31			本月合计	7 5 9 0 0 0	2 2 9 1 0 0		

图 11-10　银行存款总账

科目名称：**应收账款**　　　　总　　账　　　　页码：3

年		凭证		摘要	借方金额	贷方金额	借或贷	余额
月	日	种类	号数		千百十万千百十元角分	千百十万千百十元角分		千百十万千百十元角分
…		…						
12	31	汇收	1	汇总12月发生额		1 0 0 0 0 0		
	31	汇转	4	汇总12月发生额	8 0 0 0 0			
	31	汇转	5	汇总12月发生额	1 0 4 0 0			
12	31			本月合计	9 0 4 0 0	1 0 0 0 0 0		

图 11-11　应收账款总账

科目名称：原材料　　　　　　　　　总　账　　　　　　　　　　页码：4

年		凭证		摘要	借方金额 千百十万千百十元角分	贷方金额 千百十万千百十元角分	借或贷	余额 千百十万千百十元角分
月	日	种类	号数					
	...	...						
12	31	汇转	1	汇总12月发生额	2 0 0 0 0 0			
	31	汇付	1	汇总12月发生额	7 0 0 0 0			
	31	汇转	2	汇总12月发生额		2 2 0 0 0 0		
	31			本月合计	2 7 0 0 0 0	2 2 0 0 0 0		

图 11-12　原材料总账

注：登记原材料总账时，贷方是直接通过汇总转账凭证汇转 2 号凭证直接汇总得到的，而借方是通过汇转 1 号和汇付 1 号两个汇总凭证的借方汇总额加起来填列的。

科目名称：库存商品　　　　　　　　　总　账　　　　　　　　　　页码：5

年		凭证		摘要	借方金额 千百十万千百十元角分	贷方金额 千百十万千百十元角分	借或贷	余额 千百十万千百十元角分
月	日	种类	号数					
	...	...						
12	31	汇转	3	汇总12月发生额	1 4 0 0 0 0			
12	31			本月合计	1 4 0 0 0 0			

图 11-13　库存商品总账

科目名称：短期借款　　　　　　　　　总　账　　　　　　　　　　页码：6

年		凭证		摘要	借方金额 千百十万千百十元角分	贷方金额 千百十万千百十元角分	借或贷	余额 千百十万千百十元角分
月	日	种类	号数					
	...	...						
12	31	汇收	1	汇总12月发生额		2 0 0 0 0 0		
12	31			本月合计		2 0 0 0 0 0		

图 11-14　短期借款总账

科目名称：应付账款　　　　　　　　　总　账　　　　　　　　　　页码：7

年		凭证		摘要	借方金额 千百十万千百十元角分	贷方金额 千百十万千百十元角分	借或贷	余额 千百十万千百十元角分
月	日	种类	号数					
	...	...						
12	31	汇转	1	汇总12月发生额		2 2 6 0 0 0		
12	31	汇付	1	汇总12月发生额	1 5 0 0 0 0			
12	31			本月合计	1 5 0 0 0 0	2 2 6 0 0 0		

图 11-15　应付账款总账

注：应交税费贷方金额由两笔构成，一笔是本身的贷方汇总额，另一笔是汇收凭证贷方汇总额。

科目名称：应交税费　　　　　　　总　　账　　　　　　　　页码：8

年		凭证		摘要	借方金额 千百十万千百十元角分	贷方金额 千百十万千百十元角分	借或贷	余额 千百十万千百十元角分
月	日	种类	号数					
		…	…					
12	31	汇转	1	汇总12月发生额	2 6 0 0 0			
	31	汇付	1	汇总12月发生额	9 1 0 0			
	31	汇转	5	汇总12月发生额		1 0 4 0 0		
	31	汇收	1	汇总12月发生额		3 9 0 0 0		
12	31			本月合计	3 5 1 0 0	4 9 4 0 0		

图11-16　应交税费总账

科目名称：生产成本　　　　　　　总　　账　　　　　　　　页码：9

年		凭证		摘要	借方金额 千百十万千百十元角分	贷方金额 千百十万千百十元角分	借或贷	余额 千百十万千百十元角分
月	日	种类	号数					
		…	…					
12	31	汇转	2	汇总12月发生额	2 2 0 0 0 0			
12	31	汇转	3	汇总12月发生额		1 4 0 0 0 0		
12	31			本月合计	2 2 0 0 0 0	1 4 0 0 0 0		

图11-17　生产成本总账

科目名称：主营业务收入　　　　　总　　账　　　　　　　　页码：10

年		凭证		摘要	借方金额 千百十万千百十元角分	贷方金额 千百十万千百十元角分	借或贷	余额 千百十万千百十元角分
月	日	种类	号数					
		…	…					
12	31	汇收	1	汇总12月发生额		3 0 0 0 0 0		
12	31	汇转	4	汇总12月发生额		8 0 0 0 0		
12	31			本月合计		3 8 0 0 0 0		

图11-18　主营业务收入总账

注：主营业务收入贷方金额由两笔构成：一笔为本身贷方的汇总额，另一笔是汇收凭证贷方汇总额。

11.6　科目汇总表账务处理程序

科目汇总表账务处理程序又称记账凭证汇总表账务处理程序，它是根据记账凭证定期编制科目汇总表，再根据科目汇总表登记总分类账的一种账务处理程序。

11.6.1　科目汇总表的编制方法

科目汇总表（Chart Of Accounts），又称记账凭证汇总表。它是一张在某一期间内各科目的发生额汇总表。其编制方法如下：第一步，编制科目汇总表工作底稿。工作底稿类似于T字形账户，对每个科目设置一个T字形账户，然后根据每张记账凭证的会计分录，逐笔登记到每个科目的T字形账户中。登记完毕后，对每个T字形账户结计出本期发生额，如果只为科目汇总表使用，无须结计余额。第二步，编制科目汇总表。科目汇总表格式如表11-13、表11-14所示。然后把每个T字形账户的本期发生额登记到科目汇总表中。用流程图表示为：记账凭证→科目汇总表工作底稿（T字形账户）→科目汇总表。

表11-13 科目汇总表（格式一）

＿年＿月＿日　　　　　　　　　　　　　　　　　　　　　科汇字第＿号
（单位：元）

会计科目	记账凭证起讫号数	本期发生额		总账页数
		借方	贷方	
银行存款				
应收账款				
⋮				
合计				

表11-14 科目汇总表（格式二）

＿年＿月　　　　　　　　　　　　　　　　　　　　　　　科汇字第＿号
（单位：元）

会计科目	总账页数	1~10日		11~20日		21~31日		本月合计	
		借方	贷方	借方	贷方	借方	贷方	借方	贷方
银行存款									
应收账款									
⋮									
合计									

在手工会计下，每个科目的T字形账户都可以用Excel表设计，登记完毕后打印出来，作为科目汇总表的附件使用。如果有的企业每个月库存现金和银行存款发生笔数很多，若每笔都要汇总的话，工作量相当大，此时可以直接把现金日记账和银行存款日记账的合计数填列到科目汇总表上，不用根据收付款记账凭证进行汇总。

科目汇总表要定期汇总，根据业务量大小，可以每5天、10天或者15天汇总一次，也可以1个月汇总一次。科目汇总表每次汇总时编制一张（如表11-13所示），如每10天汇总一次，那么一个月要编制三张，一个月登记三笔，也可以将每次的汇总额集中编制在一张科目汇总表中，一个月编制一张（如表11-14所示），登记总账时可以在每次汇总后随时登记，或在月末根据全月汇总额一次性登记到总账。实际工作中，有的企业不是按日期定期汇总，而是不定期的把一定数量的记账凭证装订成册，对该装订成册的记账凭证进行汇总，编制科目汇总表。

由于科目汇总表是一张记账凭证汇总表，是登记总账的依据，它与登记明细账的记账凭证地位相同，所以科目汇总表可视为一种特殊的记账凭证。其编号一般取名"科汇字×

××号"或"记汇字××号"。登记总账时,账簿中"凭证号数"栏的名称填写为"科汇××号"或"记汇××号"。科目汇总表可以按月顺序编号,也可以按年顺序编号。

科目汇总表汇总的是发生额数据,而不是余额数据,科目汇总表的填制日期应写为一段时间,而不应填写为某一天。登记到总账账页上时,日期应填写该汇总期间的截止日期。按记账凭证数量编制科目汇总表的,总账账页上的日期为最后一张记账凭证上的日期。

11.6.2 科目汇总表账务处理程序的步骤

(1) 根据原始凭证或汇总原始凭证编制记账凭证。
(2) 出纳人员根据收款凭证、付款凭证逐笔登记现金日记账和银行存款日记账。
(3) 明细账会计人员根据原始凭证、汇总原始凭证和记账凭证登记各种明细分类账。
(4) 总账会计人员根据各种记账凭证编制科目汇总表。
(5) 总账会计人员根据科目汇总表登记总分类账。
(6) 期末,稽核人员将现金日记账、银行存款日记账和明细账的余额同有关总账的余额进行核对,查验是否相符。
(7) 期末,根据总账和明细账编制会计报表。
科目汇总表账务处理程序流程图如图 11-19 所示。

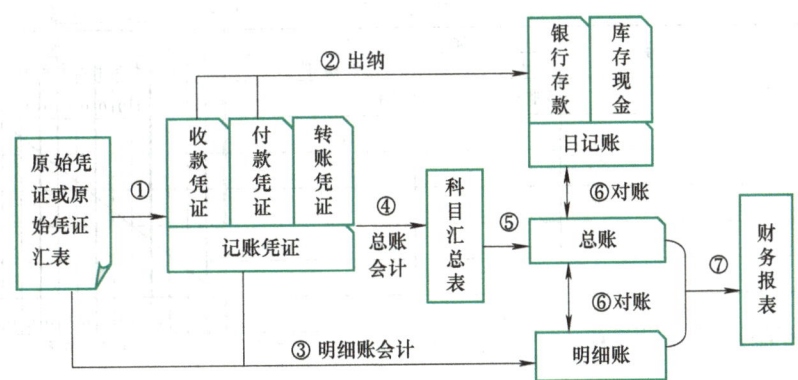

图 11-19 科目汇总表账务处理程序流程图

11.6.3 科目汇总表账务处理程序的评价

1. 特点

科目汇总表账务处理程序的最大特点是登记总账的依据为科目汇总表。首先依据记账凭证对每个科目编制科目汇总表工作底稿,再将工作底稿上的借方和贷方发生额过到科目汇总表上,最后将科目汇总表上的借方发生额和贷方发生额直接登记到每个科目的总账上。

2. 优缺点

科目汇总表账务处理程序的优点是:每个月只需依据科目汇总表登记总账,登记次数大幅度减少,减轻了登记总账的工作量;科目汇总表类似于试算平衡表,可用于试算平衡，保证了总账登记的正确性；科目汇总表编制简明易懂，方便易学。其缺点是：科目汇总表不能反映账户对应关系，不便于查找对应账户，无法了解经济业务的来龙去脉。

3. 适用范围

该记账程序主要适用于经济业务较多、业务规模适中的中小企业。由于其存在着上述优点，该记账程序被手工账务处理的企业广泛采用。

11.6.4 科目汇总表账务处理程序应用实例

【例 11-3】 以本书第 5 章 10 月份经济业务为例，采用科目汇总表账务处理程序编制总账。一个月汇总一次。业务内容共 15 项，如下述业务 1~15 所示。并一一编制对应的记账凭证，如图 11-20 至图 11-35 所示。

业务 1：10 月 1 日，华诚公司收到李明投资款 490 000 元，占华诚公司注册资本的 49%。华诚公司注册资本为 1 000 000 元。款项已于验资后转入基本户账户。

借：银行存款——基本户　　　　　　　　　　　　　490 000
　　贷：实收资本——李明　　　　　　　　　　　　　　490 000

业务 1 编制凭证如图 11-20 所示。

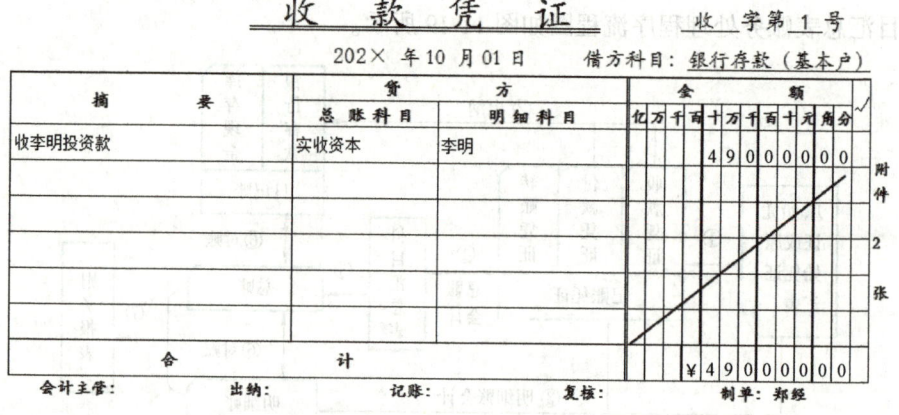

图 11-20　业务 1（收款凭证 1 号）

业务 2：10 月 1 日，华诚公司向中国工商银行北京分行借入 1 200 000 元，期限为 3 个月，年利率为 6%。利息于到期时与本金一并支付。假设借款直接转到基本户账户。

借：银行存款——基本户　　　　　　　　　　　　1 200 000
　　贷：短期借款——工行北京分行　　　　　　　　　1 200 000

业务 2 编制凭证如图 11-21 所示。

业务 3：10 月 1 日，华诚公司向中国银行北京分行借入 1 500 000 元，期限为 1.5 年。

借：银行存款——基本户　　　　　　　　　　　　1 500 000
　　贷：长期借款——中行北京分行——本金　　　　　1 500 000

业务 3 编制凭证如图 11-22 所示。

业务 4：10 月 5 日，江北公司以一栋厂房和一栋行政办公楼对华诚公司进行投资，资产总价值为 600 000 元，占公司股份的 51%。假设厂房和行政办公楼的公允价值各为

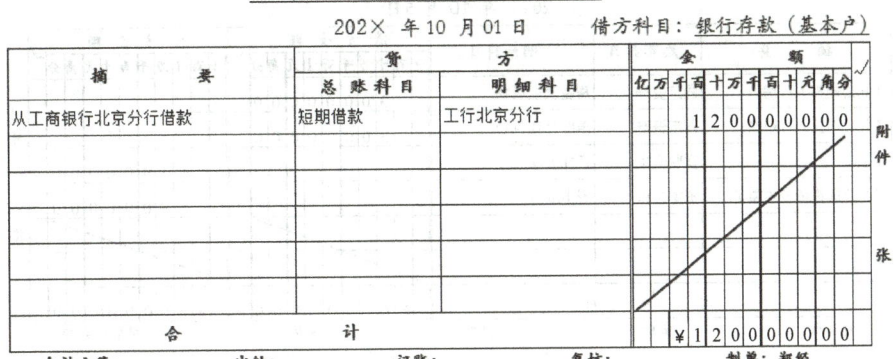

图 11-21　业务 2（收款凭证 2 号）

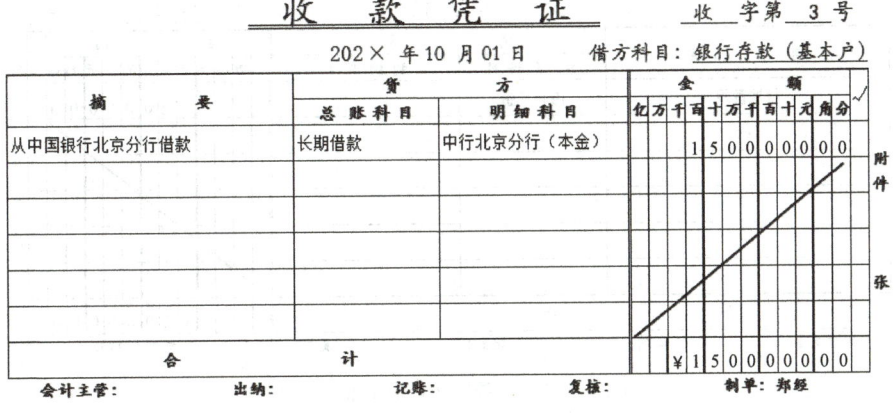

图 11-22　业务 3（收款凭证 3 号）

300 000 元，不考虑增值税。

  借：固定资产——房屋及建筑物——厂房   300 000
      ——房屋及建筑物——办公楼   300 000
   贷：实收资本——江北公司   510 000
     资本公积——资本溢价   90 000

业务 4 编制凭证如图 11-23 所示。

业务 5：10 月 20 日，开具现金支票，从银行提取现金 20 000 元备用。

  借：库存现金   20 000
   贷：银行存款——基本户   20 000

业务 5 编制凭证如图 11-24 所示。

业务 6：10 月 22 日，从鸿羽公司购入 HY-312 摇臂式裁断机 8 台，每台 6 000 元，金额合计 48 000 元。增值税税率为 13%，增值税税额为 6 240 元。另支付运输费用 3 000 元，增值税税率为 9%，增值税税额为 270 元。所有款已通过银行转账支付，设备不需要安装。

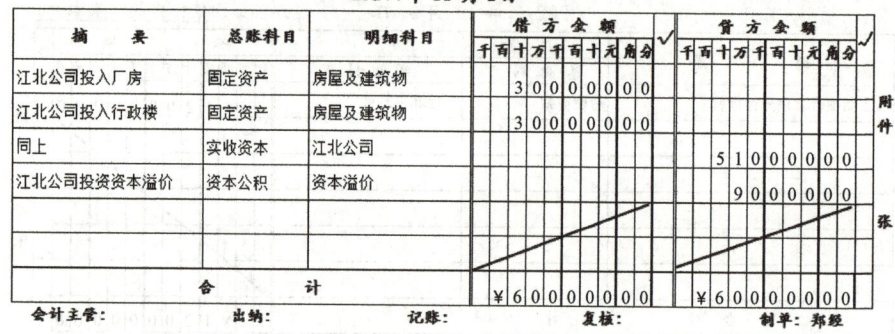

图 11-23 业务 4（转账凭证 1 号）

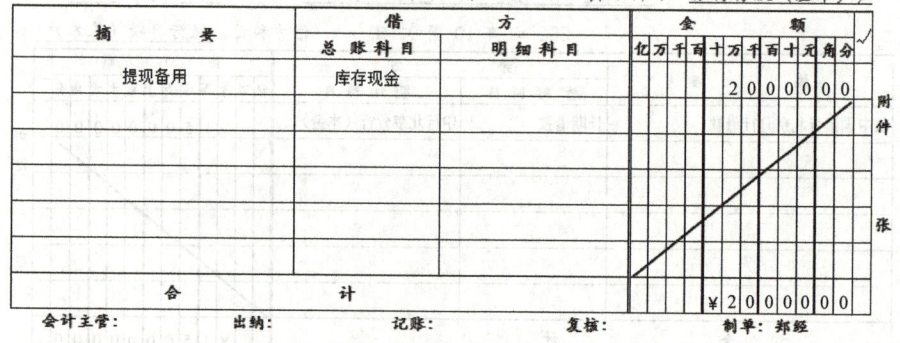

图 11-24 业务 5（付款凭证 1 号）

借：固定资产——机器设备——裁断机　　　　　　　　　51 000
　　应交税费——应交增值税（进项税额）　　　　　　　 6 510
　　　贷：银行存款——基本户　　　　　　　　　　　　57 510

业务 6 编制凭证如图 11-25 所示。

付　款　凭　证　　　　　　　　　付 字第 2 号

202×年 10 月 22 日　　贷方科目：银行存款（基本户）

摘　要	借　方		金　额	
	总账科目	明细科目		
从鸿羽公司购入HY-312摇臂式裁断机	固定资产	机器设备	51 000 00	
同上	应交税费	应交增值税（进项税额）	6 510 00	
合　计			￥57 510 00	

图 11-25 业务 6（付款凭证 2 号）

业务7：10月23日，从满艺公司购入MY-591高头车（一种缝纫鞋面的工业缝纫机）20台，每台6 380元，金额合计127 600元。增值税税率为13%，增值税税额为16 588元。总支付额为144 188元。款项未付，设备不需要安装。

  借：固定资产——机器设备——高头车   127 600
    应交税费——应交增值税（进项税额）   16 588
    贷：应付账款——满艺公司   144 188

业务7编制凭证如图11-26所示。

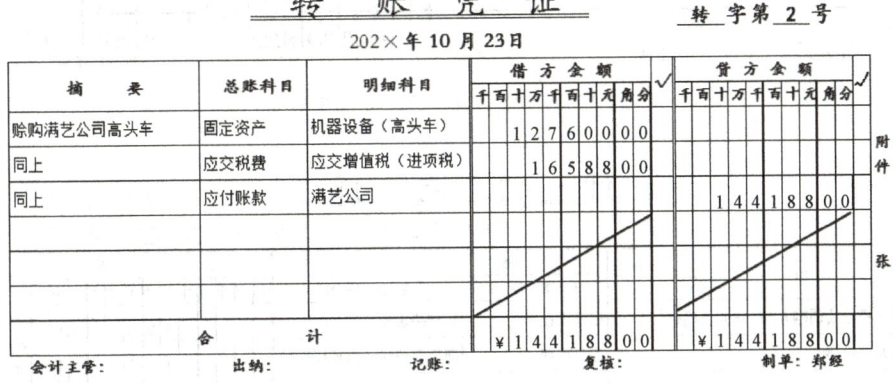

图11-26 业务7（转账凭证2号）

业务8：10月24日，从精怡公司购入JY-989E压底机（一种压实鞋帮和鞋底的设备）2台，每台39 800元，金额合计79 600元。增值税税率为13%，增值税税额为10 348元。总支付额为89 948元。假设设备需要安装。款项以转账支票支付70 000元，剩余款暂欠。

  借：在建工程——在安装设备——压底机   79 600
    应交税费——应交增值税（进项税额）   10 348
    贷：银行存款   70 000
      应付账款——精怡公司   19 948

业务8分录要拆成两个分录，不然无法使用专用凭证。分别如图11-27和图11-28所示。

业务9：10月24日，从顺安公司购入一批货物，收到的增值税发票上注明：短靴大底30 000双，单价为3.6元/双，合计108 000元；皮鞋大底25 000双，单价为7.44元/双，合计186 000元；货物总金额为294 000元；增值税税率为13%，增值税税额为38 220元。价税合计为332 220元。企业开出转账支票付讫。货物尚未验收入库。

  借：在途物资——短靴大底   108 000
      ——皮鞋大底   186 000
    应交税费——应交增值税（进项税额）   38 220
    贷：银行存款   332 220

业务9编制凭证如图11-29所示。

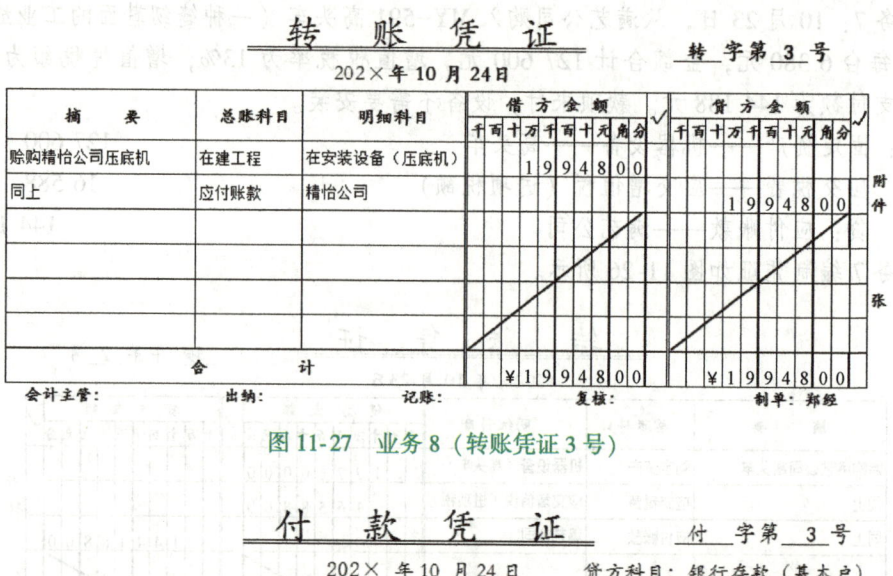

图 11-27 业务 8（转账凭证 3 号）

图 11-28 业务 8（付款凭证 3 号）

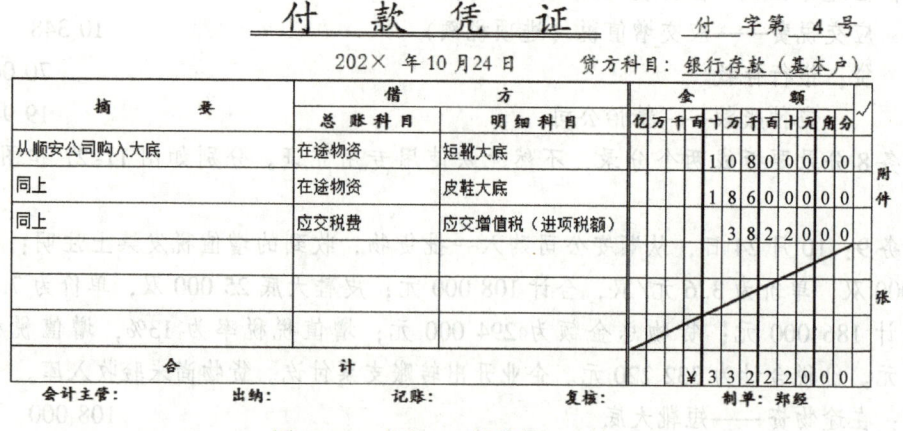

图 11-29 业务 9（付款凭证 4 号）

业务 10：10 月 25 日，张达同志以其制鞋原材料投资，原材料价值明细为：黑色猪皮 5 900 元，白色羊皮 61 800 元，皮鞋大底 1 432 元，短靴大底 1 700 元。企业为此扩增注册资本金 70 832 元。（不考虑增值税）

借：原材料——主要材料——白色羊皮　　　　　　　　　　　　61 800
　　　　——主要材料——黑色猪皮　　　　　　　　　　　　 5 900
　　　　——主要材料——短靴大底　　　　　　　　　　　　 1 700
　　　　——主要材料——皮鞋大底　　　　　　　　　　　　 1 432
　　贷：实收资本——张达　　　　　　　　　　　　　　　　70 832

业务10编制凭证如图11-30所示。

转 账 凭 证　　　转字第 4 号
202×年10月25日

摘 要	总账科目	明细科目	借方金额	✓	贷方金额	✓
收张达投入制鞋材料	原材料	主要材料（黑色猪皮）	5 900 00			
同上	原材料	主要材料（白色羊皮）	61 800 00			
同上	原材料	主要材料（短靴大底）	1 700 00			
同上	原材料	主要材料（皮鞋大底）	1 432 00			
同上	实收资本	张达			70 832 00	
合　　计			¥70 832 00		¥70 832 00	

图11-30　业务10（转账凭证4号）

业务11：10月26日，企业预付给华革公司货款300 000元。款项已转账支付。
借：预付账款——华革公司　　　　　　　　　　　　　　　300 000
　　贷：银行存款——基本户　　　　　　　　　　　　　　300 000

业务11编制凭证如图11-31所示。

付 款 凭 证　　　付字第 5 号
202×年10月26日　　　贷方科目：银行存款（基本户）

摘　要	借　方		金　额	✓
	总账科目	明细科目		
预付华革公司货款	预付账款	华革公司	300 000 00	
合　　计			¥300 000 00	

图11-31　业务11（付款凭证5号）

业务12：10月27日，支付压底机安装费用1 400元，增值税税率为9%，增值税税额为126元，合计1 526元，现金支付。
借：在建工程——在安装设备——压底机　　　　　　　　　1 400
　　应交税费——应交增值税（进项税额）　　　　　　　　 126
　　贷：库存现金　　　　　　　　　　　　　　　　　　　1 526

业务 12 编制凭证如图 11-32 所示。

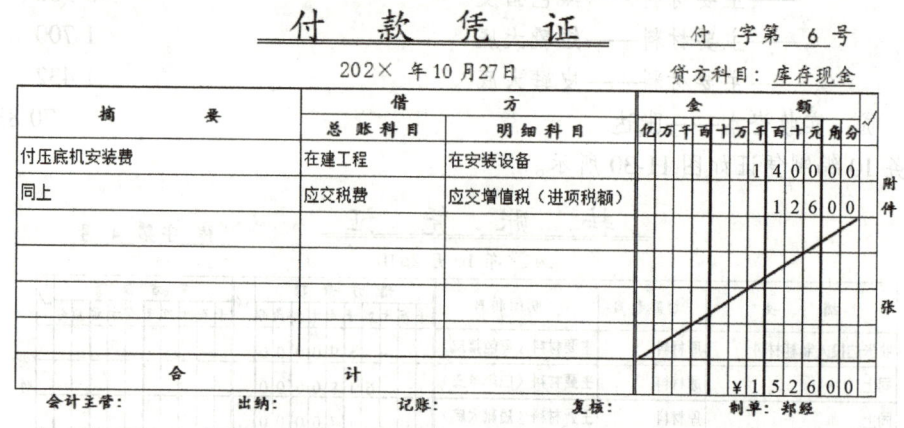

图 11-32　业务 12（付款凭证 6 号）

业务 13：10 月 29 日，压底机安装完工，达到预定可使用状态，结转工程安装成本。
　　借：固定资产——机器设备——压底机　　　　　　　　　　81 000
　　　　贷：在建工程——在安装设备——压底机　　　　　　　　　　81 000
业务 13 编制凭证如图 11-33 所示。

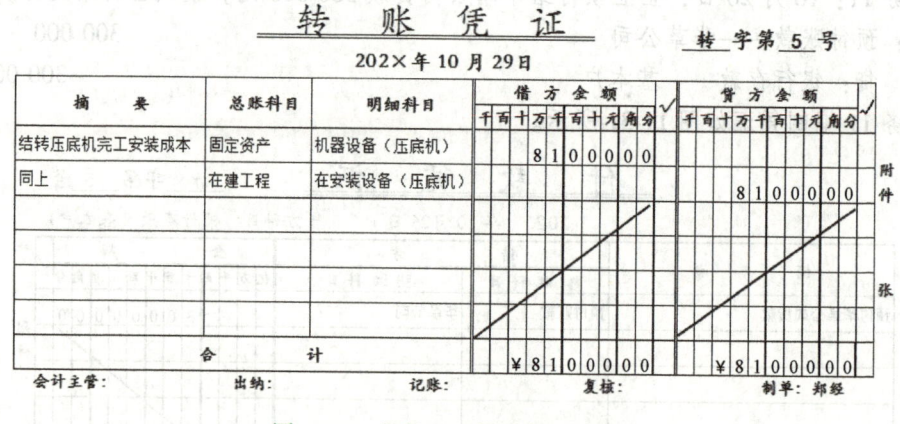

图 11-33　业务 13（转账凭证 5 号）

业务 14：10 月 30 日，接物流公司通知，以网银支付大底货物运输费，价税合计为 5 995 元。增值税税率为 9%。按两种品种鞋底数量分摊运输费。其中短靴大底分摊 3 000 元，皮鞋大底分摊 2 500 元。
　　借：在途物资——短靴大底　　　　　　　　　　　　　　　3 000
　　　　　　　　——皮鞋大底　　　　　　　　　　　　　　　2 500
　　　　应交税费——应交增值税（进项税额）　　　　　　　　　495
　　　　贷：银行存款　　　　　　　　　　　　　　　　　　　　　5 995
业务 14 编制凭证如图 11-34 所示。

业务 15：10 月 31 日，计提 10 月份借款利息支出 6 000 元。

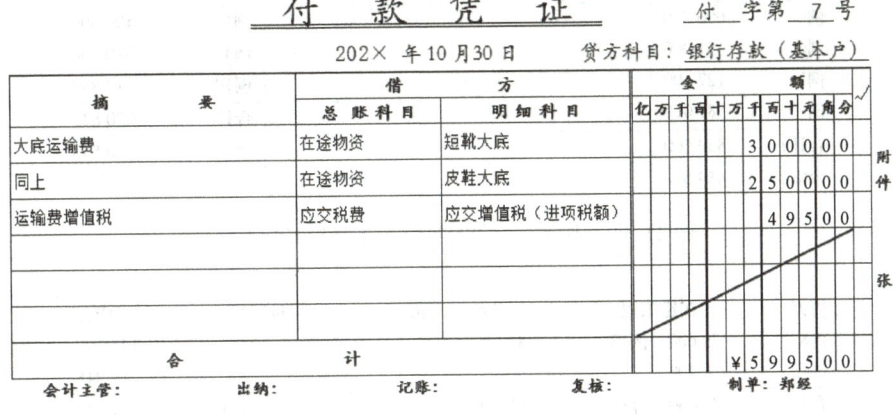

图 11-34　业务 14（付款凭证 7 号）

借：财务费用——利息支出　　　　　　　　　　　　　　　　　　　6 000
　　贷：应付利息——工行北京分行　　　　　　　　　　　　　　　　6 000

业务 15 编制凭证如图 11-35 所示。

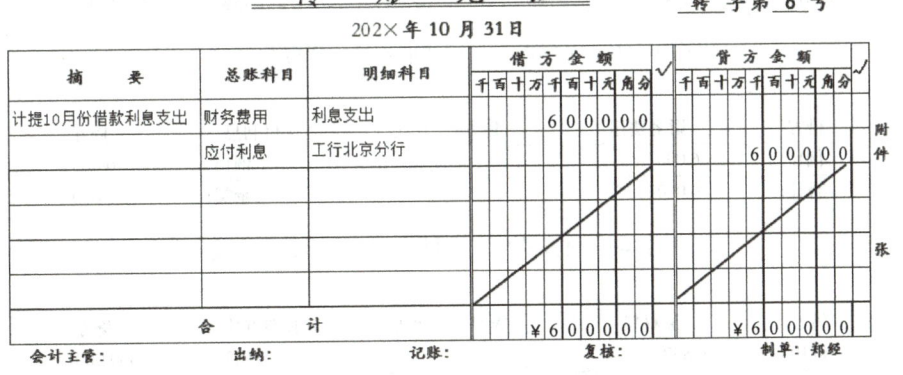

图 11-35　业务 15（转账凭证 6 号）

分析：根据科目汇总表账务处理程序的特点编制总账流程如下：

第一步，编制 10 月份各科目 T 字形账户工作底稿，如图 11-36~图 11-42 所示。

借方	银行存款	贷方		借方	应交税费——应交增值税		贷方
例1	490 000	例5	20 000	例6	6 510		
例2	1 200 000	例6	57 510	例7	16 588		
例3	1 500 000	例8	70 000	例8	10 348		
		例9	332 220	例9	38 220		
		例11	300 000	例12	126		
		例14	5 995	例14	495		
合计：	3 190 000	合计：	785 725	合计：	72 287		
余额：	2 404 275			余额：	72 287		

图 11-36　银行存款和应交税费——应交增值税 T 字形账户底稿

借方	固定资产	贷方		借方	实收资本	贷方
例4	600 000				例1	490 000
例6	51 000				例4	510 000
例7	127 600				例10	70 832
例13	81 000				合计:	1 070 832
合计:	859 600				余额:	1 070 832
余额:	859 600					

图 11-37　固定资产和实收资本 T 字形账户底稿

借方	在建工程	贷方		借方	应付账款	贷方
例8	79 600	例13	81 000		例7	144 188
例12	1 400				例8	19 948
合计:	81 000	合计:	81 000		合计:	164 136
					余额:	164 136

图 11-38　在建工程和应付账款 T 字形账户底稿

借方	库存现金	贷方		借方	短期借款	贷方
例5	20 000	例12	1 526		例2	1 200 000
合计:	20 000	合计:	1 526		合计:	1 200 000
余额:	18 474				余额:	1 200 000

图 11-39　库存现金和短期借款 T 字形账户底稿

借方	财务费用	贷方		借方	应付利息	贷方
例15	6 000				例15	6 000
合计:	6 000				余额:	6 000

图 11-40　财务费用和应付利息 T 字形账户底稿

借方	原材料	贷方		借方	长期借款	贷方
例10	70 832				例3	1 500 000
余额:	70 832				余额:	1 500 000

图 11-41　原材料和长期借款 T 字形账户底稿

借方	在途物资	贷方		借方	资本公积	贷方
例9	294 000				例4	90 000
例14	5 500				余额:	90 000
合计:	299 500					
余额:	299 500			借方	预付账款	贷方
				例11	300 000	
				余额:	300 000	

图 11-42　在途物资、资本公积和预付账款 T 字形账户底稿

第二步，编制 10 月份科目汇总表。

根据各账户 T 字形账户工作底稿编制科目汇总表如表 11-15 所示。

表 11-15　科目汇总表

202×年10月　　　　　　　　　　　　　　　　　　　　　（单位：元）

序号	科目名称	借方发生额	贷方发生额
1	银行存款	3 190 000	785 725
2	库存现金	20 000	1 526
3	原材料	70 832	
4	在途物资	299 500	
5	预付账款	300 000	
6	固定资产	859 600	
7	在建工程	81 000	81 000
8	短期借款		1 200 000
9	应付账款		164 136
10	应付利息		6 000
11	应交税费	72 287	
12	长期借款		1 500 000
13	资本公积		90 000
14	实收资本		1 070 832
15	财务费用	6 000	
	合计	4 899 219	4 899 219

第三步，编制10月末余额试算平衡表（此步非必须，为期末结账和编制报表时使用）

编制余额试算平衡表如表11-16所示，验证余额是否平衡，为结账及编制报表做好准备。

表 11-16　余额试算平衡表

202×年10月31日　　　　　　　　　　　　　　　　　　（单位：元）

序号	科目名称	期末余额 借方	期末余额 贷方
1	银行存款	2 404 275	
2	库存现金	18 474	
3	原材料	70 832	
4	在途物资	299 500	
5	预付账款	300 000	
6	固定资产	859 600	
7	在建工程	0	
8	短期借款		1 200 000
9	应付账款		164 136

(续)

序号	科目名称	期末余额	
		借方	贷方
10	应付利息		6 000
11	应交税费	72 287	
12	长期借款		1 500 000
13	资本公积		90 000
14	实收资本		1 070 832
15	财务费用	6 000	
	合计	4 030 968	4 030 968

第四步，登记总账。

以银行存款为例，登记 10 月总账如图 11-43 所示（本例中包括了 10~12 月的账务信息）。其他总账登记方式类似，从略。

科目名称：银行存款　　　　　总　账　　　　　页码：

年		凭证		摘要	借方金额	贷方金额	借或贷	余额
月	日	种类	号数		千百十万千百十元角分	千百十万千百十元角分		千百十万千百十元角分
10	31	科汇	1	本月合计	3 1 9 0 0 0 0 0	7 8 5 7 2 5 0 0	借	2 4 0 4 2 7 5 0 0
11	30	科汇	1	本月合计		2 2 8 9 6 4 0 3 0	借	1 1 4 6 3 4 7 0
12	31	科汇	1	本月合计	3 4 9 5 6 7 2 0 0	1 0 4 3 4 6 4 0	借	3 5 0 5 9 6 0 3 0
12	31			本年合计	6 6 8 5 6 7 2 0 0	3 1 7 9 7 1 1 7 0	借	3 5 0 5 9 6 0 3 0
				结转下年				

图 11-43　银行存款总账

知识训练

一、思考题

1. 各种账务处理程序的分类依据是什么？
2. 简述科目汇总表账务处理程序步骤。
3. 简述科目汇总表账务处理程序的优缺点。
4. 在汇总记账凭证处理程序下，银行存款和库存现金之外科目的借贷方金额如何汇总？
5. 汇总记账凭证处理程序在应用中要注意哪些问题？
6. 通用日记账账务处理程序和日记总账账务处理程序有什么区别？

二、单项选择题

1. 各种账务处理程序的主要区别是（　　）。

A. 登记明细分类账的依据和方法不同　　B. 登记总分类账的依据和方法不同
C. 总账的格式不同　　　　　　　　　　D. 登记账簿人员不同
2. 最基本的账务处理程序是（　　）。
A. 记账凭证账务处理程序　　　　　　　B. 科目汇总表账务处理程序
C. 日记总账账务处理程序　　　　　　　D. 汇总记账凭证账务处理程序
3. 在科目汇总表账务处理程序下，登记总账的依据是（　　）。
A. 原始凭证汇总表　　　　　　　　　　B. 汇总原始凭证
C. 科目汇总表　　　　　　　　　　　　D. 汇总记账凭证
4. 实务中最常用的账务处理程序是（　　）。
A. 记账凭证账务处理程序　　　　　　　B. 科目汇总表账务处理程序
C. 日记总账账务处理程序　　　　　　　D. 汇总记账凭证账务处理程序
5. 下列不属于汇总记账凭证的编号名称的是（　　）。
A. 汇收字第×号　　B. 汇付字第×号　　C. 汇转字第×号　　D. 记汇字第×号

三、多项选择题

1. 登记总账的记账凭证类型有（　　）。
A. 记账凭证　　　B. 科目汇总表　　　C. 汇总记账凭证　　　D. 汇总原始凭证
2. 汇总记账凭证可以分为（　　）。
A. 汇总收款凭证　　B. 汇总付款凭证　　C. 汇总转账凭证　　D. 汇总通用凭证
3. 下列关于汇总转账凭证的编制描述正确的是（　　）。
A. 按会计科目的贷方科目编制汇总转账凭证
B. 按会计科目的借方科目编制汇总转账凭证
C. 编制汇总转账凭证的会计分录要求为一贷多借或一贷一借
D. 编制汇总转账凭证的会计分录要求为一借多贷或一借一贷
4. 下列关于科目汇总表的编制描述正确的是（　　）。
A. 科目汇总表为一张记账凭证汇总表
B. 科目汇总表内容包括汇总每个科目的本期发生额和期末余额
C. 科目汇总表的编号取名科汇字第×号
D. 科目汇总表可以反映各科目的账户对应关系
5. 关于账务处理程序描述正确的是（　　）。
A. 为了降低工作量，可利用明细账数据汇总登记总账
B. 为了减少工作人员，总账登记工作可以交给明细账会计人员完成
C. 科目汇总表账务处理程序的优点之一是可以利用科目汇总表进行试算平衡
D. 通用日记账账务处理程序方便利用财务软件做账时输入会计分录

四、业务训练题

1. 科目汇总表账务处理程序的应用
【目的】掌握科目汇总表的编制方法和登记总账的方法。
【资料】本章例 11-2 中有关汇总记账凭证账务处理程序例题。
【要求】用 Excel 表格编制该例题的科目汇总表，每 10 天汇总一次，月末编制一张。

2. 汇总记账凭证账务处理程序的应用

【目的】掌握编制汇总记账凭证程序和登记总账的方法。

【资料】本书第 5 章第 1 节到第 5 节各经济业务例题。

【要求】（1）用 Excel 表格绘制汇总收款凭证、汇总付款凭证和汇总转账凭证，然后按月编制 10~12 月银行存款汇总收款凭证、银行存款汇总付款凭证、原材料汇总转账凭证。按月每 10 天汇总一次。

（2）用 Excel 表格绘制总账，依据汇总记账凭证登记银行存款总账和原材料总账，并思考原材料总账中的借方发生额和贷方发生额的汇总方法。

第 12 章

财务报告

学习目标

掌握：资产负债表的含义及其主要项目的填列方法；利润表的分步结构；现金流量表辅助日记账的运用。

理解：综合收益表理论；现金流量表的内容；财务报告的分类。

了解：信息披露基本框架；财务报表的分类；所有者权益变动表。

12.1 财务报告概述

会计目标之一是向信息使用者提供有用的决策信息，企业经济活动在会计信息处理系统中，经过确认、计量、记录后，最终以财务报告的形式呈现给信息使用者。

12.1.1 财务报告的含义和组成

1. 财务报告的含义

财务报告（Financial Reporting），是财务会计报告的简称，是指企业对外提供的反映企业某一特定日期财务状况和某一会计期间经营成果、现金流量等会计信息的文件。

财务报告作为会计信息的集合载体，信息含量丰富，可以满足投资者、债权人等信息使用者的信息需求。

2. 财务报告的组成

按资本市场的信息披露要求，企业的信息披露基本框架如图 12-1 所示。

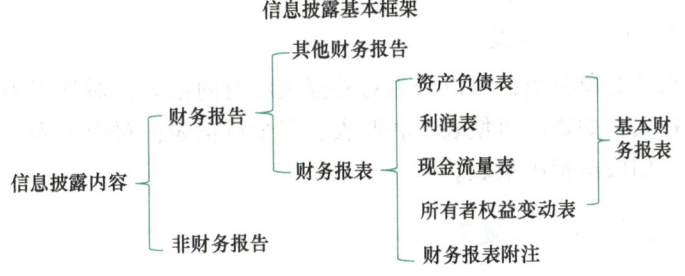

图 12-1 信息披露基本框架

在上述信息披露框架中，财务报告是信息披露内容的核心，而财务报告中，财务报表是信息披露的重中之重。财务报表又称会计报表，主要包括资产负债表、利润表、现金流量表、所有者权益变动表及财务报表附注，简称"四表一注"。通常，在财务报表中反映的信息叫作列示或列报（Presentation），在附注中反映的信息叫披露（Disclosure）。有时将财务报表的列报叫表内披露，附注中反映的信息叫表外披露。

12.1.2 财务报表的分类

财务报表按不同标准可以划分为不同种类。

1. 按报表反映的经济内容分类

按报表反映的经济内容分类，财务报表可以分为反映企业财务状况的报表，如资产负债表；反映企业经营成果的报表，如利润表；反映企业现金流量变动情况的报表，如现金流量表；反映企业所有者权益的各组成部分增减变动情况的报表，如所有者权益变动表。

2. 按报表编制的时间分类

按报表编制的时间分类，财务报表可分为中期财务报表和年度财务报表。中期财务报表是以短于一个完整会计年度的报告期间为基础编制的财务报表，中期报表一般有月度报表、季度报表和半年度报表；年度财务报表是以会计年度为基础编制的财务报表。目前在上市公司中，月度报表没有强制要求披露。

3. 按报表编制的主体不同分类

按报表编制的主体不同，可以分为个别财务报表和合并财务报表。个别财务报表是反映企业自身经营成果、财务状况和现金流量等情况的报表；合并财务报表是以整个企业集团经营活动为核算对象，以母子公司构成的企业集团为会计主体，由集团的母公司编制，综合反映企业集团经营成果、财务状况和现金流量等情况的报表。

需要说明的是，一般统计部门编制的汇总财务报表不同于合并财务报表，汇总财务报表所汇总的公司一般不是母子关系的公司，也不需要编制内部抵销分录。

4. 按报表所反映企业资金运动形态的不同分类

按报表所反映企业资金运动形态的不同分类，财务报表可分为静态报表和动态报表。静态报表是反映企业某一特定时点资产、负债和所有者权益情况的报表，如资产负债表；动态报表是反映企业某一特定期间内经营成果和财务状况变动情况的报表，如利润表、现金流量表、所有者权益变动表。

5. 按财务报表报送对象分类

按财务报表报送对象分类，可以分为对外报表和对内报表。对外报表是指企业外部报表使用者需要的报表，如资产负债表、利润表、现金流量表；对内报表是指企业内部经营管理需要的报表，如成本费用报表。

12.1.3 财务报表编制要求

1. 以会计准则为准绳编制报表

企业应当根据实际发生的交易和事项，按照会计准则的规定进行确认和计量，在此基础上编制财务报表。然后在报表附注中对确认和计量背景做具体说明，即要将表内列示和表外披露相结合。然而在实务中，有的企业将信息以表外披露代替表内披露，以在附注中披露代替对交易和事项的确认和计量；也有的企业采用不恰当的会计政策对交易和事项确认和计量后，再通过在附注中披露等其他形式予以更正，这些都是不被允许的。

2. 以持续经营为基础编制报表

持续经营是会计的基本前提，也是会计确认、计量及编制财务报表的基础。在编制财务报表的过程中，企业管理层应当全面评估企业的持续经营能力。评估需要考虑的因素包括宏观政策风险、市场经营风险、企业目前或长期的盈利能力、偿债能力、财务弹性以及企业管理层改变经营政策的意向等。评价结果表明对持续经营能力产生重大怀疑的，企业应当在附注中披露导致对持续经营能力产生重大怀疑的影响因素以及企业拟采取的改善措施。

如果企业处于非持续经营状态，应当采用清算价值等其他基础编制财务报表。比如破产企业的资产采用可变现净值计量、负债按照其预计的结算金额计量等。在非持续经营情况下，企业应当在附注中声明企业处于非持续经营情况，披露未以持续经营为基础编制报表的原因及编制基础。

3. 以权责发生制为基础编制报表

除现金流量表按照收付实现制编制外，其他报表应按权责发生制为基础编制。

4. 遵守可比性，保持列报一致性

可比性是一项重要的会计信息质量要求。它要求同一企业不同期间和同一期间不同企业的财务报表相互可比。除非会计准则要求变更、企业经营业务性质发生重大变化等情况可以变更外，财务报表项目列报应当在各个会计期间保持一致，不得随意变更。比如不能随意变动项目名称、项目分类、排列顺序等。

5. 依据重要性原则判断要单独还是汇总列报项目

一般来说，如果某项目单个看不具有重要性，则可将其与其他项目汇总列报；如具有重要性，则应当单独列报。比如应收利息、应收股利和其他应收款在资产负债表中所有应收项目中，重要性较低，可以汇总成一个列报项目。应收账款和应收票据是重要应收项目，应该作为单列项目列示，不宜合并列示。

重要性判断时，要从以下三点考虑。首先，要结合项目的性质和功能进行考虑。性质和功能相同的，可以考虑汇总列示，比如存货项目。性质和功能不同的，一般不能汇总列示。其次，要考虑项目金额大小。最后，要考虑日常经营活动和非日常经营活动项目。

6. 财务报表项目金额间不得随意相互抵销

财务报表项目应当以总额列报。资产和负债、收入和费用、直接计入当期利润的利得项目和损失项目的金额不能相互抵销，以净额列报，但企业会计准则另有规定的除外。

实际工作中，常有企业将营业外收入和营业外支出相减后的净额、预收账款和应收账款相减后的净额、预付账款和应付账款相减后的净额列示。这些方法都不符合编制要求。

不过，有些项目按净额列示是会计处理需要，不属于抵销。例如，将固定资产的处置收入扣除成本后的净额列入营业外收入或营业外支出不属于抵销；将交易性金融资产出售所得与出售成本相减后净额列入投资收益也不属于抵销。

12.2 资产负债表

12.2.1 资产负债表的概念和作用

资产负债表（Balance Sheet，B/S）是反映企业在某一特定日期财务状况的会计报表。理解资产负债表的定义需要把握以下几点：

（1）资产负债表是一张财务状况表（Financial Position Statement）。财务状况是指资产、负债、所有者权益三大要素的内容，不涉及收入、费用和利润要素。

（2）资产负债表是一张静态报表。资产负债表是反映某一特定日期的财务状况。所谓特定日期是指某一截止日期。比如，资产负债表表头上填写日期为202×年12月31日，它的意思是反映资产、负债、所有者权益截止到12月31日这天的金额是多少，准确地讲是截至12月31日23时59分59秒。相对于这一特定时点来说，它是一种静态信息，所以是一张静态报表。通俗比喻，就是在该时点给企业的财务状况拍了一张照。

（3）资产负债表是一张余额表。资产负债表依据各个账户的余额编制，反映截止到某一日期资产、负债、所有者权益的金额，所以它是一张余额表。资产负债表的英语单词中的"balance"表达的也是余额的概念。

（4）资产负债表是一张平衡表。资产负债表是依据"资产＝负债+所有者权益"这一会计等式编制的，其中资产排在表左边，负债和所有者权益排在表右边，两边保持相等，故资产负债表是一张平衡表。

资产负债表是四大报表起源之首，诞生最早。它就像一张全家福照片，把企业的家底呈现在人们面前。资产负债表可以反映截止到某一日期的资产总额及其具体结构、负债总额及其具体结构、所有者权益总额及其具体结构。通过对资产进行分析，可以评估企业的规模，了解资产质量。将资产和负债进行比较，可以反映其偿债能力。将净资产历年数据比较，可以反映净资产的保值和增值情况。将资产负债表和利润表结合分析，能够反映企业的盈利能力。

12.2.2 资产负债表的结构

资产负债表一般包括表首和正表两部分。其中，表首包括资产负债表名称、企业的名称、报表日期、计量单位等。正表是资产负债表的主体部分，列示资产、负债、所有者权益各项目的具体项目。

根据资产负债表内部结构格式，可以将其分为报告式和账户式两种。

（1）报告式。报告式资产负债表将资产、负债和所有者权益项目按纵向顺序排列，所以又称垂直式报表。其简明格式如图12-2所示。报告式资产负债表便于按顺序阅读，也方便排列。但缺点是排列过长，不方便存放。

（2）账户式。账户式资产负债表依据"资产＝负债+所有者权益"的会计平衡公式设计。资产负债表相当于一个大T形账户，T形账户的左边为借方，右边为贷方，由于资产的余额方向在借方，负债和所有者权益的余额方向在贷方，所以报表左方列示资产项目，报表右方列示负债和所有者权益项目，且借贷两方总额相等。

资产负债表（报告式）

编制单位：＿＿＿＿　　　　＿＿年＿＿月＿＿日　　　　（单位：元）

项目	金额
资产	
……	
资产合计：	
负债	
……	
负债合计：	
所有者权益	
……	
所有者权益合计：	

图 12-2　资产负债表（报告式）

在资产负债表内部，资产、负债和所有者权益的排列具有一定规律。资产排列时，从上到下按流动性由强到弱排列，先是流动资产，后是非流动资产。在流动资产内部，也遵守流动性由强到弱的顺序，排在最上面的是货币资金，流动性最强，依次逐渐减弱。非流动资产也按类似规则排列。右边排列时，按求偿权的程度排列，负债在上面，所有者权益在下面，负债求偿权较强，所有者权益求偿权较低；负债项目内部排列同资产类似，按流动性排列，由上到下流动性由强到弱。所有者权益项目按其权益的留存永久程度从上往下排列，实收资本项目的永久性最强，股东一般无法收回，排在最上面，未分配利润可以于每年分配，永久性较差，排在下面。

账户式资产负债表设计巧妙，结构对称，便于财务分析。如将流动资产和流动负债进行比较，可以分析企业短期偿债能力。将资产总额和负债总额比较，可以分析企业的总体负债率。

我国《企业会计准则》规定，资产负债表格式应采用账户式结构。

根据财政部颁发的财会〔2019〕6 号文件《关于修订印发 2019 年度一般企业财务报表格式的通知》，已执行新金融准则、新收入准则和新租赁准则的一般企业应按通知要求编制资产负债表。其报表格式如表 12-1 所示。

表 12-1　资产负债表　　　　　　　　　　会企 01 表

编制单位：　　　　　　　　　＿＿年＿＿月＿＿日　　　　　　　　（单位：元）

资　产	期末余额	年初余额	负债和所有者权益 （或股东权益）	期末余额	年初余额
流动资产：			流动负债：		
货币资金			短期借款		
交易性金融资产			交易性金融负债		
衍生金融资产			衍生金融负债		
应收票据			应付票据		
应收账款			应付账款		
应收款项融资			预收款项		
预付款项			合同负债		

（续）

资　　产	期末余额	年初余额	负债和所有者权益 （或股东权益）	期末余额	年初余额
其他应收款			应付职工薪酬		
存货			应交税费		
合同资产			其他应付款		
持有待售资产			持有待售负债		
一年内到期的非流动资产			一年内到期的非流动负债		
其他流动资产			其他流动负债		
流动资产合计			流动负债合计		
非流动资产：			非流动负债：		
债权投资			长期借款		
其他债权投资			应付债券		
长期应收款			租赁负债		
长期股权投资			长期应付款		
其他权益工具投资			预计负债		
其他非流动金融资产			递延收益		
投资性房地产			递延所得税负债		
固定资产			其他非流动负债		
在建工程			非流动负债合计		
生产性生物资产			负债合计		
油气资产			所有者权益（或股东权益）：		
使用权资产			实收资本（或股本）		
无形资产			其他权益工具		
开发支出			资本公积		
商誉			减：库存股		
长期待摊费用			其他综合收益		
递延所得税资产			专项储备		
其他非流动资产			盈余公积		
非流动资产合计			未分配利润		
			所有者权益合计		
资产合计			负债和所有者权益合计		

注：应付债券下应列示优先股和永续债，本表从略。

12.2.3　资产负债表的编制方法

资产负债表是一种比较报表，既要填列本期数，还要填列年初数。

1. 表头日期的填写

由于资产负债表是一张余额表，反映的是截止到某一特定日期的余额情况，所以表头日期填写的是某一天日期。如要编制年度资产负债表,则表头日期要写 202×年 12 月 31 日,而不能简单写 202×年。如果要编制第三季度资产负债表,则表头日期应写 202×年 9 月 30 日,反映截止到 9 月 30 日的资产、负债和所有者权益的余额信息。

2. "年初余额"栏（上年年末余额栏）

年初余额栏填列上年末资产负债表项目的余额。因政策的调整,企业上年度资产负债表规定的项目名称和内容与本年度不一致,应当对上年年末资产负债表相关项目的名称和数字按照本年度的规定进行调整,填入"年初余额"栏内。

3. "期末余额"栏

期末余额栏以具体科目的明细账和总账的账户余额分析填列,具体填列方法可归纳为以下六种:

(1) 根据某一总账账户期末余额直接填列。有些资产负债表项目,其所需填列的数据只来源于一个账户,此时只要依据其总账余额填列即可。如"交易性金融资产""应付票据""短期借款""实收资本""资本公积"等项目。

(2) 根据多个总账账户期末余额加总填列。有些资产负债表项目是多个科目汇总项目,因此需要根据多个总账科目余额加总填列。如"货币资金"项目,会计科目表中并无对应的会计科目名称,它是"库存现金""银行存款""其他货币资金"三个总账科目的名称汇总,所以填列"货币资金"项目时,要依据这三个总账账户的期末余额加总填列。

(3) 根据多个明细账户的期末余额分析计算填列。有些项目无法利用总账信息,而是要根据明细账分析填列。如填列"应付账款"项目时,因为有的"应付账款"明细账余额性质是负债,而有的"应付账款"明细账余额性质是资产（原因是应付账款代替预付账款核算）；有的"预付账款"明细账余额性质是资产,有的"预付账款"明细账余额性质是负债（原因是预付账款代替应付账款核算）,此时应根据"应付账款"和"预付账款"两个账户所属明细账户的期末贷方余额计算填列,将表现为余额性质为负债的各个明细账账户余额加总填列。

(4) 根据某一总账账户期末余额和其所属明细账户余额分析计算填列。此种情况主要是一些账户的总账余额需要根据其明细账的内容拆分出来,分别填列到不同的项目中。例如"长期借款"项目,由于借入时通过"长期借款"科目核算,但是随着偿还期限的到来,在资产负债表日,偿还期限已不足一年,此时,要将在未来一年内要到期的负债（虽然仍通过长期借款核算）在资产负债表项目中的"一年内到期的非流动负债"项目填列。

(5) 根据总账账户期末余额减去相关备抵账户余额后的净额填列。此类账户主要集中在资产类项目中。有些资产在资产负债表日的公允价值低于账面成本,根据会计信息质量要求的谨慎性内容,在资产负债表中要按公允价值列示,而不能按账面成本列示。会计处理时通过计提减值准备,将账面成本调整为公允价值。因此填列资产债表项目时,要将各账户总账余额扣除其对应的减值准备后的余额填列。如"固定资产"项目,应根据"固定资产"总账账户期末余额,减去"累计折旧"和"固定资产减值准备"账户期末余额后的净额填列。

(6) 综合运用上述方法分析填列。如"存货"项目,应根据"原材料""库存商品""生产成本""在途物资""周转材料"等总账账户余额合计数,再减去"存货跌价准备"

账户期末余额后的金额填列。

12.2.4 资产负债表具体项目填列说明

根据本书前面讲述的知识,将资产负债表中常见易错项目填列方法做详细介绍,简单项目从略,超出本书内容范围的项目需要结合更高层次的会计知识,本书不深入讲述。

(1)"货币资金"项目。反映企业库存现金、银行存款、外埠存款、信用卡存款、信用证保证金存款、银行汇票存款、银行本票存款等的合计数。本项目应根据"库存现金""银行存款""其他货币资金"总账账户期末余额的合计数填列。

需要注意的是,如果企业开设信用卡账户,则"其他货币资金——信用卡"账户余额是贷方余额,反映欠银行的资金,是一项负债。应在计算时剔除。

【例12-1】 华诚公司202×年12月31日有关与"货币资金"项目账户余额信息如表12-2所示。

表12-2 "货币资金"项目相关账户余额 (单位:元)

总账账户名称	借方余额	贷方余额
库存现金	15 280	
银行存款	23 040	
其他货币资金	34 504	

分析:"货币资金"项目列示金额="库存现金"总账借方余额15 280+"银行存款"总账借方余额23 040+"其他货币资金"总账借方余额34 504=72 824(元)

(2)"应收票据"项目。反映资产负债表日以摊余成本计量的、企业因销售商品、提供服务等收到的商业汇票,包括银行承兑汇票和商业承兑汇票。该项目应根据"应收票据"科目总账期末余额,减去"坏账准备"账户中与"应收票据"相关坏账准备期末余额后的金额分析填列。

【例12-2】 华诚公司202×年12月31日有关"应收票据"账户余额信息如表12-3所示。

表12-3 "应收票据"项目相关账户余额 (单位:元)

总账账户名称	借方余额	贷方余额
应收票据	22 359	
坏账准备		1 983
明细账账户名称		
坏账准备——应收票据		112

分析:商业汇票在未到期前也可能存在着坏账可能,所以也要对其计提坏账准备。到期的商业汇票收不到款项,则到期后应将应收票据转到应收账款核算,其坏账准备通过应收账款计提。坏账准备总账账户余额是针对所有的应收款项计提的坏账准备,包括应收账款、应收票据、其他应收款、应收股利、预付账款、长期应收款等。所以,资产负债表中"应收票据"项目列示的金额为

"应收票据"项目列示金额="应收票据"总账借方余额22 359-"坏账准备——应

收票据"明细账户贷方余额112=22 247（元）

（3）"应收账款"项目。反映资产负债表日以摊余成本计量的、企业因销售商品、提供服务等经营活动应收取的款项。该项目应根据"应收账款"和"预收账款"科目所属各明细科目的期末借方余额合计数，减去"坏账准备"科目中相关坏账准备期末余额后的金额分析填列。反映资产负债表日以公允价值计量且其变动计入其他综合收益的应收票据和应收账款应计入"应收款项融资"项目。

【例12-3】 华诚公司202×年12月31日有关与"应收账款"项目相关账户余额如表12-4所示。

表12-4 "应收账款"项目相关账户余额　　　　　　　　　　（单位：元）

总账账户名称	借方余额	贷方余额
应收账款	19 854	
预收账款		25 879
坏账准备		1 983
明细账账户名称		
应收账款——广科公司	27 854	
应收账款——华兴公司		8 000
预收账款——宝德公司		34 529
预收账款——万和公司	8 650	
坏账准备——应收账款		182

分析：资产负债表填制要求规定，报表中的资产项目和负债项目、收入和费用项目不能随意相互抵销。因此，虽然应收账款总账为借方余额19 854元，但是从明细账看，其中"应收账款——华兴公司"账户为贷方余额，余额性质为负债，属于预收账款，应归入"预收账款"项目。同理，虽然预收账款总账余额为贷方余额25 879元，但是从明细账看，其中"预收账款——万和公司"账户为借方余额，余额性质为资产，属于应收账款，应归入"应收账款"项目。

"应收账款"项目列示金额＝"应收账款——广科公司"借方余额27 854＋"预收账款——万和公司"借方余额8 650－"坏账准备——应收账款"贷方余额182＝36 322（元）。

（4）"预付款项"项目。反映企业预付给供应单位的款项。本项目应根据"预付账款"和"应付账款"科目所属各明细科目的期末借方余额合计数，减去"坏账准备"科目中有关预付款项计提的坏账准备期末余额后的金额填列。如"预付账款"科目所属有关明细科目期末有贷方余额的，应在资产负债表"应付款项"项目内填列。

【例12-4】 华诚公司202×年12月31日有关"预付账款"项目相关账户余额如表12-5所示。

表12-5 "预付账款"项目相关账户余额　　　　　　　　　　（单位：元）

总账账户名称	借方余额	贷方余额
预付账款	33 288	
应付账款		39 948

(续)

总账账户名称	借方余额	贷方余额
坏账准备		1 983
明细账账户名称		
预付账款——格林公司	65 823	
预付账款——晶圆公司		32 535
应付账款——亚保公司		47 948
应付账款——泰林公司	8 000	
坏账准备——预付账款		1 660

分析：从明细账看，"预付账款——晶圆公司"账户为贷方余额，余额性质为负债，属于应付账款，应归入"应付账款"项目。"应付账款——泰林公司"账户为借方余额，余额性质为资产，属于预付账款，应归入"预付账款"项目。因此，在填列资产负债表"预付款项"项目时应计算如下：

"预付款项"项目列示金额="预付账款——格林公司"借方余额65 823+"应付账款——泰林公司"借方余额8 000-"坏账准备——预付账款"贷方余额1 660=72 163（元）

（5）"其他应收款"项目。应根据"应收利息""应收股利"和"其他应收款"科目的期末余额合计数，减去"坏账准备"科目中相关坏账准备期末余额后的金额填列。

需要注意的是，"其他应收款"明细账账户也可能会出现贷方余额，此时要和"应收账款"等债权账户一样，进行明细分析，分拆填列。

【例12-5】华诚公司202×年12月31日与"其他应收款"项目相关账户余额如表12-6所示。

表12-6 "其他应收款"项目相关账户余额 （单位：元）

总账账户名称	借方余额	贷方余额
其他应收款	1 950	
应收利息	3 240	
应收股利	4 150	
坏账准备		1 983
明细账账户名称		
其他应收款——三维公司	2 670	
其他应收款——张丰凯		720
应收股利——和元公司	4 150	
应收利息——海源公司	3 240	
坏账准备——其他应收款		13
坏账准备——应收利息		16
坏账准备——应收股利		0

分析：由于"其他应收款"账户也是双重性质的账户，"其他应收款——张丰凯"明

细账户余额在贷方，反映余额性质是一项负债，该余额应计入"其他应付款"项目。因此，在填列"其他应收款"项目时应计算如下：

"其他应收款"项目列示金额＝"其他应收款——三维公司"借方余额 2 670＋"应收利息"总账借方余额 3 240＋"应收股利"总账借方余额 4 150－"坏账准备——其他应收款"明细账贷方余额 13－"坏账准备——应收利息"明细账贷方余额 16＝10 031（元）

（6）"存货"项目。反映企业期末在库、在途和加工中的各项存货的账面价值。该项目应根据"原材料""库存商品""生产成本""材料采购""发出商品""周转材料""委托加工物资""材料成本差异""商品进销差价""受托代销商品"等总账科目借方余额合计数，减去"材料成本差异""商品进销差价""受托代销商品款""存货跌价准备"等账户贷方期末余额后的金额填列。

需要注意的是，"生产成本"账户余额的经济内容反映的是在产品的价值，所以为存货的重要组成部分。"受托代销商品"和"受托代销商品款"是核算受托代销商品的账户，双方为互相备抵账户。具体可参见中级财务会计相关知识。

【例 12-6】 华诚公司 202×年 12 月 31 日与"存货"项目相关账户余额如表 12-7 所示。

表 12-7 "存货"项目相关账户余额　　　　　　　　　　（单位：元）

总账账户名称	借方余额	贷方余额
原材料	63 484	
在途物资	27 352	
生产成本	16 850	
库存商品	42 900	
周转材料	36 617	
材料成本差异		14 526
存货跌价准备		5 003
合　计	187 203	19 529

分析："材料成本差异"余额在贷方，反映购买材料实际成本小于计划成本的差额，原材料入库时按计划成本入库，所以原材料的实际成本＝"原材料"借方余额－"材料成本差异"贷方余额＝63 484－14 526＝48 958（元）。"生产成本"账户余额的经济内容反映在产品价值，所以也列为存货。

"存货"项目列示金额＝"原材料"总账借方余额 63 484＋"在途物资"总账借方余额 27 352＋"生产成本"总账借方余额 16 850＋"库存商品"总账借方余额 42 900＋"周转材料"总账借方余额 36 617－"存货跌价准备"总账贷方余额 5 003－"材料成本差异"总账贷方余额 14 526＝167 674（元）

（7）"一年内到期的非流动资产"项目。通常反映预计自资产负债表日起一年内变现的非流动资产。

需要注意的是，对于按照相关会计准则采用折旧（或摊销、折耗）方法进行后续计量的固定资产、使用权资产、无形资产和长期待摊费用等非流动资产，折旧（或摊销、折耗）年限（或期限）只剩一年或不足一年的，或预计在一年内（含一年）进行折旧（或摊销、折耗）的部分，不得归类为流动资产，仍在各该非流动资产项目中填列，不转入"一年内到期的非流动资产"项目。如固定资产的使用年限原定为10年，现已达到9.5年，虽然还有半年时间就报废了，仍不能将其列到此项目中。还是列示在固定资产项目。

（8）"其他流动资产"项目。反映企业未能列入资产负债表中相关流动资产项目以外的其他流动资产，本项目应根据有关科目的期末余额填列。

常见列入"其他流动资产"项目的有"待处理财产损溢"账户借方余额、"应交税费"借方余额、"合同取得成本""应收退货成本"等。

（9）"固定资产"项目。反映资产负债表日企业固定资产的期末账面价值和企业尚未清理完毕的固定资产清理净损益。该项目应根据"固定资产"科目的期末余额，减去"累计折旧"和"固定资产减值准备"科目的期末余额后的金额，以及"固定资产清理"科目的期末余额填列。

【例 12-7】 华诚公司 202×年 12 月 31 日有关"固定资产"项目相关账户余额如表 12-8 所示。

表 12-8 "固定资产"项目相关账户余额 （单位：元）

总账账户名称	借方余额	贷方余额
固定资产	890 455	
累计折旧		211 873
固定资产减值准备		17 342
固定资产清理	12 423	

分析：固定资产账面价值 = "固定资产"借方余额 – "累计折旧"的贷方余额 – "固定资产减值准备"贷方余额。"固定资产清理"的借方余额反映固定资产的清理成本。

"固定资产"列示金额 = "固定资产"借方余额 890 455 – "累计折旧"贷方余额 211 873 – "固定资产减值准备"贷方余额 17 342 + "固定资产清理"借方余额 12 423 = 673 663（元）

（10）"在建工程"项目。反映资产负债表日企业尚未达到预定可使用状态的在建工程的期末账面价值和企业为在建工程准备的各种工程物资的期末账面价值。该项目应根据"在建工程"科目的期末余额加上"工程物资"科目的期末余额，减去"在建工程减值准备"科目期末余额及"工程物资减值准备"科目期末余额后的金额填列。

需要强调的是，"工程物资"不属于存货，不列入"存货"项目，也不单独列示，而是并入在建工程列示。

（11）"短期借款"项目。反映企业借入尚未归还的1年期以下（含1年）的借款。本项目应根据"短期借款"科目的期末余额填列。

（12）"应付票据"项目。反映资产负债表日以摊余成本计量的、企业因购买材料、商品和接受服务等开出承兑的商业汇票，包括银行承兑汇票和商业承兑汇票。该项目应根据"应付票据"科目的期末余额填列。

（13）"应付账款"项目。反映资产负债表日以摊余成本计量的、企业因购买材料、商品和接受服务等经营活动应支付的款项。该项目应根据"应付账款"和"预付账款"科目所属的相关明细科目的期末贷方余额合计数填列。

【例 12-8】 承前述例 12-4，"预付账款——晶圆公司"账户为贷方余额，余额性质为负债，属于应付账款，因此填列"应付账款"项目金额计算如下：

"应付账款"项目填列金额＝"预付账款——晶圆公司"账户贷方余额 32 535＋"应付账款——亚保公司"账户贷方余额 47 948＝80 483（元）

（14）"预收款项"项目。反映企业预收的账款。本项目应根据"预收账款"和"应收账款"科目所属各明细科目的期末贷方余额合计数填列。

【例 12-9】 承前述例 12-3，"应收账款——华兴公司"明细账户为贷方余额，余额性质为负债，为预收账款。因此"预收款项"项目金额计算如下：

"预收款项"项目填列金额＝"应收账款——华兴公司"明细账贷方余额 8 000＋"预收账款——宝德公司"明细账贷方余额 34 529＝42 529（元）

（15）"应付职工薪酬"项目。反映企业应付未付的职工薪酬。本项目应根据"应付职工薪酬"科目期末贷方余额填列。

（16）"应交税费"项目。反映企业应缴纳的各种税费。本项目应根据"应交税费"明细账户余额性质分析填列。

需要说明的是，与增值税有关的应交税费中，对"应交税费——应交增值税""应交税费——未交增值税""应交税费——待抵扣进项税额""应交税费——待认证进项税额""应交税费——增值税留抵税额"等明细账户期末借方余额，应根据情况在资产负债表中的"其他流动资产"和"其他非流动资产"项目列示。"应交税费——待转销项税额"明细账期末贷方余额应根据情况在资产负债表中的"其他流动负债"或"其他非流动负债"项目列示。"应交税费——未交增值税""应交税费——简易计税""应交税费——转让金融商品应交增值税""应交税费——代扣代交增值税"等明细账期末贷方余额应在资产负债表中的"应交税费"项目列示。

【例 12-10】 华诚公司 202×年 12 月 31 日有关"应交税费"项目相关账户余额如表 12-9 所示。

表 12-9 "应交税费"项目相关账户余额 （单位：元）

总账账户名称	借方余额	贷方余额	备注
应交税费		8 344	
明细账账户名称			
应交税费——应交增值税	11 808		系购原材料未抵扣进项税额
应交税费——应交消费税		19 565	
应交税费——应交教育费附加		587	

分析：应交增值税明细借方余额为未抵扣的进项税额，也可理解企业预付款，应在"其他流动资产"项目列示。故"应交税费"项目填列的金额计算如下：

"应交税费"项目填列金额＝"应交税费——应交教育费附加"贷方余额 587＋"应交税费——应交消费税"贷方余额 19 565＝20 152（元）。

"其他流动资产"项目填列金额＝"应交税费——应交增值税"借方余额＝11 808（元）。

（17）"其他应付款"项目。该项目应根据"应付利息""应付股利"和"其他应付款"科目的期末余额合计数填列。其中的"应付利息"仅反映相关金融工具已到期应支付但于资产负债表日尚未支付的利息。对基于实际利率法计提的金融工具的利息，因其已包含在相应金融工具的账面余额中核算，故不在此项目列示。

（18）"一年内到期的非流动负债"项目。反映企业承担的将在一年内到期的非流动负债。本项目应根据有关科目的期末余额填列。

（19）"长期借款"项目。反映企业尚未归还的在一年期以上的各种借款。本项目应根据"长期借款"科目所属明细科目的期末余额分析填列。其中，一年内到期的部分应在"一年内到期的非流动负债"项目列示。

【例12-11】 华诚公司20×4年12月31日有关"长期借款"项目计算相关账户余额如表12-10所示。

表12-10 "长期借款"项目计算相关账户余额 （单位：元）

总账账户名称	借方余额	贷方余额	备　注
长期借款		365 000	
明细账账户名称			
长期借款——中国银行		150 000	20×2年借入，到期日20×7年3月
长期借款——建设银行		215 000	20×1年借入，到期日20×5年6月

分析：站在20×4年12月31日资产负债表日看未来，中国银行的借款距偿还期限还有2年多，所以仍属于长期负债；而建设银行的借款距偿还期限只剩下6个月，所以虽然会计处理通过长期借款账户，但是站在信息使用者角度，它是一项流动负债，所以要转入"一年内到期的非流动负债"项目列示。

因此，"长期借款"项目列示金额为150 000元，另外215 000元转入"一年内到期的非流动负债"项目列示。

（20）"长期应付款"项目。反映资产负债表日企业除长期借款和应付债券以外的其他各种长期应付款项的期末账面价值。该项目应根据"长期应付款"科目的期末余额，减去相关的"未确认融资费用"科目的期末余额后的金额，以及"专项应付款"科目的期末余额填列。

需要注意的是，"未确认融资费用"是"长期应付款"账户的附减账户，"未确认融资费用"期末余额在借方，因此"长期应付款"计算填列公式为

"长期应付款"项目填列金额＝"长期应付款"账户期末贷方余额－"未确认融资费用"借方余额＋"专项应付款"账户贷方余额

（21）"未分配利润"项目。反映企业尚未分配的利润。本项目金额的填列分两种情况。

如果编制年度资产负债表，结账后，"本年利润"账户余额已转到"利润分配——未分配利润"账户，"本年利润"账户无余额，此时"未分配利润"项目填列金额按"利润分配——未分配利润"账户余额填列，如果该明细账余额为借方余额，在金额前面加负号"－"填列，代表累计亏损额。

如果编制中期资产负债表，一般"本年利润"还未结转，此时应根据"本年利润"科目和"利润分配"科目的余额计算分析填列。

12.3 利润表

12.3.1 利润表的概念和作用

1. 利润表的概念

利润表（Income Statement）是反映企业在一定会计期间经营成果的会计报表。会计期间一般指的是月度、季度、半年度或者年度。利润表又称损益表、收益表。

利润表是一张经营成果报表。利润主要是收入与费用相配比的结果，反映企业一定会计期间的经营成果。

利润表是一张动态报表。利润表构成要素主要是收入和费用要素，而收入和费用要素属于动态要素，所以利润表是一张动态报表。

2. 利润表的作用

利润表作为四大报表之一，具有非常重要的作用：

（1）可以反映企业经营成果和获利能力。企业利润是企业经营业绩的重要体现，反映企业利用资产负债表中的经济资源获取报酬的能力。例如，美国《财富》杂志进行世界500强排名时，其所采用的指标就是收入。

（2）可以反映企业未来的偿债能力。企业如果经营获得较高利润，企业资产规模扩大，实现了资产的保值和增值，债务人资产的偿债就有保障。如果企业长期亏损，支大于收，最终会导致资不抵债，企业陷入破产的边缘，失去偿债能力。因此，银行向企业提供信贷时，非常看重利润表。

（3）可以衡量企业管理者的经营水平。衡量企业管理者的经营水平有多个方面，但是最主要的还是以利润作为主要评价指标。通过比较企业前后各期的利润指标，与同行业其他企业的利润进行比较，可以反映出企业管理者的工作业绩和水平。

12.3.2 利润表的结构

利润表一般包括表首和正表两部分。其中，表首主要包括报表名称、企业名称、编制日期、计量单位等。正表是利润表的主体部分，反映利润的具体计算过程。

利润表内部结构主要有两种排列方式：单步式（Single-step Form）和多步式（Multiple-step Form）。

1. 单步式利润表

单步式利润表是指将各种性质的收入列在一起算出收入合计数，各种性质的费用列在一起算出费用合计数，然后相减算出净利润。由于单步式利润表是将所有的收入和费用简单配比，不能清晰反映利润来源和构成，降低了利润表的使用效用。单步式利润表的基本结构如表 12-11 所示。

2. 多步式利润表

多步式利润表中，其净利润分多步计算得到。首先计算营业利润、再计算利润总额、最后计算净利润。其中利润总额＝营业利润+营业外收支净额（营业外收入−营业外支出），营业利润反映企业的日常活动产生的利润，营业外收支净额反映非日常活动产生的利得和损失。因此多步式利润表可以清晰地反映企业利润的来源和构成。按照《企业会计准则》规定，我国企业编制的利润表应采用多步式利润表。

表 12-11　利润表（单步式）

编制单位：　　　　　　　　　　　　__年__月　　　　　　　　　　　　　（单位：元）

项　　目	本　期　数	上　期　数
营业收入		
营业外收入		
……		
收入合计		
营业成本		
管理费用		
销售费用		
营业外支出		
所得税费用		
……		
费用合计		
净利润		

根据财会〔2019〕6号文件《关于修订印发2019年度一般企业财务报表格式的通知》，我国一般企业应按表12-12的格式编制多步式利润表。

表 12-12　利润表（多步式）　　　　　　　　　　　　　　　　　　　会企02表

编制单位：　　　　　　　　　　　　__年__月　　　　　　　　　　　　　（单位：元）

项　　目	本期金额	上期金额
一、营业收入		
减：营业成本		
税金及附加		
销售费用		
管理费用		
研发费用		
财务费用		
其中：利息费用		
利息收入		
加：其他收益		
投资收益（损失以"−"号填列）		
其中：对联营企业和合营企业的投资收益		
以摊余成本计量的金融资产终止确认收益（损失以"−"号填列）		

(续)

项　　目	本期金额	上期金额
净敞口套期收益（损失以"-"号填列）		
公允价值变动收益（损失以"-"号填列）		
信用减值损失（损失以"-"号填列）		
资产减值损失（损失以"-"号填列）		
资产处置收益（损失以"-"号填列）		
二、营业利润（亏损以"-"号填列）		
加：营业外收入		
减：营业外支出		
三、利润总额（亏损总额以"-"号填列）		
减：所得税费用		
四、净利润（净亏损以"-"号填列）		
（一）持续经营净利润（净亏损以"-"号填列）		
（二）终止经营净利润（净亏损以"-"号填列）		
五、其他综合收益的税后净额		
（一）不能重分类进损益的其他综合收益		
1. 重新计量设定受益计划变动额		
2. 权益法下不能转损益的其他综合收益		
3. 其他权益工具投资公允价值变动		
4. 企业自身信用风险公允价值变动		
……		
（二）将重分类进损益的其他综合收益		
1. 权益法下可转损益的其他综合收益		
2. 其他债权投资公允价值变动		
3. 金融资产重分类计入其他综合收益的金额		
4. 其他债权投资信用减值准备		
5. 现金流量套期储备		
6. 外币财务报表折算差额		
……		
六、综合收益总额		
七、每股收益		
（一）基本每股收益		
（二）稀释每股收益		

　　该利润表由两大部分构成，一部分是净利润，另一部分是其他综合收益，所以该报表又叫综合收益表（Comprehensive Income Statement），也可翻译为全面收益表。传统的利润表仅列示净利润之前的部分，不包括其他综合收益部分。

　　综合收益表编制有其理论基础。会计理论中，计算利润有两种方法，一种是资产负债表观，另一种是利润表观。资产负债表观认为：按资本保全理论，"在扣除本期内对业主的分配和业主的出资以后，期末净资产的财务（或货币）金额必须大于期初净资产的财务（或货币）金额，才算赚得利润"。用公式表示为：利润=期末净资产−期初净资产=净资产增加额（不含本期利润分配和投资者增减资本导致的净资产变动额）。净资产增加额中，可以分为两部分：一部分为按权责发生制基础计算的净利润，通过传统利润表反映出来；另一部分是无法通过利润表反映，直接计入资产负债表的利得和损失，主要为一些资产的价值变动额，叫作资产的持有利得（或损失），这些利得和损失统称其他综合收益。所以综合收益=净利润+其他综合收益。其他综合收益分为两种，一种为初始计量时计入资产负债表，后期可以重新分类为损益计入传统利润表，另外一种则不能重分类计入传统利润表。

▶ 12.3.3 利润表具体项目填列说明

1. 利润表表头日期的填写

由于利润表是反映一段期间的经营成果，所以表头日期填写的是一段时间。例如编制第一季度利润表，日期要写为202×年1季度；编制上半年的利润表，日期要写为202×年1~6月；编制整个年度的利润表，则日期只要写202×年度。

2. 利润表"上期金额"栏的填列

利润表也是一张比较报表，需要列示比较期间信息。利润表中的"上期金额"栏，通常根据上期利润表"本期金额"填列，如果企业上期利润表规定的项目名称和内容与本期不一致，应当对上期利润表相关项目的名称和数字按照本期的规定进行调整，填入"上期金额"栏内。

3. 利润表"本期金额"栏各个项目的具体填列说明

与编制资产负债表相比，利润表编制比较容易，绝大部分项目利用总账账户发生额数据填列。部分项目需要结合明细账户分析填列。

（1）"营业收入"项目。反映企业经营活动取得的收入总额。本项目应根据"主营业务收入"和"其他业务收入"科目发生额合计数分析填列。

（2）"营业成本"项目。反映企业经营活动发生的成本。本项目应根据"主营业务成本"和"其他业务成本"科目发生额合计数分析填列。

（3）"税金及附加"项目。反映企业经营活动应负担的各项税金及附加，如消费税、城市维护建设税、教育费附加、土地增值税、房产税、印花税、车船使用税等。本项目应根据"税金及附加"科目发生额分析填列。

（4）"销售费用"项目。反映企业发生的销售费用。本项目应根据"销售费用"科目的发生额分析填列。

（5）"管理费用"项目。反映企业发生的管理费用。本项目应根据"管理费用"科目的发生额分析填列。

（6）"研发费用"项目。反映企业进行研究与开发过程中发生的费用化支出，以及计入管理费用的自行开发无形资产的摊销。该项目应根据"管理费用"科目下的"研究费用"明细科目的发生额，以及"管理费用"科目下的"无形资产摊销"明细科目的发生额分析填列。

(7)"财务费用"项目。反映企业费用化的利息支出。本项目应根据"财务费用"科目的发生额分析填列,其中"利息费用"子项目,反映企业为筹集生产经营所需资金而发生的应予费用化的利息支出。该项目应根据"财务费用"科目的相关明细科目的发生额分析填列。"利息收入"子项目,反映企业按照相关会计准则确认的应冲减财务费用的利息收入。该项目应根据"财务费用"科目的相关明细科目的发生额分析填列。

(8)"其他收益"项目。反映计入其他收益的政府补助,以及其他与日常活动相关且计入其他收益的项目。该项目应根据"其他收益"科目的发生额分析填列。企业作为个人所得税的扣缴义务人,根据《中华人民共和国个人所得税法》收到的扣缴税款手续费,应作为其他与日常活动相关的收益在该项目中填列。

(9)"投资收益"项目。反映企业对外投资取得的收益。本项目应根据"投资收益"科目发生额分析填列。如为损失,本项目以"-"号填列。

(10)"以摊余成本计量的金融资产终止确认收益"项目。反映企业因转让等情形导致终止确认以摊余成本计量的金融资产而产生的利得或损失。该项目应根据"投资收益"科目的相关明细科目的发生额分析填列;如为损失,以"-"号填列。

(11)"净敞口套期收益"项目。反映净敞口套期下被套期项目累计公允价值变动转入当期损益的金额或现金流量套期储备转入当期损益的金额。该项目应根据"净敞口套期损益"科目的发生额分析填列;如为套期损失,以"-"号填列。

(12)"公允价值变动收益"项目。反映企业的资产或负债的公允价值变动收益。本项目应根据"公允价值变动损益"科目的发生额分析填列。

(13)"信用减值损失"项目。反映企业按照《企业会计准则第22号——金融工具确认和计量》(财会〔2017〕7号)的要求计提的各项金融工具信用减值准备所确认的信用损失。该项目应根据"信用减值损失"科目的发生额分析填列。

(14)"资产减值损失"项目。反映企业确认的资产减值损失。本项目应根据"资产减值损失"科目的发生额分析填列。

(15)"资产处置收益"项目。反映企业出售划分为持有待售的非流动资产(金融工具、长期股权投资和投资性房地产等除外)或处置组(子公司和业务除外)时确认的处置利得或损失,以及处置未划分为持有待售的固定资产、在建工程、生产性生物资产及无形资产而产生的处置利得或损失。债务重组中因处置非流动资产(金融工具、长期股权投资和投资性房地产等除外)产生的利得或损失和非货币性资产交换中换出非流动资产(金融工具、长期股权投资和投资性房地产等除外)产生的利得或损失也包括在本项目内。该项目应根据"资产处置损益"科目的发生额分析填列;如为处置损失,以"-"号填列。

(16)"营业利润"项目。反映企业实现的营业利润。如为亏损,以"-"号填列。

(17)"营业外收入"项目。反映企业发生的除营业利润以外的收益,主要包括与企业日常活动无关的政府补助、盘盈利得、捐赠利得(企业接受股东或股东的子公司直接或间接的捐赠,经济实质属于股东对企业的资本性投入的除外)等。该项目应根据"营业外收入"科目的发生额分析填列。

(18)"营业外支出"项目。反映企业发生的除营业利润以外的支出,主要包括公益性捐赠支出、非常损失、盘亏损失、非流动资产毁损报废损失等。该项目应根据"营业外支出"科目的发生额分析填列。"非流动资产毁损报废损失"通常包括因自然灾害发生毁损、已丧失使用功能等原因而报废清理产生的损失。企业在不同交易中形成的非流动资产毁损报废利得和损失不得相互抵销，应分别在"营业外收入"项目和"营业外支出"项目进行填列。

（19）"利润总额"项目。反映企业实现的利润总额，如为亏损，以"－"号填列。

（20）"所得税费用"项目。反映企业按照税法规定应从当期利润总额中扣除的所得税费用。本项目应根据"所得税费用"科目的发生额分析填列。

（21）净利润项目。"（一）持续经营净利润"和"（二）终止经营净利润"项目，分别反映净利润中与持续经营相关的净利润和与终止经营相关的净利润；如为净亏损，以"－"号填列。这两个项目应按照《企业会计准则第 42 号——持有待售的非流动资产、处置组和终止经营》的相关规定分别列报。

（22）其他综合收益各项目。根据其他综合收益明细账填列。

上述具体项目填列说明中，大部分属于中、高级财务会计内容，本书不做要求。

12.4　现金流量表

12.4.1　现金流量表概述

现金流量表（Cash Flow Statement）是反映企业在一定会计期间现金和现金等价物流入和流出的报表。

现金是企业的血液，通过现金流量表可以清晰地反映企业资金的来龙去脉，掌握企业资金运动情况，帮助企业和使用报表者评价企业赚取现金的能力，预测企业未来现金流量情况。

1. 现金流量表的编制背景

现金流量表的诞生时间要比资产负债表和利润表迟得多，它于 1987 年由美国财务会计准则委员会（FSAB）发布推广。

由于资产负债表是一张财务状况表，反映的是静态信息，不能体现货币资金变动信息。

虽然利润表是一张动态报表，但是它以权责发生制为基础，企业利润并不等同于现金增加额。例如，有的企业利润很多，但却经常缺少流动资金。很可能是因为企业的收入大部分以应收账款形式体现，并没有现金入账。相反，有的企业利润较少，但是资金却很充沛，很可能是企业计提了大量的费用，如折旧费等，而这些费用并没有对应的现金支出。

另外，企业的活动可以分为经营活动、投资活动及筹资活动，企业资金流量变化贯穿于三大活动中，可是无论是资产负债表还是利润表，都未能反映企业资金变动的来龙去脉。

因此，现金流量表弥补了资产负债表和利润表的不足。比如在分析企业利润质量时，结合分析经营活动现金流量的情况，可以更好地理解利润的质量。

2. 现金流量表的编制基础

现金流量表以收付实现制为编制基础，反映企业在一定时期内现金收入和现金支出情况的报表。

（1）现金的概念。现金流量表中所说的现金概念比较广泛，它是指企业的库存现金、可以随时用于支付的存款以及现金等价物。具体包括：

库存现金。它是指企业持有可以随时用于支付的现金，与"库存现金"账户核算的内容一致。

银行存款。它是指企业存放于金融企业可以随时支取的存款。与"银行存款"账户核算的内容大体相同。区别是，不能随时支取的银行存款，则不属于现金流量表中的现金，如不能随时支取的定期存款（可以提前通知的定期存款除外）。

其他货币资金。它是指企业存放于金融企业用作特定用途的资金。与"其他货币资金"账户核算的内容一致。主要包括外埠存款、银行汇票存款、银行本票存款、信用证保证金存款、信用卡存款等。

现金等价物。它是指企业持有期限短、流动性强、易于转换为已知金额现金、价值变动风险很小的投资。具备上述四个特点的投资，虽然不属于现金，但其支付能力与现金的差别不大，可视为现金。一般的现金等价物主要是指三个月内到期的短期债券投资等。股票投资变现能力较强，但是变现的金额通常不确定，不属于现金等价物。现金等价物范围的确定，是一项会计政策，企业应当根据具体情况确定现金等价物的范围，一经确定，不得随意变更。

（2）现金流量的概念。现金流量表中的现金流量，是指企业现金和现金等价物的流入和流出的数量。

影响现金流量表编制的现金流量主要是现金各项目和非现金项目之间的增减变动，在会计核算上就是借方或贷方有一方产生现金流量表中定义的现金。

企业发生的业务并不都对现金流量有影响，这些业务不影响现金流量表。主要表现为：

第一，现金各项目之间的增减变动。主要为库存现金、银行存款、其他货币资金、现金等价物彼此之间的一增一减。如从银行提取现金、将现金存入银行、用银行存款购买三个月内到期的国债等。它们之间的变化会导致现金流入和流出同时发生，净流量没有发生变化。

第二，非现金各项目之间的增减变动。如计提折旧、分配工资费用、赊销产品、以存货对外投资、以股票分配股利等，业务的借贷双方都不涉及现金，所以不会影响现金流量表。

3. 现金流量的分类

现金流量分为经营活动产生的现金流量、投资活动产生的现金流量、筹资活动产生的现金流量。

（1）经营活动产生的现金流量。经营活动（Operating Activity），指投资和筹资活动以外发生的所有交易和事项。经营活动视不同企业所处的行业特点而不同。如生产制造型企业的经营活动是生产和销售商品、金融企业的经营活动主要是吸收存款和发放贷款。经营活动产生的流量是企业主要的现金流量。

（2）投资活动产生的现金流量。投资活动（Investing Activity）主要包括两个方面，一个是实物资产投资，主要指长期资产的购建和处置活动。如购建或处置固定资产或无形资产、扩大生产线、建设厂房等。另一个是金融资产投资。如工商企业投资股票、购买债券、收购企业等。需要注意的是，购买三个月内到期的短期债券投资不属于投资活动，因为前述短期债券视为现金等价物。

（3）筹资活动产生的现金流量。筹资活动（Financing Activity）是指导致企业资本及债务规模和构成发生变化的活动。例如，企业向银行借钱、发行债券、发行股票、接受他人现金投资等。

12.4.2 现金流量表的结构和内容

1. 现金流量表的结构

根据财会〔2019〕6号文件《关于修订印发2019年度一般企业财务报表格式的通知》，已执行新金融准则、新收入准则和新租赁准则的一般企业应按文件通知要求的格式编制现金流量表。现金流量表如表12-13所示。

表 12-13　现金流量表　　　　　　　　　　　　　会企 03 表

编制单位：　　　　　　　　　　__年__月　　　　　　　　　　（单位：元）

项　目	本期金额	上期金额
一、经营活动产生的现金流量：		
销售商品、提供劳务收到的现金		
收到的税费返还		
收到其他与经营活动有关的现金		
经营活动现金流入小计		
购买商品、接受劳务支付的现金		
支付给职工以及为职工支付的现金		
支付的各项税费		
支付其他与经营活动有关的现金		
经营活动现金流出小计		
经营活动产生的现金流量净额		
二、投资活动产生的现金流量：		
收回投资收到的现金		
取得投资收益收到的现金		
处置固定资产、无形资产和其他长期资产收回的现金净额		
处置子公司及其他营业单位收到的现金净额		
收到其他与投资活动有关的现金		
投资活动现金流入小计		
购建固定资产、无形资产和其他长期资产支付的现金		
投资支付的现金		

(续)

项　　目	本期金额	上期金额
取得子公司及其他营业单位支付的现金净额		
支付其他与投资活动有关的现金		
投资活动现金流出小计		
投资活动产生的现金流量净额		
三、筹资活动产生的现金流量：		
吸收投资收到的现金		
取得借款收到的现金		
收到其他与筹资活动有关的现金		
筹资活动现金流入小计		
偿还债务支付的现金		
分配股利、利润或偿付利息支付的现金		
支付其他与筹资活动有关的现金		
筹资活动现金流出小计		
筹资活动产生的现金流量净额		
四、汇率变动对现金及现金等价物的影响		
五、现金及现金等价物净增加额		
加：期初现金及现金等价物余额		
六、期末现金及现金等价物余额		

2. 现金流量表内容的说明

在编制现金流量表时，有些特殊事项需要说明。

（1）企业销售商品时向购买方收取的增值税销项税额，在"销售商品、提供劳务收到的现金"项目反映。企业购买商品时向销售方支付的增值税进项税额，在"在购买商品、接受劳务支付的现金"项目反映。

（2）企业购买债券和股票时，实际支付的总价款中包括已宣告但尚未领取的现金股利或已到付息期但尚未领取的债券利息，应在"支付其他与投资活动有关的现金"项目反映。不在"投资支付的现金"项目反映。购买股票和债券时支付的手续费和佣金等交易费用属于投资成本，需在"投资支付的现金"项目反映。

企业出售债券和股票时，实际收取的总价款中包括已宣告但尚未领取的现金股利或已到付息期但尚未领取的债券利息，应在"收到其他与投资活动有关的现金"项目反映。不在"收回投资收到的现金"项目反映。

（3）企业在发行股票和债券的前期准备工作中，直接支付的审计费、咨询费、律师费等费用在"支付其他与筹资活动有关的现金"项目反映，不在"吸收投资收到的现金"项目反映。

企业发行股票或债券过程中，支付的佣金等发行费用，从发行收入中扣除，以发行收入的净额在"吸收投资收到的现金"项目反映。

（4）为购建固定资产而发生的借款利息资本化部分，其支付的借款利息应在筹资活动中的"支付其他与筹资活动有关的现金"项目反映。不在"购建固定资产、无形资产和其他长期资产所支付的现金"项目反映。

（5）融资租入固定资产本质上是一种筹资活动，其支付的租赁费归入筹资活动产生的现金流量部分，在"支付其他与筹资活动有关的现金"项目反映。

（6）为在建工程人员的工资、福利费等支付的现金，应在投资活动产生的现金流量部分"购建固定资产、无形资产和其他长期资产支付的现金"项目中反映，不在经营活动中"支付给职工以及为职工支付的现金"项目反映。

因离退休人员不属于企业在岗在职工作人员，支付给离退休人员的工资等各项费用，不在经营活动中"支付给职工以及为职工支付的现金"项目反映，在"支付其他与经营活动有关的现金"项目反映。

为研发人员的工资和福利费等支付的现金，其中研发费用资本化的部分，在"购建固定资产、无形资产和其他长期资产支付的现金"项目填列，对费用化的研发支出，在"支付其他与经营活动有关的现金"项目反映。

（7）对自然灾害造成资产损失、保险索赔等特殊活动，要区分资产的性质，分析处理。对流动资产损失，列入经营活动产生的现金流量。对固定资产损失，则列入投资活动产生的现金流量。

▶ 12.4.3 现金流量表的编制方法

与资产负债表和利润表编制方法不同的是，现金流量表数据无法通过相关账户金额分析获得，也无法像资产负债表一样进行试算平衡，编出的现金流量表即使存在着错误也可能发现不了，这决定了现金流量表编制难度较其他报表来说更加困难。

现金流量表的编制方法有多种，有直接法和间接法、工作底稿法、T字形账户法和分析填列法。由于调整工作主要是在期末集中处理，工作量大，容易出错。相关的编制方法可以参考中级财务会计等高阶书籍，本书不深入讲述。

下面讲述与前述不同的现金流量表的编制方法："辅助现金流量日记账法"。它将平时的会计分录记账与现金流量表的编制相结合，可以有效提高编制现金流量的准确性，降低期末集中编制报表的难度。这也是财务软件编制现金流量表所采用的方法。

"辅助现金流量日记账法"的编制方法如下：

第一步，建账。按现金流量表的内容设置三大账户，分别是经营活动现金流量辅助日记账、投资活动现金流量辅助日记账、筹资活动现金流量辅助日记账。账户采用借贷双方均为多栏式的格式。

第二步，登账。平时每笔业务发生时，除了登记常规的账簿外，还要分析是否涉及三大辅助日记账，如果有，则要平行登记，即同时登记到三大辅助日记账中的某个专栏。

第三步，编表。期末将各辅助日记账的借贷方发生额小计填入相应的现金流量表项目。

虽然此方法会导致平时工作量有所增加，但是降低了期末集中编制的工作量，效率更高，效果更好，特别适合手工做账的企业。

三大辅助日记账账户格式如图 12-3~图 12-5 所示。

经营活动现金流量辅助日记账

日期	凭证号数	摘要	借方			现金流入小计	贷方			现金流出小计	方向	余额
			①	②	③		④	⑤	⑥			

图 12-3 经营活动现金流量辅助日记账格式

投资活动现金流量辅助日记账

日期	凭证号数	摘要	借方					流入小计	贷方				流出小计	方向	余额
			①	②	③	④	⑤		⑥	⑦	⑧	⑨			

图 12-4 投资活动现金流量辅助日记账格式

筹资活动现金流量辅助日记账

日期	凭证号数	摘要	借方			现金流入小计	贷方			现金流出小计	方向	余额
			①	②	③		④	⑤	⑥			

图 12-5 筹资活动现金流量辅助日记账格式

经营活动现金流量辅助日记账中，借方专栏对应现金流量表中的经营活动现金流入的三个小项，贷方专栏对应经营活动现金流出的三个小项。账中序号代表的意思为：
1) 销售商品、提供劳务收到的现金。
2) 收到的税费返还。
3) 收到其他与经营活动有关的现金。
4) 购买商品、接受劳务支付的现金。
5) 支付给职工以及为职工支付的现金。
6) 支付的各项税费。

投资活动现金流量辅助日记账和经营活动现金流量辅助日记账类似，只是借方设置五个专栏，贷方设置四个专栏。专栏名称与现金流量表中的投资活动各小项相对应。序号代表的意思为：
1) 收回投资收到的现金。
2) 取得投资收益收到的现金。
3) 处置固定资产无形资产和其他长期资产收回的现金净额。
4) 处置子公司及其他营业单位收到的现金净额。
5) 收到其他与投资活动有关的现金。
6) 购建固定资产无形资产和其他长期资产支付的现金。
7) 投资支付的现金。
8) 取得子公司及其他营业单位支付的现金净额。

9）支付其他与投资活动有关的现金。

筹资活动现金流量辅助日记账的借方和贷方与现金流量表中筹资活动的现金流量项目相对应。序号代表的意思为：

1）吸收投资收到的现金。
2）取得借款收到的现金。
3）收到其他与筹资活动有关的现金。
4）偿还债务支付的现金。
5）分配股利利润或偿付利息支付的现金。
6）支付其他与筹资活动有关的现金。

【例 12-12】 202×年 12 月 5 日，企业销售产品一批，含税销售金额为 11 300 元，其中销售收入为 10 000 元，销项税额 1 300 元，款项已全部通过银行转账收取。对应的会计分录为：

借：银行存款　　　　　　　　　　　　　　　　　　　　　　　　11 300
　　贷：主营业务收入　　　　　　　　　　　　　　　　　　　　　10 000
　　　　应交税费——应交增值税（销项税额）　　　　　　　　　　 1 300

此业务是一项经营活动产生的现金流量，在登记账簿时，一方面登记到银行存款日记账等账簿时，另一方面在"经营活动现金流量辅助日记账"上平行登记，将收到的 11 300 元记入经营活动现金流量辅助日记账中的"销售商品、提供劳务收到的现金"专栏，如图 12-6 所示。

经营活动现金流量辅助日记账　　　　　　　　　　　（单位：元）

日期	凭证号数	摘要	借方			现金流入小计	贷方			现金流出小计	方向	余额
			①	②	③		④	⑤	⑥			
12.5	收20	销售	11 300									

银行存款日记账　　　　　　　　　　　　　　　　　（单位：元）

日期	凭证号数	摘要	借方	贷方	余额
12.5	收20	销售商品	11 300		

图 12-6　银行存款日记账和经营活动现金流量辅助日记账平行登记

在实际工作中，对相似的业务进行上述处理，到期末编制现金流量表时，只要把各辅助日记账明细专栏的数据进行合计后填入现金流量表即可。大大降低了期末集中编报导致的编制复杂性和编制难度。

12.5　所有者权益变动表

12.5.1　所有者权益变动表的概念

所有者权益变动表（Statement Of Changes In Equity）是指反映所有者权益各组成部分增减变动情况的报表。所有者权益包括实收资本、资本公积、盈余公积、未分配利润、其他综合收益、库存股、其他权益工具（如优先股、永续债）、专项储备等项目。

在 2006 年之前，所有者权益变动情况以资产负债表的附表形式提供，利润的分配情况以利润分配表的形式提供。2006 年颁布的会计准则要求企业单独编制所有者权益变动表，将所有者权益变动表和利润分配表整合到一张报表中，这使得它成为继资产负债表、利润表和现金流量表之后出现的第四大报表。

按照《企业会计准则第 30 号——财务报表列报》，所有者权益变动表应当单独列示反映下列信息的项目：

(1) 综合收益总额。
(2) 会计政策变更和前期差错更正的累积影响额信息。
(3) 所有者投入资本和向所有者分配利润信息。
(4) 按照规定提取的盈余公积信息。
(5) 所有者权益各项目的期初和期末余额及其调节信息。

通过所有者权益变动表，可以清晰了解各项目的具体变化信息，也能了解所有者权益的总体变动信息，让报表使用者清晰了解所有者权益的具体内容和变化情况。

12.5.2 所有者权益变动表的结构和内容

根据财会〔2019〕6 号文件《关于修订印发 2019 年度一般企业财务报表格式的通知》，一般企业编制的所有者权益变动表如表 12-14 所示。

表 12-14 所有者权益变动表 会企 04 表

编制单位： ＿＿年 （单位：元）

项目	本年金额										上年金额
	实收资本	其他权益工具			资本公积	减：库存股	其他综合收益	专项储备	盈余公积	未分配利润	所有者权益合计	同本年各具体项目，从略
		优先股	永续债	其他								
一、上年年末余额												
加：会计政策变更												
前期差错更正												
其他												
二、本年年初余额												
三、本年增减变动金额（减少以"-"号填列）												
（一）综合收益总额												
（二）所有者投入和减少资本												
1. 所有者投入的普通股												
2. 其他权益工具持有者投入资本												

(续)

项目	本年金额									上年金额
	实收资本	其他权益工具			资本公积	减：库存股	其他综合收益	专项储备	盈余公积	未分配利润	所有者权益合计	同本年各具体项目，从略
		优先股	永续债	其他								
3. 股份支付计入所有者权益的金额												
4. 其他												
（三）利润分配												
1. 提取盈余公积												
2. 对所有者（或股东）的分配												
3. 其他												
（四）所有者权益内部结转												
1. 资本公积转增资本（或股本）												
2. 盈余公积转增资本（或股本）												
3. 盈余公积弥补亏损												
4. 设定受益计划变动额结转留存收益												
5. 其他综合收益结转留存收益												
6. 其他												
四、本年年末余额												

注：所有者权益变动表为一张比较表，要列示上年金额，鉴于排版要求，上年金额栏中各具体项目从略。

所有者权益变动表是一张比较报表，既列示上期所有者权益项目，又列示本期所有者权益项目。

所有者权益表按矩阵形式列示。一方面，竖列列示导致所有者权益变动的情况，另一方面按所有者权益各单项部分列示各自的变动额。

12.5.3 所有者权益变动表填列说明

"上年金额"栏的各项数字，根据上年度所有者权益变动表相应数字填列。如果上年度所有者权益变动表规定的各个项目的名称和内容与本年度不相一致，应对上年度所有者权益变动表各项目的名称和数字按照本年度的规定进行调整，按调整后的金额填入所有者权益变动表上年金额栏内。

"本年金额栏"内各项数字，一般应根据"实收资本""资本公积""盈余公积""其他综合收益""利润分配""库存股""以前年度损益调整"等科目及其明细科目的发生额分析填列。

12.6 财务报表附注

12.6.1 财务报表附注的概念

财务报表附注（Footnotes）是对资产负债表、利润表、现金流量表和所有者权益变动表等报表中列示项目的文字描述，明细资料以及对未能在报表中列示项目的说明。

附注是财务报表的重要组成部分。附注披露有基本要求，一是应该定量和定性信息相结合；二是应当按照一定的结构进行系统合理的排列和分类，做到分类披露，条理清晰；三是附注中的信息要与报表中列示的项目相互参照，有助于使用者联系相关联的信息。高质量的附注信息可以让报表使用者充分、全面、准确理解四大报表，以便做出更加合理的判断和决策。

12.6.2 财务报表附注的主要内容

一般企业报表附注披露的内容主要有：
（1）企业的基本情况。
（2）财务报表的编制基础。
（3）遵循企业会计准则的声明。
（4）重要会计政策和会计估计。
（5）会计政策和会计估计变更以及差错更正的说明。
（6）报表重要项目的说明。
（7）其他需要说明的重要事项。

> **链接**
>
> 巨潮资讯网（www.cninfo.com.cn）是一家上市公司信息披露查询综合网站，可以方便查询上市公司定期报告（年度报告、半年报、季报）、临时报告等信息。

知 识 训 练

一、思考题

1. 简述信息披露的基本框架，并以上市公司江铃汽车近年来公布的年报为例进行分析。
2. 财务报表分类有哪些？
3. 资产负债表的特点有哪些？
4. 企业信用卡账户期末一般是透支的，那么该透支金额在资产负债表中该如何列示？
5. 为什么不能用预付账款总账余额来直接填列预付账款项目？
6. 简述"应交增值税"账户余额填列的方法。
7. 资产负债表中的所有者权益项目有哪些？

8. 简述综合收益表编制的理论基础。
9. 你认为现行的利润表结构有什么缺陷？
10. 为什么要编制现金流量表？
11. 现金流量表中现金的含义是什么？
12. 简述辅助现金流量日记账的作用。

二、单项选择题

1. 预付账款科目明细账中若有贷方余额，应将其计入资产负债表中的（　　）项目。
   A. 应收账款　　　B. 预收款项　　　C. 应付账款　　　D. 其他应付款
2. 应收账款科目明细账中若有贷方余额，应将其计入资产负债表中的（　　）项目。
   A. 预收账款　　　B. 预付款项　　　C. 应付账款　　　D. 其他应收款
3. "应交税费——应交增值税"账户的期末借方余额应填列在资产负债表中（　　）项目。
   A. 应交税费，并在金额前面加"－"　　　B. 其他流动资产
   C. 预付账款　　　　　　　　　　　　　D. 其他应收款
4. 已知主营业务收入为100万元，主营业务成本为50万元，营业外收入为40万元，营业外支出为20万元，资产减值损失为10万元，则企业的营业利润为（　　）。
   A. 40万元　　　B. 50万元　　　C. 60万元　　　D. 70万元
5. 下列不属于"经营活动产生的现金流量"的流出活动的是（　　）。
   A. 支付处于研究阶段的研究人员工资　　B. 支付在建工程人员工资
   C. 支付生产工人工资　　　　　　　　　D. 支付财务人员工资
6. 下列不属于"筹资活动产生的现金流量"的是（　　）。
   A. 发行股票　　　B. 发行债券　　　C. 分配股利　　　D. 收取红利

三、多项选择题

1. 资产负债表是一张（　　）。
   A. 财务状况表　　B. 静态报表　　　C. 余额表　　　D. 平衡表
2. 财务报表包括（　　）。
   A. 资产负债表　　B. 利润表　　　　C. 现金流量表
   D. 所有者权益变动表　　　　　　　E. 报表附注
3. 资产负债表存货项目包括的内容有（　　）。
   A. 原材料　　　B. 库存商品　　　C. 生产成本　　　D. 工程物资
4. 资产负债表中所有者权益项目包括（　　）。
   A. 实收资本　　B. 盈余公积　　　C. 其他综合收益　　D. 利润分配
5. 下列属于投资活动的是（　　）。
   A. 扩建厂房　　　　　　　　　　　B. 购买土地
   C. 购买股票　　　　　　　　　　　D. 购买三个月内到期短期债券
6. 下列属于现金流量表中所说现金的是（　　）。
   A. 库存现金　　　　　　　　　　　B. 活期存款
   C. 不可提前支取的定期存款　　　　D. 1个月内到期的商业汇票

7. 关于综合收益表的描述正确的是（　　）。
A. 综合收益表由净利润和其他综合收益构成
B. 综合收益表体现的是资产负债表观
C. 综合收益的计算理论基础是综合收益＝期末净资产–期初净资产
D. 综合收益表又称全面收益表

四、业务训练题

练习资产负债表的编制

【目的】掌握资产负债表常用项目的编制。

【资料】202×年9月31日长春公司总账科目余额表如表12-15所示。

表 12-15　长春公司总账科目余额表

202×年9月31日　　　　　　　　　　　　　　（单位：万元）

账户名称	借方余额	贷方余额	账户名称	借方余额	贷方余额
库存现金	12		累计折旧		25
银行存款	15		短期借款		9
固定资产	40		长期借款		60
在途物资	17		——工商银行		31
生产成本	35		应付账款		85
应收账款	90		——东方公司	35	
——山河公司	120		——南方公司		120
——江河公司		30	坏账准备		65
预付账款	50		预付账款		25
——远方公司		20	应收账款		40
——远光公司	70		预收账款		45
应交税费	40		——科大公司		80
——应交增值税	90		——华大公司	35	
——应交所得税		50	本年利润		90
利润分配	110		实收资本		20
——未分配利润	110		资本公积		10
总账借方余额合计	409		总账贷方余额合计		409

注："长期借款——工商银行"账户余额31万元将于次年2月到期。

【要求】依据上述资料编制长春公司9月31日资产负债表相关项目。

五、案例分析题

怪事：账面资金列示 150 亿元，却没法偿还 20 亿元的到期负债

【资料】康得新复合材料集团股份有限公司（简称康得新，股票代码002450）是专业从事光学膜和预涂膜生产和销售的高科技企业。

2019年1月14~15日康得新发布公告，称其公司发行的2018年度第一期超短期融资券本息合计10.4亿元于2019年1月15日到期，无法兑付，构成实质性违约。第二期超短

期融资券于 2019 年 1 月 21 日到期，本息合计金额约为 5.2 亿元，也存在兑付不确定性。此公告一出，市场一片哗然，投资者不敢相信，该公司 2018 年第三季度资产负债表显示货币资金项目余额约为 150 亿元，而仅仅三个月之后竟然没有钱支付不到 20 亿元的到期债券。

2019 年 1 月 22 日，监管部门立案调查。2019 年 7 月 5 日，中国证监会向康得新下发（处罚字〔2019〕90 号）《中国证券监督管理委员会行政处罚及市场禁入事先告知书》。《事先告知书》认定康得新公司存在主要问题如下：

（1）在年度报告中虚增利润。2015~2018 年连续四年"通过虚构销售业务方式虚增营业收入，并通过虚构采购、生产、研发费用、产品运输费用方式虚增营业成本、研发费用和销售费用"的方式虚增各年利润总额约 119 亿元。2015 年虚增利润总额 23.81 亿元，占年报披露利润总额的 144.65%；2016 年虚增利润总额 30.89 亿元，占利润总额的 134.19%；2017 年虚增利润总额 39.74 亿元，占利润总额的 136.47%；2018 年虚增利润总额 24.77 亿元，占利润总额的 722.16%。

（2）未在年度报告中披露控股股东非经营性占用资金的关联交易情况。

康得投资集团有限公司（简称康得集团）为康得新复合材料集团股份有限公司的控股股东。双方是母子公司关系，康得投资集团与康得新为关联方关系。2014 年，康得集团与北京银行西单支行签订了《现金管理服务协议》，对康得集团控制的下属公司在北京银行开立的银行账户进行统一管理，将协议下子公司账户资金实时归集到康得集团北京银行西单支行 3258 账户，如需付款再从母账户下拨。各子账户实际余额为 0 元，但北京银行提供的银行对账单上不显示母子账户间自动上存下划等归集交易，显示余额为累计上存金额扣减下拨金额后的余额。康得新及其合并财务报表范围内三家子公司的五个银行账户资金被实时归集到康得集团。该现金管理服务方式实质上是康得新向关联方康得集团提供资金、康得集团非经营性占用康得新资金的行为，构成康得新与康得集团之间的关联交易。在 2014~2018 年间，康德集团共占用康德新资金合计约 531 亿元。然而康得新在相关年度报告中未披露控股股东非经营性占用资金的关联交易情况。存在重大遗漏。

【思考】（1）请谈谈在理解货币资金项目时要注意什么？

（2）康德新在事发前 5 年内，每年虚增利润 20 亿元以上，请谈谈你对此行为的看法。

参 考 文 献

[1] 郭道扬. 会计史研究：第一卷 [M]. 北京：中国财政经济出版社，2004.
[2] 王建忠，柳士明. 会计发展史 [M]. 4版. 大连：东北财经大学出版社，2016.
[3] 李孝林，罗勇，孔庆林. 比较会计史学 [M]. 北京：中国财政经济出版社，2007.
[4] 中国会计学会. 会计史专题（2013）[M]. 北京：经济科学出版社，2015.
[5] 中国会计学会. 会计史专题（2010）[M]. 北京：经济科学出版社，2012.
[6] 葛家澍，余绪缨. 会计学 [M]. 北京：高等教育出版社，2000.
[7] 邱玉莲. 会计学基础 [M]. 北京：机械工业出版社，2014.
[8] 王允平，孙丽虹. 会计学基础 [M]. 5版. 北京：经济科学出版社，2010.
[9] 中国会计学会. 会计基础 [M]. 北京：经济科学出版社，2009.
[10] 朱小平，周华，秦玉熙. 初级会计学 [M]. 9版. 北京：中国人民大学出版社，2019.
[11] 陈国辉，迟旭升. 基础会计学 [M]. 大连：东北财经大学出版社，2014.
[12] 中国注册会计师协会. 会计 [M]. 北京：中国财政经济出版社，2019.
[13] 财政部会计资格评价中心. 初级会计实务 [M]. 北京：经济科学出版社，2018.
[14] 河南省财政厅. 河南省会计基础工作规范实施细则 [Z]. 2012.
[15] 黑龙江省财政厅. 黑龙江省企业会计基础工作规范 [Z]. 2006.
[16] 北京市财政厅. 北京市会计基础工作规范实施细则 [Z]. 1996.